U0020492

Beyond Belief:

Islamic Excursions Among the Converted Peoples

當代名家旅行文學 134

重返非阿拉伯伊斯蘭世界

V.S. Naipaul

v.s. 奈波爾 著　胡洲賢 譯

信仰之外

目次

第二部——伊朗

阿里的公道

第三部——巴基斯坦

從地圖上消失

第四部　馬來西亞之附錄——掀起椰子殼

序

這是一本有關於人、而不是表達意見的書。它同時也是一本故事之書，全都是一九九五年在四個非阿拉伯的伊斯蘭教國家，即印尼、伊朗、巴基斯坦和馬來西亞旅行了五個月所蒐集來的，有著完整的來龍去脈和明確的主題。

伊斯蘭教的源頭是阿拉伯宗教。凡是非阿拉伯裔的穆斯林都算是皈依者。伊斯蘭教不只是關乎善惡觀念和私人信仰的問題，它有其獨斷的要求。皈依者的世界觀從此丕變——他的聖地在阿拉伯的土地上；他的神聖語言是阿拉伯語。皈依者的歷史觀改變，不管喜不喜歡，他都得摒棄自己的歷史觀，成為阿拉伯故事的一部分。皈依者必須摒棄自身的一切。社會的紛擾無限，就算再過一千年，依然無法解決，所以必須一而再、再而三的轉身摒棄。人們會對自己是誰、是什麼產生各種幻想，在皈依國家的伊斯蘭教中有一種恐懼症和虛無主義的因子，所以這些國家要陷入沸騰狀態，是再輕易不過了。

這本書可說是我在十七年前出版、同樣談這四個國家的《在信徒的國度：伊斯蘭世界之旅》續集。一九七九年展開那趟旅程時，我對伊斯蘭教幾乎一無所知，而那正是展開一段冒險旅程前的最佳狀態。第一本書探討的是信仰的細節，以及它引爆革命的能力。皈依的主題一直都在，但是我在第一趟旅程中看得不如第二趟來得清楚明晰。

《信仰之外》補強了第一本書，讓故事繼續發展下去，也朝不同的方向進展。它比較不像是一本遊記，作者較不常出現，也較少提問。作者躲在幕後，憑直覺行事，找到一些人，挖掘一些故事。一個接著一個展開的故事有其各自的形式，界定每個國家和推動它的力量，然後四個部分再組合成一個整體。

一開始寫作時，我寫的是小說，是個說故事的人，當時我認為最高層次莫過於此。將近四十年前接受所託，前往南美洲和加勒比海地區某些殖民地旅遊並且寫一本書時，我總是欣然上路，搭小飛機前往一些奇怪的地方，有時還會溯南美洲河流而上。其實當時的我並不太確定如何寫書，如何把自己所做的事界定出一個模式。多年之後我才發現，對一名作家而言，旅遊中最重要的，就是他身邊的那些人。

所以，在這些旅遊書或我的文化探索中，身為旅人作家的身分日漸淡薄；倒是所到國家的人民逐漸走到台前，我則再度變回自己最初的身分：一個主講人。十九世紀時，杜撰的故事經常被用來輔佐其他文學形式（像是詩歌、散文等）所無法輕易做到的事：提供一個變動社會的新聞，描述心理狀態。我發現一開始那樣偏離我本能的旅遊形式，最後卻將我帶回到本能，開始去尋找故事，這實在非常奇妙；但是如果敘述遭到竄改或牽強附會，就會破壞書的宗旨。這些故事有足夠的複雜性，那正是本書的重點，讀者們可不要從中尋找「結論」。

或許有人會問，本書任何章節中不同的人物和故事，可不可能營造或者提議另一種模式的國家。我不認為會如此：火車有很多節車廂，分成不同等級，經過的卻是同一片風景；人們所回應的是相同的政治、宗教和文化壓力。作者只需抱持一顆澄淨的心，仔細聆聽大家所告訴他的一切，然後問下一個問題，再問下一個即可。

還有另一種方法可用來考量「皈依」這個主題。就是將其視為一種從帶有比較廣大的哲學、人道和社會關切的老舊信仰、俗世宗教、統治者教派和地方神祇，跨越到啟示性宗教（主要為基督教和伊斯蘭教）的過程。印度教徒說印度教比較不那麼強人所難，比較「靈性」；他們的看法是對的，不過甘地[1]的社會概念卻來自於基督教。

從古典世界跨越到基督教世界的過程，如今已成歷史。讀著文本，想像進入那跨越過程所引發的漫長紛爭和極度痛苦，殊非易事。但是在本書所描述的部分文化中，跨越到伊斯蘭教（有時則是跨越到基督教）的過程，卻仍在我們眼前進行。這是背景的戲外戲，如同文化的砰然巨響，繼續折磨著舊世界。

1 譯註：全名Mohandas Karamchand Gandhi，一八六九～一九四八年。印度民族主義運動和國大黨領袖，帶領印度邁向獨立，脫離英國殖民地統治，世人尊稱他為「聖雄甘地」。

第一部

印尼

N-250型飛機

第一章　當前重要人物

伊馬杜丁是萬隆工學院電機工程系講師，也是伊斯蘭教傳道士。所以在一九六〇和七〇年代，他堪稱非比尋常：既是個獨立後的印尼可算罕見的科學人，又篤信宗教。他吸引了為數眾多的學生，走進萬隆工學院校園裡的沙萊曼清真寺。

他讓當局感到惴惴不安。一九七九年除夕當天我到萬隆去看他，光是開車就開了一整個下午，沿著煙霧瀰漫的擁擠道路，從海岸邊的雅加達一路開到位於比較涼爽的高原的萬隆，發現伊馬杜丁這一生大半都在奔波。他才剛坐完十四個月的政治犯牢獄，在萬隆工學院雖有一間小小的教職員宿舍，卻不准到校授課。儘管他仍然肆無忌憚地對一小群、一小群中年級的學子（其實是假日的學生團體）上伊斯蘭教「心智訓練」課程，但當時四十八歲的他，已準備好要出國。

他原來準備要在海外遨遊個幾年，卻突然時來運轉。這次我重返印尼，距離上次在萬隆與他會晤，倏忽已過十四個年頭，發現伊馬杜丁已然名利雙收。他主持一個星期天的伊斯蘭教電視節目，有一輛賓士轎車，還配備司機，在雅加達一個還算不錯的地段擁有一棟還算不錯的房子，並談到將來想搬到更好的地方等等。一九七〇年代末期，同時擁抱科學和宗教的他，曾讓當局戒慎恐懼，如今卻大受當局青睞，簡直成了印尼新時代人物的楷模。伊馬杜丁如今已青雲直上，幾乎直達權力核心。

伊馬杜丁已成為研究科技部長哈比比的親信。而在政府中，哈比比又比其他任何人更加親近蘇哈托總統[1]，他治理印尼長達三十年，一般人稱他為「印尼國父」。

哈比比從事航空工業，崇拜他的人都說他是個奇才。哈比比是個點子王，印尼應該在他的指導下發展才對；或者無論如何，至少也得在他的領導下設計出自己的飛機。之所以會這麼想，如同我在報紙上看到的，背後的想法可不單單是打造出飛機而已，還想要一口氣提供幾千人一個多元化的高科技訓練；透過這項訓練，印尼可望發生工業革命。根據《華爾街日報》的說法，過去十九年來，大約有十五億美元投入哈比比的航太組織。在和西班牙一家公司合作下，印尼製造了一種飛機，命名為CN-235；就商業立場而言，這款飛機並不算成功。但現在讓人興奮的是，一架共有五十個座位且完全由哈比比的組織所設計的N-250型渦輪螺旋槳式客機，即將展翅高飛。

這款飛機的試航正好趕上印尼八月十七日獨立五十週年紀念，為了慶祝，幾個星期前，雅加達和其他城鎮的大街小巷早早就掛滿了相同顏色的燈飾，還有各種旗幟和橫幅。襯托著猶如國家賜給百姓禮物、普天同慶的背景，《雅加達郵報》就如同教新生的講師一般，帶領讀者一個接一個階段地看N-250型機的試飛經過：低速的地面滑行以檢查地面的機動動作；然後用中速度檢查機翼、機尾和煞機系統；最後是以高速度確保N-250型機可以緊貼地面飛行五、六分鐘。

在試航前四天，一部發電機的機軸（天曉得那是什麼玩意兒）在中速度的滑行中故障，隨後立即更換新的機軸；到了試航當天，N-250型機在一萬呎的高空飛了一個鐘頭。《雅加達郵報》頭版刊登著蘇哈托總統大力鼓掌的照片，哈比比則和微笑的蘇哈托夫人相擁歡慶。之後又宣布二〇〇四年三月將打造出中程噴射機N-2130型機，預計耗資二十億美元。因為這個計畫未來還要進行很長一段時間，所以會由哈比比曾在波音公司進修的兒子，即現年三十二歲的伊爾漢主其事。

三個星期後，也就是獨立五十週年歡慶活動高潮——法國製的煙火表演結束之後，哈比比在舉國歡欣鼓舞的氣氛中提議應該將八月十日，也就是N-250型機試航當天明訂為「國家科技復甦日」。他在「第十二屆伊斯蘭教團結大會」中提出這個建議，是因為他身為虔誠的穆斯林，捍衛伊斯蘭教一向不遺餘力，並且擔任新強勢組織「伊斯蘭教知識分子協會」的主席。當他在伊斯蘭教團結大會中告訴大家，精通科技還得靠對真主阿拉的信仰來補強時，一般咸認為他已經是以兼具宗教和世俗的權威在發言。

如果連怎麼利用進口零件設計和建造飛機，才可以造就科技上的大突破這點都沒有絕對把握，那麼以N-250型機的成功，以及發動數億人去為一個人的特殊天分或興趣效勞，又如何能夠榮耀伊斯蘭教，恐怕也無法下定論。

但這正是同時身為科學家和信徒的伊馬杜丁，其信念與哈比比的信仰不謀而合之處，兩人的生涯因而有所交集。伊馬杜丁拜新貴人所賜，從此平步青雲，直達天聽。

流亡歸國一段時日的伊馬杜丁，已經成為「伊斯蘭教知識分子協會」幕後的主要推手之一，如今他更以特殊方式為哈比比服務。哈比比，或者說他所主持的部門，已經將許多學生送到海外。而經常到海外各大學去探視這些學生，提醒他們堅定信仰、堅定效忠的對象，就成了身兼科學家和宣道者雙職的伊馬杜丁之責。一九七九年當他還在各地奔走之際，政府一直未認可他在萬隆工學院開設的心智訓練課程，對於任何無法控制的平民主義運動的初萌芽，始終緊張不已。如今在徹底的翻轉下，伊馬杜丁的心智訓練課程以及諸如此類的東西，反而獲得政府重用，目的即在贏得哈比比所

1　譯註：Suharto，一九二一～二〇〇八年。印尼獨裁者，是印尼獨立以來的第二任總統。

創造的新知識界和科技界的支持。

伊馬杜丁把自己後來能重獲自由和安全，並且接近權力核心，全都視為自己一向信仰虔誠、善有善報的證明。也因為這樣，他才能敞開心胸告訴我，在從前政府迫害百姓的年代，警察曾在某個晚上登門，把他從在萬隆工學院的家帶走，而且一關就是十四個月。

★

如今，伊馬杜丁已不怎麼大聲嚷嚷了。他從前可是「衝」得很，為此給自己惹上了許多麻煩。現在伊馬杜丁談起此事，竟變得好像冒犯到他伊斯蘭教嚴謹宗旨的僅有使用黃金這項，而非其他事項。像是他曾砲轟過印尼國父蘇哈托總統建造家塚的計畫，這座家塚原本有一部分要用到黃金。

所以當時他早預料到自己會有麻煩，果不其然麻煩也找上門來了。一九七八年五月二十三日晚上十一點四十五分，有人按了他小小住家的門鈴。他走出來開門，迎上三名便衣情治人員，其中一人還帶著槍。那時有很多人被捕。

其中一個人說：「我們是從雅加達來的，希望你和我們走一趟雅加達，獲取一些情報。」

「哪一種情報？」

「恕難奉告！你得馬上跟我們走。」

伊馬杜丁說：「給我幾分鐘。」

伊馬杜丁就是伊馬杜丁，他祈禱了一會兒，然後梳洗一番。他的妻子則為他準備了一個坐牢時所需的小袋子，而且沒忘記幫他帶上《可蘭經》。

突然間，伊馬杜丁覺得自己不想和這些人走。他覺得自己身為穆斯林，不能信任他們，他相信印尼情治人員根本完全受天主教徒控制，於是他打電話給萬隆工學院院長。院長說：「讓我和他們談談。」他也確實和他們通上了話，可是情治人員堅持伊馬杜丁非得跟他們一起走不可。院長趕緊出門趕往伊馬杜丁家，但等他趕到時，伊馬杜丁早已被他們帶上計程車離開了。

在距離按了他家門鈴約四十五分鐘後的午夜十二時三十分，三名情治人員帶著伊馬杜丁一起離開。伊馬杜丁坐在計程車後座，左右各坐著一位情治人員，前座還有另一個。凌晨四時三十分，他們終於抵達雅加達中央情報局。因為心懷信仰，泰然自若，伊馬杜丁在路上居然還多少睡了一會兒。抵達情報局時，已經是黎明的祈禱時間，他們允許伊馬杜丁祈禱，然後叫他在一間類似等候室的房間裡等待，還給了他早餐吃。

早上八點，伊馬杜丁被帶進一間辦公室，開始接受一名中校的訊問。過程中沒有誘導、威脅、虐待或施暴，因為社會公認萬隆工學院講師是高級公務人員，必須得體以待。

中校之後，又來了一名穿便服的男子。來人自報姓名，伊馬杜丁認出對方是個檢察官。

他問伊馬杜丁：「你是穆斯林？」

「我是穆斯林。」

「所以你就認為我們這裡是伊斯蘭教國家？你認為如此嗎？」

這個人受過教育，是位律師，或許比伊馬杜丁年輕個五歲。

伊馬杜丁說：「我不知道要說些什麼才好。我從未念過法律。我是工程師，你才是律師。」

檢察官說：「政府花了許多錢為穆斯林蓋清真寺和其他許多東西，甚至還蓋了國家清真寺，但還是有穆斯林希望將這個國家變成伊斯蘭教國家。你是這種穆斯林嗎？」

「請跟我說明一下你對這個國家的看法。」

「這是個非宗教國家，而不是宗教國家。」

伊馬杜丁說：「你錯了，大錯特錯。」

「為什麼？你剛剛才說自己身為工程師，並不懂法律。」

「有些事我還是懂的。因為我在美國念過書，你可以稱美國為非宗教國家，但你跟我說這個政府花了許多錢去蓋諸如國家清真寺之類的建築，那是哪一種政府啊？」

他們爭論了兩個鐘頭，同樣的事情說了又說。後來伊馬杜丁被帶到憲兵隊總部，拿出他的檔案，再跟著他本人一起送往監獄。

監獄是印尼獨立後第一任總統蘇卡諾[2]為政敵蓋的，在伊馬杜丁之前，已經有許多名人都在這座監獄坐過牢。監獄占地六公頃，環繞雙層牆壁，外加一些鐵絲網及其他監獄裝置，是一座完整且堅固的水泥建築物。

伊馬杜丁被關在一間約一點八坪的大牢房裡，裡頭還有間特別的伊斯蘭教浴室。獄中這樣的牢房有八間，用來關押有身分的人犯，伊馬杜丁就被視為這樣的人犯。伊馬杜丁很清楚自己會在獄中待上好一陣子，所以懷抱著信心和信仰的篤定，以及一種令人難以理解的單純——他根本就像審問者或烈士一樣的從容自在，要求獄方給他一支掃把，好把牢房打掃乾淨。他認為牢房很髒，而身為教徒的他，對於乾不乾淨有著一定的標準。他甚至連浴室都刷洗了一番。撇開別的事不提，浴室對他每天祈禱五次前的洗禮十分重要。

他習慣了獄中的作息。監獄中央有座小小的清真寺，當他到清真寺去進行星期五的祈禱時，碰到獄中最有名的囚犯蘇班德里約醫生。蘇班德里約是印尼的「老衛兵」之一，本職是外科醫生，也是蘇卡諾的政治夥伴，一度還當過蘇卡諾的副總理和外交部長。

蘇班德里約因為涉嫌參與共產黨殺害一些將軍並接管國家的重大陰謀，從一九六五年開始就入獄服刑。陰謀粉碎後，國家政治平衡跟著大幅改變。軍隊和年輕的蘇哈托從此上台執政，引發大規模的流血事件，結果就是一九六五年曾號稱印尼最大政團之一的共產黨，最後幾乎灰飛煙滅。數十萬人被送進勞改營，後來更被剝奪許多公權，擺明了不准人們忘記一九六五年的陰謀。而在蘇哈托總統軍權統治下，已經確立了奇異的父權制度，始終對照著潛伏的共產危機背景。

蘇班德里約原來被判死刑，但他告訴伊馬杜丁，因為自己曾任印尼派駐大英國協第一位大使，行刑當天，英國女王伊莉莎白二世遂向印尼當局求情，希望赦免他死罪。蘇卡諾總統於是免了蘇班德里約一死，改判無期徒刑。

在這座蘇卡諾為另一類政治人物建造的監獄裡，蘇班德里約的十三年就只是活著而已。外面的世界物換星移，蘇班德里約和他偉大的冒險故事已然成為過往雲煙，也與他原先的自我漸行漸遠。他原本是許多重要事件的中心人物，如今卻只能倚賴如伊馬杜丁之類、猶如老天爺從雙層高牆外拋下的禮物般的一些新進囚犯，提供他社會刺激。

伊馬杜丁和蘇班德里約每天都碰面，並且會到對方的牢房去拜訪。在早晨八點之前，以及下午獄卒回房休息時，囚犯都擁有某種微妙的自由。他們倆其實大相逕庭。伊馬杜丁認為蘇班德里約年約六十五，但他實則只有四十七歲。伊馬杜丁在描述蘇班德里約時，再三提到他的健康、個子小、外科醫生的訓練以及出身爪哇的背景。這個背景十分重要。爪哇人很封建，態度有禮，說起難言之

2　譯註：Sukarno，一九〇一～一九七〇年。印尼獨立運動、建國領袖及首任總統，一九五九年至一九六六年兼任印尼首相，大女兒梅嘉娃蒂為第五任總統。

隱自有一套特殊方式。伊馬杜丁是北蘇門答臘人，各方面都直率坦白，在伊斯蘭教事務上也比爪哇人嚴謹、強勢得多。

蘇班德里約一九六五年之前的政治態度，伊馬杜丁原先是不寄予同情的。一九七九年時，他曾告訴我，不論社會主義分子對他多寬厚，年輕的他都絕對不可能成為社會主義分子，因為他「已經」是個穆斯林。我相信他的意思是，社會主義所擁有的人道和魅力，伊斯蘭教也都有，所以不需要接受世俗的方式，拿信仰來冒險。

如果是十三年前，伊馬杜丁和蘇班德里約一定是對立的。但監獄會將人同化，何況蘇班德里約也改變了，變成一位有宗教信仰的人。他第一次和伊馬杜丁見面時就對他說，他希望能夠更瞭解《可蘭經》，並拜託伊馬杜丁協助他。這既非出自於爪哇人的禮貌，也不是因為牢獄生涯讓他渴求社交。蘇班德里約是個真正的追尋者，於是伊馬杜丁成為他的老師。

他們每天都談政治，還特別談到在爪哇文化背景下發展出來的政治。

伊馬杜丁說：「他跟我學習如何閱讀《可蘭經》，我向他學習爪哇文化。」

「你學到了什麼？」

「父權制度的重要性。不是西方人所理解的父權制度，而是融合封建制度、父權制度和親族制度的東西。你必須知道什麼要說、什麼不要說。你必須知道自己在社會中的位置。你的能力有時和它完全無關。」

蘇班德里約也開始知道了伊馬杜丁的故事，輕易便看出他哪裡出了錯。伊馬杜丁將十四個月來從蘇班德里約那兒聽來的一切整理過後，以蘇班德里約的口吻說出政治忠告：「在政治上，你不能期待絕對的誠實和道德，敏銳和聰明也不重要。在政治上，勝負唯結果是問。所以，如果你能將自己的想法置入政敵心裡，而他又付諸實踐，你就贏了。最重要的是，你必須記得，千萬不能和爪哇人作對。」

對抗。伊馬杜丁發現對抗一直是他自己的政治手段，而現在在牢裡浪費的時間，可能就是他不得不付出的部分代價；接下來幾年的流亡歲月也是。在那些年當中，他無一刻或忘蘇班德里約的忠告。等到流亡歲月結束回到印尼後，他要自己學習爪哇人在一個規律社會中前進的方式，以及爪哇人傾訴困難之處的方式。他學會了自己不能再獨來獨往，於是找到了一位庇護者，那人就是哈比比。他閉上了嘴；彷彿魔法一般，原先被他視為冷漠且具有敵意的人，竟然變成了提供豐富資源的貴人。

在印尼獨立五十週年紀念日當天，即N-250型機在萬隆進行試航的六天之後，現年近八十二歲的蘇班德里約醫生終於獲釋出獄，距離伊馬杜丁出獄整整滿十六年。

早在三個星期前，蘇哈托總統就親自宣布了蘇班德里約即將出獄的消息。《雅加達郵報》一位記者前往獄中探視蘇班德里約，發現他患有疝氣和高血壓。這位老人家如今只希望自己不要死在獄中。一如十六年前伊馬杜丁即發現蘇班德里約的健康情況保持得很好，他一方面靠瑜伽，一方面靠在獄中庭院長時間散步來維持健康，以爭取自己還可能擁有的小小自由和生活。

記者問蘇班德里約，出獄後還想不想再碰政治？

蘇班德里約答道：「沒有用。」他說，他現在只想著來生的事。

記者再問他對於自己獲釋有何看法？

沒有。他表示在確定離開監獄之前，他不想表達任何意見。他說：「我很怕管不住自己的舌頭，那豈不是會造成反效果？」

所以，到了這幾乎是最後的關頭，發言最好謹慎，只談真主的慈悲和蘇哈托的寬厚。蘇班德里約非常留心自己十六年前提供給伊馬杜丁的爪哇忠告。

★

伊馬杜丁為他的伊斯蘭教之旅取了個非常不伊斯蘭教、而且聽起來非常現代化的名稱。所以一九七九年，他在萬隆為中產階級的年輕人開了心智訓練課程，讓學生玩的現代遊戲中的一項，是將學生分成每五人一組，再從不同的信封裡取出各種形狀的紙，要他們拼成正方形。要完成這項任務，唯有靠各組聚在一起，並且交換自己信封內的紙才行。用這種吸引人的方式，學生們學會了合作、堅持、認識彼此，以及歸屬感的需要。自從伊馬杜丁到這裡向皈依者講道（也多虧了他在這裡傳道），否則這批有些還是來自於雅加達的年輕人，根本無法獲得父母允許，到萬隆來上這種深夜的混合課程。從此，人人方知這些全是伊斯蘭教的美德，有些年輕人甚至能夠引述《可蘭經》作為談話的支援題材。

如果在一九七九年這算是心智訓練的層面，對伊馬杜丁目前的成就和榮耀有所認識的我，就可能對「YAASIN」背後的意義有點概念。「YAASIN」是伊馬杜丁為他目前所主持的一個基金會所選擇的時髦印尼文首字母縮寫，這個基金會叫「Yayasan Pembina Sari Insan」，意思是「人力資源發展和管理基金會」。「人力資源」指的是人，「發展」指的是變成虔誠的穆斯林，而「管理」這些虔誠的穆斯林是指要他們捐棄昔日無論是什麼的效忠對象，引導他們追隨伊馬杜丁和哈比比的科技政治路線。

基金會辦公室位於一棟小樓房的一樓，和雅加達市中心有點距離，訪客還不太容易找得到。但伊馬杜丁是個大忙人，除了每週要上電視節目、要為「伊斯蘭教知識分子協會」工作之外，再過幾天他又要前往美國和加拿大，在那裡待兩個月，訪問十二所大學，為印尼學生進行心智訓練，所以他認為他的辦公室是我們見面的最佳地點。

當他到大廳迎接我的時候，我並沒有立刻確認那個人真的是他。那可不光是相隔多年的關係，而是他的舉止變了。在我看來，在萬隆時期的他還有點大學講師的模樣，引人注目的以半隨意、半自信的方式，繞著一項主題的嚴肅和笨拙內容打轉，以贏得非同儕者的擁護。如今的他卻儼然是個體面的人，西裝堪稱得上端莊穩重：綠條紋襯衫、領帶、插在襯衫口袋裡的鋼筆，繫上皮帶的毛呢布長褲扣住了才剛要開始發展的中年發福。

辦公室進門就是一個開放的空間，馬上看到右邊是稍微高起來的講台，鋪著廉價的起皺地毯，地板上到處是拖鞋和鞋子。這是伊馬杜丁的訪客、雇員或鄰居朝向麥加敬拜的地方，已經有兩、三個人靜靜地坐在那裡，等待確切的祈禱時間。在這樣的場景下，他們有點像擺放在辦公室的獎盃或文憑，展示著美德。

當我們踮著腳走過這些不動的人時，和我一道來的女性外交人員（順道一提，提供汽車讓我走這趟困難旅程的人，也是她），問說如果我們想再往前走，是不是就不該脫掉鞋子。伊馬杜丁帶著一臉傳道者慣有的親切說，沒有脫鞋的必要。他一副彷彿基於自己對外在世界的經驗，知道脫鞋對我們而言是一大負擔似的模樣，對我們狀似同情；但在說此話的同時，口氣又好像顯現出對我們而言形同負擔的，對他卻是種純然的喜悅。

這間辦公室的後面是秘書室，有個畫面不停跳動的電腦螢幕、一些架子和檔案。秘書室後面的走廊底端就是伊馬杜丁的辦公室，後面則是這棟建築的外牆，牆外是陽光普照、塵煙瀰漫的繁忙交通。這間辦公室看起來好像經歷過許多事情。在加了玻璃墊的書桌上，有部黯淡陳舊的筆記型電腦，電腦的一邊是一本使用了很久的《可蘭經》，另一邊則是一堆或許有三十公分高、品質不良、大小相似、有著亮藍色封面的平裝書，全都是在埃及出版的，可能對《可蘭經》有很長的評論，毫無疑問是伊馬杜丁快樂的泉源。

就在有著清真寺和辦公室氣氛的這裡，伊馬杜丁開始告訴我，他在一九七九年之後的一些經歷，以及想法中的一些改變，引領他從萬隆工學院不准他開電機工程課所飽受的迫害，到在雅加達的功成名就，擁有自己的基金會，以及對人類資源的想法。

一九七九年伊馬杜丁已年近五十，但他仍然和兩個國際伊斯蘭教學生組織保持聯繫，並且位居要職。這兩個組織以讓人印象深刻的字首現代模式，分別名為：IIFSO，即科威特的「國際伊斯蘭教學生組織聯盟」（International Islamic Federation of Student Organisations）和WAMY，即沙烏地阿拉伯的「世界穆斯林青年協會」（World Association of Muslim Youth），而伊馬杜丁就是透過世界穆斯林青年協會取得「費瑟基金會」[3]的補助金。然而身為伊斯蘭教信仰的捍衛者，伊馬杜丁卻未利用這筆錢前往任何能夠尋得某種慰藉的穆斯林國家，反而去了美國的心臟地區愛荷華州立大學。在每種現代革命黨人的世界地圖中，美國始終都是不被承認的地區：在這個法治和休閒的國度，每到一天將盡之時，每個自稱政治、文化或宗教觀點南轅北轍的人，都可以互相和解，投入國家整體的幸福氛圍當中。

就在愛荷華州，伊馬杜丁和他的過去一刀兩斷。他找到了「工業工程」這個新的研究主題，放棄自己教了十七年的電機工程。他說他年輕時決定獻身電機工程，那是一段不確定的歲月，對於國家怎樣才能獲得最好的發展，他其實模糊到極點，但如今他在愛荷華州開始看得更清楚了。

伊馬杜丁說：「我當時就發現這個國家需要人力資源發展之迫切，遠勝過高科技。我瞭解這個國家的問題不在科技，科技是只要你有錢就買得到，但你卻無法買到報效國家的人力資源。你無法期待美國人來這裡為印尼效命。身為國際伊斯蘭教學生組織聯盟秘書長，我到過許多地方。一九七八年某日，我在沙烏地阿拉伯看到他們蓋了一座非常現代化的醫院——費瑟國王醫院，但是所有的醫生、甚至連護士都不是阿拉伯人。醫生是美國人，護士是菲律賓人、印度人和巴基斯坦人。沙烏地阿拉伯可以購買空中預警機，但飛行員卻是美國人。」

「你以前沒想過那點？」

「不算想過，但也很接近了。」

儘管我對伊馬杜丁聽起來十分科學的言論當中不無宗教的暗示意涵一知半解，我還是給了半科學性的演繹。我認為他還是以科學家的身分在發表談話，並且很斬釘截鐵的說如果沒有科學輔助，科技根本派不上用場。而我想他是在舉沙烏地阿拉伯為例，說明科技的倚賴性。但他接下來所說的，卻又讓我覺得自己似乎並未掌握到他論點的真義。

他說：「當我向沙烏地阿拉伯申請獎學金時，曾想過不要再搞電機了。我想，總有些東西比科技更重要吧。」

我一時有點混淆，他似乎在表示為了發展科技，有必要放棄科技。我的心思回到他剛剛說的話，他則繼續說他的，不用多久，我就發現他的觀感並非客觀公正地把印尼科技進步的原則詳列出來，而是比較偏於私人的述說自身的生涯，談他放棄電機工程、放棄純粹的科技而成為一名全職傳

3 譯註：Faisal Foundation，以沙烏地阿拉伯第三任國王為名的基金會。

道者和教士的直覺階段，以及經由這種明顯的改行換業接觸到了層峰：伊斯蘭教知識分子協會、哈比比、N-250型機的風光，還有間接的總統本人。在他心裡，這些過程全無脫節或不合邏輯之處，再清楚不過。唯有在人力資源獲得發展——指的是人民變得虔誠善良之後——國家才發展得起來。

我的問題有時會偏離主題，伊馬杜丁雖然還是很有禮貌的回答，卻也視此為打岔，並且像個經驗豐富的政客或傳道者，總是能言歸正傳地導正回來，絕不偏離。

他說：「我用沙烏地阿拉伯提供的獎學金改學工業工程。在電機工程中，我們只學習工程，完全不顧及人力，除了當你讀到高壓電時，當然會考慮到安全問題。在工業工程中，你則是將工業系統和人力資源結合在一起，再加上管理。我在愛荷華州立大學就是這麼做。我碰到一位很棒的教授，他是人類行為專家。我拜託這位教授當我的主修教授，他欣然同意。從此，我就集中資源在行為研究上。」

伊馬杜丁毫不猶豫就放棄了自己的老本行。「唯有在我可以從中學習到一些東西時，我才會對那件事有興趣。一旦瞭如指掌就不再喜歡，這是我的弱點，或可稱為壞習慣。舉個例子來說，讓我看任何馬達或電機，我都可以告訴你這部機器的性能。感應馬達就是感應馬達，在哪裡製造的一點關係都沒有，我可以全部詳細解釋給你聽。但有了兩個孩子時，每個孩子都有自己個人的行為，你不能視他們為機器。對我而言，人類永遠像是一團謎，總是讓我覺得有趣。」

就在辦公室牆壁外面，明亮的光線開始變黃，把煙塵都轉化成了金黃色：炎熱的下午正在改變，開始轉為薄暮，交通則繁忙如故，充滿了如同從遠處觀看一座噴泉，持續不斷發生的各式人間故事。不過在這種背景襯托之下，辦公室長廊底端鋪著地毯的開放空間，謙遜的吟頌聲已逐漸取代躊躇的腳步聲。

從伊馬杜丁的雙眼看得出來，他正聆聽著。但也出於如同先前他要我們在長廊中不必脫鞋的客氣一樣，他刻意表現出沒有注意到的樣子，並未中斷口中所述說的故事。

他在愛荷華州待了四年，完成工業工程學業時，接到印尼某個朋友的來信，勸他暫時不要回印尼。本來他一畢業就得離開美國，於是他將信出示給美國移民官員看，於是官員延長了他的居留。他也將信出示給他的教授看。教授知道伊馬杜丁畢業後，沙烏地阿拉伯提供的補助金也就停止了，便幫他找了一份教職。伊馬杜丁後來在愛荷華州教了兩年書。

我說：「人們對你很好。」

我正試著針對愛荷華州的非信徒發表看法，我相信伊馬杜丁對此也了然於心，他卻帶著頑皮的微笑說：「真主非常愛我。」

從長廊傳來的頌歌越來越清楚，沒有辦法再裝作沒聽見。我看得出來，伊馬杜丁非常想到那兒去加入吟頌者和祈禱者的行列，不過他還是留下來好一會兒，繼續述說他的故事。

一九八六年，一位地位很崇高的印尼朋友，事實上他是一名內閣閣員，代表伊馬杜丁向印尼政府陳情。他個人保證，伊馬杜丁絕對不會做出傷害國家的事。拜此舉所賜，流亡多年之後，伊馬杜丁終於獲准歸國。他回到萬隆工學院，以為自己仍擁有工學院講師的職位，但是當他跟院長報到時，院長卻跟他說他已經被解聘了。事態發展至此，儘管伊馬杜丁沒有說出來，但他算是徹底告別電機工程了。

如今，長廊裡盡是一片吟誦之聲，充塞四周，喚醒了正在敘述過往的伊馬杜丁。現在他已經無法自制了，猛地從辦公室椅子上站了起來，以公事公辦的姿態跟我們說，他待會兒就回來，然後就朝吟誦聲處走去。

辦公室頓時給人空蕩感。沒有了他這個人，沒有了他奇特的簡樸和開放、健談和幽默，所有他宗教的其餘配備只徒留壓迫感，給人一種無中生有的感覺。唯有像伊馬杜丁這樣的人，才會賦予玻璃墊書桌上那些奇特的藍色埃及平裝書一些生機。

伊馬杜丁回來之後，明顯的不再像先前那樣心神不定。祈禱這習慣獲得滿足後，他便恢復了精神，準備述說他故事中幸福的一章。這是他功成名就的部分，談他坐牢、流亡、四處奔走了將近十年之後，開始成功的故事。

在萬隆工學院受辱後的伊馬杜丁一回到首都雅加達，馬上就否極泰來。在雅加達，他比從前更接近權力核心，可以首度根據他八、九年前在獄中向蘇班德里約學來的爪哇權術行事。這些權術原則很簡單，卻很重要：要知道自己在社會中的地位，以及你和當局的關係；知道什麼可以說，什麼不該說；並且知道敬拜的藝術。

他說：「從一九八七年開始，我在雅加達的生活就過得很活躍。我學得很快。」

「你學到什麼？」

「印尼的地緣政治，蘇哈托的遊戲規則。」

儘管學得新招數，伊馬杜丁還是摔了一大跤。事情發生在他到雅加達的第二年，當時他正嘗試進行關於人力資源的構想。

「我開始召集一些朋友成立新組織，叫做『穆斯林知識分子協會』之類的。我們在日惹的一家小旅館集會，時間是一九八九年一月，四名警察闖了進來，解散了我們的會議。我當時還惡名昭彰，蘇哈托仍受到情報人員影響。」

之後他告訴我，情報人員受到天主教左右，對伊斯蘭教運動總是疑神疑鬼。上述事件給伊馬杜丁的教訓是，儘管社會受到完全的控制，卻還不是那麼容易讀透，臨檢的事仍到處可見。蘇門答臘的成長教育和在美國受的訓練都鼓勵他獨立行事，但他發現這種想法是錯的。他需要有個靠山。

「我對政治情況有了更進一步的認識，我遍覽有關哈比比教授的書，看了兩本雜誌的封面報導，試著更加瞭解他。之後我拜託我的朋友，」我聽了心想，或許就是上述那位讓伊馬杜丁重返印尼的內閣閣員。「介紹我和哈比比認識。一九九〇年，哈比比終於接見我。」

「實際情況到底如何？」

「我託一名學生帶信給哈比比，然後在學生的陪同下，前往哈比比的辦公室，其中三位當過我的『領航員』。一九九〇年八月二十三日，我終於和哈比比見面。」

也就是說，距離警察闖入日惹那家小旅館的會議臨檢已經一年了。哈比比同意出任新組織的主席。

「為什麼你會挑哈比比？」

「因為他非常接近蘇哈托，而在印尼，如果沒有獲得頭號首要人物首肯，就什麼事都別想做。哈比比告訴我，我必須擬出一份提案，而且必須獲得至少二十名國內博士的簽名支持。於是我就回去在電腦上奮戰了兩個禮拜，找了四十九人在信上簽名，他們大部分都是大學裡頭的人。一九九〇年九月二日，哈比比將信呈給蘇哈托看，立即獲得蘇哈托批准，他還跟哈比比說：『這是伊斯蘭教知識分子第一次聯合起來，我要你領導這些人來建設這個國家。』這封信理所當然該成為國家文件。」

自此，伊馬杜丁出運了。「和蘇哈托會晤歸來，哈比比就成立了一個委員會，著手籌備會議。一九九〇年十二月初，『伊斯蘭教知識分子協會』成立。蘇哈托承諾將親自為會議揭幕。」還有一項總統特赦令。「當蘇哈托透過哈比比希望為國際多媒體及博覽會會議（International Conference on Multimedia and Expo，ICME）的專刊取個名字時，哈比比找上我幫忙，我給了他三個名字挑選：『Res Publica』、『Republik』和『Republika』。[4]蘇哈托選了印尼文的『Republika』。事後我重獲自由，可以到處演講。一九八六年我重返印尼時，還不准公開講課。印尼已經徹底翻轉，反對勢力當然還是有，像是非穆斯林、天主教徒等等。」

「為什麼蘇哈托會改變心意？」

「我不知道。對我而言，這也是個謎。或許是真主改變了他的心意。一九九一年他到麥加朝聖。他的名字現在變成哈吉·穆罕默德·蘇哈托。[5]在此之前，他沒有名字，就只叫做蘇哈托。」

伊馬杜丁從此成為大忙人。「我從一九九一年開始接受哈比比的指派。有一天他打電話給我，並說：『我希望你只做一件事，就是訓練這些人，讓他們成為虔誠的穆斯林。』」

「所以你就放棄了工程學？」

「完全放棄。從一九九一年開始，我每年都到歐洲各國、美國、澳洲，就只是到那裡去看看這些學生，特別是從哈比比那兒拿獎學金的學生。我訓練他們成為良好的穆斯林，良好的印尼國民。我跟你說了，下個星期我剛好要去加拿大和美國，會在那裡待上兩個月，走訪十二所大學。」

他這份工作的政治、或稱為地緣目的是看得出來的。學生們已經願意倚靠哈比比和政府。伊馬杜丁帶到大學去給學生的心智訓練，會讓他們更緊密的團結在一起。

他談起了這些海外學生：「當他們成為虔誠的穆斯林和印尼的優秀領導者時，他們就不會想要革命，而會想要發展。」這番話聽起來有點像是拚命想出來的口號，似乎要提綱挈領的說出「發展」這個字，但和「革命」卻又不是毫無聯繫的。「我們必須克服我們的落後，並且在二〇二〇年以前，成為新的工業國家之一。」

所以從這一點開始看，印尼是有些東西比科技還重要，透過人力資源，也就是宗教的想法，我們已經迂迴地回歸到科技進步的必要性。一種特別的進步，心靈上還是受到宗教的控制。

這條迂迴路線是依循著伊馬杜丁自己生涯的曲線，從他在萬隆工學院的困窘，到他在哈比比計畫中的舉足輕重。在他的心目中，這些全然沒有銜接不起來的地方。世界上最重要的事物就是信仰，而他的第一要務就是服務信仰。一九七九年，他必須表達自己反對政府，但現在完全不一樣了，政府要服務信仰，而他自己倒是可以服務政府。信仰很龐大；他可以做些調整來符合政府的需求。他並沒有向政府靠攏，反而是政府靠向了他。

「一九七九年，我覺得宗教受到威脅。當時的情報單位受到擔心伊斯蘭教坐大的天主教左右，他們有種心理投射，認定因為自己是少數人的關係，必定會受到如同其他國家施加於穆斯林身上的待遇。如今內閣裡也有一些我的朋友了，那是真主的旨意。」

爪哇的敬拜方式如今對他而言易如反掌。他談到自己的後台哈比比：「他是個天才。他在德國亞琛，都是以最優異的成績拿到碩士和博士學位，第二和第三個學位拿的是航空工程學位。身為誠實正人君子的他，從來沒有遺漏過一次祈禱——一天祈禱五次，每週還分別在週一和週四禁食兩次。哈比比的兒子甚至比他還聰明，去了慕尼黑。」伊馬杜丁也對蘇哈托總統身為國父的地位有了

---

4 譯註：以上三個分別為拉丁文、德文和印尼文的「共和國」。

5 譯註：Haji Mohammed Suharto，哈吉指的是去過麥加朝聖的穆斯林。不過一般而言，蘇哈托是名字，不是姓氏，作者的認知可能有所誤差。

敬畏之心。當哈比比將伊馬杜丁第一封有關伊斯蘭教知識分子協會的信拿給蘇哈托看時，他的眼睛在瀏覽了四十九個簽名之後，停在伊馬杜丁的簽名上，用就事論事的口吻說：「他曾經坐過牢。」哈比比告訴伊馬杜丁這件事，讓他大為震驚。

他告訴我：「光憑一個名字。想想這邊可是有成千上萬的人關在獄中……」他沒有說完這句話。如今，他對印尼信仰的前途有個驚人的願景。

「我相信已故的法扎—厄—拉赫曼跟我說過的話。他在一九八〇年過世，生前是巴基斯坦國家伊斯蘭教學院的教授，也是芝加哥大學伊斯蘭教研究教授。我曾邀請他到愛荷華州演講。」聽來頗為有趣，這種在異國土地上，伊斯蘭教教士間受到保護的片刻往來。「我到機場去接他。他擁抱我並且說：『我看了很多你的文章和書，今天真是幸會。你是印尼人，我深信說馬來語的穆斯林將在二十一世紀領導伊斯蘭教復興。』我提起他的包包，陪他走到座車，並且問他為什麼會這麼認為。他說：『我是認真的，你會領導伊斯蘭教復興。這有三點理由：第一，說馬來語的穆斯林已成為伊斯蘭教世界的多數人口，而你們是目前唯一仍團結一致的穆斯林，我們巴基斯坦人就做不到。阿拉伯世界四分五裂成十五個國家，你們只有遜尼派[6]，沒有什葉派[7]。第二，你們有伊斯蘭教組織穆罕默德協會[8]，還有口號、《可蘭經》和教規。』因為法扎—厄—拉赫曼堅信唯有《可蘭經》可以針對現代的問題提出答案。『第三，印尼婦女的地位還如同先知時期，一直緊守著伊斯蘭教真正的教義。』」

我問伊馬杜丁：「《可蘭經》可以解決的現代問題是什麼？」

「人際關係，平等的感覺。免於匱乏、免於恐懼的自由，這是人們需要的兩種東西，也是先知穆罕默德基本的使命。」

一九七九年伊馬杜丁曾告訴我，年輕的他不可能成為社會主義者，因為他「已經」是穆斯林。

當時還可以說虔誠不會提供制度，現在卻不能說光有信仰不足以帶來免於匱乏和恐懼的自由，因為伊馬杜丁的信仰提議包裹在哈比比的科技計畫中，其榮光已經展現在N-250型機的飛航上。

「科學是伊斯蘭教教義固有的東西。如果我們的科學落後，那是因為我們受過西班牙人、英國人和荷蘭人的殖民統治。為什麼真主要造人？是為了讓世界更繁榮。為了讓世界更繁榮，我們就得精通科學。神跟先知穆罕默德透露的第一個啟示就是『閱讀』。」

這似乎是從前消失的一部分。但當我對印尼的政治稍微多了一些瞭解之後，我將會發現，這是伊馬杜丁向敵人宣戰之處，他要代表政府展開一場龐大的權力遊戲。

在印尼，我們幾乎站在伊斯蘭教世界的邊界。有一千多年的時間，或大約到一四〇〇年為止，這裡屬於大印度文化和宗教的一部分：萬物有靈學說、佛教與印度教等等。伊斯蘭教傳入印尼的時間，只比歐洲人早到一些。不過在印尼，這個宗教卻一直沒有它在其他皈依之地那種至高無上的力量。過去兩百年來，在殖民世界裡，伊斯蘭教甚至屈居守勢，是被人支配的子民所信仰的宗教，沒有深入人們的靈魂。伊斯蘭教仍然只是傳教士的宗教。在殖民時期，伊斯蘭教一直鬆散通俗的存在著，活在簡單的村落習經院裡，降格至彷若佛教僧院的一個想法而已。

6 譯註：Sunni，原意為遵循聖訓者，為伊斯蘭教中最大派別，自稱「正統派」，與什葉派對立。一般認為大約有85％至90％的穆斯林隸屬此派別。

7 譯註：Shia，為伊斯蘭教的第二大教派，原意為追隨者，與遜尼派同為伊斯蘭教兩大教派。

8 譯註：Muhamadiyah，意為穆罕默德追隨者。一九一二年創立於日惹的組織，崇尚《可蘭經》和聖訓，主要致力於社會和教育活動。

要擁有或控制這些學校，必須擁有權力。我開始覺得，伊馬杜丁和伊斯蘭教知識分子協會整天強調科技，摒棄舊有的禮法，其志絕對不小。他們要完成讓伊斯蘭教接收印尼的大業，讓印尼接受命運的安排，在二十一世紀成為領導伊斯蘭教復興的領袖。

伊馬杜丁說：「從前他們讀《可蘭經》都不求甚解，只對正確的發音和某種美妙的旋律感興趣。目前我們正在改變這種情勢。現在我有了透過電視發表演說的機會。」

後來我們走出去，經過如今除了幾塊凌亂的地毯之外已然空蕩蕩的開放空間。伊馬杜丁那位堆滿笑容、優雅美麗的爪哇妻子，就在那兒等著他。伊馬杜丁肯定是有些福氣，才會贏得這樣的美人青睞。十七年前打點包包給伊馬杜丁入獄用的正是她，她還提醒我，一九七九年除夕當天，我到過他們在萬隆工學院的住家。

我去洗手間。因為大家都在一個小混凝土水池進行齋戒沐浴，搞得這裡一團亂，只有事先脫鞋又捲起褲管的人倖免於難。

再回去的時候，我看到一個身著灰衣的中年高個兒和伊馬杜丁的妻子站在一起。此人一看到伊馬杜丁就趨上前去，好像要親吻他的右手，伊馬杜丁卻做出迴避的動作。

這個灰衣男在印尼外交部工作，曾在伊馬杜丁前往德國向學生講授心智訓練課程時見過他。他笑瞇瞇地看著伊馬杜丁，用英語跟我說：「他很忠於自我，只敬畏真主。」

我知道他的意思。我們站在那兒好一會兒，大家都面帶微笑，包括伊馬杜丁、他的妻子和灰衣男。

伊馬杜丁後來告訴我，親吻老師的手是傳統穆斯林的習慣。那名外交人員尊伊馬杜丁為師。每回見到伊馬杜丁，就想要親吻他的手。「但我從來不讓他親。」

第二章 歷史

伊馬杜丁和伊斯蘭教知識分子協會最放在眼裡的人，非瓦希德先生莫屬。

瓦希德先生不喜歡哈比比的宗教觀和政治觀，而且他是印尼極少數幾位敢這麼說的人。瓦希德是「宗教學者復興會」（Nahdlatul Ulama，NU）的理事長。宗教學者復興會是印尼伊斯蘭教村落習經院所組成的組織，號稱有三千萬名會員。三千萬人抗拒心智訓練和伊斯蘭教知識分子協會，這樣的力量，使得瓦希德先生令人生畏。瓦希德先生可不是普通人，他系出名門。在印尼，特別是在爪哇，系出名門事關緊要。他們家族從黑暗殖民時代開始，便和爪哇村落伊斯蘭教習經院建立起關係，至今已經有一百多年。殖民時代的印尼被荷蘭人降格為大農場，這些伊斯蘭教習經院是極少數能提供人們隱私和自尊的地方。瓦希德先生的父親在獨立時期，無論是在政治或宗教事務上，都是響叮噹的人物。

一向謹言慎行的《雅加達郵報》在一篇報導中說，瓦希德先生是個爭議性大又難以理解的謎樣般人物。這則報導有幕後故事。伊馬杜丁相信，近年來讓蘇哈托總統對伊斯蘭教越來越忠誠的，一定是真主，不可能是別人。真主還讓他前往麥加朝聖，讓他強力支持哈比比科技、政治和宗教三合一的信念。瓦希德先生對這點則另有看法，他相信政治和宗教應該分離，有一天他居然挺身做了一件很不可思議的事情：跟一名外國記者批評蘇哈托總統。唯有像瓦希德先生那麼實力堅強和獨立的人才可能逃過一劫。接著讓人刮目相看的是，他竟然還蟬聯了復興會理事長。但自從那之後，有八個月時間他一直未獲蘇哈托總統接見。眾所皆知，瓦希德先生的處境岌岌可危。

毫無疑問的正是因為這股血腥之味，大家才說我應該去見瓦希德先生。有位外國記者在摘要上形容他是「有三千萬信徒的盲老教士」。這種描寫賦予瓦希德先生一種漫畫人物的形象，把他和另外一個國家的某個人物混淆在一起。瓦希德先生的眼力是不好，但並非全盲；他只有五十二、三歲，也不是教士。

十六年前，人們一樣熱切盼望我去見瓦希德先生，不過當時另有原因。一九七九年，人們認為瓦希德先生和他的 *pesantren*，也就是「伊斯蘭教習經院運動」，是現代伊斯蘭教運動的先驅。伊斯蘭教習經院運動在教育家伊凡．伊里奇[1]訪問他們時更添光環，稱讚該運動是他所推崇的「廢除學校」的優良楷模。對於幾乎沒有學校可上的村民而言，廢除學校或許不是什麼最好的構想，但因為伊里奇的推崇，印尼的伊斯蘭教習經院似乎成了殖民地時代黯淡後，亞洲所提供另一道出人意表的光輝例證。雅加達一個年輕生意人是瓦希德先生的支持者，安排我到日惹附近的伊斯蘭教習經院去看看。其中一間習經院還是瓦希德先生自己的；畢竟這個運動是起源於他家。

頭兩天的行程真是夠折磨人。首先得找對地方，要沿著學校擁擠的校園、擁擠的鄉間道路行走。剛進入時都十分安靜肅穆，突然之間——就算是夜晚時分也不例外——整個校園就競相活蹦亂跳，活像餵食時間魚滿為患的鱒魚池：成群結隊、嘻嘻哈哈的男孩子和年輕人，有些只圍了件布裙，非常放鬆，放下手邊的內務跟在我後頭，甚至有些人大叫著：「伊里奇！伊里奇！」

因為分神，所以我不確定自己當時到底看到了什麼，倒是肯定錯過了不少。不過要形容我看到的一切，「廢除學校」好像真是個恰當的字眼，因為我並未看到年輕的村民聚集在營地中學習他們無論如何都該承襲的村落技藝。宗教層面也讓我深感憂慮：課文非常簡單，班級非常龐大，記誦之學，以及虛有其表的課後私下自修等等。在晚上擁擠的庭院裡，我看到男孩子坐在黑暗中，打開書本，裝出在讀書的樣子。

這不是我自己會想要來的地方。我這麼對一位和我一起從雅加達前來這裡，兼任嚮導和翻譯的年輕人這麼說。他聰明、有教養且友善，在我們所有的行程中，幾乎都是站在我這邊，這時卻放下一切禮貌，變得非常生氣。其他人聽到我對伊斯蘭教習經院的評語後，也十分惱怒。

兩天參觀活動結束後，我在瓦希德先生位於習經院中的家和他碰面。我曾記下我們的會晤，奇怪的是，直到我重新看自己寫的東西之前，我對他這個人和當時會晤的情景居然毫無記憶。原因可能是兩天行程的舟車勞頓，也可能是因為我們的會晤時間太過短促：瓦希德先生一如平常地忙於習經院的事務，當晚還要趕到雅加達，所以無法安排太多時間和我談。或者，最有可能的原因是瓦希德先生家的客廳燈光非常昏暗，想在那麼暗的光線中打量他十分吃力，我也就不得不放棄了。只要能夠聽到聲音就好，甚至連他的照片都沒拍。

他所說的事情，解釋了我對伊斯蘭教習經院運動的許多感受。在成為習經院之前，它們原來可能是由村人供養的佛寺，而佛寺則以時時提醒村人永恆的真理作為回饋。伊斯蘭教剛傳至印尼初期，這些佛寺一直都是靈修的所在，是蘇非派[2]的中心。在荷蘭人統治時期變成伊斯蘭教學校，後

---

1 譯註：Ivan Illich，一九二六～二〇〇二年。奧地利哲學家及羅馬天主教神父，以特立獨行的社會批評家聞名於世。

2 譯註：Sufi，伊斯蘭教的神祕主義派別。

來更嘗試變成更現代化的學校。在這裡，就如同在印尼其他地方一樣，相形之下，伊斯蘭教還是比較晚近的宗教，一段段的歷史層面仍輕易可見。但以下是我個人、不是瓦希德先生的看法：伊斯蘭教習經院運動結合各個不同的概念，創造了我所見到的大雜燴。

當我們交談之際，外面忽然傳來吟誦之聲，原來是阿拉伯語課。瓦希德先生和我一起走出去看。吟誦聲從花園盡頭某間非常小的屋子走廊傳出來。光線非常暗，我好不容易才看清楚教師和學生。瓦希德先生說，這位老師是社區裡最有學問的人之一。伊斯蘭教習經院運動為他蓋了這間小屋，三餐都由村民供應。除此之外，教師的月薪是五百盧比，當時約合八角美金。儘管他是伊斯蘭教徒，卻能在阿拉伯語律法課中流暢的吟誦。但這位依靠他所服務的人民供養的智者暨當地精神上的避雷針，卻是來自佛教寺院的僧侶。

我對他八角美金的月薪深感興趣。瓦希德先生一叫他，他就上前來，在昏暗中很謙恭的站在我們面前。他的個子很小、很虔誠，背有點駝，眼鏡的鏡片很厚。我甩不掉那八角美金薪水的思緒，一直想著這些薪水到底怎麼付，以及多久付一次。

瓦希德先生大力稱讚站在我們面前的這位老師，說他雖然只有三十歲，卻已經記住了大半部的《可蘭經》。我說會背誦《可蘭經》真棒。「一半，」瓦希德先生說：「只記得住一半。」而我思及眼前這位佝僂著身子的人也沒有什麼其他的事情好做，便也跟著略微嚴厲的發表議論，說這樣恐怕還不夠好。聽得這位八角美金月薪的老師，肩膀更縮了些。而不論我們怎麼非難他，他都很虔誠的當成宗教修行來接受。我還有種感覺，就是他可能會繼續縮他的肩膀、再多縮一點、再多縮一點，直到頭陷入雙肩下為止。

留在我當晚記憶中的是他，而不是瓦希德先生。

★

一九七九年送我到伊斯蘭教習經院去的是雅加達企業家阿迪．沙索諾，當時他是瓦希德先生的支持者，如今卻已經分道揚鑣，投靠到另一個陣營伊斯蘭教知識分子協會那邊。他在組織中位居要職，並且在雅加達市中心一棟大樓裡，擁有一間有著各式各樣現代化設備的大辦公室。

我去找他時，他希望我知道的是，他仍然保有往日振興村落的想法，只是瓦希德先生已經被拋諸腦後。習經院從前很不錯，現在已大不相同。

在上個世紀的荷蘭殖民時期，伊斯蘭教習經院給予村落人們一種自重的感受，稱為「kiyai」的習經院院長是非正式的地方領袖，或許能提供村民一些保護。如今時代改變。在現代的世界中，舊制度給不了答案。習經院歸院長所有，所有權或領導權可以父傳子、子傳孫，代代相傳，所以不管院長的德性如何，總是有「菁英主義」或「宗教封建主義」的危機存在。

阿迪說：「這種動員人民的傳統方法無法長久維持。我們需要一種更靠得住的過程，以及一種國家的集體決策。」一九七九年，他加入伊斯蘭教習經院運動，推動現代教育，彌補傳統的宗教教學，以推動鄉村發展。如今他認為，這份工作讓伊斯蘭教知識分子協會來做更好。「我們教導人們更加獨立的自己做決定，特別是有關於將龐大的資金投入鄉村地區這種挑戰性的決定。光是院長一個人，就算是個有地位的人，也無法保障人們的生命安全。所以，伊斯蘭教知識分子協會更加強在人力資源發展和國民經濟力的發展上著力。」

阿迪一直往這個目標邁進，現在機會終於來了：伊馬杜丁的人力資源發展和管理的傳教想法。

阿迪對於廢除學校和伊凡．伊里奇沒有任何看法，那樣的現代化和學制都是過去式了。在阿迪目前的分析中，小木屋和習經院吵雜的庭院，看在自由訪客的眼裡既腐朽不堪，又十分侷促，從以前到現在，始終如此。一整套嶄新而為大家所接受的字眼或概念，如菁英主義、宗教封建主義、可靠性、集體決策、動員百姓，以及理所當然的人力資源等，都象徵性的用來打擊既貧窮又老邁的瓦希德先生的腦袋。

也打擊著只在我自己心中出現，從記憶中喚起的那個身影：瘦小、微駝、白帽白衣，在瓦希德先生讓人兩眼昏花的黑暗後院或花園出現，薪水只有八角美金的男子；按照目前的匯率，更是大約只有兩角五分美元。因為被叫喚，便從他非常陰暗的走廊、吟誦經文的伊斯蘭教律法課中走了出來，站在我們面前，恭順地低著頭接受我的非難——因年屆三十沒做什麼事，只背得了半部《可蘭經》，村人還幫他蓋了間狹窄小屋，讓他三餐無虞。在半皈依的印尼，他實在不太可能傳承早期的伊斯蘭教蘇非派，以及更早的佛教時期的僧侶衣缽。

★

伊斯蘭教和歐洲幾乎是同時以競爭的帝國主義姿態進入這裡，在比拼之間，摧毀了漫長的佛教及印度教歷史。在蹂躪了印度的正統之後，伊斯蘭教往這兒逼近，將勢力伸入大印度的這個部分。但歐洲人很快又占據這裡，使得伊斯蘭教本身開始自覺如同被殖民的文化。一個像瓦希德先生一樣有教養和自覺的人，記在腦海中的家族歷史，同時也是歐洲殖民和伊斯蘭教復興的歷史，而其家族真正的歷史，大約只能回溯到一百二十幾年前。

我們那趟旅程第一次會面時，瓦希德先生便曾談到他的家族歷史，但只是浮光掠影。我對他談的內容深感著迷，很想再多聽一些，於是又去找他。

我們在宗教學者復興會的大辦公室見面。辦公室位於大街上一棟樣式簡單的老舊建築一樓，前面有停車用的庭院。這些辦公室和阿迪·沙索諾的大不相同，有點像火車站的候車室，擺滿了沉重的暗色家具，毫無光澤。

我想要有張直背的高椅子坐，好寫點東西，但瓦希德先生辦公室裡的椅子都很矮。一名助理說另一個房間裡有可以讓我用的椅子，但現在裡面有人在談話。瓦希德先生彷彿受夠了這些人的談話似的，說他會趕走這些人。他們也果然馬上就被趕走，並且匆促到我們進入房間時，溫暖的菸味仍裊裊盤旋在其中。因為是印尼的丁香菸，所以滿屋子的丁香味。那菸味之濃，讓我在和瓦希德先生談了一下午後，雙手和頭髮都沾滿了丁香味，洗都洗不掉，如同手術後的麻藥味；殘留在外套上的菸味，更陪我過完待在印尼的那段期間。

我記憶裡毫無一九七九年的瓦希德先生。而此刻赫然發現瓦希德先生只有五十一、二歲，那就表示一九七九年當瓦希德先生已經有名有勢時，還不到四十歲。個兒矮胖的他，或許只有一百六十公分高。就如每個人說的，他的眼睛不太好，但他的體格和外表顯示他還有一些其他問題，像是心臟和呼吸方面等等。他穿著隨興，就是一件敞領襯衫。在印尼群眾當中，他絕對稱不上鶴立雞群，然而一旦開口演說，那一口流利、優美又靈敏的英文，就將他的氣質明顯地展現出來，有著世代相傳的自信和優雅。

瓦希德先生說：「我祖父一八六九年出生於東爪哇一個叫炯班的產糖區。他來自一個遵循蘇非派伊斯蘭教的傳統農家。爪哇的蘇非派伊斯蘭教徒經營伊斯蘭教習經院已經有好幾百年。我的祖先擁有習經院，也已經長達兩百年，從我祖父之前六、七代便開始經營習經院。

「我的曾祖父來自爪哇中部，在炯班習經院念書，後來還被老師選作女婿。時間可能是在一八三〇年，正是當地開始種甘蔗的時候，也是汽船開始經中東航行的時期。這對朝覲，也就是一般所知的麥加朝聖很重要，讓行程變得更加方便。一些現金滿滿的伊斯蘭教新貴家庭也紛紛出現，這些新貴家庭可以利用汽船將子女送到麥加念書。這當然純屬巧合，不過歷史經常就是無巧不成書，常常由毫無連結的發展所型塑。

「在上個世紀的最後二十五年，我的曾祖父終於能夠送我祖父到麥加去。我祖父可能是在一八九〇年前往麥加，當時他只有二十一歲，在那邊可能待了五、六年。因為汽船來往頻繁，你可以送錢給負笈他鄉的遊子。祖父後來學成返國，建立自己的習經院，時值一八九八年。

「故事要說的是，他當時成立的習經院只收到十個學生。光是蓋一間祈禱室，也會被視同對主流價值觀的挑戰。甘蔗田一帶根本沒有宗教生活可言。糖廠提供民眾一些錢，任由他們去做一些諸如賭博、喝酒、嫖妓等讓伊斯蘭教皺眉不悅的勾當，讓這些人非得倚靠糖廠過活不可。最初幾個月，每天夜裡，這十個學生都必須睡在祈禱室中央，因為祈禱室的牆壁是用竹蓆蓋的，矛和各種尖銳的武器可以從外面輕易的插進來。

「或許我祖父批判起別人來是嚴厲了些。他選擇蔗糖區是極為慎重的。或許他當時這麼做的時候，對未來已有靈感創見，明顯的意圖是想改造整個社區，以依循伊斯蘭教的方式生活。一九四七年走到了生命盡頭的祖父，所擁有的習經院共有四千名學生，學校占地八公頃。剛開始時他只有一點六公頃的地，如今社區已全面改造。糖廠還在，但整個社區已摒棄舊有的生活方式，改而依循伊斯蘭教的模式。

「我祖父結過許多次婚。他在前往麥加之前就結過，且全部的婚姻不是以離婚、就是以喪偶收場。名門閨秀的新婦大概是在本世紀初娶的。在這裡所說的名門，指的是治理梭羅的爪哇國王的血親。我們和蘇哈托總統的妻子同屬一脈，這個血統已經有點與宗教脫離，並且西化了。據我母親說，祖父的新婦很以自己的血統自豪，經常掛在嘴邊的話是：『我要我的子女接受不同的教育。我不要他們繼續過我丈夫那種農人的生活。』

「基於這個理念，她老早就為我父親和他弟弟們共十一個人，定好了方向。她請外面的家教來教他們諸如數學、荷蘭文和一些通識，這些都是習經院聞所未聞的。我父親甚至還上打字課。人們都搞不太清楚，因為這裡的伊斯蘭教社區仍然使用阿拉伯文作為當地語言。日後當我父親進入公職，有司機幫忙開車的他，還經常在後座打字。父親在念這些現代科目的同時，還得在他父親和姻親的習經院學習。我的祖父特地從開羅的艾資哈爾大學請來一名教士教我父親和他的幾個弟弟，時間長達七年。這在爪哇可說前所未聞。庫德人提供非常傳統的伊斯蘭教育，埃及人則透過阿富汗人改革了整個宗教教育傳統，所以，我父親兼得兩種教育的好處，接受和皇室成員一樣的教育。這就是為什麼我父親能說一口標準的阿拉伯語，並深諳阿拉伯文學的原因。他還訂了中東有名的期刊來看。」

瓦希德先生的父親也到過麥加朝聖。他是一九三一年去的，當時他只有十五歲，在麥加待了兩年。他是在返回印尼之後，才在他的伊斯蘭教習經院運動課程中增加了新東西，好讓課程內容如同他自己曾經接受過的教育一樣多元化。此時他父親應該已經完成正規教育，只是瓦希德先生並沒有特別明說。他在課程上增加了地理和現代史。瓦希德先生說，他也增添了「學校」的概念，這意味學生得接受老師的「訓練」。

「以前根本就沒有這套東西。師生之間非常客氣，沒有提問，每個人唯老師之命是從。把學校系統引介進入習經院之後，我父親做了一系列漸進的改變。以前曾做過一些小規模的改變，但幾乎沒什麼影響。一九二三年，我的外祖父甚至創立了一所女子習經院。現在，女子習經院已經隨處可見。」

☆

習經院實際上就是宗教寄宿學校，依照這個本質而言，他們也無法將層級提得太高。瓦希德先生口中所說的改進似乎不多，不過就是打字、地理和現代史而已。不過，或許這在當時已經稱得上是不小的改變；更或許，如瓦希德先生所說，他們的影響力是緩慢漸進的。

我問他有關習經院教學傳統的一面。他告訴我，他自己在父親改革多年後的一九四〇年代末期的經驗。

「我八歲時，也就是讀完《可蘭經》之後，老師就要我背誦《阿拉伯文法》這本文法書，全書大概有十五頁。每天早晨，老師要我背一、兩行。我就這樣接受這種訓練。到了晚上，我必須念這本非常基本的宗教律法課本，它教導我們如何進行洗禮，如何正確的祈禱。」

這不正是整整三十年後的一九七九年夜晚，我在習經院所看到的嗎？男孩隨處坐著，用一本他們早就會背的簡單宗教律法書哄騙自己。有些男孩甚至挑暗處坐，然後才翻開書，裝成在閱讀的樣子。

或許宗教教學一定要有這種重複、這種隔絕、壓制和震撼，要有這樣的痛苦。或許就是透過這種方式，才能產生一種自重，甚至是一種學習的概念。不透過這種方式，這種學習概念在一般的文化壓抑中，或許根本不可能存在。因為這種宗教教育，無論其虛偽的學識和虔誠的舉止，以及其真實的痛苦，都有種政治覺醒。

這是瓦希德先生家族史的另一面，由習經院其他成功與改革的故事交織而成。

☆

「一九〇八年，一位曾到麥加朝聖的商人在梭羅成立了一個地方組織，取名叫『伊斯蘭教商人工會』。四年後，這個組織轉變成為國家組織，稱為『伊斯蘭商會』，不再侷限於商業活動。

「我祖父有個小他十歲的表弟，名叫瓦哈卜．阿布拉[3]，先是被送到我祖父那兒接受教育，之後還到過麥加，交了一個朋友叫比斯里[4]。他們在麥加待了四年後，聽到有關伊斯蘭商會的種種，於是瓦哈卜要求在麥加開設一個商會分支單位。當時是一九一三年，也是伊斯蘭商會成立後的隔年。比斯里並未一道去，因為他沒有獲得我祖父（同時亦為他的老師）的允許。不過比斯里後來成為我的外祖父。瓦哈卜算起來是我的舅公。一九一七年他從麥加回來的時候，就到泗水去。一九一九年伊斯蘭商會分裂，有個荷蘭人策動了兩個商會成員另外組織了『紅色伊斯蘭商會』。一九二四年，為新轄地穆斯林創立了一個『沙烏地議會』，瓦哈卜就加入了泗水委員會。」

一九二六年蘇卡諾出現，國家政治也改革了，但瓦希德先生的父親和祖父在宗教運動方面依然維持其重要性。

「一九三五年，荷蘭人因為對日本的威脅感到憂心，呼籲地方民兵保衛印尼或者皇家，以免遭受日本人與日俱增的威脅。我祖父召集大會，爭辯一項議題：真正的穆斯林有責任保衛一個由非穆

3 譯註：Wahab Hasbullah，一八八八～一九七一年，對印尼伊斯蘭教相當具有影響力的學者。
4 譯註：全名 Ahmad Mustofa Bisri，一九四四年～，是伊斯蘭教習經院的院長，也是知名的詩人和畫家。

斯林治理的國家嗎？答覆是一面倒的肯定，因為一九三五年在荷蘭人的統治下，印尼的穆斯林有實行他們宗教教義的自由。就我的想法，這意味著祖父視伊斯蘭教為一股道德勢力，而不是由國家所運用的政治力量。」

這或許可以說是一場沒有權力的人對殖民道德的辯論，很像印度人在戰爭爆發時的辯論。結果是瓦希德先生的父親所效命的民兵，接受了一九四二年侵略印尼的日本人扶植。

「日本人建立了兩種民兵，分別是伊斯蘭教民兵和民族主義民兵。一九四四年，我父親創立了真主黨民兵，日本人從習經院和宗教學校徵召年輕人當兵，我叔叔就接受訓練，然後被指派為營長。也因為他的營部就設在習經院，所以全家都參與國家大事，會一起討論日本戰爭、德國事務和獨立運動。

「一九四四年到一九四五年間，日本人成立了一個委員會，籌備印尼獨立事宜，委員會的主席是蘇卡諾。我父親就在這個委員會內，和其他八名委員組成委員會核心，擬訂新國家的『建國五原則』（pancasila）[5]。以這樣的模式，他成了這個國家的開國元老之一。所以獨立戰爭一爆發，我父親就直接涉入其中，首先是擔任部長，後來又成為三軍總司令蘇德曼將軍[6]的政治顧問。

「荷蘭人發動侵略時，我父親就跑去躲了起來，我則被安置在外祖父家。父親每個禮拜會到外祖父家幾次，躲在屋裡療傷，不敢外出。那些傷都是糖尿病引起，不是被子彈打的。我必須到外面去捉青蛙回來煎油，然後敷在這些傷口上。每個禮拜我總要去捉個兩、三次，每次捉十到十五隻。等傷口一處理好，父親就會再回到附近村落去躲起來。

「當荷蘭人將主權交還給我們的國家時，父親被任命為宗教事務部部長，擔任那個職位長達三年。日據時代設了個宗教事務辦公室，一直是我祖父在主其事，執行長卻是我父親。這個辦公室是宗教事務部的雛型。」

有關於這段時期經常出現的敘述，都說如果可以把日本人在占據時期的諸多暴行先擱在一旁不論，單說日本人重組一個廣大複雜地區的手段和速度，以及持續的效果，就不得不讓人佩服。

儘管瓦希德先生當時只是個孩子，卻已經開始接近國家政治。「我九歲的時候，父親帶我到伊卡達體育場去參加大會。蘇卡諾也出席了。」時間可能在一九五〇年。「體育場是日本人當成給我們的誘餌所建立的，目前這個地方已成為國家紀念館。」這也是當年法國政府在百萬觀眾面前大放焰火，歡慶印尼獨立五十週年的公園。「共有六萬名聽眾在體育場內聆聽蘇卡諾演說。他在我眼中就像個巨人，嚴詞批評帝國主義分子，要求大家團結起來加入這場戰鬥，奮力一搏。人們熱烈回應，我也亢奮到極點，感受到人們參與這場狂熱的運動，所以我也高聲歡呼，還跳上跳下。父親叫我冷靜下來。他說：『坐下來，不要跳。』或許他只是不想讓我太累，否則他就得抱我回車上。」

我很想多聽聽對蘇卡諾外貌的描述。

瓦希德先生說：「他相貌堂堂。雖稱不上英俊，卻帶有鋼鐵般的意志，散發出一股力量。坦白說，他的臉有點粗暴，卻反應出權威感和意志力，這正是他的魅力所在，特別是當他振臂高呼之

5 譯註：印尼總統蘇卡諾在一九四五年六月提出政黨的成立需要符合「建國五項原則」，這五項原則也成為印尼憲法的基本精神之一。內容包括：信仰最高真主、正義和文明的人道主義、印尼的團結統一、協商的代議制民主及為全體印尼人民實現社會正義。

6 譯註：Sudriman，一九一六～一九五〇年。印尼獨立戰爭時的總司令，至今仍備受尊崇。

時，你可以看到他的雙眼炯炯有神，彷彿要看穿及識破帝國主義分子似的。拜我父親是部長所賜，我們都坐在距離蘇卡諾不遠的第一排。蘇卡諾就站在那兒，面對著我們。

「我父親在一九五三年去世，享年三十九歲。一九五二年，因為我們的組織在當時單一席位的伊斯蘭教政黨投票中敗下陣來，父親卸下了部長職務。父親在一九五二年退出內閣，自組新黨，即『宗教學者復興會』，並積極成立新黨的分支單位。在一趟奔走的路程中，當時我坐前座，他坐後座，我們發生了車禍，父親受到重創，次日即宣告不治。他彈了出去，並且被打滑翻轉的車子給撞上。

「我母親當晚即趕到萬隆，一些赫赫名流護送父親的靈車到雅加達。眼見的一切讓我印象深刻。在那條長達一百八十公里的路上，人們站在路旁恭迎他的遺體送別他，就連晚間也有成千上萬的人在屋內迎靈。隔天早上，蘇卡諾也來了。接著，遺體被送到機場運送到泗水。我們在泗水受到數萬民眾的盛大迎接，他們哭喊著告別父親。官拜少將的叔叔騎機車在靈車前開道，我們行過長達八十公里的路到炯班的家族墓園，沿途兩旁都是夾道送別的民眾，人數多到要排成三、四道人牆。

「看到這麼多人如喪考妣地哭送父親，留給我的印象是：一個人在一生中，還有什麼比受到這麼多人愛戴來得更偉大的？甘地去世時，我還只是個孩子。後來我看到甘地葬體的照片，讓我想起父親的葬禮，使我更加確定自己的人生方向。」

☆

這就是瓦希德先生在一個溫暖的午後，於雅加達宗教學者復興會總部一樓那丁香菸味裊裊、令人感覺煩膩的房間裡，告訴我的家族故事。而清理過的前院外面，雙線道馬路上正車水馬龍，烏煙瘴氣。這個家族故事，有些地方在我的要求下詳加說明，有些地方卻跳躍過去，層層疊疊地持續著一百二十幾年來印尼的歷史。它不僅呈現出瓦希德先生的一生，也是他在談自己的行動和態度時經常提到的故事。

他繼承父親宗教學者復興會政黨的黨魁，一九八四年又領導該黨退出政治。「我們知道，正如在巴基斯坦、伊朗、蘇丹共和國和沙烏地阿拉伯一般，伊斯蘭教和政治直接掛鉤會造成多麼大的傷害，因為各地的人會將伊斯蘭教視同使用暴力的宗教，而在我們的想法中，當然不是如此。在我們的想法中，伊斯蘭教是一股道德力量，透過倫理和道德行事。這不光是我的想法，也是我祖父教出來的 *ulamas*（宗教老師）共有的想法。一九八三年，我們曾和一個專攻憲法的博士激辯這個議題。

「一九九一年民主論壇成立，這個組織完全摒棄伊斯蘭教政治，也就是蘇哈托先生和哈比比教授所提出的政治伊斯蘭教。我們國家的權力中心在一九九〇年代的鬥爭中反映出總統這方想要獲得社會最廣泛支持的需求，意味著總統也需要伊斯蘭教運動的支持。為了獲得支持，認同伊斯蘭教的國家政治有其必要。我祖父則根據一九三五年的決議，」瓦希德先生指的是國會所稱穆斯林可以保衛荷蘭人統治的印尼對抗日本人的決議。「看出宗教功能和政治功能必須有所區隔。如今哈比比部長決定採取伊斯蘭教化路線，意味他認為政治乃是伊斯蘭教不可分割的部分。我個人有此感受，是因為我父親參與了制定賦予所有公民平等權利的憲法。人民應該秉持良心，而非因為恐懼而身體力行伊斯蘭教條。哈比比和他的朋友讓非穆斯林和不實踐伊斯蘭教條的人士不敢表露自己的身分，那根本是邁向獨裁的第一步。」

瓦希德先生對這點十分狂熱，他一而再、再而三的回到這個論點上，似乎是想等我記錄下他的話。我嘗試讓他用更直接的方式談哈比比，希望得到某個具體的圖像、某些對話、某個故事，結果並不容易。

「哈比比到醫院來看我，希望我加入ICMI，就是他那個什麼『伊斯蘭教知識分子協會』。」

我很喜歡聽有關醫院方面的細節，這似乎和我對瓦希德先生健康的看法不謀而合，不過卻得不到進一步的資料。

「我的答覆是：『與其加入貴組織，還是讓敝人待在外面街頭知識分子的團體吧。』」

我把這句話記了下來，卻不太確定話中的意思，但後來我判定這應該是瓦希德先生發自醫院病床上極盡諷刺之能事的言語，意思是，哈比比可敬的組織跟街頭上的知識分子根本是同一批人。伊馬杜丁這位傳教士及電視節目主持人，原本可能就是街頭知識分子之一而已，伊斯蘭教知識分子協會根本就是他的創作，不過整個下午，瓦希德先生提都沒提過一次他的名字。

☆

原來的支持者阿迪．沙索諾本來也可能在火線上，只是等到後來我都見過他們、也參考過自己的筆記後，才將一切看得更清楚。

我們在他的辦公室會面，快聊完時，阿迪說：「瓦希德先生太常外出了。他是個講師，是個知識分子，不是院長。」院長就是村落習經院的負責人。這是阿迪破壞瓦希德先生名聲的做法，也就是將他往下貶損一、兩級。「院長通常坐在某個村落的習經院裡，這樣村人就可以來找他問問題。他理應一直和人民在一起。」

阿迪是伊斯蘭教知識分子協會重要智庫CIDES的董事長，全名是「資訊和發展研究中心」（Centre for Information and Development Studies）。這就解釋得通為什麼阿迪的辦公室如此壯觀。他送給我一份印製精美的CIDES大型介紹手冊，一開始就是阿迪主導的前言，以下是第一段：

「伊斯蘭教知識分子協會」自從三年前成立至今，已經逐漸喚起國人的共識，瞭解人力資源品質是重大的再生發展資產。這種覺醒應該根據發達的道德觀積極擴大，而發達的道德觀所強調的，正是人類在概念和進化實務雙方面的向心力。這個觀點也意味著全國在良心和行動上的一致參與，乃是非常基本的價值……

這極盡誇張所說的，是用無論在商業級或學術上都十分現代化的字眼，一再包裝伊馬杜丁人力資源及傳教概念。這種運用字眼的手法，不過是包裝而已。盒內裝的是伊馬杜丁對說馬來語穆斯林的命運所抱持的重要看法，以及他要在這塊歐洲人已待了兩、三百年的土地上完成皈依過程的願望，最終要在這信仰的遙遠東方領域，升起伊斯蘭教的大旗。

第三章 皈依

他住在新清真寺街的英雄公墓附近。這就是我們第一次碰面的兩天後，他希望我早上十點過去看他的地方。我希望多聽一點他的過去，包括他的祖先、蘇門答臘的背景等等，而這是他唯一能排出來的時間，因為現在他隨時都可能飛往美國和加拿大去進行心智訓練工作。

當他指引我如何到他基金會的辦公室時，我就知道新清真寺街可能不容易找。他還特地在名片上寫了些東西，說這對計程車司機可能有點幫助。可是等到真正要派上用場時，卻毫無作用。飯店的計程車司機載著我，在車輛紛紛往城裡擠的晨間路上，開了好多的冤枉路，部分原因是他以為只要往英雄公墓的大方向開就行，另外的原因是，在交通擁擠的雅加達沿著一條清爽的大道開一段長路，也算是件樂事。

像是一種贖罪苦修，我們只得慢慢開回去。先前往外開時，我們還沒感覺車速原來這麼慢，經過沿途一再的問路，從快要十點到過了十點，我們只得在大路間抄捷徑。我們沿著只鋪設了一半、有許多轉角的狹窄道路開車，晨間的光線時隱時現，小小的土地上有小小的新房子，有些還種了些花朵盛開的矮花叢，道路的蔭涼深處停著賣食物的手推車，並有成堆灰撲撲、濕潤潤的樹葉，以及成群的孩子：雅加達摩天大樓的富裕，加上全球化的意涵，在此陡降成一種地方性的小零頭。

最後我們總算到了新清真寺街，又歷經一番轉彎曲折，總算找到了伊馬杜丁名片上的門牌。我依照跳錶上的數字，付了一筆可觀的車資，司機收了錢後立即把車開走，彷彿擔心我對車資會改變心意似的。時間已經是十點半左右。

沒有人從屋裡出來。這是一間小屋，看得出來維護得很好。左邊有條寬闊的通道，通往附有滑門的固定大車庫，右邊則是條非常狹窄的草坪，再過去的平地就是條鋪著閃亮紅色地磚的門廊。我就在那裡高呼「早安」，但還是沒有人走出來，我便從敞開的大門走進客廳。房間很低矮，在走過陽光耀眼的門廊後，這裡感覺很陰涼黑暗。但見一個穿著褐色連衣裙的女傭從左邊的廚房探出頭來，眼光停留在我身上，似乎有點受到驚嚇，馬上不發一語就縮了回去。

我對著空房間出聲：「伊馬杜丁先生！伊馬杜丁先生！」

另一個幫傭女孩怯生生地從廚房出來。雖然她只是想看看先前那個女傭看到了什麼，但還是一臉驚駭地看了我一眼，接著同樣消失在廚房後某個隱匿的空間裡。

我大叫：「伊馬杜丁先生！早安，伊馬杜丁先生！」

房屋依然一片靜默。他要我十點鐘來，雖然我遲到了半個鐘頭，但他應該還在屋裡。某面牆上掛著一大幅裱了框的阿拉伯書法，極具伊馬杜丁風格。穿梭於信徒間的海外之旅，也許那是人家送的禮物、紀念品之類的。不過我還是開始懷疑自己是不是來對地方，也開始盤算著在沒有地圖又語言不通的情況下，該如何回到有計程車排班的馬路上。

四周一片寂靜，我認為沒有必要再呼叫，甚至覺得自己不該在屋裡太過自由的走動，於是站在那兒一邊等待、一邊張望。

瓷磚地板上鋪著漂亮的蘆葦蓆子，甘蔗渣合成的木板天花板十分低矮，有著漏雨留下的斑駁汙漬。餐廳處有台微波爐，旁邊是一些團體照。客廳柱子上裝飾著兩、三件小花作品，讓人更加吃驚的是還有一張帆船照片。客廳四周擺著一些到海外旅遊帶回來的小玩意兒、觀光紀念品。我心想，如果這棟房子真的是他們家，而且如果這些紀念品真的是觸動他們心靈之物，而不光是為了避免忘記誰是送禮者的話，那還真的顯現出伊馬杜丁或是他妻子較溫柔的一面，而且和心智訓練完全無關：不少的日本東西，一個艾菲爾鐵塔，飲水冷卻器上方某個角落有一個台夫特（Delft）精製磁盤，上頭畫的是一條蜿蜒的荷蘭道路、農舍和教堂，畫風簡單、朦朧又浪漫。柱子上有株矮楓從白色碟子裡長出來，這碟子還擺在銀邊餐巾上，所有東西都狀似隨意的放在橫木雜誌架上。房間的後窗可見外頭陽光普照、用岩石砌成圍牆的小花園，界限就是鄰近房屋的紅瓦屋頂：空間真的很小。

我逐一思忖這些細節，好像要牢牢記住似的，另一方面又像是以分離的心思考量我應該在這裡待多久、要在這屋子裡打擾多久，還有時間一到，又該如何從這好像是已然掉落的詭異陷阱中脫身。

十或十五分鐘後，左邊一道門突然打開，伊馬杜丁出現了，無拘無束且出人意表地圍著及膝的紗籠，穿著件墨綠色襯衫。

他好像有心事般說：「對不起，我有點狀況。」

我想可能是腸胃不適、跑洗手間的問題，但後來有個褐色皮膚的高個兒跟在後頭出來。這個人目光炯炯有神，皮膚光亮，也披了條紗籠，卻比伊馬杜丁正式些。他步履緩慢穩重，帶動著紗籠下襬隨著步履優雅晃動，頭戴黑色的伊斯蘭教徒扁帽，身穿藍綠色的西裝背心，口袋裡還插著一支鋼筆。

伊馬杜丁說：「我正在按摩。」

這句話解釋了為什麼黑帽男子的皮膚閃閃發亮。

他們走出的那個房間應該就在車庫旁，也應該俯瞰得到那片小草坪和走道，所以應該有聽到我到了，也應該有聽到我的呼叫。

伊馬杜丁說：「年紀大了，你曉得吧。」

好像這句話，外加他那得請按摩師每隔幾天就過來按摩的背痛，就足夠說明一切了。事實上，按摩師的來訪似乎已經成為某種儀式，因為幾分鐘後，伊馬杜丁和妻子送他離去的過程，也都極盡客套之能事。

★

等他換好衣服，將褲子和襯衫用皮帶束緊，恢復熟悉的模樣之後，我們在一邊是微波爐和團體照、另一邊是飲水冷卻器和荷蘭瓷盤的餐桌旁落座聊天。兩個女傭，一個穿紅色連衣裙，一個穿褐色連衣裙，都已經從先前的驚嚇中回過神來，再度忙著屋裡和廚房的事。

想到伊馬杜丁和瓦希德先生的背景有多麼相似，以及他們目前的處境有多麼南轅北轍，委實讓我滿心訝異。但伊馬杜丁出身蘇門答臘。他來自蘭卡特王國，他說這個地區在亞齊邊界，比荷蘭還大。荷蘭人一直在他們征服爪哇一整個世紀後的一九〇八年，才征服了亞齊。這一點凸顯了差異處，讓伊馬杜丁得以理直氣壯的自認為是蘇門答臘人。

以下是我重新架構過的故事。在蘭卡特王國（或許是在上個世紀下半葉，伊馬杜丁並沒說明日期），有個在清真寺塔頂上召喚信徒做禱告的muezzin，即宣禮員，等不及兒子出生就過世了。宣禮員的遺孀改嫁，等到她和宣禮員所生的兒子六歲時，繼父就將他送到蘭卡特蘇丹的「教義官」[1]家裡。教義官是伊斯蘭教學者，六歲的男孩依照傳統方式在教義官家當僕人，也當學徒。由於他十分聰明，所以教義官十分疼愛他。

十年歲月匆匆而過。蘇丹的秘書，有點像蘇丹的大臣，也是當地一人之下、萬人之上的人物，想要找個人教孫女《可蘭經》。他找蘇丹談，蘇丹找教義官談，教義官就派他的僕人兼學生，也就是已故宣禮員的兒子，如今已是十七、八歲的青年去教秘書的孫女。男孩對女孩當然不是一對一教學，那樣於禮不合；她是和一些家庭成員一起受教。他是一名很好的教師，秘書的孫女愛上了他。時間到時，他們終於結婚，確切的日期沒提，我也沒問。他們所生的兒子就是伊馬杜丁，生於一九三一年。

那時，老宣禮員的兒子，也就是伊馬杜丁的父親已在蘭卡特真正的大展鴻圖。一九一八年，大戰之後人們出遊再度安全無虞時，教義官便說服蘇丹派這位年輕人前往麥加研習阿拉伯文兩年。之後年輕人又轉往開羅四年，進艾資哈爾伊斯蘭教大學念書。到目前為止，他所接受的教育很像瓦希德的祖父和父親，而之後這種相似性還持續不絕。一九二四年，當宣禮員的兒子從艾資哈爾大學回到蘇門答臘時，便成為蘇丹創辦的一所著名學校的校長。

等到學校校長必須教導自己的兒子伊馬杜丁時，訓練方式才開始改變。伊馬杜丁六歲時，被父親從他已經念了一年書的馬來語學校帶出來，轉送到一所荷蘭學校去念了五年書。想到他之後的宗教發展，這段過程實在有點奇怪。伊馬杜丁說，這些荷蘭學校通常不收宗教人士的子女，因為荷蘭人很怕穆斯林受教育。伊馬杜丁之所以能夠上蘭卡特的荷蘭學校，完全拜當地學校為蘇丹所有之賜。

1 譯註：mufti，負責解釋伊斯蘭教法的學者，並且有權發布伊斯蘭教令。

一九四二年，日本人來了，他們的統治非常嚴酷，當地的糧食被徵用，學校等於宣告關閉。為了活下去，伊馬杜丁和父親去釣魚、下田、種稻，樣樣都來。雖然日本人在某種程度上組織了印尼人，幫助他們對抗荷蘭人，爭取獨立，但從那時起，伊馬杜丁對日本人始終心懷仇恨和恐懼。

瓦希德先生逑說印尼的日據時代時，就極少表現出這種仇恨和恐懼。他家似乎是以一種比較高的層次，幾乎是在政治層次上和日本人打交道。瓦希德先生的父親在一九四四年成立真主黨民兵，他弟弟接受日本人訓練當了營長，炯班習經院本身就成了真主黨民兵總部。在相隔千里之遙的蘇門答臘，年方十四的伊馬杜丁只不過是同一民兵組織裡的步兵而已。

一九四六年某日，伊馬杜丁帶領他的小小民兵樂隊上街遊行。打個岔，現在在星期天上午，或許是為了籌備獨立五十週年的慶祝活動，類似的半民兵小小樂隊在雅加達街頭也隨處可見。隊員穿著各式各樣五顏六色的制服，每隊大約十人，在街上排隊前進，兩臂左右擺動，隊長和隊伍保持距離，但雙臂和隊員一起擺動，還不時吹著口哨為隊員打氣。而就在一九四六年某天一個像這樣的遊行中，一名荷蘭學校的老師制止了伊馬杜丁。

老師問伊馬杜丁：「你為什麼做這件事？」

「因為我們要獨立。」

「獨立後你想做什麼？你知道嗎？」

「我不知道。」

「如果沒有醫生、工程師，你要如何建設這個國家？你應該回學校讀書。我知道附近城裡就要成立一所新中學，我希望你去念那所學校。」

伊馬杜丁照老師的諄諄教誨去做。他取得新學校的入學許可，並且註冊。這是他一生的重大轉折，他用他父親念宗教學校時的聰穎和專注讀中學。伊馬杜丁的成績不但是全班第一名，甚至是全校第一，最後在反抗荷蘭人的獨立戰爭特殊環境下，甚至成了全國第一名的學生。

一九四八年荷蘭人占領了蘭卡特，開始追捕伊馬杜丁的父親（一如他們在炯班村子追捕瓦希德先生患有糖尿病的父親），於是他們全家分乘五艘獨木舟下海峽逃到亞齊。他們一定有得到更大的家族或社區援助，因為伊馬杜丁還能繼續他的學業，先是在亞齊繼續念書，直到獨立戰爭結束，後來又到更重要的城市棉蘭去念。一九五三年，二十二歲的伊馬杜丁獲准進入萬隆工學院就讀。這意味儘管日本占領時期和獨立戰爭曾造成巨大動亂，伊馬杜丁一直是個好學生，只失學了四年。三十歲那年，伊馬杜丁成了萬隆工學院的助理教授，次年更遠赴美國深造。

對一個一九三一年出生於荷蘭東印度群島某個小鎮的男子而言，這是段驚人的生涯；而對一個一九四六年還在蘭卡特和他小小的民兵樂隊上街遊行的十四歲少年而言，這也是想都沒想到的事情。不過那個小男孩及後來的年輕人，卻一直將他所學到的新知識牢記在心。伊馬杜丁似乎從未有過任何文化或精神上的迷失。他一直是蘇丹上世紀那位每天召喚信徒祈禱五次的宣禮員的孫子，而這位宣禮員的兒子備受教義官喜愛，還前往麥加和艾資哈爾大學接受更高的教育。

瓦希德先生受的是伊斯蘭教習經院的教育和對家庭的順從，變得比較具有國際觀，也比較自由化；伊馬杜丁則始終忠於聖戰。

☆

兩個穿連衣裙的女傭還在客廳和小廚房忙進忙出之際，坐在餐桌邊的他開始不安起來。在說完全家分乘五艘獨木舟沿麻六甲海峽逃走之後，他的故事就轉為簡略，所有的細節都略過不談。他的臉色變得陰沉，看起來就好像從按摩室出來時一樣心事重重。

他說：「你還需要多久時間？」

我說半個鐘頭，或許一個鐘頭。

他說：「有個從奧克拉荷馬州來的男子想成為穆斯林。他今天要改變信仰，皈依伊斯蘭教。我們見過一、兩次面，他是個電機工程師，要娶個印尼女孩。我還沒有指導過他，不過已經跟女孩的家人聯繫過。大家現在都在清真寺等我。我本來應該十一點半在清真寺和他見面的。」

現在是十一點四十五分，早過了該出門的時間。我在告別聲中聽到伊馬杜丁，也或許是他那位一如以往亮麗動人的太太，提到他們即將搬新家。

我們搭賓士出門。司機穆罕默德．阿里已經就定位在車上等候，那兩個一穿淡褐色、一穿紅色連衣裙訓練有素的女傭，沉默寡言地從黑暗的矮屋裡走出來到小花園的陽光中，將沉重的車庫大門拉開，再打開門，等待穆罕默德．阿里把車開出來。汽車以及它的形體擺出的架勢，都讓這棟房屋和狹小的走道顯得渺小。伊馬杜丁絕非這小池之物。

我們幾乎是馬上就開到大馬路上，通過了英雄公墓。伊馬杜丁說得沒錯，如果計程車司機沒走錯路，他家確實很容易找。不過那也無助於我到房子後的遭遇：按摩師反正已經先在那兒了。

我們經過一排商店，有家具店、汽車輪胎修理店等等，店裡的貨品幾乎全擺到路上來。伊馬杜丁大概是因為如今已接近權力核心的關係，所以一路上頻頻就我們所看到的事物詳加解釋，說這些店其實不該開在這兒，但卻很難規範這些商家。

一、兩分鐘後，彷彿這些難以規範的商店引發了驅逐想法似的，他說：「蘭卡特的蘇丹皇宮在對抗荷蘭的戰火中被燒毀了。不是被荷蘭人燒掉的。是蘇卡諾的……」他在搜尋適當的字眼。

我說：「是蘇卡諾的焦土政策？」

這正是他想要的字眼。我再度揣想起其實大我不到一歲的伊馬杜丁所經歷的種種非比尋常的事件。全都非比尋常，但伊馬杜丁談起來卻雲淡風輕，不見情緒起伏，事件好似都無法在他身上留下任何痕跡。「他很**忠於自我**。」他那當外交人員的學生這麼說過。伊馬杜丁身上有種完整的特質，帶著一種奇特的率真，而且顯然一路將他保護到底。

他說他請阿迪．沙索諾上他的宗教電視節目，他們談到目前獨立週年慶祝活動，以及活動和伊斯蘭教的關係。那真的很重要，他說：「伊斯蘭教是自由的，是反殖民的。」

政府從前對信仰非常緊張，當時伊馬杜丁是個反叛分子，如今政府的政治者和型態未變，卻表示要為信仰所用，而伊馬杜丁不費吹灰之力就讓信仰為政府所用。宗教是廣闊浩瀚的，伊馬杜丁是有知識的人，絕不會違背自己。

☆

那名奧克拉荷馬州男子在蒙騰的巽達格拉巴清真寺等候。儘管交通繁忙，空氣汙染嚴重，蒙騰卻是雅加達的外交和高級地區，巽達格拉巴清真寺則專為一些上流人物服務。

這個取自從前此地某個印度教王國的寺名，用漂亮的大字母寫在清真寺牆上。水泥塊鋪的空曠大庭院陽光普照，時間已過十二點，伊馬杜丁一副自己運氣好、遲到是祝福似的說，現在正好是午禱的時間。他打算先祈禱，然後再為奧克拉荷馬州男子主持皈依儀式。奧克拉荷馬州男子一行人並沒有為此感到不便，反正他們也一定要祈禱。

如果救續可以比喻成盛宴，從伊馬杜丁實行時的興奮和歡愉看得出來，對他而言，祈禱就像每天五頓的餐前美味點心，是種天堂的速食，絕對不會讓人煩膩，反而會讓人食慾大增。所以此刻一身整齊、綁著皮帶的伊馬杜丁，後褲袋顯出錢包飽飽，在大清真寺的空曠中賓至如歸。洗手之後，伊馬杜丁邁著略嫌傾斜的步履，讓我不禁想到他的背和按摩師。他走到前排有一群男子排列的地方，那些男人全都面向牆壁，時而站立、時而蹲下、時而鞠躬。後面遠處，則有十三、四個戴白頭巾、身穿長袍的婦女自成一排。

奧克拉荷馬州男子在男士當中十分顯眼，即便從後面看亦然。他體型魁梧，身高較高，還外帶個鮪魚肚，加上他戴的黑色扁平伊斯蘭教帽，看起來還真像伊馬杜丁的按摩師。

等到祈禱結束後，大家離開大廳時，奧克拉荷馬州男子就坐在水泥階梯上，沐浴著陽光拉他的襪子。伊馬杜丁走過去和他說話。或許因為有我在場，所以他口氣過度昂揚的說：「你的改變大得驚人，你根本就不像美國人，看起來已經像是印尼人了。」

奧克拉荷馬州男子穿好了一隻襪子並低下頭去看，用幾乎聽不到的聲音說：「還是白的。」在伊馬杜丁的亢奮之後，這話有點一語雙關。而出自一名熱心的皈依者口中，更像是自我防衛，或者也可能是要讓伊馬杜丁知道，他不會太投入。我第一次看到伊馬杜丁一時間的不知所措。他的笑容僵得過久了些，然後才說：「還是生的。」好像繼續著那股興奮和這樣的民族遊戲，但隨即又拋下這件事，讓那個奧克拉荷馬州男子去穿他的鞋襪。

皈依儀式要在樓下某個房間舉行。房間小，天花板又矮，但有空調設備，牆壁是灰色大理石。大理石讓人聯想到陵寢而惴惴不安，在經過大庭院和階梯的炫目陽光與反射的熱氣後，這房間感覺起來格外寒冷。房間布置得有點像演講廳。高起的講台上有張聖壇般的桌子，上面架著麥克風，前後擺著幾張硬木長凳，是給當事人坐的，觀禮來賓則坐在講台下像學校那種桌椅相連的座位上。

準新娘是一名商人兼著名詩人的姪女，奧克拉荷馬州男子就是為了她才想要皈依伊斯蘭教。在印尼，寫詩大體而言是種業餘活動，深獲敬重，聚集在大理石室中的人反映出這種文化和安逸感，嘰嘰喳喳的輕聲細語變小聲了，原本一直都有的空調聲倒突然顯得大聲起來，彷彿在為這場儀式搖旗吶喊似的。

拖著腳步走過去、眼鏡時髦地吊在脖子上的伊馬杜丁，儼然如主角般出現在講台上，那講台在遠端靠著灰色大理石牆面下的席位，安在寫著黑色阿拉伯字母的優美銅牌下。他坐在兩名男士中間，隔著一張桌子面對那對新人，開始在空調的伴奏聲中吟誦起《可蘭經》。

新人背對我們而立，兩旁各站著一名見證人。新娘子就和印尼姑娘一般嬌小，穿著黃色禮服，戴著紅色頭紗，熱情四射且輕盈動人。戴著黑扁帽，襯得脖子雪白的奧克拉荷馬州男子則顯得壯碩許多，也僵硬得多。他的藍色長褲十分美國化，可能是別人送的、也可能是剛買的綠色蠟染襯衫穿在他身上，毫不顯輕浮。

吟誦結束，伊馬杜丁對奧克拉荷馬州男子露出微笑，用英語告訴他：「我們歡迎你重返伊斯蘭教，因為在我們的信仰中，每個人一出生都是無罪的穆斯林。你已回到伊斯蘭教世界，因為你已敞開心靈接受真理。每一件事你都要順服真主的旨意。『伊斯蘭教』就是歸順的意思。」

接下來就是奧克拉荷馬州男子要發表聲明的時候。他首先表示他是憑自己的良心說話，沒有受到任何脅迫。他的聲音聽起來有點害羞，沒有南方人的口音，而且對於一個大個子而言，他的聲音顯得非常輕柔，並沒有拉得比空調的嘶嘶聲高。這或許和他背對著我們有關，也或許是因為他沒有伊馬杜丁那種面對麥克風說話的技巧。他首先用阿拉伯語發表皈依聲明，這或許也是他語帶害羞的另一個原因，然後他再用英語說：「本人作證，除了真主阿拉，沒有其他的神，穆罕默德是祂最後的先知。」

伊馬杜丁帶著幾分身為講師的開心口吻，說了聲：「啊！」彷彿剛剛說的事情一點兒都不難似的，依然興高采烈微笑著對奧克拉荷馬州男子說：「你想改名嗎？」

奧克拉荷馬州男子根本沒時間回答，全場一片女子的聲音用英文叫道：「好，好。」也有人叫：「更好。」還有人叫：「好極了。」

伊馬杜丁如表演般的問：「你喜歡穆罕默德這個名字嗎？」

奧克拉荷馬州男子喜歡那個名字。

「亞當呢？」

也喜歡，正如哈里德一樣。

伊馬杜丁說：「好，穆罕默德．亞當．哈里德，如今你如新亞當般重生了，我希望新名字會帶給你幸福。」

儀式的主要部分告一段落，接下來就由準新娘的家人接手。要他改名的是他們，所以皆大歡喜。那個奧克拉荷馬州男子哈里德有著龐大的身軀，配上一張溫和的小臉，從講台上走了下來，大家一陣擁吻。先前還顯得一派嫻靜的婦女，現在卻變得自信果斷。儀式到這裡已經屬於她們，壓抑一旦解放，大家就開心的聊起天來，鎂光燈此起彼落，從某家外燴叫來的餐盒，早就堆疊放在靠牆的一個櫃子裡，此刻也由女孩子們拿出來分給大家。

☆

伊馬杜丁把穆罕默德．亞當．哈里德這個新名字一一分開來提議，彷彿每個名字都受到了各自的啟發似的，結果卻根本是伊馬杜丁的傳教或上電視的風格。我後來問起，他告訴我說哈里德先生的新名字其實全是他的準新娘選的。所以那個穿黃色禮服、戴紅色頭紗、熱情難抑的嬌羞女孩，對那個和她一起坐在長凳上的奧克拉荷馬州男子即將經歷的儀式，早就了然於胸。

有關於改名的始末，我是週日上午在伊馬杜丁家才知道的。他的美國和加拿大心智訓練行程延誤了，所以我才能跟他再度碰面。這次不用麻煩計程車了。他直接派穆罕默德．阿里開賓士轎車到飯店，只是他沒有絕對的把握，作為私家轎車司機還尚嫌稚嫩和害羞的穆罕默德．阿里，是否知道到何處及如何從飯店接人。結果穆罕默德．阿里只晚到了五分鐘。賓士轎車聞起來和紐約的計程車一樣，有著空氣潔淨器的味道，包裝精美的卡帶可能是阿拉伯音樂。

這次一切都認得出來，也都確定無誤：穿著五顏六色制服的小小遊行團體，隊員擺動手臂；幾乎盤據整條馬路的家具店和補胎店；英雄公墓、窄巷、小屋、有滑門的大車庫、昏暗的房間、小艾菲爾鐵塔和其他紀念品、屋後陽光普照的小花園、岩石砌成的圍牆界限緊鄰隔壁的紅瓦屋頂；兩個女傭，其中穿著紅色合身上衣的那位為我端上水果和果汁。伊馬杜丁不在房裡，或許又在按摩。但伊馬杜丁的太太進來歡迎我，在蘆葦蓆上走來走去，最後又走了出去。過了一會兒，她又再度走進來，問我要不要吃水果，並且說她先生已經在「準備中」。他從前面房間走出來，又是圍著紗籠，腳步輕快，左顧右盼，話不多，準備把話留到穿好衣服後再說。

伊馬杜丁用很務實的傳教士方式談到哈里德的皈依。他似乎不覺得這件事有何令人感覺驚異之處，也不認為改信宗教這非比尋常的舉動中，蘊含著什麼別人所說的意義。伊馬杜丁在美國待過許多年，當然知道美國是由許多州所組成的，也可能知道奧克拉荷馬是十九世紀末美國人大舉西進，占領印第安人的土地後才創立出來比較新的州，而且在美國人建立奧克拉荷馬州的同時，阿根廷、非洲和亞洲或許也有類似的擴張行動。事實上，當時荷蘭人就在蘇門答臘的亞齊用他們壓榨的方式，發動一場漫長的戰爭；或許彼時伊馬杜丁那位當宣禮員的祖父，就正在鄰近的蘭卡特召集信徒祈禱。

一個來自奧克拉荷馬州的年輕人在蒙騰清真寺皈依，可說充滿了歷史淵源和諷刺。但要看出箇中奧妙，非得有另一套世界觀不可。伊馬杜丁傳教士式的世界觀比較簡單。他在皈依儀式中說過，每個人天生下來都是伊斯蘭教徒，不帶原罪；延伸下來而伊馬杜丁沒有繼續說明的是，出生之後置身在伊斯蘭教世界以外的每個人，其實都處於錯誤狀態。或許要一直到找回穆斯林自我為止，才會回到完全的真理世界。

伊馬杜丁的父親，也就是那位教義官，先在麥加深造，再到開羅的艾資哈爾大學，一直置身於伊斯蘭教學問的象牙塔中，精神上始終遺世獨立，不受外界混亂的影響。伊馬杜丁的足跡早就超越麥加和開羅甚遠，到了外面的世界；而他到外面所追求的可不是宗教的學問，而是後來得以讓他養家活口的科技知識，並且在更後來，當家鄉變得太凶險時，成為他休養的安全避難所。但是在精神上，伊馬杜丁一直住在他父親也住過的象牙塔裡。伊馬杜丁的世界觀中沒有承認任何他在外四處奔波所尋求的庇護所、法律和知識等相關意涵，外頭的世界就是在那裡，是讓人「發現」，人人可取而用之的中立領域。

所以，伊馬杜丁就在一九八〇年利用了他的沙烏地阿拉伯獎學金，不去伊斯蘭教國家，而是去了美國，去了愛荷華大學，後來還得到庇護的好處。他在愛荷華大學的時候，巴基斯坦的基本教義派狂熱分子法扎—厄—拉赫曼，或許給過他一種所謂說馬來語的穆斯林將來能夠擁有伊斯蘭教崇高命運的願景，拉赫曼本人可是在芝加哥大學怪誕的享受學術自由，在法律保護下，每個夜晚都睡得十分香甜，遠離他強加在自己家鄉鄉親身上的紛擾。那種自由和保護乃是在家鄉遭受迫害的每位穆斯林，在伊斯蘭教世界外的中立世界裡都能夠追求的，但伊馬杜丁顯然看不出其中的異常。儘管在他清涼低矮的客廳裡擺著外國土地的各種紀念品，但在他的世界觀裡，幾乎沒有任何一件事物是拜伊斯蘭教之外的世界所賜。

他用一種身為傳教士和科學家得心應手的類推口吻說：「《可蘭經》是一套價值系統。它就如同一輛車，車是一整套系統。如果你只擁有輪胎和車輪，就不算有一輛車。伊斯蘭教是一種系統，你必須整套吸收，否則就是背離。你不能做三分之一或三分之二的穆斯林，你要麼就當全心全意的穆斯林，不然就完全不是。」

因此，沒有任何事物可以影響信仰；每種新知識都可以用來服侍信仰。一九八六年他帶著第二個學位從美國回來時，就如他所說，可以把電力系統分析的技巧運用在他伊斯蘭教的心智訓練課程上，而既然現在他的信仰已經成為政府的信仰，印尼的信仰就有了特殊的政治需求。

好比說要跟瓦希德先生，要跟他習經院的三千萬個穆斯林信徒打交道，而當阿迪・沙索諾用一些聽起來很現代化的字眼，像「菁英」和「宗教封建主義」來亂槍打擊瓦希德先生時，伊馬杜丁卻可以使用時代的科技需求和他自己所受的科技訓練來攻擊可憐的瓦希德老先生及他廢除學校的想法，且打擊得更加徹底。伊馬杜丁在我面前從來沒有提過一次瓦希德先生的名字，一如瓦希德先生在和我談話時也無隻言片語提及伊馬杜丁。但是當伊馬杜丁在自家一再重複他在辦公室說過的話，說神創造萬物的目的無一不是要讓整個世界繁榮時，心裡指的是誰已經不言而喻。

他說：「這是白紙黑字寫在《可蘭經》上的。當初神創造亞當時，賜給他的第一項知識就是科學。」

所以當他前往愛荷華州的時候，他服侍的就是信仰。當他回國以後，追隨哈比比和N-250型渦輪螺旋槳式客機時，服侍的還是信仰。

他說：「政治人物必須瞭解，因為那架飛機，我們擁有了科技方面的地位。」

被他這麼一說，政治人物反倒成為名不正、言不順的統治者；可憐的瓦希德先生！

他伊斯蘭教的「價值系統」說到這裡，算是功德圓滿了。這是個奇怪的迴路。套用他傳道者的類推法，那就像個非常平順的跑步機，而不是一輛車，雖然會讓他忙個不停，卻哪裡都去不了。就算你對他說，愛荷華州人在他需要時對他很好，他對那兒的人也毫無表示。他們對他好，不過是另一項該歸功於信仰的恩賜。他說，真主實在很疼愛他。

☆

在那個星期日早上我們的談話即將結束之際，我再度問起他一九七〇年代末期時的直言，以及和政府間的衝突。

他將一九七八年和一九七九年在獄中從前外長蘇班德里約那裡學到的東西演繹了一番，說：「不要批判蘇哈托。他是爪哇人。年輕人不應該批判年長的人，尤其是大人物。」對在一九七七年已經四十六歲，即便和五十六歲的蘇哈托總統相比也不算太年輕的伊馬杜丁而言，這種說法實在有違他的本質。「我先接受荷蘭式的訓練，後來又接受美國式的訓練，在這兩個地方，批判都沒問題。我又是在蘇門答臘出生的，可以和父親爭辯，但我必須學習爪哇人那一套。」

蘇門答臘那一套，就是伊馬杜丁自然而然承襲的那一套，就是率直的宗教那一套，就是基本教義派那一套。對伊馬杜丁而言，那自古以來就是蘇門答臘力量的來源。

他先前告訴過我：「荷蘭人來的時候，可以相當容易便征服爪哇，但他們就是征服不了亞齊和蘇拉威西，因為當地人的宗教意識很強。」

瓦希德先生說過，從一八三〇年代開始出現的新汽船之旅，讓信徒更加容易前往麥加朝聖或念書。從此，殖民時代的爪哇就發展出新的伊斯蘭教村落學校，就像瓦希德先生的祖父所經營的那種。

然而在蘇門答臘獨立的王國或蘇丹國，這種前往麥加的旅程所帶來的影響卻更激烈。在大約一百五、六十年後，這些往往是其家族中最早負笈海外求學的殖民地學生，將帶著學到的革命思想回國；蘇門答臘學生和麥加的朝聖者就是如此，受到瓦哈比[2]基本教義思想的影響，又略帶新知識的自負，回到國內，就決心讓蘇門答臘的宗教信仰能夠達到和麥加的瓦哈比教派信仰平等的地位。他們矢志清除地方的錯誤，清除一切帶有之前宗教像是萬物有靈論、印度教和佛教汙染的習俗、儀式和土地崇拜，以致那個世紀接下來大半時間發生了不少宗教戰爭；並且就這樣引來了荷蘭人，起先是斡旋和協助，後來乾脆加以統治。

這就是伊馬杜丁所繼承的宗教信仰。放眼望去，盡是昔日異教紀念碑的是爪哇，而不是蘇門答臘。但是在宗教之外或者之前，任何東西都無法獲得認同，就連像婆羅浮屠那樣的世界奇蹟之一的佛教紀念碑也不例外。伊馬杜丁一九七九年對政府的批判之一，就是印尼駐坎培拉大使館活像一座印度教建築。至於婆羅浮屠，那根本是給國際社會看的。

我就這一點請教伊馬杜丁，他馬上以一個今天的地位有必要擺出政治家的模樣說我誤會了。他

2 譯註：Wahabi，即嚴守《可蘭經》的清靜派穆斯林。

所說或所指的是，可以用來養活「飢餓的伊斯蘭教徒」的金錢，不應該用在婆羅浮屠上。

儘管有意擺出有如政治家似的柔軟姿態，但昔日蘇門答臘式的得理不饒人卻依然顯露無遺。對印尼新基本教義派分子而言，與他們自己的過去，以及一切和他們自己的土地有牽連的最大抗爭，已然開戰。

第四章　聖地

幾週之後，在印尼行即將結束之際，我去了一趟蘇門答臘。但不是到伊馬杜丁的蘇門答臘，或北部的亞齊和蘭卡特，而是去西部的米南加保高地。我是因為後來產生興趣才有此一行——源於我在雅加達遇見一名高級公務員，知道她的童年時光幾乎都在此片高地度過。某個下午，聽她在陽光普照、座落於一棟聳立在熱鬧大街之上的現代化圓形大樓的辦公室裡，將故鄉高地描繪得如詩如畫，看她雙眼發亮地述說童年往事，我即希望能親自過去看一看。

在那裡，我發現了我早該知道的事：這塊米南加保領土乃是十九世紀前三分之一期間，基本教義瓦哈比教派戰爭的古戰場。看來似乎不論有沒有伊馬杜丁，宗教狂熱都是無法規避的蘇門答臘議題。

這塊土地有著高聳的綠色火山，重巒疊嶂，山與山之間是寬闊平原。只要有人殖民，就會有樹木和林蔭，其他地方則開墾為稻田，稻米是主要作物。這裡並沒有嚴苛的種植季，所以但見平原上彷彿用圖畫描繪似的，同時展現出種稻的各個階段——有正在耕犁的；有在插秧前翻土的；在整塊浸滿水的稻田角落，有著一片片嫩綠欲滴的秧苗；有一行行秧苗插種在田裡；有稻草人，或只是一條條塑膠帶掛在竹竿上，迎風飄揚地插在除非老鼠出沒處、否則全都結實累累的稻田裡；有成群結隊割稻和打穀的人，割稻的人拿著長鐮刀，打穀的人則將一捆捆割下來的稻穀往一個框框裡頭打，框子上方圍著狀似小帆船般高高的簾幕，防止打下來的穀粒掉到外面去。整片平原燒起一小堆一小堆的稻草，丈量著那廣闊平坦的大地，從每個單一稻草火堆燃起的縷縷褐白色輕煙，往上飄舞到空中某一特定高度，聚集成一排凝滯不動的煙堤。

在這裡度過童年的那位女子並沒有提供給我任何視覺上的概念，不過我期待的當然是一片美景。但令我意想不到的是這些耕作平原所呈現出來的古代生活。要傳諸好幾代，才可能成就這些平原的勞工所訴說的社會組織。我覺得這片土地往前溯、再往前溯，回溯到第七世紀，梵語叫做三佛齊[1]的印度王朝之前，可能就和稻米本身一樣古老。幾個星期前，我才在倫敦認真的欣賞普桑[2]盛大的畫展。或許是因為這個原因，我在這些高山和平原的景觀中發現了普桑的一些風景：生動的寬度和縱深，古老的世界同樣呼之欲出。我還在其中發現威廉·赫茲利特[3]十九世紀初很開心地在普桑的畫作中所發現的：創作世界中呈現的是不帶有任何視覺「意外」的「永恆形式」，而不是「別有意涵的形式」。

第二天下午，有人帶我去巴利顏甘，那是溫泉火山地的一個大凹坑。據說米南加保人就是從那裡來到世上的。來看這個地方就是要感受它的神聖；沒有必要去知道它的歷史或神話。這裡可能一直就是聖地，一直有股超乎人類想像的力量。一塊用印度字母刻著古碑文的古老石頭就說明了這股力量。從道路蜿蜒到一間供男人和男孩用、另一間供婦女和女孩使用的簡陋水泥浴室的破碎斜坡，都讓人很容易忽略這種視覺上的「意外」與它的普遍性。就連遠處漆成紅色的新建大清真寺，都可能讓人視而不見。心思一直專注在這地方，以及幾百年來源源不斷從地底下冒出溫泉的奧妙。

Numen inest，適合的羅馬語：眼前就是神靈之址。對我而言，比起塞普勒斯的帕福斯，也就是愛神維納斯從海中誕生之處，這裡的神味感覺起來更濃。在塔西佗[4]時代的第一世紀，這個如今並

不引人注目的小洞穴的魔力，一定會在《歷史》一書中所描述的寺廟和儀式中保存下來，並用維納斯在帕福斯受到崇拜的方式，強調一塊從頂劈開的圓柱石的神祕性——這要換做是在與她的誕生地相距甚遠的其他地方，人們早就對維納斯撩人的姿態賦予其女性形體。

我聽說到巴利顏甘的遊客，彼此之間都用「Sembahyang」這個字打招呼，意思是「敬拜真主」。大部分遊客都是穆斯林，而他們只要稍加思考，就該曉得這種招呼方式是帶有偶像崇拜意味的。他們可能知道紅色大清真寺的宗教意圖並不在於榮耀或宣稱這地方的神聖性，而是要耀武揚威。伊斯蘭教中所謂信仰的聖地，與先知和祂的直系繼承人有關。那些聖地位在另一個國家。這邊是不可能有聖地的，這是教規的一部分。

☆

我人生的第一個十八年是在地球另一端兩個大洋之外的新世界，即南美洲一條大河河口的島嶼上度過的。那座島嶼上沒有聖地，而我在離開島嶼將近四十年後，才辨識出這份缺乏。

---

1 譯註：Srivijaya，又稱室利佛逝，西元七世紀中葉在蘇門答臘島取代干陀利國的古國。此國無文字，大量出土的碑文皆以梵文撰寫。

2 譯註：全名Nicolas Poussin，一五九四～一六六五年。十七世紀法國巴洛克時期，屬於古典主義畫派的重要畫家。《阿爾卡迪的牧人》為其代表作。

3 譯註：William Hazlitt，一七七八～一八三〇年。英國作家。

4 譯註：全名Gaius Cornelius Tacitus，約西元五十五～一一七年。羅馬帝國執政官、雄辯家、元老院元老，也是著名的歷史學家與文體家，最重要的著作是《歷史》和《編年史》等。

我非常年輕時就開始覺得那地方既不完整、又很空虛，真正的世界存在於別的地方。我過去以為是氣候焚燒了歷史和可能性。這種感覺或許和島嶼的渺小有關，過去我們一直說那座島嶼只是世界地圖上的一個小點而已。這種感覺或許和普遍貧窮，以及隨著我們從印度過去的大家庭制度崩潰有關；也或許和印度本身的苦境，和我們同時知道我們這些印度人是移民、而一切過往常隨父親或祖父而消逝有關。

後來，即我離開多年之後——瞭解世事從不會突如其來，總要經過層層疊疊的累積——我才想到這地方之所以如此被褻瀆，只因為從來沒有人將之書寫過。後來我又想起農業殖民地實質上就是個大農場，土地既不獲尊重，人亦如此。但要在又過了許久之後，在印度、在孟買、在某個擁擠的工業區，感受到這些地方充滿了出人意表的神聖地點，一石一木無不神聖時，我才瞭解，不論氣候、植物、正式的信仰、貧窮和群眾是多麼的相似，這些始終心懷他們土地是神聖的人們，和我們還是大不相同。

這個島嶼以及北方的所有島嶼，原都該有許多聖地。以聖基茨島這個小島為例，在甘蔗園的掩藏處，多的是哥倫布發現之前的時代所原始雕刻的岩石。但是我們島嶼上那些對聖地有所認識的原住民卻被消滅殆盡，而在新開墾的殖民地取代他們的，卻是我們這種祖傳聖地位於其他大陸的人。

然後在已經來不及時，我又猛然想起孩提時聽過的一個故事，後來也在金斯利[5]一八七一年出版的《終於》（*At Last*）看到另一個類似的版本。故事說，成群結隊的印第安人不時分乘獨木舟，從仍有一些殘餘部族的大陸划過海灣，走到南方山區樹林中的某些地方，進行某些儀式或獻祭，然後再帶著他們所採集的一些水果，划過海灣返回家園。這就是我聽到的一切。當時的我還不到追問更多好知道得更多的年紀，而這則不完整、未經詮釋的故事如今已如夢似幻，彷彿另一種意識難以名狀的回應。

或許是這種神聖感的缺席（遠重要於環境概念），成為新世界的詛咒，特別是阿根廷，以及一些像巴西那樣飽受蹂躪之處的詛咒。也或許是神聖感，而不是歷史和往事，會吸引我們這些新世界的人想要前往舊世界去重新發現一些事物。

在皈依的伊斯蘭國家如伊朗、巴基斯坦和印尼，基本教義派的狂熱是反過去、反歷史，而他們那想從精神的虛空產生真實的信仰，便成為更加不可能實現的美夢，看在背景如我這般的人眼裡，實在怪異之至。

☆

送我到蘇門答臘的是黛薇・芙菀娜・安華。她年輕漂亮，學歷又高，建議我一定要見見她的人可不只一個。她在印尼責任重大，光是名片就有兩種。她為印尼科學院工作，主要負責政治與宗教研究所的事務。在印尼任何東西只要稍具重要性，就會有縮寫字母頭，好比黛薇的中心就叫「PPW-LIPI」（印尼國科會），而她是國科會裡頭地區和國際事務處的負責人，並以這個頭銜參與許多國際會議。她也是「資訊和發展研究中心」的研究主管，和伊馬杜丁以及哈比比的伊斯蘭教知識分子協會有關，董事長正是阿迪・沙索諾。

她手邊要處理的事情真的很多，在帶我去見伊馬杜丁的那位女外交人員安排我們見面的午餐桌上，黛薇正經八百，更不失愛國心的談到國科會正在進行的各種聽起來頗具學術重要性的計畫。只

5 譯註：全名Charles Kingsley，一八一九～一八七五年。英國文學家、學者與神學家，擅長兒童文學創作。

有到談話快要結束時，或許是因為喝咖啡的關係，黛薇基於某些原因，才開始談到蘇門答臘和她在那邊度過的童年，以及她所知道的族人禁忌。時至今日，她對那些禁忌仍心懷尊重。有關於在蘇門答臘度過的童年，由她口中聽來，樣樣都十分新鮮，有些還頗出人意表。先前她正經八百談論的是一些國際會議和研究，稍後說的因純屬私事，因而顯得十分坦率。我很想再多聽一些，就安排某個下午在印尼國科會她的辦公室裡碰面。

國科會的建築因其現代化的圓形大樓，從公路上看起來頗讓人印象深刻，但內部卻難掩灰暗的官僚舊習，沒有任何個人特色。黛薇的辦公室在十一樓。接待室是圓形樓層的一部分，形狀就如同一塊切好的派，有點弧度的外牆則像是派皮的側邊。一面牆上掛著印尼木偶，還有一塊上面印著寺廟的起皺五彩蠟染布；另一面牆上則掛滿弓箭。黛薇的辦公室在走廊另一端。對一場午後會面而言，這間辦公室的位置顯然不對，陽光直接曝晒；我們需要百葉窗。

黛薇有豐厚的學術背景。她最近才過世的父親是一位教授，曾在哥倫比亞和倫敦的「東方及非洲研究院」深造，母親則是蘇門答臘大學的歷史老師。

黛薇小的時候，全家住在萬隆。她三歲半時，父親遠在蘇格蘭念書，親戚從蘇門答臘來拜訪他們，其中一個跟她說：「你實在該去蘇門答臘看看你有些什麼。」這使得黛薇很想去蘇門答臘看看她有些什麼，於是就和親戚回去看那即便身為一個小孩也知道是祖傳的地方。

蘇門答臘有一棟他們家的房屋，是屋頂多角狀、很棒的米南加保傳統房屋。但這棟房屋已有二十幾年沒人居住，不但是間空屋，傳說還會鬧鬼。黛薇連一步都不想靠近。她和舅公住在一起，舅公住的不是傳統的房屋。

黛薇說：「他是一位『ulama』，就是伊斯蘭教的宗教老師。在爪哇，人家叫他們『院長』；在西蘇門答臘，人家叫他們『宗教師』。我和他住了一年。他就住在他的小清真家寺裡，因為不是公共清真寺，所以稱為『surau』。他要學生過來和他一起上課，並讓他最年輕的妻子過來同住。這點很不尋常，但因為他是重要人物，妻子早先又確實是他的學生，所以他沒過去她家一起住。當時一夫多妻根本就司空見慣，但這是唯一和他同居的妻子。在我去之前，他總是同時擁有一、兩個妻子，每和一名妻子在一起之後，就會回他的家寺去。等到我過去時，他已經和最年輕的妻子住在一起，而且是她把我帶大的。」

黛薇用她那種開放且充滿感情的方式娓娓道來。有趣的是，有個在蘇格蘭念書的父親（說不定她父親還得避開他人針對穆斯林及他們可以擁有四個妻子所開的玩笑），他這個年幼的女兒竟然是透過一名敬愛虔誠的老親戚，發現並接受了相同的概念，但她所接受的是「美麗舊世界」的層面。

「等父親從蘇格蘭回來之後，我就回到萬隆待了兩年。可是當又有另一批親戚從西蘇門答臘過來萬隆和我們住在一起時，我就決定要請他們帶我回去。當時我只有五歲半。」

我問道：「你記不記得為什麼你那麼喜歡那個地方？」

「那是一個很美的地方，空間廣闊開放，我們又是當地的名人。當我們在那兒的時候，總是感受到大家的敬重。沒有人和我競爭。舅公非常疼愛我，雖然很兇，但對我非常慈祥。舅婆很和藹可親，會在舅公發脾氣的時候護著我。我非常幸運，因為舅公希望有人延續本家的姓。家母是這一血脈的最後一位女性，西蘇門答臘是個充滿矛盾的地方，既有濃厚的伊斯蘭教色彩，又是母系社會。家母是這一血脈的最後一位女性，而因為身為她的女兒，讓我簡直成了家中的寶貝，家人希望我能光耀門楣。

「舅公以教育我為己任。他是個宗教師，非常保守，滿腦子傳統觀念，但他不希望我被剝奪接受現代教育的機會，不希望我的父母將來因為我沒受教育而怪他，這就是為什麼他說他不希望我回西蘇門答臘的原因。但事實上，我倒希望圍著頭巾去上村子的學校——在宗教村落學校裡，你就得穿紗籠、圍頭巾。」

「你認為紗籠和頭巾是很美麗的服飾嗎？」

「我並不這麼想，只是認為那樣穿戴很正確。但舅公十分堅持。他說這些村子學校的伊斯蘭教課教得很差，所有其他的課程也都不好。所以我去上當地的一般學校，伊斯蘭教課程則由他在家中親自教導我。所以我學習《可蘭經》，他則念各種『hadith』，即補充的傳統故事給我聽。

「放假時，他也會選個星期天帶我四處走走，看看我們家的土地，好讓我知道這些土地在哪裡，以及由誰在耕作。當地到處都是稻田，還有椰子林。大部分的水源和可耕作的稻田都在山谷底，所以住在山谷頂的人們必須走好幾哩路才能到他們的稻田。我的家族一向控制許多土地資源，那是因為女人沒有太多後裔。如果家族變得太龐大，土地就會被很多人瓜分。土地不可以轉讓，可是必須分配給使用者，即繼承人。一旦繼承人亡故，土地便又回到血緣最近的女性親人手裡。

「所以，在我們的土地上巡禮，我也就順便接受了種種家族事宜的餵養，因為幫忙耕種我們土地的，大部分都是親戚。搞清楚土地邊界十分重要，這樣才會有村落網絡的完整概念。」

從五歲半到十五歲，黛薇一直住在西蘇門答臘。她父親來看過她一次，當時她大約八歲；兩年後，她母親也和一些朋友來看她。從十二歲開始，每個齋戒月的假日，黛薇都會去萬隆，這個村子可說是她的全世界。

「住在村落裡會得到一個完整的經驗，不只是上上學、讀讀《可蘭經》、瞭解你自身的家族或財產而已。那也是學習村人看法的方式，還有他們極具特性的信仰，雖然不一定都合理，卻十分重要。如果漠視或拋棄這些信仰，可能會讓你陷入危機。

「我家正好屬於一個叫做『皮塔潘』的部族，以擁有許多禁忌而聞名。他們在村落裡十分有名。人們經常掛在嘴邊的是：『皮塔潘族不能做這個，皮塔潘族不能做那個。』很多其他族的人都不瞭解有些事情我們不能做。」

我的聽覺開始作怪。當黛薇提到「皮塔潘」時，我有時難免會聽成「彼得潘」[6]。

「大家都相信，皮塔潘是舊家族之一。皮塔潘的祖先或許是當地還是一片處女林的時候就遷徙過來了。根據伊斯蘭教之前的傳統，大家都相信所有的山川林泉都有精靈據守。當然，去清理這些土地的人類，必須和原來居住在那兒的精靈妥協，所以祖先必須遵守行為規範。基本上，其設計的宗旨就是要確保環境平衡。」

儘管無論是平衡，還是「環境」，都是後來借用的概念，得自於另一種知識和邏輯，並沒有像黛薇所說的那種敬畏土地的力量，但她自己說起來卻似乎馬上就有那種味道。

「在過平常生活時，我們也有其他因素要考量。像是每當我們想砍倒一棵大樹、汲乾一口泉水、或建造一棟房屋時，都需要先徵得同意。我們必須依循某種特定的儀式，取悅守護的精靈。」

對黛薇的舅公，也就是那位保守的宗教師而言，村人對樹神、泉神的概念似乎都是偶像崇拜，不符合宗教精神。他早就認為村裡宗教學校的伊斯蘭教課程教得很差，遂親自擔負起教導甥孫女的宗教指導責任。

「我舅公基本上並不想依循那些非伊斯蘭教的做法。他知道這些事，或許也相信其中一些，但大體而言，他認為向神靈獻祭就有違伊斯蘭教。族人以及村落部分年長的人相信，如果有皮塔潘族

---

6 譯註：Peter Pan，即大家熟悉的小飛俠。

人違反了禁忌，族裡就會有人遭到報應而受苦，像是會有小孩生病，或有不祥的事情發生。我舅公對這些禁忌並不怎麼在意，所以我經常生病，而他的妻子和朋友也總是說：『啊，一定是你舅公又做了什麼。』在他們利用穀倉的木材建造廁所時，事情就發生了。」

穀倉是主屋的附屬物，一樣有角狀的屋頂，是間架高的同型小屋。穀倉上面寬、底部窄，或許還有些裝飾的山牆，各式各樣竹編鑲板的牆壁，以及一個梯子，而不是台階。稻米是主要糧食，是每一種敬拜和豐饒儀式的重點，一向受人敬重；把穀倉的木材拿去蓋公共廁所，就算是老舊或廢棄的穀倉，也根本是將兩個相對立的概念湊在一起，是種嚴重的褻瀆。

黛薇說：「我病了一、兩天，他們讓我吃村裡的草藥。我的『datuk』，就是我舅公，對村裡的草藥也有所涉獵，並且對醫生沒什麼信心，因此拒絕去找醫生。大部分村人都相信他有法力，可以和部分守護精靈對話，所以每當有小孩生病時，許多人都會去找他求藥。

「後來因為有人問起過去幾天我舅公到底有沒有做『什麼事情』，舅公才想起或許拿穀倉木材蓋公共廁所是不對的。於是舅公和一個年輕人隨即拿起大斧把廁所劈倒，還宣稱一開始劈砍充當通向廁所的木橋時，看到一隻很像黑色猴子的動物跳進水裡。」

我問黛薇：「猴子跳進哪邊的水裡？」

「魚池裡。事後我的病就好了。人們說，我在幻覺狀態時，簡直就是胡言亂語，什麼都說。

「許多事情我都不太敢做，就算後來搬走了還是一樣。譬如說，如果我回到村子裡，我從來都不敢把鍋子直接從爐子上拿起來放進水裡。這也是一種禁忌。合理的解釋是，這麼做可能會汙染水源。

「還有在魚池中，為了保護魚，我們需要在水中擺上各種材質的東西，最常見的是有尖椏的竹子。」把枝端削尖的長竹子，可糾結可怕的阻礙物。「這可能是為了保護魚兒，不讓別人偷捕。偶爾當人們放乾魚池裡的水時，會把竹子清出來。有些比較不謹慎的人，就會把這些竹子倚靠在房屋牆壁上。如果是皮塔潘族人這麼做，就會被認為違反了禁忌，我們絕對不能做這種事。我聽說如果我們晚上那麼做，神靈就會生氣，房屋會開始搖晃。

「在村子裡，這些禁忌就等同於城市裡的交通號誌，是你必須服從的準則。」

這些禁忌大部分只適用於皮塔潘族。這就是為什麼黛薇相信皮塔潘族是最古老的宗族之一，以及在最早，也就是人們在叢林裡開闢稻田時，和山川林泉的神靈達成妥協的就是皮塔潘族人的原因。時至今日，這些妥協仍需遵從。

譬如黛薇結婚時，祖先的長屋就「出了」怪事（套用黛薇的用語）。那幢依照米南加保傳統樣式蓋的房屋有著角狀屋頂，已經荒廢二十幾年，村子裡的人都說那間房子鬧鬼，黛薇小時候也從沒去過。按照習俗，盛大的婚禮必須在那裡舉行，所以重新啟用房屋，準備舉行盛宴，而怪事就開始發生了——家具被搬得亂七八糟，食物也不翼而飛。將黛薇帶大的舅公的一名堂弟指出（是那位堂弟，不是宗教師本人）：「也許我們忘了敬拜神靈。」他們確實忘了。因為神靈並不住在平地上，而是住在林泉之中，於是大家趕緊拿肉拋到祖厝約五十公尺開外的樹叢中。這就足夠安撫神靈了。從此再沒有任何麻煩發生。

大家相信最早的時候有三個宗族，皮塔潘族是其中之一。這三個宗族是從三個堂兄弟繁衍下來的，彼此之間並不通婚。三個宗族都奉行最早的禁忌。皮塔潘族人還有另一種本領：他們會造雨。黛薇說：「我根據自己的經驗發現，每當我要舉行盛大宴會時，那天就會下點雨，就算只是下個一小時、半小時。我是四月份結婚的，那時可是乾季。第一天是在我婆家舉行接待宴。」

「是三大宗族之一嗎？」

「不同的宗族，但屬於同一村落。」

「這是被安排好的婚姻嗎？」

「是個人的選擇。我婆家有用水方面的問題。我先生家蓋在高地上，需倚賴雨水注滿他們的水槽，所以對用水斤斤計較。婚禮第一天天氣十分乾爽，隔天的喜宴將在我們的祖厝舉行。」祖厝已多年沒人使用，年久失修。「在那個大日子的凌晨三點鐘，大雨突然傾盆而下，屋裡每個人都淋成了落湯雞，屋外的廚房也完全泡在水裡。但到了早上，陽光燦爛，一直到十一點，新郎來了，賓客也陸續抵達，一切順利。可是等到大家都進屋後，竟又開始下起大約一小時的傾盆大雨。這種事每場婚禮都會發生。

「有人誤以為一旦我們離開村子，皮塔潘族人與雨的關聯就會消失，事實卻非如此。我有一個阿姨在雅加達嫁么女，因為擔心當天會下雨，還不嫌麻煩地跑去以草藥聞名的西爪哇萬丹找一名『dukun』（巫醫）。那位巫醫保證大日子那天絕對不會下雨。阿姨付錢請他獻祭，以免當天下雨。這種事情在這裡相當普遍。他們承辦新加坡國慶日酒會時，就請來一名巫醫以確保當天不會下雨。在亞太經濟合作會議期間（那是黛薇參與的國際會議之一），還找來更多的巫醫藥師。

「我母親和我都說不相信憑萬丹巫醫的法力，足以打破皮塔潘族人婚禮有雨的傳統。我姨父，就是我阿姨的丈夫，來自蘇門答臘另一個地方，對於我們皮塔潘族的信仰一個字也不相信。他說：『不會下雨啦！』所以他就沒有在草坪上架遮雨棚。每張桌子都精心布置一番，花了一整天的時間打理。豈料婚禮當天凌晨三、四點鐘，天門大開，傾盆而下的大雨毀掉了所有的桌子。他太相信萬丹的巫醫了。當時母親和我都暗爽極了。」

☆

宗教或文化的純粹乃是基本教義派分子的幻想。也許只有閉關自守、與外界隔絕的部落，才能夠強烈而單純地知道自己是誰。我們其餘絕大部分的人依照各式各樣的程度，都只是文化融合的產物，每個人都用自己的方式與自己的複雜性共存。有人靠本能行事，有些人則像黛薇一樣，同時保持著自覺。她說：「我的生命因為不同世界的融合而更顯豐富。」

十年後，她離開蘇門答臘村落，前往英格蘭找她當學者的父母。當時她已十五歲，和父母共度的歲月並不多，卻發現自己和父母之間並沒有任何相處上的問題。在村子度過的那幾年，讓她變得宗教味十足且保守拘謹；她認為父母太過自由，有時甚至覺得母親的裙子太短又太緊。儘管她的政治態度及時改變，但她的個人價值觀還是保守如故。拜母系的米南加保傳統之賜，這種保守態度反而給了她某種程度的女性自重（不全然是伊斯蘭教的）。

由於她熱愛村子裡的生活方式，似乎讓她在許多方面都暴露於昔日基本主義派分子的地區衝突中。就好像上個世紀長達三十年摧毀掉米南加保的皇室和他們的宮殿、並讓荷蘭趁虛而入成為統治者的宗教戰爭，並沒有解決任何問題一樣。就算心裡惦記著最近關於「多元」社會的學術研討會或國際會議（這種會議在印尼幾乎無休無止，是無害的新聞自由替代品），但諸如上述那類的問題或相關主題，一定還是經常縈繞在黛薇心頭。因為不用我敲邊鼓，她就繼續針對真正的信仰和古老的方式發表近乎正式的聲明。

她說：「說到人和真主之間的關係，一個人應該謹守純粹的伊斯蘭教形式，而不是統合的形式。我們不可能一方面是個虔誠的穆斯林，卻又恪守並實行多神或靈魂學說的信仰。但是談到人與鄰居之間關係的安排，也就是我們如何過群體生活，每個團體卻有不同的需求和風俗。只要不違反基本教條，我不相信有任何放諸四海皆準的宗教或國家概念應該用來消滅這些傳統做法。」

這就等於重新表明她的看法是，在上個世紀激烈的宗教戰爭之後，所謂伊斯蘭教和「adat」（傳統律法）的關係已取得協議。

「伊斯蘭教被擺在最崇高的地位，最高的法律主體，傳統律法必須依附其上。諺語說：『傳統律法倚靠sharia（伊斯蘭教律法），伊斯蘭教律法則倚靠Kitab（《可蘭經》）。』任何明顯違反伊斯蘭教，譬如喝酒、賭博、鬥雞、娶五個以上妻子的作為等等，都在嚴禁之列。至於其他方面則無妨，因為《可蘭經》或先知的話語並無隻言片語禁止母系制度。」

儘管在黛薇心中一清二楚，但人與真主的關係，似乎與人和鄰居的關係差不多。有些事情總是模稜兩可，甚至關於婦女地位的事情也是如此，而這些在西蘇門答臘信仰方面模稜兩可的情況，再度等待基本教義派的狂潮來臨。

☆

整個下午我都待在黛薇的辦公室。當我離開時，國科會辦公室正紛紛關上門，官僚習氣十足的這棟圓形大樓，因為很多員工顯然都已下班離去，愈發顯得沒有人味。我在前面的路上攔了一輛計程車。攔車容易得很，但這輛計程車十分破爛，窗戶打開，沒有空調設備，偏偏又碰上下班的尖峰時間。雅加達的尖峰時間交通鐵定混亂，今天的情況格外糟糕，因為接近總統府的部分中心街道已經封閉，以籌備RI50——印尼獨立五十週年的官方縮寫——慶祝活動。嚴重塞車的結果，是熱氣翻騰著廢氣和車體反射的亮光，我有好幾分鐘時間不得不正對著擋在前頭那輛小汽車的屁股：

加油
不要死前
都還不信耶穌

雅加達有許多汽車和小貨車都貼有類似的貼紙；人們有宗教的需求，需要一些非人類所能給予的慰藉，是這個半皈依的國家在福音上想要攫取的。年輕的計程車司機來自蘇門答臘，輪廓分明，他打量我可能來自印度，就用英語說印度是個好地方，充滿了神祕。可惜我們之間並沒有足夠的共通語言來深入這個困難的話題，只好任其無疾而終。他陷坐在半塌的司機座位上，雙膝張得開開的，穿著卡其褲的一雙長腿晃個不停，讓人心煩意亂。為了打發時間，他居然開始教我印尼語。在度過漫長的興奮下午之後，這一天也即將在這條熱浪滾滾、廢氣瀰漫的公路上過去，偏頭痛開始浮上我的頭。

☆

就是因為衝著黛薇個人的魅力，我在蘇門答臘期間才會到她的村子去參觀。理所當然的，每樣東西都比我想像的小：黛薇傳達給我的，在雅加達吸引我的，畢竟是她幼年時所感受到的魅力。

黛薇的母親特地從巴東的大學繁忙課務中撥冗脫身，帶我到聖地各處去看看，同行的還有一名學者，是她們家的世交，對當地的生活方式鑽研甚深。他告訴我，黛薇小的時候，有一天他問她長大後想做什麼，她說想當伊斯蘭教宗教師。只有男人才能當宗教師。這個回答不但說明了黛薇對舅公的崇拜，也說明了黛薇當時就建立了米南加保的女性自尊。

我們走訪的房屋並不是黛薇童年時住的地方，而是黛薇婆婆的房子，她婆婆算起來也是她們家的遠親。這是一幢現代平房，有玻璃天窗、印尼中產階級風格的沉重雕花椅，一張茶几上擺著一個龐大的塑膠飾品，那是一棵長滿椰子的椰子樹，輪廓簡明俐落，使用基本色調；牆壁上方有兩排水泥通風磚，上排的菱形風口垂直排列，下排的菱形風口則呈水平排列；一面牆上有《摩訶婆羅多》[7]的場景畫，算是確認了過去的印度教傳統，而掛在對面牆上的則是一幅阿拉伯卷軸。這是一間現代的中產階級平房，不太引人注目。

但是對黛薇的小女兒而言，或許就不是那麼不醒目了。她在與黛薇當年同樣年紀時就被送來村子住，對小女兒來說，這間房子和屋外用來遮風擋雨的茂盛植物：椰子樹、竹子、香蕉、紅毛丹和人心果，可能一直會和樂園產生聯想。我們在那裡時，她剛放學，但很快便換上乾淨的連衣裙再度出門，手上拿著一本小書，臉上帶著滿足的表情，準備去上宗教課。

如果拿掉紅毛丹，屋外的植物可能就和加勒比海的一模一樣。但是加勒比海的椰子樹、竹子和香蕉樹，其實是很久以前從世界這個角落和從太平洋地區進口的植物；反過來說，這裡的人心果，也就是印度稱為「chico」的水果，乃是從南美洲進口的植物。植物的相似性是以不同的方式形成的，兩個地區與這植物相關的聯想也截然不同。加勒比海的植物，過去說的是奴隸農場，現在說的卻是觀光貿易；這裡的景物則讓人想起一個古老宗族的聖地。

黛薇舅公的私人清真寺座落在一個好似荒廢的椰子林中，而且因為他位高權重，儘管有違風俗習慣，還是和最年輕的妻子同住。

這邊的勞動力不足，人們寧可到城裡和工廠工作，以致幾乎沒有人清理魚池和水道。在這種萬物快速成長的氣候中，很快就變得一團亂，不過畫面還是美的。枯死的椰子枝葉就像巨鳥的羽翼般，從逐漸腐爛的樹心下垂著，爬行動物就沿著椰子樹幹往上爬，硬是將樹幹給扳倒，橫臥在邊緣長滿蕨類的魚池或水道上，任由浮垢層層錯綜覆蓋。不久之後，雜草就能立足生根。非洲鳳眼藍這種全球可見的鮮綠色或淡紫色熱帶攀附植物，會將開放的水域填塞成沼澤。在陰暗的老樹林中，包括天空在內的一切，都會反映在殘留的清澈水面上。

家寺殘破不堪，撐不了多久了。用木材和波紋狀鐵皮蓋的清真家寺還真是小得出奇，木材已腐爛成灰，變黑的波紋狀鐵皮屋頂也已鬆脫。就建築學而言，儘管這座小清真家寺沒有角狀屋頂，它和傳統的米南加保房屋卻有許多神似之處；就算破敗不堪，這座有兩個比較不顯眼的附屬建物的主建築，依然不失優雅。下層樓四周環繞有頂迴廊，狀似波紋狀鐵皮的邊緣。較小的上層樓就從鐵皮邊緣蓋起，覆上金字塔似的屋頂，沿著微微起伏的線條到頂尖。這棟建築的絕大部分心血都集中在屋頂上，儘管沒有明顯的伊斯蘭教意象，沒有新月，或者新月加星星，但清真家寺的目的已表現得淋漓盡致。相對而言，這種象徵的使用在印尼還算新鮮事。清真寺可以蓋得和其他建築一般；不過現在拜伊斯蘭教新興風潮所致，針對伊斯蘭教式的一般建築，爪哇有些商店會在前庭展示大小不一的銀色圓頂和新月，一如其他商店展示家具和汽車輪胎一般。

黛薇那比我想像還小的角狀屋頂祖厝，如今已修葺並裝潢好了。但我不想在那兒過夜。在這種長屋建築中，會讓我有種置身囚房的感覺。我需要周遭有迴廊，或者有空間，或者有通往另一方向的開口。這種房屋適合無論屋內屋外，住起來感覺都一樣的人，對那樣的人而言，屋外也是他們的

7 譯註：*Mahabharat*，古印度兩大著名梵文史詩之一，對於印度的哲學和宗教極為重要，其中第六章中的《薄伽梵歌》已經成為印度教的經典。

家。但這對陌生人而言，絕非友善之地。

這附近有些樹叢，當初在籌備黛薇的婚宴時，就是從這裡拋出一些肉去安撫遭到怠慢的山川林泉之神；幾百年前當宗族的先人篳路藍縷、開墾山林時，就已經和這些神靈達成協議。樹蔭外是現在以椰子林為界的稻田，最早先人和神靈達成協議就從稻田開始，可是如今土地沒有人清理，水草糾纏，一塊塊呈現鬆散畫面的開放稻田裡，鼠輩橫行於成熟的稻子間。如同這裡的許多事情一般，稻田也顯露出人手不足的現象。

我問黛薇的母親，她認為這裡的稻田已有多久的歷史。她回答說，稻田的年紀可以從泥巴深度來估計。這些稻田已大約有一千歲。如果將手插進泥巴裡，大約可深至腋下。陪伴她來的學者說他估計稻田大約有兩千年歷史。很難推算：稻田，一種特殊作物的田地，可以追溯到奧古斯都[8]時代。而從索洛克和巴東之間一條蜿蜒山路邊的森林保留地，可以看出原始植物可能的模樣：茂密、老舊、無光澤、呈深灰綠色，沒有刻意栽植植物或樹木的那種清新和明亮。

人們對這段浩瀚的歷史所知甚少。沒有文獻，只有一些碑文，而且為數不多。書寫本身就是從印度伴隨宗教傳來的技藝，印度教和佛教的過去已經全遭生吞活剝。沒有書寫、沒有文學，過往會持續的自我消滅，人們往回溯，最遠也只能追溯到他們祖父或曾祖父那一代。時間的流逝無法估量，一百年前的事情和一千年前的事情似乎沒什麼兩樣。這裡兩千年來偉大社會組織和文化的遺產，如今只剩下黛薇告訴我的一些禁忌和土地儀式。我還從她母親那兒聽到一些新的。譬如說，在收割稻米之前，你得先到稻田裡割下七根稻桿，把這些稻桿掛在房子上。這麼做之後，才能開始全面收割。沒有人知道原因何在。這習俗最原始的初衷，卻已經在相傳的幾百年間消失得一乾二淨。

啟示性宗教——推翻那些與土地、動物和特殊地方或族群神性的古老宗教——乃是歷史糾纏不去的主題。就算曾有像記述古代羅馬時期基督徒世界的那種文獻好了，轉換也已經難以追尋。有的只是一些跡象。可以看到的是，土地的宗教有限，奉獻大都給了神，甚少給人。如果這些宗教現在有吸引力，主要也是為了現代的美學因素；即便如此，也已經無法想像活在那種宗教生活中的模樣。啟示性宗教（基督教和伊斯蘭教，外加要是可以涵蓋在內的佛教）的概念更龐大、更人性，和人類視為自己痛苦的一切以及世界的道德觀比較有關聯。也可以說，當人們對自己沒有概念，無法去瞭解或追述他們的過去時，就會出現如印尼這般對國家或文化的大規模轉換皈依。

伊斯蘭教基本教義派的殘酷之處是，他們只承認一種人——就是阿拉伯人，先知最初的子民——有過去、聖地、朝聖和對土地的尊重。這些阿拉伯的神聖會成為所有皈依者的聖地。皈依者必須褪下自己的過去。他們不要求皈依者的任何東西，就只要求皈依者純粹的信仰（如果純粹的信仰真的能夠造就出來的話）、信奉伊斯蘭教和服從。這是一種最獨斷的帝國主義。

8 譯註：Augustus，西元前六十三～西元十四年。羅馬帝國的開國君主，統治羅馬長達四十三年。

第五章 村子

馬里曼和富爾甘都是「資訊和發展研究中心」的研究員。馬里曼二十三歲，富爾甘大約和他同齡，他們都知道透過資訊和發展研究中心，就有了在大都市發展的優勝起跑點。事實上，馬里曼現在就已經有點明星的架勢。他在阿迪・沙索諾口中儼然是資訊和發展研究中心的楷模，於是我要求與他一會。

所以現在，在阿迪・沙索諾的敦促下，馬里曼已來到飯店，富爾甘同行當他的口譯，因為馬里曼不會說英語。

我們到飯店花園開放的「Kintamani」，即涼亭（據說是爪哇風格涼亭），兩旁是幾座網球場和一座游泳池。午餐在設有自助餐檯的涼亭裡吃，晚餐也一樣，還表演了一種飯店式的地方文化秀。下午是無法歸類的中間時段，座椅全空著，游泳畔一邊陽光斜照，另一邊樹影婆娑，涼風陣陣。

富爾甘姓「阿爾法魯基」，就和他的名字一樣阿拉伯味十足，來自蘇門答臘；馬里曼則是爪哇人。

富爾甘說：「我們不一樣。我們蘇門答臘人是旅人，足跡甚至踏遍全世界，所以我們不會有鄉愁。馬里曼就會有。爪哇人有句俗諺說：『有得吃或沒得吃，我們都得住在一起。』這表示爪哇人都應該住在爪哇。他們認為爪哇比其他任何地方都好得多。但如今因為接受教育的關係，他們也可以搬出來了。」

富爾甘說馬里曼會有鄉愁，還有另一個原因是馬里曼的父母離婚了。我將這點記下來當作另一個背景資料。但到了最後，也就是富爾甘和馬里曼都離開後，我才忽然想到一些特定的問題，但雙方相隔遙遠，處理起來實在麻煩，要先打電話給資訊和發展研究中心的富爾甘，向他提出問題，再等他轉達馬里曼的答覆。事後我才知道，馬里曼是家中十七個孩子中的一個，父親有兩個家，兩家分開住在同一個村子裡。又再經過一段時日，當我四處旅行時，才知道伊斯蘭教的一夫多妻制和輕易離婚並不只關乎男人的性慾，還會導致家庭破碎，造成一個半孤兒的社會。一個父親為了營造第二個家、甚至第三個家，就會遺棄原來的那個家。這種故事再三重演，屢見不鮮。這就是馬里曼鄉愁背後的原因，但當時我不想追問，以致不知道馬里曼的父親是何時和他母親離婚，以及當時馬里曼多大。

馬里曼小時候在村子裡做的是幫人看牛羊的工作，酬勞端賴當時他看管的牲畜種類，小羊、小牛什麼的。等到有了二十二隻羊之後，他就變賣一部分羊，拿錢去上學。最先賣了兩隻，一隻賣四萬兩千盧比，相當於二十美元；另一隻賣五萬盧比，相當於二十四美元。羊都是賣給和他做牛隻買賣的父親有生意往來的牛隻經紀人。

為什麼他想要去上學？

「為了增進他的伊斯蘭教知識。」

這都是因為他父親的緣故。馬里曼的父親上過村子裡的習經院，有個碗櫃專門用來放書，櫃子門一直關著，但大家都知道裡頭擺書。父親受過教育，能讀也會寫阿拉伯文，甚至還能說上一點。

富爾甘說：「馬里曼在爪哇與眾不同，因為他父親讓他接受宗教訓練。他十歲時，父親就教他祈禱。因為做牛隻生意，所以他父親有足夠的錢去朝聖，那是一九八五年的時候。」當時馬里曼已經十三歲。「他深深以父親到過麥加為榮。他父親回來的時候，戴著白色的『haji』帽[1]。在這之前，他戴的是黑帽子。他是全村第一個去朝聖的人。如今村子已有三個朝覲信徒。」

馬里曼彷彿是在評論富爾甘的口譯似的說：「朝聖是最高的責任。」

因著這些書本和虔誠的背景，馬里曼在一九九〇年十八歲那年，獲准進入東爪哇瑪琅的穆斯林大學就讀。

獲准入學是一回事，自給自足又是另一回事。而且雖然他沒明說，他父母應該就是在這時候離婚的。馬里曼每個月需要兩萬五千盧比，大約十二美元應付日常所需，以及約十公斤的米作為糧食。他會回村子裡去要米，然後母親會給他兩萬五千盧比。她在村裡經營一家小店，或稱為攤子，賣些蔬菜、街頭小孩的零食，以及肥皂和糖果之類的東西。

為了省錢，他在距離大學頗遠的地方租了一個房間，一年租金九萬盧比，約四十四美元，平均下來每週大約八十美分。他在房間裡自己煮飯，再從小攤子買一些煮好的青菜。他很少吃肉或魚，並且走路上學。所以他每個月的生活費還不到一萬盧比，約合四點八美元，或者算一天十六分。就這樣，從每個月母親給他的兩萬五千盧比當中，他還可以省下一萬五千盧比，到第三年就可以自己買書了。

一個人可以用這麼少的錢過活，實在讓我、讓他自己、也讓富爾甘覺得了不起，這件事情本身

1 譯註：朝覲，伊斯蘭教給予到過麥加朝聖的信徒的尊稱。

就像是個遊戲，有著如「小人國」（Lilliput）版的樂趣。十九世紀的蘇格蘭出版商威廉・錢柏斯[2]在回憶錄中也提到他早年有過類似的情景。

馬里曼從一九九三年二十一歲時開始寫作。對於一個牧童出身的人而言，寫作何其不同凡響；但是這樣的企圖心，以及覺得這想法可行的信念，絕對是源自於他那位如今已經缺席、卻是受過教育、並將書本鎖在櫃子裡的父親。馬里曼最先是寫些有關經濟議題的文章，刊登在雅加達一家日報《明燈報》上。每登出一篇文章，他就可以拿到五萬盧比，將近十美元的稿費。這麼高的稿酬讓他從此不必在一些小錢上東挪西調，使他整個人改頭換面。他開始覺得自己有前途，尤其當瑪琅的穆罕默德協會大學聘請他擔任該校講師時，讓他格外覺得自己前途似錦。他為此徵求父母的看法。這對夫妻雖是小人物，對買賣卻頗有一套，畢竟他母親每天都在小攤上秤斤論兩，父親更是在做水牛買賣的生意。他們一致認為薪水太低，馬里曼於是婉謝了大學的聘書，並且決定離開村子，來到雅加達。

雅加達在爪哇長島的另一端，需要五萬盧比的交通費，不過只要在《明燈報》刊載一篇文章就搞定了。他有衣服，住宿也不成問題，有位阿姨答應讓他住在她家。她在雅加達南部貧民區裡有間三房的屋子。馬里曼到雅加達後，有點忐忑不安，因為這是他生平首度沒有至親在身邊。但周遭環境他倒不介意。他們必須用唧筒唧水洗澡、燒飯。這種生活他在南雅加達一間小屋裡一過就是七個月，時間是一九九四年十一月到一九九五年六月底，不過就是六個星期以前的事，但對年輕人而言，一天就已經很長了，所以感覺起來便像已經是陳年往事了。馬里曼覺得自己無法再回去過那種生活了。儘管他沒有明說，但在成為資訊和發展研究中心研究員後，毫無疑問是這樣了。

我問富爾甘：「他想念村子嗎？」

「是，他想念母親。他希望雅加達有村子的氣氛，卻遍尋不著。」

「他說的村子的氣氛是什麼意思？」

「敬重老人，在清真寺一起祈禱。但如今他已不再害怕雅加達。他想嘗試在住家附近營造村子的氣氛。他有個女朋友，兩人計畫盡快結婚。」

但馬里曼幾乎還沒開始開展他的康莊大道。

我問富爾甘：「他覺得他的人生在過去的七個月中已經完全改變了嗎？」

「他覺得自己在智慧上大有長進，但他已成為消費者。」

這麼快就出現了虔誠、指導的智慧。我問道：「他說的是什麼意思？」

「他受到大城市消費主義的影響。」

「他穿好的襯衫，打好的花色領帶，那就是他所謂的消費主義？」

襯衫經過精挑細選：白色，扣領，襯衫和平凡的條紋領帶熨貼在幾乎是平坦的胸膛上，口袋裡還插了支鋼筆。他穿米黃色長褲，繫上皮帶凸顯細腰，並且佩戴金邊眼鏡。每項行頭都代表消費；或許他這輩子從來沒有這麼精心穿戴過。

富爾甘說：「他年輕時穿著簡樸，但依然信心十足。」

我覺得馬里曼有種膽怯，他很在意自己的穿著打扮，或許正是這一身打扮讓他覺得緊張。或許衣著讓他掛心起自尊，擔憂著驕傲以及一切事物會不會如過眼雲煙般無常，並且幾乎是以宗教的方式，喚醒他內心一些爪哇的穆斯林想法，深怕幸運和成功可能招來更大的失敗危機。

---

2 譯註：William Chambers，一八〇〇～一八八三年，蘇格蘭出版商及建築師。

富爾甘說：「現在對於能穿華服，他覺得很得意，不過並不因此認為人生就只是為了這樣而已。」我要求看馬里曼在資訊和發展研究中心的名片。這是該中心標準格式的名片，富爾甘有，黛薇也有。資訊和發展研究中心的縮寫字母CIDES印得大大的擺在左下角，馬里曼的名字印在右上角，字體比較小，並且有畫線：

馬里曼・達杜（Mariman Darto）
研究人員

這是他的改變之一，但是並沒有直達核心。他並沒有忘記他的村子。

富爾甘說：「如今他村子已經沒有任何一個像他這樣的人了。但他和村人說得上話，許多人以他為榮，雖然住在雅加達，他還是十分謙虛。他一年回去兩次。要是村子裡有事，他也會回去。他履行所有的祈禱義務。他覺得祈禱十分重要，尤其是當他覺得與父母相隔很遙遠時。因為他的宗教情感，讓他在村子裡顯得十分特殊。他有些朋友失去做人的信心，開始在城裡買醉。這些人的教育程度大多很低。他所信仰的宗教讓他覺得自己和這些人大不相同。」

「他認為村子會有什麼變化？」

「他有一股雄心壯志，希望透過教育改變村子和不平等現象。現在他的村子因為他、他的威望而在改變當中。」

在這方面，就如同他的教育，他都是他父親、那位買賣水牛的生意人、也是全村第一個前往麥加朝聖的信徒的延伸。

我問：「在宗教方面，村人也唯他馬首是瞻嗎？」

富爾甘說：「他的許多朋友都認為他成功的關鍵在於他受的教育，而不是他信仰的宗教。」說得這麼白，讓我頗感吃驚。我就覺得馬里曼仍有其個人的主見。

富爾甘補充道：「但是在受教育之後，他們又回到宗教上面。」

「在他心裡，教育和宗教有任何不同嗎？」

「有。但接受過教育後，他也可以展現宗教人的成績。」

「那是什麼意思？」

「他可以成為一個比較好的宗教人。」

「所以他就接受哈比比教授的宗教觀和科技觀？」

「他在雜誌上看到哈比比每個禮拜齋戒兩次，分別在週一和週四，所以哈比比才能將成功和宗教精神合而為一。」

「宗教精神是成功的要件？」

答案有點拐彎抹角，但或許是因為富爾甘不瞭解我的問題的關係。「村裡許多人每週齋戒兩次，但一旦上了中學便不再齋戒，結果就變壞了。他們甚至連齋戒月都不過了。所以他，馬里曼，就推動改革。」

「變壞？怎麼變壞？」

「在工廠拚命工作。他們認為自己不夠強壯，不能齋戒。」

我們的談話變得迂迴反覆。原因或許是因為得透過第三者，也就是口譯限制了我們；也或許是因為馬里曼故事的精髓和引人入勝的部分，已經告一段落。

「他仍然勤讀不倦？」

「他仍然勤讀不倦。」

「他希望成為什麼？」

「經濟專家。」

「他認為伊斯蘭教是人們源源不斷的力量來源嗎？」

「他堅信伊斯蘭教是未來精神的來源，所以他正努力教育村子裡的人民。這是他在村子努力傳播的概念。」

我說：「現代化的院長？」習經院的領導人。

他瞭解我用印尼語說的「院長」，還笑了起來，並且用英語說：「謝謝你，謝謝你。」

後來我想起了一些我沒問的問題，便打到阿迪．沙索諾的手機，他忙碌如故，承諾說會傳達這個問題。

「他沒賣的羊後來怎麼了？他有二十二隻羊，他只賣了兩隻，就去上學了。」

兩天後，在資訊和發展研究中心忙碌的電話線上傳來富爾甘的答覆：「他把其他的羊送給了兄弟。他不想讓兄弟繼續過那種生活。」

☆

新財富相當可觀，拜政府所賜的財富源遠流長。龐大的新中產階級產生了，雅加達外圍為中產階級所蓋的住屋如雨後春筍般突然湧現出來，有些鄉間道路延伸拉長後，活像是電影裡的背景，村子裡老舊街道的前排是保留完整的平凡低矮建築、波紋狀鐵皮斜屋頂和一些果樹，後面則是半棵樹都沒有，只見一排排用赭色的水泥和玻璃、紅瓦所新蓋出來的堅固房屋。所以似乎有兩種生活方式在同時同地並行，加強了我第一天所獲得的概念，即這裡的歷史層層相疊，在過去五十年內有日本人的占領，對抗荷蘭人的戰爭，一九六五年的各項事件，以及現在不怕露白的龐大財富，拓展的速度之快，以至於大部分的人，不論是住在新近開發的社區，還是路旁走鄉下風格的人，距離村落或農業的簡樸，都不過是兩、三代而已。

我在印尼期間看過一些印尼作品選集，都以悵然若失的感覺來描述對村子的親近，直接以簡單的故事呈現，大有機會營造成一篇複合的故事。老農民從開進城市的巴士下車，提著禮物，可能是要送給一個從前同村的親戚，如今不是著名的武將，就是顯要的文官。眼前景象看得農民目瞪口呆，或許還被街上擁擠的行人擦撞，甚至遭到辱罵。農民一步步接近親戚家，各式記憶全都浮上心頭，而權貴親戚的排場也讓他近之情怯，步履踟躕。將軍或高官可能熱烈歡迎，也可能冷眼相對，端看作者的政治或情緒傾向而定；不過到了最後，農民一定會知道過去已經過去，再也不會回頭。

持久的偉大作品，而不是那種爭論的議題，只會在可能提供人們真正機會的社會出現。在印尼，我們看到的卻是那些失去自己歷史的田園之人，明明經歷過許多大事，還往往以悲劇收場，卻因為沒有教育、語言，尤其是沒有自由，而毫無辦法反映這些事件。

抽象概念：思考一下《印尼時報》的這段評論：

> 物質主義依然充斥著整個印尼社會。有些宗教領袖視品德低落的人出現，乃是恣意採用西方價值的結果。因應物質主義和個人主義的日益盛行，最好的方式是加強內在管制，並灌輸人們道德教育。為了反制物質主義，應該加強發展宗教倫理……

於是，單這一個和馬里曼十分相像的想法，便在九篇短評中不斷出現。

抽象概念：是RI50慶祝活動的主旨，就如《雅加達郵報》在報導或摘錄慶祝活動委員會執行主席埃米爾．薩利姆[3]的演說內容時所說的。剛開始就好像是貝多芬的交響樂：「在『提升我們共和國百姓的根基，以表達我們對獨立的尊敬和感謝』這個前提下，慶祝計畫可分為三個範疇。」第一個範疇將包括反映國家思想體系五大信條：信奉真主、全國團結統一、人道主義、全民深思熟慮後達成的共識，以及社會正義。為因應真主的信條，印尼宗教師委員會將敦促穆斯林在「週五的祈禱之後鞠躬致謝」。人道主義和社會正義信條會以印尼的模式來處理：舉辦全國性的人權研討會。但是民主原則的宗旨就沒有研討會：雅加達的法國商業工會會舉行雷射秀來表達。一場華麗的帆船活動則表達國家團結。接著就是社會團結；這點絕對不能遺漏。社會團結到底適不適用於幾乎如佛教般錯綜複雜的五大信條和三大範疇，實在很難界定，不過會以下列方式處理：埃米爾．薩利姆將呼籲企業界人士「舉辦大拍賣，減少一些利潤以嘉惠大眾，回饋社會。而且不能因為打折，就賣些二手或有瑕疵的貨品」。

單純的民眾參與了盛大的場面。在一個類似RI50的場合，詞藻滿天飛舞，但是大多言不及義，因為實情大家都知道，無須多言。正如《印尼時報》社論中所提出的見解，撫慰人們心靈的宗教增添了樸素特質，就如同三十年前在更貧窮、更黑暗的時期，共產主義所發揮的功能。

★

我和古納汪．穆罕默德[4]談到語言的抽象性。就印尼人而言，古納汪是博學多聞的文學家，什麼東西都寫，但最有名的是寫散文。人們敬佩他的地方，不僅在於他能獨立思考，知識廣博，心思縝密，還因為他能使用印尼文。

一九四〇年他出生於一個小漁村。一九四六年父親在荷蘭戰爭中喪生，但古納汪並沒有懷恨在心。目不識丁的母親獨自撫養孩子長大，用的是她買賣雞蛋所賺的錢——她從中爪哇買蛋，再運到雅加達去賣。古納汪的孤兒背景很像馬里曼，只是失去父親的原因不同，所處的時機也動盪得多；和馬里曼一樣的是，牽涉到的家庭因素大於貧窮和抗爭。古納汪的家庭顯然並不一般。他的兩個姊妹都成為老師，一個兄弟是醫生，古納汪自己則一直在當記者和作家，非常獨立。

他在一九五〇年代和六〇年代初期一直與共產黨保持距離，正如他目前也和宗教人士保持距離一樣。這種獨立並不只是政治或個性怪癖使然，而是和古納汪身為作家的氣質與自重有關。優良或有價值的作品絕對不是光靠寫作技巧就寫得出來的，還得靠作家心底某種道德的完整性才行。與任何諸如共產主義、伊斯蘭教等龐大公共理念站在一起的作家，若說出了這些禁忌，很快就會扭曲。作家一旦說謊，就背叛了他的行業；只有二流的作家才會這麼做。在像印尼這樣的國家，對戰後迷失的一代，也就是從前的共產黨、今天的基本教義派分子而言，真正的悲劇，持續的腐化，就是那種二流。

古納汪說：「我不認為受過教育的印尼人會說任何可以用來表達和發展他們思想的語言。在蘇卡諾時代，語言供極權主義使用；在蘇哈托時代，語言則被官僚化。我在一九六〇年代寫詩時，發現所有的語言都有抽象的意涵，國家、人民、革命、社會主義、正義都是。我很寂寞。當我坐在老

3　譯註：Emil Salim，一九三〇年～。印尼經濟學家，曾任外交部長。

4　譯註：全名 Goenawan Soesatjo Mohamad，一九四一年～。印尼詩人、文學家、劇作家及導演。

舊的走廊上時，我看見鳥兒和麻雀。這些事我都忘記了，這瞬間的小事。萬事皆如此，就連一些吸收而來的自由主義概念，像自由市場，它們是死的東西，不是得自經驗、大地或街頭。」

倖存的在地傳統還沒有強大到足以和這些學來的概念相抗衡。「人們搬遷的速度非常快。沒有所謂的**城市**生活。人們有腦筋、有恐懼、有創傷，還有面對過去時的態度。他們會回去，嘗試尋找一個社區。這就是為什麼宗教重要的原因，年輕人紛紛上清真寺、上教堂！非伊斯蘭教或基督教的舊時在地傳統，早就磨損消失了。

「我小舅子入贅到一個爪哇家庭。他們希望舉辦一個爪哇式婚禮，卻對爪哇式婚禮一無所知。所以他能怎麼辦？只好去請一名顧問。這種婚姻顧問多得是。如今這些顧問也大發利市，賺不少錢。昔日的傳統就像個美好的回憶。

「我太太有個叔叔，受過半吊子的教育，會說荷蘭語，曾經是一名軍官，服役期間大概是在一九五〇年代革命之後。他會看英文，會看荷蘭文，但他所能呈現的思想卻一場糊塗。好比說三、四或五年前吧，出現過一次日全蝕，人們紛紛趕到婆羅浮屠去看。」就是建於七世紀的那座佛塔。「整個婆羅浮屠籠罩在日全蝕之下。這個我叫叔叔的人卻告訴我，人們去婆羅浮屠是為了尋找一本記載生命奧祕的書。你相信嗎？這樣的例子不勝枚舉。

「這個叔叔絕非有備而來，他從來沒有對人做過批判性的思考。民主制度非關投票，而是關乎辯論，關乎智識生活的品質。人的心靈變得狹隘，並非由於哈比比或其他人使然，而是因為從各省源源不斷湧入的學生，希望在這個混亂的時代，得到某些確定的概念。政權並未提供他們概念，也就沒有思辯。概念仍在各人心中，就停留在那兒，完全沒有發展。」

第六章　熔岩下

我到爪哇南部昔日的皇城日惹去看李納斯。李納斯是詩人，一九七九年我們見過面，他當時二十七、八歲；儘管就我所知，他並未出版過任何重要作品，人們對他卻都耳熟能詳。據說他寫詩的靈感來自昔日爪哇的文化和精神，而他就住在距離日惹不遠的一個村子裡。

鼓勵李納斯的長輩之一就是歐邁爾．凱揚，他是學者，也是作家，參加過的研討會和大型會議不計其數。某天帶我去李納斯村子的，也是歐邁爾．凱揚。歐邁爾這名字可不是筆名，是他爸爸給他取的名字。我們到李納斯家，見到了他母親和其他人。當天早上其餘的時間，李納斯就陪著我們到村子裡到處走走，並把我們介紹給村人。

李納斯對大他二十歲的歐邁爾極為恭順。我的印象是李納斯才剛要起步當詩人。然而實情並非完全如此。現在我才從雅加達人口中獲悉，就在那次見面時，李納斯已經有了一份很長的敘事詩打字稿，詩名為《巴力顏的懺悔》（*Pariyem's Confession*）。如今我也從李納斯自己口中得知，歐邁爾．凱揚在詩寫好之後就看過，並且擔心詩的長度，一度還說：「夠了，已經夠長了。都快像十九世紀的爪哇古詩了。」和其他許多尋求鼓勵的作家一樣，李納斯寧可隨著自己的心意繼續寫下去。我們在村子裡和他碰面大約一年之後，他出版了這篇長詩，大為暢銷，總共銷售了兩萬冊，至今仍然是李納斯最著名的作品。

如今在英文選詩集《獸欄》（*Menagerie*）裡，我看到這首長詩的一段翻譯，那也可能是我們當天在村裡到處走動時，浮現在李納斯和歐邁爾．凱揚心裡頭的詩。這首詩中有村莊女英豪，還有如同我們去過的村子一樣的背景，對舊爪哇的生活方式和私曆表達了哀悼之意。儘管珍妮佛．琳賽竭盡心力，將這首詩翻譯得十分優美，但是要在詩的背景之外瞭解李納斯的傷感，以及其隱藏的所有文化意涵，真是相當困難。唯有爪哇的文字可能描述爪哇的特定事物，也唯有這些文字能夠釋放爪哇的感傷。

我父親在坦普圖特（Tempel）的「ketoprak」（菜飯）演藝團，
他習慣一週回家一次
木琴聲輕快
宏亮、快速
用 *slendro-sanga*[1] 調彈奏
是 *gara-gara*（動亂）開始的記號
月亮往西斜
是即將天亮的徵兆

不同的氣候，不同的時間運用，以及音樂、戲院、時間和風景的種種不同聯想，都得從如爪哇皮影戲這樣知名的事物描述中萃取出來。碰觸到情感、信仰、儀式的問題時，一定會有些東西難以翻譯，只有爪哇人能向爪哇人述說。也許就基於相似的理由，在西蘇門答臘，原是那樣豐富、完整、有組織的稻米文化，只因為沒有記錄的需求，居然會在一、兩千年後，除了一些禁忌和宗族的名字外，絲毫沒有留下痕跡。舊世界一旦消逝了，其感受方式就無法再重建。

一九七九年，爪哇給我的感覺，或許是太過浪漫的完全屬於其自身，是一個完整的文明。李納斯的村子對於營造出這種田園景象功不可沒；多年來，一些芝麻小事就這樣在我腦中展延出幻想：一路開闢到房屋邊的稻田，村子裡的種種都有其存在目的的植物，稻米女神的神祠，以及李納斯高雅的母親。在我的記憶裡，她始終是那天早上的模樣，身著華服，剛遠征城裡回來。她是位很有教養的女士，以和歐邁爾同樣熟練的古老宮廷語言，和他以禮相對良久，抑揚頓挫、口若懸河地數落李納斯的懶散，拒絕將兒子寫詩當成正經行業看待，因為在她心裡、也就是她完美世界的一部分，所有的詩都被寫光了，新詩根本就荒誕不經。

我希望再度體驗那田園的早晨，隨即獲悉李納斯最近和日惹的穆斯林之間有些衝突。他們反對他在專欄裡寫的一些東西，揚言要讓他見血。李納斯簽名都簽 Linus Suryadi AG，這個 AG 可不是裝飾，而是 Agutinus[2] 的縮寫，是他宣告自己是羅馬天主教徒的方式。我早該在一九七九年就瞭解李納斯這種做法，卻未能給予他這種做法適當的價值評論，也不瞭解其中的來龍去脈：兩大啟示性宗教正在爭取這個半皈依的殖民國家的靈魂。這個國家已喪失與它自己的信仰、自己固有完整性的接觸。

李納斯事件引起騷動，最後甚至勞動軍方提供保護。事情如今總算塵埃落定，但我知道伊甸園

1 譯註：印尼固有的一種旋律。

2 譯註：奧古斯丁，此名應該是取自早期西方基督教神學家和哲學家 Aurelius Augustinus。

的土地已經動搖了。

☆

李納斯沒有電話。但我寫信給他之後，他在回信上表示他在日惹有兩個朋友，他們有電話可以留言。我打電話給其中一個朋友，當我抵達美麗亞飯店時，就收到一則李納斯的訊息，是用電腦打的，說他會在第二天早上九點之後來看我。這個「之後」真是不祥，因為他一直到下午兩點才來。

他穿著一套淡藍色丁尼布衣。四十二歲的他比我記憶中更壯碩結實，只是不如我記憶中的高：那位穿卡其長褲和白色襯衫，當母親或歐邁爾·凱揚在屋裡談話時，總是在一旁洗耳恭聽，以及在我們開始四處走動時，謙遜地介紹我們認識他村子裡的人、事、物的苗條年輕人，如今已不復見。

他是騎摩托車來的，那也正是他穿丁尼布衣的原因，不過摩托車好像給他吃了點苦頭。他說那則飯店幫我印得漂亮的簡函並不是他、而是他弟弟發出的。如果不是幾分鐘前純粹出於偶然地剛好在街上碰到他弟弟，他根本不會得知我進城了。

我們搭飯店的車子到他村子去。因為心裡掛念著李納斯最近遭遇的麻煩，所以在出城的路上，我認為自己不斷看到一些顯示穆斯林日趨積極的跡象：在一所新的伊斯蘭教學校，女學生戴著白頭巾，凸顯出她們蒙古人種的外貌，卻無法彰顯出她們的個別性，以致她們群聚在一起時，看起來就像是一淺池的漂白白頭蝌蚪；在許多賣建材的商店裡，前院展示的是銀色的錫製圓頂，上面有星星和新月造型；還有一棟建築物上方的大招牌上，用鮮紅的字母寫著「MOSLEM FOOD」（穆斯林食物）。李納斯後來告訴我，使用英文字的意思或許是要告訴客人，食物來自阿拉伯或印尼以外的國家。

城外的道路幾乎沒有改變，一個村子接著一個村子，道路密密的開在兩邊，把農地和那純然的鄉村擠到後面去。但見土地越來越小塊，就算在大馬路邊亦然。看著看著，充分開發、人口過多的爪哇鄉村景致又在我腦海中浮現。每一塊土地都充分利用，稻田、菸田、辣椒田或玉米田的稻田組合，塊塊相接，綿延無盡，田地邊界就種著有瘤結莖幹和扇型大葉的香蕉和木薯。

在我腦海的田園中，李納斯家應該就矗立在田邊的樹蔭下。實情卻非如此：他家十分低矮，水泥砌牆，矗立在比較像城鎮裡的大馬路、而不像鄉間道路的路邊。而讓城鎮效果更加強烈的是綿延好幾哩路為RI50活動而裝飾的紅白兩色印尼國旗，另外還用竹竿懸掛一些比較簡單的彩色旗幟，活像直立的香蕉正面，竹竿還往路中央傾斜，看起來就如同一長條破落的哥德式拱門。據李納斯說，這些費用不是雅加達中央政府支付的，而是地方社區。

我的田園村莊並沒有完全消失。記憶中拼貼著這樣的村子，有李納斯的家，有大馬路外的另外一個村子。歐邁爾．凱揚和我曾經在大馬路上散步，走去看李納斯諸多親戚中一家傳統的爪哇大厝。

李納斯家的前院平坦、堅硬、空無一物。李納斯說要這樣才可以將稻穀鋪在上面晒乾，或者碰上喜慶節日，也可以在上面搭建竹篷。空盪盪的庭院兩側種了些有用的樹木或作物：咖啡、椰子、南美洲人心果和芭樂樹（芭樂也是從南美進口的水果，有人稱它為「巴西野草」），每種植物在火山土壤上都長得很好。純粹為了美觀，空曠庭院另一邊還種了一小塊不規則的馬尼拉草地，以繡球花和高大的百日草作為外圍，潮濕叢密，彷如深深堆疊在豐饒地毯上的草堆，旁邊還有個已經廢棄的設施，是看起來斑駁的破水池。

我們進入前面的房間，光一個房間就和房屋一樣寬闊，房間地板是非常平坦的水泥地，框邊天花板如今已經變黑。房間左手邊用簾幕隔開，右手邊則擺著幾張已經生鏽的低矮扶手椅。簾幕前面是一張鋪著油布的小桌子，桌旁擺著兩張廚房用椅。放在前面牆壁內面的是一張不太醒目的英國王儲查爾斯王子的照片，附上一封印刷信函，是查爾斯王子對印尼的描述，與在倫敦舉行的印尼表演藝術節有關；此外還有李納斯在海外上過一些特別課程而獲得的文憑或證書。在諸如印尼這樣的國家，像李納斯這種人就只能靠這種外交善意的一點點變化，獲得刺激、旅遊及充電。

一個個子矮小、穿著暗褐色上衣和紗籠的老婦人從內室走出來，按照禮貌，主人得介紹她和客人認識。她竟然是李納斯的母親，身型因隨著年事漸高而縮小黯淡。在我的腦海中，這位女士十六年前可是穿著華麗衣服、剛剛購物回來，那時的她頭髮梳理得一絲不苟又滑順，昂著高顴骨的褐色臉龐散發著溫暖，客氣的面對歐邁爾．凱揚，雙眼明亮有神，口中則不住地數落李納斯。可是眼前這個矮小的女人所穿的暗褐色上衣和紗籠鬆鬆垮垮，不但不搭配，而且還折損了她五官的輪廓。這可能是她的工作服。時間已過下午三點，因為這邊安排時間的方式與眾不同，所以再過一會兒，等氣候變得更涼爽時，她就會到稻田去工作。一九七九年時，我怎麼也不會把她和這種工作聯想在一起。

她沒有說多少話，聲音小，也沒有陪我們太久。接下來，彷彿有人給提示似的，另外一個人又從內室走出來。我聽到幾個字，但因憤怒聲和哭喊聲而扭曲，變成了低沉的刮搔聲；而即便我還沒來得及認出是誰失控又近乎尖叫時，就已經知道她是李納斯的殘障妹妹。我本來已經將她忘得一乾二淨，把李納斯生命中的陰影從我的田園記憶中剔除，但此時此刻，彷彿我從未真正忘記過她，只是將她擺到一邊角落似的，現在又回到眼前來：這個話不多、動作不協調的年輕女子穿著拖鞋，從黑暗的邊間拖著腳步走出來，坐在角落椅子上直率地打量著我們這些就坐在幾盤冒著熱氣的小玉米前面的陌生客人。用農家多的是的小玉米款待客人，是村人的待客之道。她淚眼婆娑，泛露凶光，卻希望有人注意到她。扭曲的嘴巴張得很大，滿是口水。她看起來很年輕，彷彿只有十來歲，其實她已經二十五歲。我們離開他們家後，歐邁爾．凱揚告訴我，李納斯這個妹妹小時候打錯針，傷害到了神經。

這個大吼大叫衝進李納斯家前頭房間的女子，如今已四十一歲。她的興趣不在李納斯，反而是在我身上。她彷彿是在對我發脾氣，想說話，卻語不成句，只有咆哮聲，口水就從她的嘴唇和張開的嘴巴流下來，就像是老式善辯家的姿態。李納斯微微偏著頭，任由她發脾氣。他留神傾聽，知道她想說些什麼，眼中充滿了痛苦和不忍。

等她鬧完也離開房間後，李納斯才告訴我事情的始末。最近某位兄長家裡舉行了基督教家庭祈福儀式，和印尼獨立五十週年的慶祝活動結合。儀式最後要奉上聖餐，但因為牧師不知道該如何把酒和薄餅拿給李納斯的妹妹，所以就略過了她，惹得她滿懷怒氣回家。此後只要任何人到家裡來，她就會跟對方抱怨牧師的不是。李納斯說只要諸如此類的事情發生在她身上，接下來三天他們就完全搞不定她。

☆

就算沒有他母親和妹妹，我也感覺得出來這個家的朝氣不再。果不其然——雖然是間接提起，卻是以悲劇的形式陳述——李納斯的父親兩年前過世了，家裡現在變得十分貧窮。李納斯的父親原來是村子的領袖。在每件事都有嚴密組織的爪哇，這可是一種正式職位。大家都說，爪哇所以有這種軍事化的組織，日本人居功厥偉，但想想他們只不過占領爪哇三年半。最主要的原因或許是因為爪哇王朝的農奴，和之後的荷蘭農業殖民一直要求高度的組織化。李納斯的父親是拜家族關係所賜而當上村子的領袖。村子領袖在位的時候，可以獲得一點五公頃土地，但規矩是一旦領袖去世，千日之後，土地就得歸還給政府。

這就是為什麼李納斯的母親如今這麼貧窮、家裡這麼慘澹。李納斯說，這也是為什麼這些日子以來，母親一直抱怨她祖父的原因。這個祖父原來有一個家，育有包括李納斯母親這房在內的三名子女，後來他又娶了第二房妻子，並且生了兩個小孩。結果就是第一個家變得貧窮，最後祖父分家產時還很不公平。

李納斯說，就在前一天當他母親又抱怨她祖父時，他不得不安撫她。「不再要哭了，拜託，不要再那樣想。想想您已經上大學的孩子。我們最好向前看。」

事實上，因為基督教教義反對一夫多妻制，也認為這個制度讓他們的生命受苦，李納斯的父親和母親才會在一九三八年皈依基督教。他們以前也不是穆斯林，而是爪哇主義者，信奉的是攙雜了印度教、佛教和泛神論教義的在地宗教。他倆上的是基督教學校，在那裡瞭解了基督教。信奉基督教，並不意味他們要和從前劃清界線。

「就算我們成為基督徒，仍繼續遵守古老的習俗。時至今日，我們的基督教社區若有人過世，我們還是會舉行混合式葬禮——死後的三天禮、頭七禮、四十天禮、百日禮、兩年禮，甚至是千日禮。」因為父親過世，這些儀式才會留存在李納斯腦海中。

李納斯說：「基督教很重要，因為它教你要愛人如己。這表示，基督教是要教我們變成溫和的人，而不是變得野蠻或強勢。在爪哇主義裡，我們也有克制的觀念，所以爪哇人擁抱基督教教義相當容易。」

在室內水泥牆上，中間門口的上方，也就是李納斯的母親和妹妹從後面房間走出來的門口上方，有一個褐色的大十字架。十字架掛在一個古怪的皮偶上方，是皮影戲裡標準化的瑟瑪（Semar）小丑皮偶，李納斯說那是出自兩篇已經爪哇化的印度史詩《羅摩衍那》或《摩訶婆羅多》裡的一個人物：「一個變成人的神，總是在幫助好人。」

一九七九年也有個皮偶掛在那裡，可是我不記得瑟瑪。我記得是另外一個人，不過說不上來是誰，也就沒有問李納斯。一直到寫這一章的這裡時，我才查證，並且發現一九七九年牆上的吉祥物，房子的眾神之一，置於通風的橫向縫隙上、十字架下的是「黑天」（Black Krishna）。這個「黑天」並不是印度教那個頑皮的黑天，會偷家庭主婦剛攪拌好的奶油，並且趁擠牛奶的女孩在河裡洗澡時，偷偷把她們的衣服藏起來。這個爪哇的黑天是位智者；黑天足以保佑那個剛開始當詩人的年輕人。如今年頭時機更難過，大家都更加貧困，這個專門幫助好人的人神瑟瑪，神化得恰是時候。

李納斯透過上半身把皮偶釘在那兒，讓它的手腳可以自由活動。

他說：「我嘗試瞭解我的文化。這種神話就留在我的文化當中。」

對李納斯而言，他文化中的許多神話都鮮活地保存在「wayang kulit」，即皮影戲院裡。他對皮影戲的熱愛，幾乎到了「敬愛」的程度。這點可能源自他父親，他父親除了是村子的領袖外，還教爪哇舞，每年的獨立紀念日他都會表演。在開始上學前，李納斯天天都去看皮影戲，村子裡每天都有皮影戲上演。就連他開始上學後，也幾乎天天都去看。放學回家，他先吃飯洗澡，到了八、九點就去看晚場的皮影戲。年長的「dalangs」，就是搬演皮影戲、說故事的人，負責晚場的表演，一直到清晨五點；年輕的就負責約十點或十一點開始的白天場演出。

「觀眾有時候會睡著，然後又醒過來。那不像西方的表演。舉凡婚禮、割禮或爪哇慶祝洗街的特定儀式、村子大掃除、或是與稻米女神相關的儀式時，都會邀請搬演皮影戲的人來助興。」

所以，就如同我所看到的《巴力顏的懺悔》片段，日夜持續地演出、呈現不同的生活方式以及古老地方儀式的皮影戲，可以釋放一些外人難以融入的情感。這種舊世界的感情對李納斯彌足珍貴，更何況他還感覺到那份情感已經在流逝當中。而且包括李納斯母親在內的所有人，現在比較常看的是電視。村子越來越貧窮，演皮影戲的人酬勞越來越高。從前一個家庭出售四百公斤稻米，就可以邀請演皮影戲的人。如今邀請一個就算是只在當地演皮影戲的人，最少也要花一百萬盧比，相當於四百二十五美元；若是日惹和索洛克更文雅的皮影戲主，索價更可能高出兩或四倍之多。

☆

所以，李納斯只能接受衰敗的觀念與珍貴的世界正在瓦解。像他最近招惹了日惹的年輕穆斯林，就像是部分的新動盪。

「我為當地一家報紙寫文化小品。今年我負責日惹藝術節的爪哇和印尼文學。在我專欄的一篇文章裡，我努力呈現如今依然存在於我們的社會、但卻已經不太流行的爪哇音樂。甘美蘭[3]中有一種叫做西塔琴，彈西塔琴的人就是西塔琴師。據我所知，人們舉行婚禮和割禮時，都會邀請西塔琴師團來演奏。我試著理解割禮的習俗，從《舊約》中知道割禮是先知穆薩[4]所制定的，而穆薩是猶太人，猶太人在印尼這邊稱為『Jahudi』，割禮就叫做『jahudi-sasi』。我想提出一個歷史文化觀點，讓割禮更具節日氣息。我探究的不光是伊斯蘭教習俗，因為這裡的基督徒也實行割禮。時至今日，割禮已不單是宗教儀式，也是健康上的預防措施了。

「兩天後的星期四下午，我到報社去拿稿費，七萬五千盧比。」約合三十五美元。「記者告訴我，一些年輕的穆斯林剛剛拿著傳單到報社，上頭寫著：『吊死李納斯。李納斯嘲弄穆斯林。』他們想煽動學生。」

我說：「你沒想到會發生這種事？」

「我很吃驚。我想，如果有人不同意我的說法，大可以投書報社，反駁我寫的東西。或許因為年輕一代有他們的認同危機，這群年輕人連大學都沒念完。

「我回家來，第二天早上一些軍人就來到這兒，其中有個隊長說：『李納斯，你做了什麼？你是不是嘲弄穆斯林？』我說：『沒有。』隊長手中有份我文章的影本，他說他也看不出有關於穆斯林的隻言片語。然後他說：『現在我們所有人都回日惹去，請跟我走。』我們就去了，到當地司令部的四樓。」

李納斯在用這種方式表達軍方有多看重這件事。我們面對面坐在簾幕旁的廚房桌邊，接近一個上面擺滿紀念品和飾品的架子，他在一張粉紅色紙巾上畫簡圖，解釋當地司令部的組織架構。

他對軍事結構這麼感興趣，倒讓我大吃一驚。其實仔細一想，這也沒有什麼好值得大驚小怪。李納斯的家庭以及他的許多親戚，在當地是有點地位的，這可能也是他母親對後來家道中落痛心疾首的另一個原因。李納斯的父親原來是村子的高官；他母親的父親（也就是娶了兩個老婆的祖父的兒子），是地方政府的秘書；李納斯自己，儘管經常不分晝夜地跑去看皮影戲，但整個童年時期都

3 譯註：gamelan，印尼歷史最悠久的一種民族樂器，又以峇里島及爪哇島的合奏最為著名。甘美蘭是整隊組合的名稱，主要樂器包括鋼片琴類、木琴類、鼓、鑼、竹笛、撥弦及拉弦。

4 譯註：Musa，即摩西，此為伊斯蘭教稱謂。

懷抱著長大後要成為將軍的希望。李納斯談起印尼部隊，口氣中充滿著愛，對他而言，軍隊仍是捍衛社稷的一股力量。

「我在日惹的辦公室看到一名中校，他說如果我覺得自己的家裡不安全，可以待在軍營裡。我告訴他，我必須陪在孀居的母親身旁。於是到了夜裡，中校就派一、兩個人到這裡來睡，整整持續了一個星期。」

儘管李納斯說，只有極少數人會鼓勵穆斯林這種新出現的侵略性，但他對這種情勢顯然還是十分惱怒，就像他對某些有違爪哇生活方式的事物也挺不悅的一樣。一九七九年，村裡的清真寺是樸素的木頭廳堂，就像是基督教教堂。如今清真寺卻都用水泥建造，儘管屋頂上並沒有架上如那些擺在某些商店前院的笨重銀色圓頂廉價品，但是有麥克風，李納斯可不認為古老的阿拉伯國家清真寺屋頂上會有麥克風。有些婦女開始戴上頭巾蒙著面，李納斯認為在一個熱帶國家，看到人們如此穿著實在有點奇怪。

但是對李納斯而言，最難過的莫過於村裡「koum」（古民）功能的改變。「古民」是擔任特殊責任的特殊人物，雖然是穆斯林，卻延續許多古老的爪哇儀式，負責清洗和埋葬屍體；在某些特定場合，他甚至會非正式的帶領眾人祈禱。在古民身上看得到一種被棄的古老印度教人物，就是負責埋葬工作的賤民。正如早期的基督徒習於十字架釘刑與十字架，數百年來羅馬人對付日常罪犯的懲罰，是人類痛苦和救贖最動人的象徵，所以在這裡，這種提升或許可以被看作何以早期的穆斯林在尋求皈依時，會利用這種被捐棄之人，對淵遠流長的傳統宗教來個空手道「投技」：讓清洗和埋葬屍體的人帶領新宗教的信徒祈禱；於是賤民猛然一躍，爬上種姓制度金字塔，變成和神職人員同等的人物。

一九七九年我見過這個老古民，個子嬌小的老人強壯結實，聲音常帶笑意，雙眼炯炯有神，因為帽子戴久了，頭髮都被壓得平平的，心中充滿戰爭的記憶。李納斯告訴我，第二年他就過世了。「他喜歡看皮影戲，皮影戲是印度教文化和爪哇文化的混合產物。他兒子繼承他的衣缽，但要他帶領眾人祈禱的人很少。因為穆斯林自己定位的改變，他們舉行儀式的次數變少了，包括用爪哇方式紀念死者、分享葬禮的食物等等。只有在老古民去世時，他們才舉行這種儀式。

「家父去世時，我們要求古民的兒子和我們一起祈禱。基督教領袖帶領眾人祈禱，我們也拜託古民和其他一些非天主教徒的人，用他們自己的方式為先父祈禱。這是村子裡人際關係寬容和平衡的方式。」

李納斯會不時回憶家人去世的情形，也總會如平行的主題一般，回想起他的世界所失去的平衡。他的表情與聲調不變地說：「在我們這裡六、七呎深的地底下，有許多印度教的寺廟、佛教的寺廟、或印度教與佛教融合的寺廟，全都被埋在一千年前和兩千五百年前默拉皮火山爆發時所噴出的熔岩下面。」默拉皮火山是這裡的活火山，噴出的許多熔岩讓土壤變得肥沃，還成為河床上一顆顆的黑卵石。「這讓研究爪哇文化和宗教的人士有了工作，因為在這種現象背後，我們得以捕捉現今爪哇人的精神。」

爪哇植物就是舊世界和新世界一些樹和花的總體，有點像千里達、委內瑞拉等島嶼的植物。有一天我甚至在一條從日惹通往普蘭巴南交通繁忙的馬路上——那裡有些稱為「大十世紀」這時期印度寺廟群修復一半的佛塔——看到一株巨大的不凋花，葉子已經全部掉光，只剩下吸收熔岩養分長大的花朵盛開：紅黃兩色的鳥形花朵在路上落英繽紛，一如我在千里達可可園看到的景色。不凋花是從中美洲進口的植物，在中美洲是專門種來幫可可遮蔭的。要擺脫這種古老的聯想很難，但我和李納斯都感覺，就像我在西蘇門答臘感覺到的，這塊土地的土壤裡，有著不一樣的東西，散發出來的一切也就顯得與眾不同。

☆

第二天早上李納斯帶我回去的時候，他母親出門去參加一場葬禮。過了好一會兒，李納斯的妹妹又出現在後面房間。她坐在電視機前一張靠背筆直的椅子上。坐在簾幕旁桌邊的我和李納斯看得到她，但她沒注意到我。她一派輕鬆，也很平靜。前一天她剛數落過牧師，所以沒有其他的話要對我說。

李納斯說：「我妹妹煮了飯。如果我母親煮了而她不喜歡的話，她就會自己做。但她又不知道怎麼拿捏分量，有時就會用掉太多的米。她也能煮菜、煎蛋，會自己去買這些東西。」他說起來開心、驕傲又體諒。「她深深覺得人們不應該用異樣的態度對待她。在我大姊的婚禮上，我們難受極了。『為什麼我沒嫁人？』她問。我們無話可說，也愛莫能助，什麼事都沒辦法幫她做，只能搖頭說：『我們也沒辦法。』」回想到當時的情景，他緩緩搖頭，眼中滿是痛苦。「但是她會哭。她會拿著新衣服，碰到沒見過的人就抱怨。」

「令堂怎麼處理這樣的情況？」

「母親常常對人說：『我不知道上帝為什麼要賜給我一個病弱的女兒！』」「病弱」是李納斯用來形容他妹妹的字眼，不容許使用更強烈的字眼。「母親拿她很沒辦法，有時她還會攻擊母親。這一季稻子收割完後，我們去買了許多穀子，準備以後出售。妹妹會叫母親：『不要賣。』或許她認為穀子不應該賣掉，我們就得告訴她穀子必須賣掉，才能買別的東西。」

李納斯一臉嚴肅，但他的溫和增添了一抹美感。

我問：「你寫過她嗎？」

「我嘗試為這個妹妹寫一首詩，但時機未到。我倒是為另一個妹妹寫過幾首詩，她排行老八，死於一九八三年。」

他穿過十字架和瑟瑪下方的門口去拿書。簾幕旁的展示架上有一些簡單的印度教塑像，夾雜在基督教物品和簡單的裝飾品與紀念品當中。他妹妹仍然平靜的看著電視。

他拿出來的小冊子封面上，有一朵白蓮花和綠葉。書是獻給已經往生的妹妹，裡頭所有的詩都是在一九八七年，即妹妹走了四年後的六個星期內寫成的。李納斯特別喜愛其中某一首詩。在他給我的一本印尼詩集中，就收錄了這首詩。以下是由約翰·麥格林所翻譯的最後一段詩文：

從土地回歸土地，
從影子回歸影子，
如電光火石，
你的芳魂離軀而去。

Asal bumi balik bumi
Asal bayang balik bayang
Bagaikan tatit kumedap – lap –
Atman oncat dari badan

這種感覺無法否決。第二句詩間接提到李納斯執著鍾愛的皮影戲，十分動人。我認為最後兩句還讓人想到史詩《埃涅阿斯紀》[5]中對黛朵[6]香消玉殞的描述：「體溫盡失，生命被接引到風中。」（…… ominis et una …/Dilapsus calor atque in ventos vita recessit.）

在這間房裡，這首詩就像是李納斯的個人領域，他母親從來沒有讀過他的一行詩。當他想從軍時，母親鼓勵過，或至少沒表示反對。他也表現得很好，進入印尼蘇加武眉軍事學院就讀，但兩個星期後，也就是在兒童和青少年時期做過當將軍的美夢之後，他認為軍事生涯不適合他，於是就離開那所軍事學院。接下來，李納斯就以寫詩為職志，然而看在他母親眼裡，始終覺得荒謬。

李納斯也發現寫詩和賣文為生十分艱難。在處女作《巴力顏的懺悔》暢銷後，他的寫作生涯便慢了下來。一部四大冊的印尼詩集，不但工程浩大，而且名氣響亮，一共賣了三千本，卻只幫他掙得五百美元；另一本文集他拿到的錢甚至還不到兩百美元。而且寫文章和詩集容易得罪人；詩人既不喜歡遭人批評，也不喜歡遭人忽視。李納斯說：「人們就是妒嫉我。年輕的穆斯林煽動者就是出於妒嫉。」

如同其他事物一樣困難的是，作家李納斯必須繼續奮鬥下去，超越最初的衝動，也就是讓他想要獻身這份事業的衝動——要能夠挖掘出剛開始的時候所不知道的材料。但如今事情的發展又再度對李納斯有利。他剛著手寫一本新書，結果可能勝過《巴力顏的懺悔》，新書可能會「反映」爪哇歷史。

★

李納斯是基督徒，父母那代才受洗的。爪哇宗教壁壘分明，在兩大啟示性宗教競爭下，李納斯的情形多少是別人選邊讓他站。對他而言，熔岩之下那過去的混合光芒，印度教、佛教和泛神論共同造就爪哇主義中的「克制」，自然融入有著愛與慈悲的基督教精神。

他說：「爪哇人很容易就接受了基督教義。或許爪哇主義有些佛教精神在裡頭，悉達多就教人要愛別人。」悉達多即釋迦牟尼佛。

他聲調變都沒變的說：「我覺得悉達多的靈魂經常來教導我們生活上的智慧，祂會向我一小群朋友顯靈。當我們聚在一起的時候，通常是晚上，悉達多有時就會在我們面前示現並給予教導，我們也會拿自己的問題出來請教。祂會在我的一位朋友藍東的手掌上寫字，藍東是詩人、也是翻譯家。我看不懂，但我另外一位朋友，一個女的，是日惹皇宮的嚮導，她就看得懂。藍東感覺到有人在他的手掌上『咯、咯、咯』的寫字。最後，那個寫字的人會寫上他的名字：悉達多敬上。我那位女性朋友看得懂悉達多寫的東西。」

我問：「你還記得寫些什麼訊息嗎？」

「我記得。內容是：『我不教導天神，就是印度教眾神這一塊。我不教導輪迴轉世，就算你活在現世，也能達到涅槃境界。』」

「是哪一年寫的？」

---

5 譯註：*Aeneid*，詩人維吉爾於西元前二十九至十九年創作的史詩，敘述了埃涅阿斯在特洛伊陷落之後輾轉來到義大利，最終成為羅馬人祖先的故事。

6 譯註：Dido，迦太基的建國女王，也是迦太基城的建立者。最著名的當屬《埃涅阿斯紀》中的記載，敘述埃涅阿斯與黛朵相愛，但因為他要去建立未來的羅馬，不得不離開迦太基，黛朵因而心碎自殺。

「大概是一九九三年。」或許就是李納斯父親去世的那年。

「藍東什麼時候發現自己有此天分？」

「一九九〇年左右。有次藍東告訴我，他不相信自己有這樣的天賦可以接收到神、或悉達多、或真實神明的訊息。當天晚上悉達多就出現，並說：『如果你從神那兒得到一些天賦，千萬別丟掉。』」

「你們都什麼時候聚會？」

「會有種突如其來的感覺降臨在所有人身上。但有時候並非大家都有空全員到齊。有時藍東感覺自己的手掌上出現了訊息——」

「就連工作的時候？」

「沒錯。他會停下來，說：『等等，等等，等一下，我今天很忙，也許今晚吧。』然後我們就去找那位女士看。」

「訊息都很短嗎？」

「有時短，有時長。如果悉達多出現，就表示祂要我們多思考並討論祂的教義。」

「你會在發生危機的時候收到訊息嗎？」

「祂告訴過我們耶穌基督的事。祂示現的方式很神祕，我們無法預測。」

「祂給過你們更實際的忠告嗎？」

「我生病的時候，祂透過藍東的手掌說，我該試著去找村子裡一種特殊的葉子，將葉子泡在熱水裡喝。果然有效。」

「令堂知道嗎？」

就像李納斯的詩。「我從來沒有告訴過她。因為她的神靈經驗狹隘，聽了一定會大吃一驚，不會相信我的解釋。」

他們得自悉達多最重要的啟示是祂是先知，儘管李納斯沒這麼說，但這表示佛祖悉達多位列先知之列，根據穆斯林的說法，最後就是和穆罕默德站在一起，這意味著這個印度—爪哇神祇和印尼兩大競爭的啟示性宗教有關聯。

悉達多在藍東手掌上寫的是：「我曾在一座小湖邊靜坐五十四年，忽然聽到一個聲音：『仰望天空那顆明亮的星星。』天空中，我看到一個身穿藍服的人，光芒萬丈，提著一個桶子，裡頭有個嬰兒，穿湛藍色衣服的人自稱是亞當，嬰兒則自稱是耶穌。接著我就在天空中看到一些字：**這就是我承諾賜給你們的人**。」悉達多告訴藍東：「我不知道誰指引我仰望天空。」李納斯聽到這句話，馬上透過那位翻譯的女性朋友直接跟悉達多說：「是施洗者約翰。[7]」悉達多答道：「長久以來我一直在想這個人是誰，直到今天才知道他的名字。」所以李納斯開始覺得自己能與悉達多聯繫。

我問李納斯：「這個神祕團體是何時開始的？」

「自然而然地從一九八〇年代末期開始。」

我們坐在那張鋪著油布的桌子邊，就在那塊分隔的簾幕和擺滿裝飾品及雕像的壁櫥旁。我看得見陰暗室內的一部分。李納斯的妹妹已經離開電視機前的椅子好一會兒。李納斯的母親此刻再度現身，她身軀瘦小，幾乎聽不見她的走路聲。剛參加完村子裡一場葬禮回來，已經換回家居服，或許

7 譯註：John the Baptist，無論是在基督教或伊斯蘭教，都是個重要人物。據這兩教的說法，施洗者約翰在約旦河中為人施洗禮，勸人悔改，後因為公開抨擊當時的猶太王希律．安提帕斯而被捕入獄並處決。

也是她的工作服；稍後等太陽更加偏西時，她就會到稻田裡去插秧。現在她坐在電視機前的椅子上，藍光反射在她臉上，音量轉得很小聲，她正在看一齣拉丁美洲的肥皂劇，步調緩慢的影片色彩明亮，卻很不自然。李納斯說這是她一直在追看的節目。想想也真奇怪，這樣一種特別針對拉丁美洲渴求的粗糙商業模式，居然能飛越半個地球和種種文化障礙，直接和這個置身在封閉爪哇世界的老婦人對上話。

當她丈夫、也就是那位村子領袖還在世的時候，前廳寬闊的房屋就座落在大路旁邊，是村子裡六間重要的房屋之一。如今，曾是家庭中心及光明的丈夫已經不在人世，只剩一套已失去光澤的沙發頹然地擺在水泥地板上，加上已經變黑的天花板蓆，和李納斯五年前參加倫敦表演藝術節後，擺在牆壁角落的紀念品，彷彿所有的人和物都蒙了塵。

但屋內還是有寶藏：李納斯房裡有他蒐集的骨董波刃短劍，當地的匕首彎曲如蛇，是用一層層不同金屬打造出來的。李納斯說，這種波刃短劍對擁有者而言十分私密，有著精神上的意義。劍柄、刀刃和劍鞘有很明顯的性象徵：來自爪哇印度教所崇拜的男女生殖器符號象徵著心靈。李納斯大約蒐集了六十把這種短劍。他從一九八二年開始蒐集，也就是八妹去世的前一年，而他曾在一九八七年的六個星期內寫詩紀念這位愛妹之逝。這些短劍主要是十三、十四或十五世紀的產物。他說有些還是第六和第七世紀的產品。我想他的意思是指十六或十七世紀的東西，但他仍堅稱是原先所言。

短劍就收藏在李納斯房裡，等他母親看完電視劇到稻田去工作時，我們才到李納斯的房間去看。這等於讓她在不知不覺中，扮演了看守神祕財寶的龍一般的角色。臥房很暗，這黑暗也就成了屋後幾間房間隱私的一部分。短劍全部收在一個老舊的褐色衣櫥裡，有劍鞘的短劍直立依靠在隔成較高間隔的角落，沒劍鞘的就平放並藏在最上頭的架子上。短劍看起來十分駭人，鋸齒狀的刀刃鋒利無比，展現出層層不同的金屬，有些似乎已開始生鏽。它們讓人不禁想到李納斯那位此刻也許正在陰暗房間內休息的殘障妹妹，和她每次一生氣就要連續發洩三天的怒火，頓時令人感到渾身不自在。

我突然想到，多年來李納斯一定在這些短劍上花了不少錢。但當我問他到底花了多少錢時，他卻沒有回答。他說村子裡有名六十五歲的智者在這件事及其他精神方面的事物上給予他指導，他也是爪哇的基督徒，住在鄰村。短劍會散發陣陣能量，或許因為如此，才會把「搖擺研究」導入其中。另外，他也會在睡夢中得到一些關於短劍的知識。

當他發現我好像跟不上他的說明，還補充道：「世界上所有的動物都有一種魔力，有些動物的魔力還非常強大。動物死了之後，這股魔力並不會停止，反而會脫體而出，停留在天上。」

「在天上哪裡？」

「我不知道在第幾重天。鑄劍人鑄造短劍時，通常會齋戒祈禱，動物魔力的神靈就會在鑄劍過程中保佑他。」

在這位智者的協助下，李納斯也蒐集魔石。這種魔石到處都找得到，連在美國也找到過一顆。據我所知，從石頭的顏色型態可以看到動物的靈魂或魔力。

他咯咯笑著說：「有時你還看得到美女。」

☆

村子蓋得密密麻麻的。李納斯家庭院的一邊，就是從有破敗水池和花園的那邊過去，鄰居緊緊相挨。庭院和李納斯家一小塊蛇皮果園之間，有兩戶鄰家：一戶是佃農家庭，一位寡婦帶著五個孩子當中的兩個，住在一間似乎是拼拼湊湊而成的破屋子裡；其後是另一戶比較有個樣子的農家，住的是加以善用的傳統房屋，後面還有獨立的廚房和盥洗室，甚至是自家的庭院。各式各樣又黑又高又精瘦的爪哇雞，正在抓啄土中的食物。蔭涼庭院後方的牛欄裡有兩條閹牛，勞動了一整天之後正在休息，垂掛在骨架上的鬆垮皮膚，讓人想到得在稻田厚實的火山土上拖犁耕地的牠們，實在非常弱小。李納斯說，閹牛很臭，但更臭的是水牛。我們看到在不遠處一個有小竹子遮蔭的庭院角落，就有兩頭黑水牛，身上都是淤泥，被拴在兩根粗壯的高柱子上，躺在披散的乾草堆上休息。

村子的主要道路是一條蜿蜒狹窄的泥土路，這會兒出現掃過的痕跡，待會兒又是濕潤的一片：人人都得負責打掃自家院子前的那段小路，而且都是以自己的方式來掃。一塊塊的房地和果園都不大，有時還有用切割得很漂亮的熔岩適切堆砌起來的牆。熔岩和竹子一樣，都是當地現成的材料，人們也都善加運用。村落處處可見遮蔭，這裡的人顯然不喜歡村落裡的開放感。

拜火山土和濕熱之賜，這裡和空曠稻田上的所有東西都快速生長。你不可能忘得了默拉皮火山的熔岩：李納斯對於埋在腳底下世界的心情，可以理解。默拉皮火山肥沃的土壤，成就了某區長得特別好的蛇皮果。大路邊自製的廣告板上打的商品都是蛇皮果。李納斯家的小果園種的正是小蛇皮果樹，和棕櫚樹很像，但樹幹有刺，刺上還有密密麻麻的蜘蛛網。有人種了一園成熟的蛇皮果樹，以行之有年的熔岩為牆，並以鐵絲網和蓆子加高。只要空間不夠，鄰人和外人就會步步進逼，土地上的產物十分珍貴。

但如今這裡已不再是純粹的農村了。有五棟主要房屋住的是從事別種行業的人家，即所謂的城市工作，有些還是十分不尋常的工作。住在大路對面的是一位政府三級官員：如果透過繼祖母那一支，他還算是李納斯的舅舅（或許那位繼祖母就是間接造成李納斯母親終生貧窮的第二任妻子）。另外還有個印尼字典編纂家；然後是李納斯另一個擔任雕刻匠的舅舅，專門做官方的雕刻；還有一個阿姨，李納斯說她是爪哇人，十分神祕，有大批信徒，有時住在城裡；還有一個到過麥加朝聖、已經退休的伊斯蘭教中學教師。有一間很漂亮的房子是一個工廠工人的，油漆得很美，屋外種著一些日本風盆景和其他植物，感覺毫不設防；不過李納斯說那只是「為了炫耀」，意思是這間房屋的主人根本不像其他人那麼有錢。李納斯還有個親戚住在曾經是天主教堂的木造建築隔壁，他是日惹的體育老師，每天通勤上班。

村子改變了，李納斯家的環境也跟著改變，可是老社區的信念還在，古老的忠誠備受尊崇，村民給李納斯母親的幫助甚至比過去還多。

佃農鄰居是個寡婦，十分貧窮。她有五個子女，其中兩個孩子在雅加達當僕人，最大的和最小的和她住在一起，平常就在稻田和其他地方當工人。老五是個泥水匠。

李納斯說：「泥水匠三個月前來找我們，要我們賣他一小塊地，讓他可以幫自己蓋間小屋。」他家住的那間小村屋破舊狹窄，就座落在雕刻匠的土地上。「泥水匠說：『如果你們不給我們土地，我們還能到哪裡去？』於是母親就提醒我們，我父親小的時候，照顧他的就是泥水匠的祖母。『我們必須記住你父親過去受人幫助的事。』所以我們會賣大約三十坪的土地給他。我們有大約三百坪的園圃。這種敦親睦鄰之道比較符合人性。我們還立了一份書面契約，這算是新式做法；在此之前，每件事都是口頭上說了算。」

他們有三塊稻田，加起來約有零點四公頃，會合併耕作。這也說明了為什麼大路另一邊，沿著泥路直下的小稻田會那麼的擁擠和忙碌，前面有許多漂亮的房屋，還有一些慶祝RI50，即印尼獨立五十週年的旗幟和裝飾品。汽車一開上路，我就認得那片土地正是一九七九年我和李納斯以及歐邁爾．凱揚所看過的：多年來留存在我腦海中，伴隨著李納斯的村子變成了完整的文明田園版本。我在一九七九年十二月的某個早上看過這塊土地，如今在八月的傍晚，環境變得更加灰濛濛，也更加惡劣，戴著草帽的爪哇人和人手變多，等於是把肥沃的土地消耗殆盡。

李納斯說，每收成八公斤稻米，助手就可以獲得一公斤當作酬勞；如果助手是家中成員，還可分得收成的一半。村子裡滿是李納斯的親戚。

此外還有其他義務。「村裡舉行婚禮的時候，我們就要送上一萬盧比的紅包。」還不到五美元。「這是村人的習俗。父親去世後，我們就很少收到喜帖，但總還有一些。一百公斤的稻米可以賣得四萬五千盧比。從自己的稻田裡，我們可以收成兩千到兩千五百公擔稻米，也就是二十到二十五萬公斤。」最高可以賣到五百美元。

李納斯後來說（我可沒有提醒他，比較像是他非得想到不可）：「如果我願意，我可以成為稻農。但我想，要我把所有的精力都耗在稻田裡，恐怕有困難。」

有太多事情都已經改變了。村子的生活已經改變，不再有音樂，也不再有整晚搬演著名角色和故事的皮影戲院，就連稻米都改變了。「古老傳統的稻米又香又好吃。」他比了個手勢，用手指點了點鼻子。「新的菲律賓米，早上煮的飯，到晚上就不能吃了。」

他母親在稻田的某處操作農事，殘弱的妹妹則在屋內的某處過她的日子。

我們開始開車回日惹。

他說：「村子已陷入危機。都市的過程也開始在這裡發生。村民開始將田分給孩子，以至於田地變得非常狹小。許多年輕的爪哇人都沒有自己的稻田，只好到城裡去找工作。我母親是在村子生活和工作的最後一代。留在村裡耕田的年輕一代通常沒有受過教育。受教育的人在城裡工作，卻住在村裡，因此成了通勤族。」

稻田的營生如今已成苦難：週期變得太快了，老的稻米需要四個半月才能成熟，新品種的稻米只要三個月就成熟了。

「現在只要太陽一下山，農人就累了，只想看電視。村子裡已經不再有足夠的甘美蘭演奏樂器，村人也沒有足夠的錢可以買。他們的錢都用來當子女的教育費和健康費用。」

☆

當天晚上很晚時，李納斯打電話到飯店給我。這是應我所求，好讓我在返回雅加達之前，還能再跟他聊一次。

他說有件事忘了告訴我：不久前他從悉達多那兒得到很重要的訊息，是從他朋友藍東手掌上「咯、咯、咯」打出來，稍後再由神祕圈裡那位女性朋友讀出來的。悉達多說，地面上的生命只是一個過程。真正的過程、真正的生命，要在死後才開始。「過程」已經是李納斯的能力極限，悉達多使用的字眼很難翻譯。我覺得這個字一定有另一個爪哇字，正如李納斯善於在他的詩中使用的那些字，雖然限制了他的訴求，卻還是因為準確度和飽含情感，所以加以運用。

我回到雅加達時，看到了李納斯兩個多星期前寄給我，我卻一直沒收到的信。這是一封有部分遣詞用字要是沒碰到他本人，我絕對看不懂的信。信裡談的是他生活中共存的緊張狀態，以及他的精神導師。鄰村這位六十五歲的智者，是爪哇基督教改革派的神祕人物。這封信進一步扭曲了他告訴過我的話。

他有關於悉達多和死亡的迷夢，想得我整晚輾轉反側，次晨一覺醒來，卻發現一切都豁然開朗，幾乎就跟自己的事情一樣清楚。我瞭解了李納斯所忍受的痛苦、他家庭的痛苦、他身為詩人的痛苦、他眼見爪哇和村子正付諸東流的一切所感受到的痛苦。我同時也發現，李納斯和馬里曼・達杜截然不同——馬里曼這個年輕穆斯林在他村子外的世界，從資訊和發展研究中心找到一種無論怎麼虛幻但終究是支持的奧援，李納斯卻是除了他的村子和家裡之外，哪兒都去不了。因為唯有這裡，才找得到能給予他人生意義和中心思想的事物及人際關係。

第七章 噢，媽媽！噢，爸爸！

盧克曼．歐麥爾，一九三三年出生於西蘇門答臘巴東一個貧窮家庭，是家中六個孩子中的老么。原來就已過得艱苦的家庭，因為日本人一九四二年占領蘇門答臘而變得更加貧窮。五十幾年後，盧克曼．歐麥爾依然記得一九四三年他和一些同齡的男孩，是如何被迫從河裡搬石頭到日本人在巴東北方數哩處的塔賓蓋機場。

幾年後，約莫就是戰爭結束之後，正確時間已不得而知，盧克曼的父親離家而去，開闢了一片森林，並且依蘇門答臘遠古的方式，將這片土地闢成稻田。父親沒有再回來過。儘管沒有人直說，但他很可能已經另組家庭。在印尼，第二樁婚姻、第二個家庭，就和其他伊斯蘭教國家一樣，都是司空見慣的故事。這種行徑有宗教上的應許，但是對兩個家庭的後續影響卻沒完沒了。在貧窮和憤怒的鎖鍊下，製造出一個半孤兒社會：被遺棄的孩子，日後就會成為遺棄孩子的父母。

盧克曼的母親被拋棄後，只好以製作和販賣印尼蜜餞為生。盧克曼要幫助母親烘焙和分裝蜜餞，每天早上還要到街上去叫賣，然後再去上學。他原來可以上荷蘭學校，也通過了一位小學老師叫他去考的入學考試，但他母親不想讓他上荷蘭學校，她要他去上伊斯蘭教學校。在伊斯蘭教學校，他一半時間花在宗教上，一半花在一般科目上。

一九五五年盧克曼二十二歲時（為了提供對照和參考，即北蘇門答臘的伊馬杜丁到萬隆工學院時），他前往雅加達。家人（這裡指的是整個廣大的家族）都不希望他離開巴東。根據米南加保的習俗，是妻子娶丈夫，而不是丈夫娶妻子。儘管盧克曼．歐麥爾沒說，但家人很可能是希望能從他的婚姻中得到一些東西。不過母親希望盧克曼前往雅加達，繼續他的學業。她典當了土地所有權狀來支付兒子的費用；她從自己的父母親那裡繼承了一小塊地和稻田。

到了雅加達後，盧克曼．歐麥爾和一名親戚住在一起。起先他利用自己叫賣的長處，賣了一個月的花生，利用賺來的錢前往日惹。他先是住在一個非常便宜的房間裡，每個月花一百到一百二十五盧比，還不到一美元；後來又搬了幾次家。他參加印尼伊斯蘭教大學的入學考試，因為成績優異，還拿到了學校發的獎學金。

大學期間他看到了一個商機：他發現學生很需要講義。於是在幾位大學講師的協助下，開始出版他們的講義，接著又賣起書和紙，處理託售的貨品。就這樣經營了一份雜誌書報事業，雖然沒有分文資金，他依然積極投入。這個書報社稱為「阿男達書報社」（Ananda Agency），這個字在印尼文是「愛兒」的意思，並將書報社獻給母親。生意發展迅速。在他的認知中，一切都是因為真主眷顧。他很快就租了間屋子充當辦公室，後來甚至自己蓋了一棟。生意就這樣不斷的成長，母系家族共二十五名親人，現在都由他照顧。

他成為一位自主的出版商。一九七三年時，他的出版雄心適時反映出印尼的經濟及教育的改變，於是開辦了一份婦女雙周刊，取名《卡媞妮》（*Kartini*），這是以一位短命的爪哇公主為名，她出生於一八八〇年，於一九〇四年因難產去世。在爪哇殖民時期種種不利的環境下，《卡媞妮》經常為婦女的權利和教育仗義直言。創刊號在一九七四年底發行，一出刊就大受歡迎。

盧克曼．歐麥爾認為這一切都是真主阿拉的恩賜，但也是他身為出版者的本能、天賦、以及他忠於自己的情感所致。正如政治人物和作家對於處理自己早年生活的困頓都自有妙法，盧克曼・歐麥爾也在《卡媞妮》裡面發現一種完美的方式，讓他蛻變和昇華早年生活的痛苦。這是一本以中下階級讀者為對象的雜誌，在此之前沒有任何人為這個階層的人辦過雜誌，而且是以感情主義（emotionalism）著稱。結合了這種種因素，《卡媞妮》成為印尼最受歡迎的雜誌，發行量高達十六萬份，現在一個月發行三期。感情主義並非人工產物，也不是顧問的結晶；發行人只能向內省視，深入自己內心去發掘讀者想看什麼。

《卡媞妮》最著名的專欄之一就是「訴苦版」，用英文說就是「噢，媽媽！噢，爸爸！」（Oh Mama! Oh Papa!）這一定是盧克曼・歐麥爾想出來的點子，因為我和他碰面時，他就透過口譯人員說，對他而言，這幾個英文字代表的是心裡的吶喊。專欄的原意是只提供故事，沒有任何「阿姨」提供評論或忠告；一切由讀者自己評述。這個設計簡單又省麻煩，但效果極佳。私人問題可不是隨便提出來的，雜誌賦予了它重要性。「情感十足」的專欄刊頭就保證做到這點，專欄是大家所共享的，在這裡，沒有任何一個人比其他人更聰明。

更精湛、也更印尼化的專欄叫「一滴露水」（Setetes Embun，英文為One Drop of Dew）。這幾個字很神祕，但為我翻譯《卡媞妮》部分文章的女記者蒂妲很務實的告訴我，語言是象徵性的，所以就那樣來理解即可。露水可能代表眼淚、美麗或仁慈；每位讀者都可以用自己的方式來詮釋。

我們在「一滴露水」的專欄上所看到的故事題目是〈在熾熱陽光中〉，是個女孩說的故事：她是家中七個孩子的老么，備受寵愛，以致什麼苦都不能吃，每回只要離開家門去任何地方都會擔心受怕，任何決定都要別人幫她做。

我跟蒂妲說：「這女孩是不是有點太誇張了？」

蒂妲非常認真的說：「她是個沒有信心的女孩。我認識的許多人都是這樣。」蒂妲有個朋友，家裡就過度保護她，很像故事中那個女孩，什麼決定都要別人幫她做。

在那則故事中，女孩尤其飽受酷熱天氣的摧殘，那也是她什麼事都不敢做、什麼地方都不敢去的原因之一，就怕自己太累，一走進陽光裡就頭痛，甚至病倒。要到城裡的任何地方，都意味著得走進陽光下，才能搭上三輪計程車。當她搭上了，如果車內太擁擠的話，其他乘客一定會推擠她。有時若要到遠一點的地方，還得一連換上三輛三輪計程車，為此，女孩就會感覺自己是世界上最不幸的人。

她鼓起一切勇氣到姊姊家去。第一天下午當太陽正熱，她看見一個老人在花園工作，拿著一把長長的彎刀在除草。她是這樣一個城市女孩，又受到過度保護，而說來多少有點難以置信的是，她還真的沒看過農人割稻，也不知道老人用的只是普通的收割刀子。於是她就像個孩子般，看這老人看得出神，只見他滿臉皺紋又揮汗如雨，卻堅定地拿著長刀在午後烈日下工作。她向姊姊打聽那個老人，姊姊說老人上午在一家大公司擔任園丁，然後就過來幫她做事。有一天女孩帶午餐給老人吃，跟他聊天，得知他年已六十，獨居在大城市中一個房間裡，工作是為了養活住在遠方村子的妻子和四個孩子。

我對蒂妲說：「她以前沒看過像這樣的老人嗎？」

蒂妲用一種非責難的明智口吻說：「不太可能沒看過。比如你在巴士上就看得到他們，你可以看到人們在路上工作和掃街。我們知道他們老家都很遠，是為了家人才來到這裡謀生。我不知道為什麼說故事的這個女孩以前沒注意到。」

那個說故事的女孩現在一想到老人就難過，他不但每天都得在烈日下工作，還得遠離家人獨居。

蒂妲發表評論說：「對我們而言，家庭就是一切。」

那位說故事的女孩如今瞭解了陽光根本微不足道，以前為此而抱怨更是大錯特錯。這就是這則故事的解析和寓意。那一期的《卡媞妮》就靠這些許「露水」，平衡了其他書頁裡的痛苦吶喊。

我以為蒂妲深深被這則故事感動，結果她卻非常輕鬆的帶過：「這是一則很簡單的故事。要是《費米娜》（*Femina*），可能會對女孩為什麼如此優柔寡斷比較感興趣，還有為什麼她那麼害怕出門。這女孩卻表示一切只是因為陽光的關係。」

☆

《費米娜》是以中產階級為對象的競爭雜誌。盧克曼・歐麥爾嚴守職業立場，與其壁壘分明。但《費米娜》的人卻沒有將盧克曼・歐麥爾置諸腦後。他們說《費米娜》是印尼第一本婦女雜誌，創刊時間比《卡媞妮》早了一、兩年，盧克曼・歐麥爾還是該雜誌早期的撰稿人之一。《費米娜》也有成功故事可說一說。籌備六到八個月後才出版的創刊號，每本售價一百五十盧比，當時約合二十五美分，賣了一萬五千本，第二期兩萬五千本，第三期增加到三萬五千本。當發行量增加到五萬本時，競爭對手《卡媞妮》就創刊了。盧克曼・歐麥爾顯露了他的鑑賞力：他沒有嘗試去模仿成功的中產階級雜誌，而是依照自己的直覺行事，創辦出具有自己風格的雜誌，即一本綜合了感性、宗教和溫情的出色雜誌。過了二十年後的現在，時代潮流走的就是他這個方向。

優雅苗條、多種語言皆能琅琅上口的米爾塔夫人是《費米娜》的兩位創刊編輯之一，也是擁有《費米娜》所有權的報社創辦人，是位學者的女兒。

米爾塔夫人說：「我應該告訴你的是，許多人認為《費米娜》非常西化。」不過她自己倒不這麼認為。「創刊時，我想的只是要提供讀者更務實的態度來看待事情，提供人們選擇性。這是一種比較開放的看法，不是以傳統態度為基礎。」

現在一切事情都變得更為渾沌不明；傳統主義和務實主義都有不同的聯想。在印尼獨立二十年後，原來受到侷限的殖民社會歷經變遷，每個人的世界都對外開放，讓婦女雜誌有了存在的可能性，前面好像出現了一條道路。但如今宗教、半皈依的國家所呈現的種種緊張，以及龐大的新富意外扭曲各種事物並往後倒退。

米爾塔夫人在描述雜誌的潛在讀者群時說：「他們是有錢的平凡人物，儘管有些是暴發戶，但絕大部分都不是。雅加達的社會結構仍有相同的價值，他們仍有一樣的識見。」要盧克曼．歐麥爾向這些讀者演說比較容易。他是伊斯蘭教大學的畢業生，對讀者的瞭解，足夠讓他辦一份成功的宗教雜誌。「他比較印尼化，比較瞭解百姓的草根性，所以他的讀者越來越多。他的方式並不務實，卻比較有感情。」

《費米娜》的訴苦版名稱叫「心意相通」（Dari Hati ke Hati，英文為From Heart to Heart），是會提出建議、非常嚴肅的專欄。《卡媞妮》與之相抗衡的專欄就是「噢，媽媽！噢，爸爸！」，在編輯上並沒有提供任何忠告；米爾塔夫人說上那個版面的故事〈我岳母迫害我〉「比較聳動而輕率」。為什麼她那樣認為，不得而知，我也沒問，而時機點就過去了。或許擁有行事高標準的米爾塔夫人認為家務事一旦糾纏不清，就不是在求助，而是讓人難以接受了。

她翻閱最近一期的《卡媞妮》說：「這是一位電影明星去朝覲的報導。」前往麥加朝聖，這是何等重要的宗教義務，說什麼我也無法和這種新聞處理手法聯想在一起──圖片報導：閃閃發亮的魅力、深色太陽眼鏡、旅遊、同伴、時裝，炎熱氣候裡最輕便、最潔白的衣服，最後才談宗教：《坎特伯雷故事集》[1]的某種版本。我問米爾塔夫人，像這種演員去朝聖的新聞，《費米娜》會不會刊登。她說會，但要看演員是誰而定。隔了許久，在思及我的印尼註記後，我才想到，這或許只是更具宗教安全感的盧克曼．歐麥爾早前經歷過的一段時期。

「但是，」米爾塔夫人說：「我們不會做這種報導。」她給我看一篇有關一名死囚的特別報導，有他被處決以及棺材的照片。「我們不做這個。」

後來她顯然遷就了盧克曼．歐麥爾。她說：「我們的雜誌主要是以烹飪和生涯建議著稱。我們剛創刊時，人們說：『你們只是在呈現夢想。』但我認為夢想是重要的，畢竟生活不該沉悶。可是如今一切都變得華而不實，因為一切都不切實際，強調的是西方的商業層面。」商業和文化是對立的。「現在我們必須倚賴廣告。一開始我們並沒有刊登廣告。整個印尼經濟體制尚未建立。」

☆

撇開我們說的一切，或者是兩方能說明的，無論是務實主義和感情主義，或者西化主義與傳統主義，兩者之間的差別只不過是正值印尼歷史推移十分迅速之際，兩代之間的差異而已。

米爾塔夫人的父親，就是那家擁有《費米娜》雜誌的報紙創辦人，一九〇八年出生於蘇門答臘。那是殖民統治的極盛時期：是荷蘭人全面征服蘇門答臘之後的第五年，也是歷史人物爪哇公主卡娫妮去世後的第四年；這位公主如同一世紀馬薩達（Masada）之役後，羅馬軍隊中的約瑟夫

1 譯註：*Canterbury Tales*，十四世紀英國詩人喬叟所寫的詩體短篇小說集。

斯[2]，或者像十六世紀時，置身西班牙人當中的半印加人加西拉索[3]一樣，希望能與荷蘭人和平共處，就彷彿與歷史的力量和平共處一般。對任何當時出生的印尼人而言，殖民統治就是未來。但僅僅晚了二十五年出生的盧克曼．歐麥爾，在被日本占領期間的幼年時期，卻看到了荷蘭的殖民統治被瞬間推翻，連根拔除。

《費米娜》的人告訴我，米爾塔夫人的父親出身自一個「很有勢力」的伊斯蘭教家庭，卻在殖民世界走出自己的一片天，聲稱自己是「宇宙人道主義者」。當世界開始分崩離析的時候，盧克曼．歐麥爾的母親這個對萬事善惡自有定見的女人，儘管十分貧窮，卻希望兒子上伊斯蘭教學校，而不是荷蘭學校。兩位男士早年都努力奮鬥過，但壓力和可能性卻分屬不同時期。貧農的兒子盧克曼．歐麥爾所能述說的，是他童年時被日本人強迫從河裡搬運石頭蓋塔賓機場、在巴東幫母親叫賣蜜餞、在雅加達賣花生等故事。在《費米娜》，我聽到的卻是米爾塔夫人的父親，即蘇門答臘政府高官的兒子，小時候住在森林附近的一個村落，每天都要穿過有老虎出沒的森林去上學。

這個男孩長大後，前往殖民的雅加達，在政府的出版社工作，成為作家和學者，並且娶了一位蘇門答臘貴族小姐為妻。隨著日本人的占領，他的世界為之丕變，所有的殖民想法灰飛煙滅。他變成印尼語言現代化委員會主委——日本人展現出自己不只是占領者的雄心，還是殘酷而有智慧的去殖民化主義者。

所以，當盧克曼．歐麥爾和十一歲左右的同伴在蘇門答臘被迫做苦工之際，米爾塔夫人的父親年約三十五歲上下，正在一個完全不同的層級為日本人做事，主要是要讓印尼語趕上時代。他們這份工作的成果斐然，兩百年來一直是印尼強勢語言的荷蘭語在幾年之內就幾乎被消滅殆盡。蘇卡諾強調的是荷蘭之前、殖民之前的過去；如今遊客到了雅加達，會看到大型建築物的名字用梵文寫的要比用荷蘭文的多。或許可以說拜米爾塔夫人的父親在日據時代所做的事所賜，三十幾年後才有了《費米娜》和《卡媞妮》問世的可能。

之後隨著印尼獨立，米爾塔夫人的父親創辦了自己的報紙，卻惹惱了蘇卡諾總統。一九六三年，印刷廠和在雅加達的其他資產都遭查封，後來印刷廠才歸還給他們。《費米娜》對於這段故事也有個說法。先前一直在經營這份報紙的米爾塔夫人的兄長，後來「嫁」進爪哇一個名門望族。蘇卡諾認識這家人，他們有個兒子在反抗荷蘭人的戰爭中捐軀。有天蘇卡諾見到這家人的母親，隨即問她：「有什麼事是我可以效勞的？」她回答：「只要將印刷廠還給我女婿，這樣我們就可以為我孫女買牛奶了。」印刷廠就這樣歸還給他們。

一九七二年想到要為印尼婦女辦雜誌的，是米爾塔夫人的哥哥。他們家的報紙是印尼第一家彩色印刷的報紙，當時也為一些人物印刷雜誌封面；然後他忽然靈機一動，為什麼不自己辦一份雜誌？他告訴妹妹，後來她在購物中心碰到一個名叫葳達婷的朋友時，又將這個構想告訴她。

葳達婷是教印尼文學的講師，工作忙碌，一直沒有時間閱讀新書，也沒有時間思考新事物，漸漸就覺得自己教給學生的都是死知識。葳達婷的先生古納汪．穆罕默德正在編輯一份很成功的新聞

---

2 譯註：全名Titus Flavius Josephus，西元三十七～一〇〇年。著名猶太歷史學家，曾為猶太軍官，後來遭俘虜後進入羅馬軍隊服役，跟隨羅馬軍隊征討和平撫叛亂，見證了西元七〇年提多將軍摧毀耶路撒冷城。晚年在羅馬潛心研究《聖經》，專注寫作。

3 譯註：全名Inca Garcilaso de la Vega：一五三九～一六一六年。父親是西班牙殖民者，母親是印加公主。一五六一年前往西班牙，一五六〇年其父死後便在西班牙接受教育，此後並未回到秘魯。著有《印卡王室述評》。

周刊，讓葳達婷感覺自己被排除在許多事物之外，於是欣然同意創辦婦女雜誌的提議。

葳達婷的背景和米爾塔夫人很像。葳達婷念的是雅加達最好的荷蘭學校之一。唯一可進入這種學校的印尼子弟不是來自名門，就是很富有，要不然就是公務員家庭。所以就像學校照片所顯現的，一班二十五個學生當中，可能只有五個印尼學生。葳達婷因為祖父為政府工作而具備了入學資格。

她和米爾塔夫人在思考如何創辦新雜誌的幾個月裡，決定應該對待讀者如平起平坐的朋友。她們應該將自己因特權而獲得的知識與讀者分享，但不能用以上對下的姿態說話，而應該爭取讀者信任，避免談八卦、搞煽情。但葳達婷和米爾塔夫人不能否認自己的背景；她們對世界的知識乃是這本雜誌的力量之一。

我們第一次見面時，葳達婷向我解釋《費米娜》的成功之道。她說：「我們有比較好的品味，比其他報紙更瞭解西方人的穿著。我們開始開闢的時裝版，要求恰如其分。甚至連家庭裝潢，我們也深知越簡約越好。我們很清楚知道自己住在熱帶國家，並不需要厚重的波斯地毯或窗簾。其他雜誌只會百分之百模仿西方報紙，要不然就是增加一些不適當的東西。」

我請她舉例說明何謂不適當的東西。

「雅加達的中產階級家庭會擺那種非簡約型的沙發，不但增加了一些錯綜複雜的木雕，還加上修飾，簡直過了頭。此外，吊燈也變成了地位的象徵。我們的競爭對手並不自知。你知道吧，米爾塔夫人和我有相同的背景，對西方文明和西方家庭開放以對。我們四處旅遊，對我們而言，並沒有去另一個國家的感覺。」

不過她們始終希望不要用上對下的態度，並且不要露出「告訴」讀者的姿態。甚至在設計「心意相通」專欄時，她們也抱持此一態度，版上有兩個「阿姨」處理同一個問題，手法卻經常南轅北轍，造成得讓讀者自己去判斷的結果。一位阿姨真正的身分是四十歲的男醫生，另一位阿姨則是七十歲的女士，打從這個專欄開始時就加入。她是警界高官的太太，也是女性主義者（不過葳達婷補充說是印尼式的女性主義者），做過許多社會工作。她在「心意相通」上寫東西，已經讓她變成一個大明星，整天應邀參加一些研討會。不過現在宗教開始讓她的文稿內容變得柔軟，讓她有時太過於輕快，以致沒將讀者的問題留給阿拉去解決。她住在雅加達市郊一幢豪宅內，都透過傳真交稿，這就是她一部分的作風。

記者蒂妲跟我說了個最近讓兩位「阿姨」意見南轅北轍的提問：二十三歲的寡婦應該嫁給一個希望她能等到他畢業的單身學生，還是嫁給一個有孩子、但可以馬上娶她的三十五歲鰥夫？女士說寡婦應該等待單身學生，男士卻表示寡婦應該嫁給鰥夫。這個問題有點像皮影戲院的故事，沒有單一的正確答案最對「心意相通」專欄的胃口：每個人都可以按照自己的性格、環境和經驗來回應。就本例來說，女作家顯然比男醫生明瞭，後母要和丈夫前妻的孩子共同生活，從來不是件容易的事。

米爾塔夫人說這個專欄有其價值，因為大部分的印尼人很怕表達及堅持自己的立場。他們需要別人的忠告，好堅定自己的意思。印尼人始終不斷面臨的問題是和姻親住在一起的困境，這在雅加達很常見，而且一住便是好幾年，因為沒有錢搬出去住。她概略地翻譯了一封信給我聽。

「我新婚還不到一年，在一家大公司上班，先生則有自己的事業。我姊姊不喜歡我先生，不想對我們的婚姻施以援手，目前的情況依然如此。有一天，無可避免的事情終於發生了，我姊姊和我先生大吵了一架。姊姊非常怕她先生，我和姊夫也處不來。我姊姊每天都把孩子放在我們家。只有等到她先生從辦公室回家後，她才會回自己家。因為我先生和她處不來，所以只要她在這裡，我先生就不回家，偏偏我姊姊每天都在家。我不知道該怎麼辦才好。我希望我們可以搬到屬於自己的地方，但我們的積蓄已經用來整修爸媽的房子。我也試著跟爸媽談姊姊的情況，但他們說歡迎所有的子女隨時都能回家。」

「心意相通」專欄的女士說這種情況很糟糕，這對不快樂的年輕夫妻應該搬出去，到某個地方找間房子住。他們必須設法籌一點錢，就算得變賣部分珠寶也在所不惜，總之就是要搬出去，否則情況會變得更糟。先搬出去六個月，呼吸點新鮮空氣。或許這麼一來，先生對姊姊的怒氣就消了。「如果你愛你先生，願意為他犧牲自己的珠寶，或許就能獲得阿拉非物質上的祝福。要祈禱，或許阿拉能緩和先生和你之間的摩擦。」

米爾塔夫人用一種鍍上舊日情懷的順服，談她的資深專欄作家。「那就是她曾走過的處境。」「心意相通」專欄的男士態度就強硬得多。「我真的很想知道，你先生和你姊姊之間到底發生過什麼事，為什麼這麼神祕？一定發生過什麼事，否則彼此不會這麼憎恨對方。你得找出答案，而且你是唯一能夠調停的人。」一旦紛爭的真正原因浮現檯面並公開後，人人都得冷靜和理性。「還有，你應該放下你的驕傲。如果你先生還倚賴你父母，那他最好更謹慎些。」不過要是丈夫能夠更努力工作，再多賺點錢，自己租間房子會更好。

☆

隱藏其下的還有各種程度的絕望和原始的苦惱，貧窮年輕女子臉上的憂愁，都藉由披戴的黑色或褐色頭巾而引爆或昇華，就好像只有這種簡單的自我抑制方能夠解決她們無法滿足的本能和需求似的。想到如《婦女時代》（*Woman's Era*）這種雜誌在印度大行其道，我不禁揣想難道印尼不需要為正要崛起的婦女也辦一份這樣的雜誌？

葳達婷說這倒是真的，但她不能做，報社裡也沒有人能做；她們並不依照那種「模式」過活。如果她們嘗試做這件事，就是以上對下說話，會造成傷害，也是種惡劣行為。對她而言，唯一能做的就是從那個社會階層找個受過教育的人，但這點很難，因為這等於要某人「走回頭路」。

「依我看，你就是不能走回頭路。整個群島盛傳一則寓言，說一個兒子四處遊歷，獲得財富，也受了教育，最後回到村子裡，卻發現與村人格格不入，還讓每個村人都生氣。然後母親喃喃數語，兒子就變成了石頭。這類故事在整個群島不斷發生。故事的寓意是，為人子女者永遠不能傷父母的心。」葳達婷並沒有藉著這則故事夫子自道，但我仍認為此寓言幾乎是以宗教的方式闡明了為什麼她很怕用上對下的方式說話。

她們不能往外接觸其他世界，倒是其他世界找上了她們。《費米娜》剛創刊時，社裡沒有任何女性員工穿戴伊斯蘭教頭巾，如今卻有五、六個人穿戴。而不管是米爾塔夫人或是葳達婷都覺得自己開不了口說：「我不希望看到你們這樣穿戴。」從一九八〇年代末期開始，某些特定的伊斯蘭教團體就開始批判諸如《費米娜》這類的婦女雜誌。

葳達婷說：「以前清真寺裡或電視上沒有人講道，只有在齋戒月的時候才有。但是在一九八〇年代末期和一九九〇年代初期，這種伊斯蘭教事務不但在齋戒月出現，連在平時也越來越普遍。一開始這種宗教演說一週只有一次，基督徒在星期日，穆斯林在星期五。現在穆斯林卻每天早上都來一場。」

每天一大早就在電視上演說的是伊馬杜丁。在這間光線良好的新辦公室裡，聽別人提到伊馬杜丁和他的心智訓練課程，不但感覺有點怪異，甚至有點刺耳，就如同有人提醒你另一個世界的存在似的：這拜他的新權力所賜。

「我們辦公室前面有座清真寺，寺裡的麥克風越來越大聲。我也發現員工們越來越虔誠。現在他們每天到清真寺祈禱三次，我們卻無計可施。今天早上我們討論到我們試驗廚房的主廚。在朝聖之後，她的服裝也改變了，現在是全副穆斯林打扮：面紗、長上衣，再用圍巾將自己包裹得密不透風，就連在熊熊烈火前也是如此。我們考慮的是她的安全問題，因為她的衣服是聚酯纖維料子，非常容易著火，但她就是不肯換。」主廚年約三十，有兩個孩子，在去麥加朝聖之前，穿的是西式衣服。

一群憤怒的學生最近到辦公室來。「他們來批評一位穿著白色泳裝的女性，要求我發一封公開信為此道歉。學生大約有二十五到三十人，年紀都在二十幾歲左右，其中有幾個女生包面紗，有幾個穿牛仔褲。以下純屬我個人猜測：或許她們看到女孩穿泳裝其實很喜歡，卻知道這不被她們的宗教所容許。她們是因為自己被禁止而我們卻沒有而生氣。我們擁有她們所沒有的自由。」

☆

但盧克曼．歐麥爾並不需要用以上對下的姿態說話，去吸引《費米娜》以外的婦女。外在的世界就是他自己的世界，他只要敞開胸懷向內省視，即可知道該直接對那些女性說什麼。

他身軀瘦小，有近似山竹（或說是荸薺，或蒼白的風乾泥磚色調）的膚色，最得印尼人喜愛。他在他的辦公室跟我見面。辦公室很暗，幾乎像是故意設計成要和《費米娜》建築活潑輕快、黃白兩色的開放風格呈兩極化對比。我們和他的三名高級經理正經八百的坐在一張暗色大桌旁，桌子中央擺著公司的出版目錄。他的一名基督教女性下屬也在場，擔任他的口譯。這樣的安排實在是超乎正式的正式。當天下午空調設備也出了狀況，吹出來的居然是暖風。

盧克曼．歐麥爾穿著一件深藍色短袖獵裝服，兩眼警戒，喜怒不形於色且沉默寡言；或許當天下午他不太舒服。但辦公室內四周的氣氛，在在讓人難以忘卻那些主管是為他工作、那座建築為他所有、整個出版企業也是他一個人白手起家創立的。

我希望多聽一些有關他過去的事，但我馬上發現他所述說的一切，之前可能都已經說過好多次了，而且在太過正式的場合中，根本不可能更加深入。我覺得那幾個主管可能知道他成功的過往，知道他高升的每一步：日本人占領、父親過世、母親賣蜜餞過活、典當土地所有權狀供兒子到雅加達的費用，還有他在日惹伊斯蘭教大學發行講義。有許多經驗隱晦不為人知，但一些可見的重點總是能喚起情感，正如此時此際在幽暗而擁擠的辦公室裡，情感就一脈相承，從他的母親和他的童年，到他的雜誌和他的讀者，綿延不絕。不過我們無法話當年太久，畢竟時間太短，要利用不到一個小時的時間，天南地北無所不談。如果我想多知道些，可以用書面方式請教那位女基督徒。

現在比較讓他上心的還是最近事業上的一大成就：他取得了政府頒發的勞工出口執照。兩天前我才在《雅加達郵報》上看到政府頒發了三十四張新的勞工出口執照，所以現在印尼總共有八十六張這樣的執照，讓部分原有勞工出口商怨聲載道，說勞工出口市場已經飽和。連人力部長也發表嚴厲談話，說政府不希望再聽到任何有關印尼勞工遭到外國雇主虐待的新聞。最近有印尼女傭遭到虐待的新聞報導，政府不想聽到那樣的東西。勞工出口商應該「正確處理他們派遣海外印尼勞工的方式」。

我對盧克曼．歐麥爾說，我覺得他身為出版人卻插足勞工出口業很奇怪。有幾個讓人思之不快的原因，而且我原先想到的是童年的種種經歷，應該會讓他對這行業感到痛心才是。

但他透過口譯人員表示，這根本沒有什麼好奇怪的，對於有人找不到工作的現況，他深有所感，也曾為他們發聲，但這可不容易。和他們競爭的勞工來自印度和孟加拉，那些國家的政府甚至會組織勞工出口業。

在印尼停留的最後一天，我收到盧克曼．歐麥爾辦公室電傳過來的覆函，回覆我先前傳過去的一些提問。他說，他母親終生都住在蘇門答臘的小村落。一九五五年，她就是抵押了從先人那裡繼承的土地和稻田權狀，才能供兒子到雅加達。如今這些土地和稻田已傳給盧克曼．歐麥爾的三個兄弟姊妹，他們至今仍住在村子裡，需要土地來維生。盧克曼．歐麥爾婚後，母親有時會到雅加達來和他一起住上一陣子，但都不會超過兩個月。她活到一百零二歲才往生。盧克曼．歐麥爾在巴東為母親、外婆和舅舅建了一座家族墓園，他把墓園的地址說得很清楚，因為這對他很重要。

如果數據沒錯，盧克曼．歐麥爾的母親生他的時候應該已經四十六歲，對她而言，兒子的一生，就好像是她遭到他父親拋棄後的補償——他離家而去，將一片森林開闢成稻田，又另組了一個家庭。姑且不論生意面，或許勞工出口執照真的十分重要，它終結了一個循環：歐麥爾如今已有能力安排如他們母子當年一樣窮困之人的營生。

第八章 鬼影幢幢

我們後來同意，我就叫他「小佛」（Budi），這是一個十分常見的印尼名字，毫無疑問是取自「佛祖」（Buddha）的意思。不過剛開始時，他只是黑暗中的一個聲音。夜幕甫降，他就坐在美麗亞飯店小巴士的後座，這輛小巴把我們從日惹機場載往飯店。英語很溜的他說自己只來日惹一個晚上，當晚一個朋友要結婚，是印尼炸雞皇后的掌上明珠。婚禮結束後，將在當地一個大學禮堂舉行舞會，鬧到凌晨四點方休。接下來，小佛小睡一會兒，就要飛回雅加達。他從事電腦業，曾在一家國際大公司服務了十三年。

小城鎮萬家燈火，車水馬龍的路上，他對著我的後腦勺侃侃而談自己的身世，絲毫不介意我無法一直轉過頭去。華燈初上，一長條一長條掛著慶祝RI50活動的彩色燈泡亮度昏暗，既掩映了外頭建築物的外形，連街上夜生活也顯得朦朧不清。

現在小佛已有自己的公司，合夥人是一位顯要的近親。透過這位合夥人，政府機構的訂單源源不絕。他們總共僱用了三十個員工，希望有朝一日能成為執軟體業牛耳的公司之一；他們可不想讓印度人和菲律賓人獨霸市場。這位合夥人可以直通總統和其他要人，在印尼，你就需要有這樣的合夥人。合夥人的家世不像客機打造人哈比比部長那樣顯赫，人脈也沒有那麼廣，但也夠顯要了。

因為想從這個角落看看事情的模樣，所以我問起了哈比比。結果小佛一聽這個名字，連聲音都變了。他們是福杯滿溢之人。他們是高階層的人物，得天獨厚，難以仿效。哈比比的弟弟是駐倫敦大使，有三個姊妹在商場上握有極大權勢，還有好幾個甥姪兒活躍於各行各業，收穫頗豐。印尼人的理想典範就是一人若得道，可以庇佑之後的七代：倘若有人（地位僅次於總統）說得出就做得到，那人非哈比比莫屬。

我說有一點我覺得很奇怪的是，既然哈比比如此顯赫，為什麼在我到印尼之前，從來沒聽過有這個家族。

小佛說：「請不要用『顯赫』這個字眼。你一定看過我們總統的某些講辭，在印尼，沒有任何人應該過於顯赫。」

他是在冷嘲熱諷嗎？我不確定。諷刺隨著英語而來，轉化成最簡易的版本；不過英文對他而言是外國語言，是用來和陌生人溝通的，可能經過消毒，不帶特殊的口氣音調。

當我問起他當初是怎麼成功時，他毫不保留的說是因為運氣好，連續考兩年萬隆工學院都落榜。這話聽起來一樣像是諷刺之語，但或許也只是直言不諱罷了。和其他許多年輕人一樣，他也很想到萬隆工學院去念電機工程。在日本人占領和反抗荷蘭人的戰爭之後，伊馬杜丁的生涯就是這樣展開的；而許多人在較為安頓的時代，都想做同一件事：因為萬隆工學院是印尼第一所這類的工學院，這樣的生涯規劃，綿延至往後好幾代的學子。

無奈他連續考兩年萬隆工學院都落榜，當時他的心情十分絕望，後來舅舅建議他，很簡單，乾脆放棄電機工程的美夢，改學別的。後來他上了一家私立資訊科技學院，剛進入時，對電腦一竅不通，但接下來的一切都順水推舟地接踵而至。宗教幫了他大忙。事實上，他的事業一開始就鴻圖大展，取得政府一些大訂單——就在他去過麥加朝聖之後。

現在我曉得小佛一直坦率直言，我判定對於如他這般會透過宗教和朝聖來為自身成就雀躍不已的人，感覺起來就像《卡媞妮》所刊登的時髦演員拍攝的時髦朝聖照片特寫一樣出人意表。讓小佛認真對待宗教的是他的合夥人，這位合夥人就像印尼許多成功的商人一樣，無論是伊斯蘭教徒和基督徒、印尼人和華人皆然，都是虔誠的教徒。

合夥人有個很年輕的宗教老師，這位老師彷彿是突然出現的天降神兵，許多成功的重要人士都知道他。合夥人把小佛介紹給他老師，叫小佛前往麥加朝聖的就是這位老師。他告訴小佛，在麥加看到「天房」[1]時，他不只是要求寬恕自己的罪行，還要下定決心永遠拋棄自己的諸多惡行。小佛照著這麼做。如今，隨著自己在電腦業越來越成功，他更是不會半途而廢。事實上，現在他比合夥人還要虔誠，每天祈禱五次，即便在旅館或飯店都不吃牛肉，因為這些牛肉通常都是從澳洲進口，也不是按照伊斯蘭教方式宰殺。他的合夥人對肉類就沒有這麼多顧慮。

上述這些都是我們的車子開在城鎮燈光昏暗的街上時，他在黑暗中對著我的後腦勺說的。唯有在美麗亞飯店大廳的玻璃、大理石和明亮的燈光下，我才看得清楚小佛的模樣。這家飯店裝飾過度華麗，內院的岩石花園中，小瀑布和噴泉的潺潺聲不絕於耳，一名中國女子半掩在夾層內唱著流行老歌，彷彿只唱給她自己和女鋼琴師聽似的。還有一個甘美蘭樂團和一名中年女歌手在樓下角落等著表演，女歌手將頭髮整個往後梳緊，一邊臉頰還因為嚼菸草而鼓起來。

小佛比一般人的平均身高還高一點，體格壯碩，或許在那件蠟染襯衫之下的身體越來越重了。

1 譯註：Qaaba，即麥加大清真寺廣場中央供奉神聖黑石的著名方形石殿。穆斯林認為此房是天堂建築在地上的翻版，地球上所有信徒在任何地方都必須面對它的方向祈禱。

他有雙友善的眼睛，雙頰飽滿蒼白；蓄著鬍子的他，頂著一頭直豎的黑髮。他為什麼會對陌生人如此坦率直言，我百思不解；不過或許也不是那麼難解，反正陌生人是一定會離開的。一如我的想像，他對金錢和成就洋洋自得，似乎在一一舉證，證明伊馬杜丁的教誨，以及哈比比誓言要導引這個國家往伊斯蘭教與科技融合為一的導向。以他長途跋涉參加的華麗婚禮，以他告訴我的那些名人簡單的背景，似乎顯現他已在這更上一層樓的新富刺激，以及對這國家而言所有的新事物中，活出了自我。

但是他對我說的一切，以及我對他的所有印象，都靠著我們隨後幾次的會面來型塑。他並非如我原先以為的那麼歡喜快活。在大學禮堂舉辦且一直持續到凌晨四點的婚宴，他並沒有全程參與，待的時間甚至不長。他並沒有融入新的社交圈；他算是隔絕於外的孤兒或者半孤兒。我在他身上所看到的是一連串的小勝仗：陌生人間的問候、用英語交談、身在美麗亞飯店大廳的正確性。他野心勃勃，而且幾乎沒有任何警戒，很容易就會崩潰。他很清楚自己的危險性，以及頭上頂著舊日羞辱的圖騰。

☆

我在雅加達的工作據點是婆羅浮屠飯店，湊巧小佛那週就在另一個房間工作。他的公司正和歐洲一家公司合作某個大計畫案，兩個來自歐洲公司的人就在雅加達，而且就在婆羅浮屠飯店和他討論。小佛說最終定案的計畫要耗資六千萬美元，而光是他們現在開始討論的報告就要花六百萬美元。星期五安息日，在飯店前那間每天都會有五次顫聲高喚信眾的現代化伊斯蒂克拉爾清真寺做完中午祈禱後，小佛就會過來赴遲來的午餐之約。我們就坐在可以俯瞰設備周全的飯店花園玻璃帷牆邊，園裡有遮蔭的大樹，室內外皆備有網球場、大游泳池、烤肉亭、圓形慢跑道。

他很樂意聊天，可是要跟上卻不容易。他將經驗儲存在個別的片段、或者說是檔案裡。需要類比時，對像他這樣一個電腦人而言，適切的做法就是把檔案拿出來，以處理檔案的方式處理：從現在講起，再倒溯回去。他吃著太晚才吃的午餐，每當同時跑出兩、三個檔案時，前後順序就會混成一團。時間的前後關聯他自己當然很清楚，但述說起來卻未必井然有序，可能是因為之前沒有人要求他這麼做過。在我看來，在我們的幾次會面中，他好像總在增添或修改之前所說過的一切，所幸最後還是能有個完整的敘述。只是即便在婆羅浮屠飯店的午餐中，還是聽到了同一個故事雜亂不堪的斷語殘篇。

☆

小佛的父親約莫三十五歲時，忽然深深有種感覺，認為該做自己的事，於是就辭去印尼一家外國石油公司的差事，開展自己的事業，而他原來可是這家石油公司裡職位最高的印尼人。就一個石油人而言，他非比尋常的創業想法，還真是特殊到了極點，那就是他認為自己應該設計和製造家具。結果當然是破產。事情發生在東爪哇的泗水，他們因而必須賣掉大房子，中午是真的沒飯吃，小佛還得騎十六公里的腳踏車去上學。十七年後，當年破產的慘況對小佛而言仍仿如昨日，他每天都會想起：當初他上學必須靠騎腳踏車，如今這竟已成為他的運動。辦公室角落就放了一輛裝備豪華、價值不菲、特地從美國進口的登山單車，他經常為它上油、清洗，視之如聖物一般。

我感覺到小佛的父親似乎有些神祕或者尷尬難言的過往。或許小佛是出自父親的第二次婚姻。我原以為第一次吃午餐時，小佛會提到一些，但他沒有多說，我也就沒問。他倒是說了和父親那邊的家族並不親近，甚至從來沒見過祖父。他的祖父是北蘇門答臘某一城市的首席法官，意味著家族顯赫。身為首席法官之子的妻子，也就是小佛的母親，出身就沒這麼好。她父親是荷蘭時代的公務員，官拜市長；彼時的公務人員有著和軍人一樣的官階。她的母親出身農家，有時還會到田裡工作。但獨立後的印尼社會動力十足，小佛母親的弟弟，亦即小佛一生當中的大貴人，後來成為律師和大學教授。

在小佛父親身上留下痕跡的神祕與尷尬，在他的孩子們身上似乎也看得見。他們一共有七位，其中四人，依照婉轉的說法，就是「消失了」。養下來一個哥哥當醫生，一個姊姊嫁給加里曼丹（之前稱為婆羅洲）的一個石油業界男子，相當有錢；另一個就是小佛。

他知道自己家道中落，也無時或忘，如同背負著十字架。他說：「我的大家族或許稱得上是中產階級，但我自己的家庭卻是徹底的下階層。」還有，「像我這種背景的人並不多。一般的背景是：在荷蘭時代，全家經濟拮据，獨立後第二代的環境就獲得改善，到了第三代根本就是富裕過活了。我的情況則是例外，我父親的家族財大勢大，但是到了我們第三代，卻反而比第二代還窮。」這就是為什麼對於小佛而言，連續兩年考萬隆工學院都落榜，就如同部分的家庭苦難。

★

根據舊習，小佛那位當律師的舅舅，每年都會到泗水看他姊姊兩次。有一次他去探望姊姊，發現當時已二十歲的小佛既沒工作，也沒念大學，就帶小佛一同回雅加達。小佛隨即進入當地的資訊科技學院，結果發現儘管從背景裡找不出任何理由來解釋，但他對電腦就是有天分。他和舅舅共住了四年。

「我往後的人生就此徹底改變。我學會如何穿著打扮，行為舉止怎樣才算得宜。」

「以前你都不知道這些嗎？」

「如果我待在泗水，一定沒有機會進大飯店，也絕對學不到進入大飯店餐廳的禮儀。或許我也不會說英語，不知道如何和別人交談。」

「這裡的人很擔心這種事嗎？」

「很多印尼人很擔心。」

學院畢業後，他進入一家知名的電腦公司，從最基層幹起，但很快就竄了起來，還頻頻獲獎，很快的就開始代表公司出差；透過公司同仁的關係，又很快認識了外面的一些要人，因而發現印尼的商界、電腦界和政界盤根交錯，幾乎就是一體多面的產物；權力圈子真的很小。他同時也發現，儘管舅舅的勢力龐大，自己仍得為父親的失敗付出代價——他是個沒有家庭奧援、沒有社交團體的人。他搬出舅舅的家，和一對擔任僕人的夫妻同住在一間租屋裡。他很寂寞，毫無社交生活可言。正因為他的成功，以及他認識的許多名人權貴，讓他意識到自己的孤獨。他找不到可以和他如今的身分相匹配的女友，所以以一種迂迴的方式，功成名就開始把他的思緒轉向宗教。

「當我在電腦公司獲獎的時候，首度想到，我也算是個『咖』，我是特別的。當他們讓我去負責行銷時，我認為自己真是不同凡響。但接下來我發現其實還有許多人比我行。我開始想到在這個世界上實在沒有任何東西堪稱天下第一，因為人外有人、天外有天。基於這個信念，我覺得自己需要真主。在可蘭經學校裡你一再讀到真主是至高無上的神，但當時心中卻未必感受得到。」

「那個時候你多大？」

「大約二十九歲，不算太功成名就，只是比一般人好。我每天都想到真主。不論考慮什麼事，我都只能靠自己一個人。在公司裡，我甚至沒有一個親密的朋友可以一起討論宗教。有四、五年時間，我生活在一個相當矛盾對立的情境中：我一方面非常需要真主和宗教，一方面卻盡幹些宗教所不容的事。我喝烈酒，也喝啤酒，幹些壞事，而且是我信奉的宗教所禁止的壞事，但做完這種事情後，我總是寢食難安。不是喝酒，我認為喝酒還只是小事一樁。我知道在世上享受一點小逸樂，就得付出在地獄遭受多年折磨的代價。」

「你一直相信有地獄？」

「我一直相信有地獄。這裡的人不論信什麼教，都相信有天堂和地獄，也相信死後還有生命。我明白自己罪孽深重，無論做什麼，還是會下地獄。我知道自己生活中的善惡無法取得平衡。」

就在他疑慮交加之際，生意忽然有了進展。電腦公司一名同事介紹他認識一個將成為他合夥人的人。此人和小佛的同事是從小一起長大的好友：那是小佛覺得自己被排除在外的人脈關係世界。在經介紹認識彼此幾個星期後，這位即將成為小佛合夥人的人說：「為什麼我們不一起做生意呢？」他需要小佛，因為儘管他自己人脈好、資金充裕，也知道有許多等著他去拿的合約，但他就是欠缺小佛的電腦天分。在科技時代，像小佛所擁有的這種電腦天分，簡直就是水準的測試者。

小佛做了個迅速的決定。他決定馬上離開那家電腦公司。在與同事們共處十年、得獎無數、代表公司四處出差、住過一流的飯店後，他只提早一天知會公司便離職了。

當他跟父親說自己的決定時，那位老先生想起了自己當年搞家具生意、最後賠得身無分文的慘況，不禁說：「要小心。」而被貧窮徹底打敗的母親，又回想到自己的母親到田裡去工作的往事，則什麼都沒說。

我問小佛認為自己的電腦天分是怎麼來的。

「我也不知道，或許這就是命運。在我這一行，許多人都失敗了，因為，首先你必須不斷的更新改革，真的像是在作夢。舉個例來說，就像現在在飯店，就在我吃東西時，馬上想到或許可以把點菜的過程自動化。我在歐洲看過。侍者拿著電腦過來，根據你的指示按下幾個鍵，幾分鐘後，另一名侍者就端著你點的菜來了。你還可以從幫你點菜的那位侍者手上拿到帳單。所以現在我坐在這兒，邊吃東西邊和你聊天，也一邊思考如何創造出那樣的軟體。我想你也可以把這種同步工程（concurrent engineering）運用到其他許多行業上。我的心一直是如此運作。我可以把這些東西運用到鐵路車廂，或者工廠的倉儲。」

不久之後，合夥人就將小佛介紹給那位宗教老師。

「我第一次見到他的時候，是在一間很簡樸的房子裡，那裡也是一座清真寺，還是他自己的房子，在萬隆。合夥人帶我一起去的。他一個星期後要啟程去麥加朝聖，所以我們拜託老師為我的合夥人祝福，並對他的朝聖之旅提供一些忠告。第一次見面時，我並不相信他。老師很年輕。後來我發現他的知識浩瀚如海，從此就再也不敢低估年輕人了。他對房裡約十個人說話，大家都坐在一塊很簡易的地毯上。他說生命的奧祕就是：讓真主決定什麼對你最好。他的意思並不是說我們應該全面放棄，而是不論我們做什麼都應該全力以赴，盡最大的力量。你應該順天應人，但不能妄想超越命運。

「第一次會晤進行了一小時，我覺得他很風趣，但我並沒有皈依。幾個月後，合夥人建議我投資幾千盧比蓋一座清真寺，全部由那位老師去統籌安排。合夥人說，每個人應該支付兩平方公尺的經費。第一次見面後，我一直沒再見過老師，直到合夥人邀請我去參加還在蓋的清真寺揭幕式，才再度與老師碰面，也看到一間簡單的房屋如何變成漂亮的清真寺。

「我總共和老師見了大約三十次面，並沒有從他那兒學到宗教的一些細節。我需要有人幫忙做別的事：如何在今生和來生之間取得平衡，這滿沉重的。人們似乎相信老師有超能力，但我不信那個。我看到了見證，就是小房子如何變成大清真寺，但我就是不相信超能力。我比較相信他的教誨：讓真主決定什麼對你最好。」

老師曾七度前往麥加朝聖，從來沒有一次是自己付費用，總是有人幫他付。而在老師告訴小佛說他應該到麥加去朝聖後，類似的事情也發生在小佛身上。小佛沒有旅費，可是他一告訴合夥人這件事，合夥人就全額幫他付了。

★

星期六，我們到一起到萬隆去看老師。我們搭CN-235小型飛機，這型飛機是哈比比的航太組織在更早之前與西班牙人合作打造的初期小型飛機。在國內線頭等艙的候機室裡，椅子全都雕刻還鍍金。我想像這些正是葳達婷．古納汪說《費米娜》雜誌所不喜歡的東西。

到萬隆的路程很短，但CN-235小型飛機很晚才起飛。一個充滿了應允、看來似乎會很漫長的日子開始縮短，神經開始緊繃。接下來還要說到飛機本身真的很小，當我們在柏油停機坪上等待起飛時，飛機內很溫暖；機艙內的鑲板有點像木匠的粗糙作品；飛機起飛時，不但聲音吵雜，還搖晃個不停，以至於我實在是納悶不解，既然許多重要零件都是進口的，為什麼還會製造出這種飛機來？

小佛說：「它飛得起來，我與有榮焉。至於它的經濟可行性等等之類的問題，拜託不要問我。」萬隆很快就到了，在所有的緊張之後，我居然也有同感。

小佛說他的合夥人那個星期六在萬隆正好有工作，會到機場接我們，結果並沒有來。我們後來才見到他，還是碰巧的，當時他正開著一輛載滿他家人的四輪驅動新車，就在小山上荷蘭人蓋的車站四周，某條跟現在周遭所有交通一樣車水馬龍的馬路上巧遇。殖民風格的行政大樓和一些小型住家都在擴充改建，以因應商業需求，原本種來遮蔭的樹木已老去，樹葉稀疏，根部還經過粉飾的樹幹膨脹，撐得鋪設過的路面凹凸不平。

合夥人欣然停下來和我們談話，完全沒有被抓包的尷尬，只說是忘了去接我們。這件事就這樣一筆帶過。小佛顯然沒有注意到，但我還是感覺到了他認為小佛對我這個或許沒有任何身分憑證的訪客，似乎表現得太過快熟和熱絡，居然要求他這位合夥人、這位重要人物到機場去接我們。小佛的合夥人很友善，但似乎對我視而不見。他的身材矮壯結實，其貌不揚，在印尼人群中可能很不起眼，比小佛小一、兩歲。聽小佛說，他已有三千萬美元的身價。他坐在四輪驅動車上的家人則非常優雅，孩子還有女僕照料；妻子膚色蒼白，輪廓比較深，幾乎算得上是印度美女。

我們開始驅車到老師位於城鎮邊緣的家。經過萬隆工學院的舊校園，荷蘭風情依舊。此工學院建於一九一八年，蘇卡諾曾在一九二〇年代念過，從此成為懷抱雄心壯志的印尼青年的焦點。校園內，一九七〇年代成為伊馬杜丁如宗師佈道講壇的沙萊曼清真寺更是不容錯過。有一部分也是拜伊馬杜丁所賜，這座清真寺超越了荷蘭的殖民意圖，而且彷彿是蓄意和殖民背景的限制對照似的，如今已成為一座色澤十分明亮的水泥建築。我們在一條蔭涼的路上，與一小群剛註冊入學、生氣勃勃的學生錯身而過，他們穿著白衣服、戴著一種漫畫風的帽子。一度也夢想成為註冊學生的小佛並不知道這身衣服的由來；可能是移植自荷蘭的傳統。

當我們駛離學院以及荷蘭城鎮時，小佛繼續補充介紹那位老師的種種。有些人認為老師擁有超能力，所以才有非凡的成就。現在他擁有超級市場、租車店、成衣工廠、銀行及電腦出租店各一。這些企業都是自己找上老師並在他身邊成長茁壯，老師則堅持初衷，依然是位老師。信徒成立了一個基金會，照料各項生意。這些都在三年內完成。如今包括小佛在內的其他人，都把這項成就視為上蒼的恩賜。

等到我們抵達老師家，還有更多的意外、更多的調整等著我：原來小佛對老師種種企業和基金會的描述都太過誇大了。我們現在已經遠離那個殖民風味小鎮，來到一個簡樸的鄉村，狹窄的柏油路兩旁有簡陋的房屋、庭院和花園。所謂的電腦出租店原來是個攤子，超級市場是間鄉村雜貨店，蓋在雜貨店頂上的大清真寺根本也不大。社區裡的所有建築都很不起眼。事實上，撇開建材都是新的水泥、油漆和黏土瓦不論，房子依舊是村子裡亂七八糟的建築，只是自發性的組合成習經院、宗教的寄宿學校而已。只不過這裡的學生也算是這位老師的學徒，夫子有事，學生照樣服其勞。習經院每天都會清掃村子道路；儘管道路上一塊塊亂鋪的柏油邊緣難免藏汙納垢，大約每隔五十公尺就有一根柱子，上頭綁著一個裝垃圾用的彩色塑膠桶，避免垃圾散落在路上。垃圾桶非常小，但就像老式的乞丐火柴並不是真的要拿來賣一樣，我覺得這些彩色的小垃圾桶也只是表面功夫，用來象徵服務和虔誠，而不是真的要用來裝垃圾或其他真的很髒的東西。

老師目前的房子位於村子主要道路外的一條小巷內，原本的老家已經改建成清真寺和商店。村子兩間房舍中的巷子可以通到一個庭院，老師的房子就在庭院的一邊。那是一棟比地面略高幾呎的平房，在小佛說原來是水泥砌的牆壁上，則以深褐和米黃兩色相間的竹編鑽石圖形飾板加以裝飾。

我們才踏上院子，老師就從家裡走出來到迴廊。他領著一個穿著藍色長罩衫的失明胖男孩，讓人印象深刻。老師個子很小，或許還沒那男孩高，卻明顯比男孩瘦得多。他們互相道別之後，失明的男孩由別人接手，領著步伐下兩個階梯到庭院去，算是完成了見面禮。

我們脫下鞋子踏上迴廊。在雅加達的時候，小佛告訴我，老師「骨瘦如柴」。但那並無法全面的描述眼前這位個兒小的人：瘦削的臉孔、稀疏的八字鬍、小束的長鬚、靈活的小眼睛不住地打量我們。他輪廓優美的雙唇非常飽滿，下唇中間下方有一小撮鬍子，一身光滑的褐色皮膚，身穿白或灰白色的一種阿拉伯服飾，這種打扮如小佛先前和我談過的，已經被他當成了自己教派的制服：加有襯芯的原料做成的頭巾，還拉了條長下襬，深藍色的紗籠上加了件束腰長上衣。儘管有這身打扮，還有他的天職，再加上那個盲童，這裡依舊不是神聖之屋。正如我們所聽所見，樂於和老師互動的嬉戲孩童及忙碌婦女，讓這裡就只宛如普通住家。

他和我們一起坐在綠色尼龍地毯上，起毛的地毯既沒有固定在地板上，也不太平整。竹片和木片交織編成的迴廊欄杆很矮，老師可以倚在上面。此刻他像突然出神那樣：倚在欄杆上，目光從我們身上移到下面的小池，精美的熔岩塊砌成的池內流水潺潺，堪稱是這庭園天外飛來的一筆優雅。

戴白帽的助手、年輕人和習經院學生，開始將機器編織、花樣各異的廉價地毯攤開來，鋪在水泥院子裡，準備進行下午的祈禱。毫無疑問的，老師就在如聖壇或統治者司令台般的迴廊上講道。小佛跟我說過，老師講道能吸引上千聽眾。現在隨著祈禱的時間越來越近，越來越興奮的他改口說大約會有兩千人來聽講。這裡容不下所有的人，那些擠不進來的人，在路上、甚至在附近的住家都可以透過閉路電視轉播聽講。

小佛說：「他可是高科技的。」

但老師不希望小佛插嘴，他想要自己用英語告訴我，但這樣的情況就有點難了，尤其他並不知道我究竟所為何來。我希望聽的是他佈道或宗教天命的起源，但我不相信他明白我的期待。果然，他希望將話題留在現況上，談他周遭成長的社區，還有學生的多才多藝，那也是真主的恩賜之一。我覺得他不時瞥看的迴廊下方的小池和假山，迥異於四周的環境，製作精美，可能就是那些特殊才藝之一。

我催促他描述第一次講道的情形，他卻泛泛而談。「許多人並沒有過著美好的生活，他們有錢，卻不幸福。他們的靈魂漂浮不定。」碰上辭不達意時，他就加大音量，增加表情和手勢，手指頭比劃個不停。有一、兩次，我瞥到他紗籠下的赤腳，甚為悸動。

我想我應該問小一點的問題，所以就問起他的父親。他說他父親是軍人，以中校官階退役，一直在爪哇服役。「我以前也考慮過要從軍，雄赳赳氣昂昂，就像我的朋友們一樣。」他哈哈大笑著說：「現在我是真主阿拉的部隊。我朋友戴的是部隊的綠扁帽，我戴的是白扁帽，或阿拉的頭巾。」

我鍥而不捨再試了一次。小佛告訴過我，老師是萬隆工學院的退學生，在見到「光」之前，也曾「荒唐」過一段歲月。於是我就問起老師的求學過程，卻發現小佛的資訊有誤，他太根據自己的想像來塑造老師了。老師不但沒退過學，還自認為多才多藝，成就不凡。他讀過很多科目，諸如行政學、電子學之類，並在萬隆工學院取得電子工程學位。

「真主保佑我做過的事情大半都成功了，寫作便是其一。我也當過演說家，還當選過學生營司令官。但在這所有的成就之後，我只覺得空虛。當時我只有二十四、五歲，正嘗試去尋找生命中最重要的事物。」

這我很想聽。

「我是家裡四個孩子中的老大，老三因為罹患多種硬化症而去世。我曾揹著他去上學，儘管他痛苦不堪，卻總是很快樂，比醫生快樂，也比我們快樂。他心裡有種很重要的東西，那祕密到底是什麼呢？」

有位新訪客出現，是位身材高大的年輕女子，包著灰白色的穆斯林頭巾，穿黑長袍。她有張圓臉，沒有化妝，在微笑的雙眼之後，似乎隱藏著舊日的痛楚。這位女性名叫哈妮，在哈比比的航太組織IPTN[2]上班，並且因為是唯一一位以全副伊斯蘭教服裝上班的女性而出名。老師歡迎她來訪，將她介紹給大家認識，並解釋說依據伊斯蘭教習俗，她不准和男性碰觸。

她跪坐在我們前面，雙膝著地，長袍下的雙腿分踞。她說她在法國工作了八年，在法國中部的普瓦捷念書。

小佛說：「她是位高科技女性。」

她謙遜地說自己只是哈比比飛機的「小零件」。但她一來這伊斯蘭教習經院，就竭盡所能去滿足人們的需求。那她究竟都在做些什麼？她說她為穆斯林做衣服。這是她說做衣服的方式；就算是芝麻小事，她也找得出虔誠的字眼來形容。

幾個女助手從老師房屋的內室端出幾盤黃澄澄的蛋糕，以及幾個裝著某種紅酒的磁杯。杯子放在起皺的地毯上，搖搖欲墜。

哈妮說，她回到印尼是因為她和IPTN簽有合約。她拿哈比比的獎學金。每年有五十人被派出國，獎學金主要是提供給航空工業的學生。

我請老師說完他弟弟的故事。

「他過世了，並且說：『我們今生不能一起合作，但來生可以。』」

2 譯註：Industri Pesawat Terbang Nusantara的字頭縮寫，這家公司後來又更名為印尼航空工業公司。

哈妮仍舊用她的方式跪著，面帶微笑，身上的長袍向外圍散開，讓她在老師身旁顯得格外龐大和挺拔。她也談起了老師的弟弟：「當我從法國回來前往IPTN工作時，才第一次聽到他說的話，就哭了起來。」

「你還記得他說了什麼嗎？」

「他說我們在這兒的工作都是暫時的，只要努力，我們都會有來生。他給了我每天早上醒來更加努力工作的勇氣。同樣的話他從不說第二遍。真主透過他的嘴巴行事。」

最後，終於來到祈禱時間。小佛已經走開，吟誦聲從某處傳來，午後佈道的擴音系統在安裝時喀喀大響，不絕於耳。一名戴著綠面紗的婦女或女孩正在庭院另一邊的迴廊清掃，習經院裡的幾隻瘦貓四處走動，鬆弛的肚皮晃個不停。終於！彷彿是受到哈妮話語的導引似的，老師跟我聊起第一次講道的情形。他用英語和印尼語夾雜，印尼語部分就由哈妮翻譯。

當時老師二十五歲，時間可能是弟弟去世之後，地點是在他父親家。剛開始就只是和人聊天。第一次講道時只有十個人聽講。後來他即離開父親的房子（他沒有提房子位於何處），來到這裡，租了如今已變成習經院清真寺的這棟房子裡的一個房間。等到有四十人過來聆聽他講道時，他開始擔心了，心想：為什麼這些人會想聽我講道？他失去了一些朋友。有三年時間備感艱辛，至於有多艱辛，他倒是沒說。所有的朋友都離他而去，只剩下一個朋友沒走。但他並不介意。

「我知道阿拉一直都在觀察我，我知道阿拉一直都在聆聽我，所以我不能說謊。這就夠了。我只喜歡說好事。有些人說，這樣很好、很美，我倒不覺得很美。要我談這些事很難，我就只是敞開心胸。我是從心、而不是從腦發聲。」

毫無疑問，當哈妮說真主透過他的嘴巴行事時，指的就是這個意思。

我覺得如果我有時間可以讓老師回答一些小問題，可能就會對他的使命有更多的瞭解；但可惜沒有更多時間，而且說過的也不能再更改。在沒有語言、沒有信仰、也沒有信仰的需求之下，一個人所能理解的也僅止於此了。

我問起那位盲童的事。

「我讓盲童和其他學生一起待在這裡，現在他在一家公立醫院工作。他在這裡大約待了三年。」他都做些什麼？「這裡有家孤兒院。這裡的小孩只有四個是我自己的。我照顧這裡的孤兒。」有多少人？「大約六或十個。」

這種不精確的算法真是奇怪，不過這可能只是他的閃爍其詞。我們聽到房裡有孩童的聲音。有一、兩個孩子戴白帽子，是男孩，而非女孩，他們正在庭院中的地毯上打滾，正是再過一會兒信徒們會過來坐的地方。

小佛已經回來，是該道別的時候了。老師不再流露警覺的眼神，我們的交談進行得很順利。他送我們步下庭院走到巷口，還很樂意與我們合照：他長長的頭巾下襬垂著，上衣口袋夾著一支鋼筆，紗籠下可見他的小腳。他呼喚孩子（男孩戴白帽，女孩披白頭巾），也呼喚看護他們的保母（身穿橘黃色紗籠、包黑色頭巾），以及哈妮，希望他們一起來照相。最後大家都哈哈大笑。

就在要離開的時候，我們看到路邊兩、三間屋子外的地方，有幾個戴白帽的習經院學生正開車運食物過來，那是某位信徒致贈的禮物，就像我們看到的那麼多東西一樣，好比說走廊的綠地毯、盛裝紅酒的磁杯（或許連紅酒本身都是）、屋牆上竹片編織而成的鑲板、庭院的水池和假山等等，人人量力奉獻。正如小佛所說，信徒的信心讓習經院成立，也讓其他事業成長。既然他的成功證明了他所受到的上天眷顧，他的成就也就越來越大，信徒人數跟著越來越多。

他並不提供簡單的信仰，他提供的是他給小佛所謂「沉重事務」的版本：精神的和世俗的指引——「讓真主決定什麼東西對你最好」，以及獲得免罪的道途。他根據每個人的需求，提供他們堅強的力量和信心；重要人物的需求總是很多。小佛說，至少有位哈比比的親戚就是老師的信徒，他甚至暗示偉大的哈比比也曾跟老師接觸過。但後來我漸漸發現，小佛喜歡讓自我的感覺深入事情核心，所以這些很可能只是他自己過分誇大的故事之一。

一切的一切，包括老師的習經院和老師的佈道團，都已經不在他一人掌控之內，但他卻依然只保持老師的身分，正如同此刻，他站在孩子們當中微笑向我們揮別。

★

我們搭火車回雅加達。荷蘭人蓋的火車站保存得很好，這點爪哇可不像印度。但車站有個制服十分國際化的當肯甜甜圈（Dunkin' Donuts）攤子，看起來十分突兀。商務車廂有空調設備，但每樣東西都看得出來有辛辣食物的痕跡。一名服務人員打開懸在一個角落上方的電視螢幕，播放的電影是小佛已經看過的《小活佛》（*The Little Buddha*）。在逐漸昏暗的天色中，火車緩緩穿過萬隆外圍蓊鬱山區間的峽谷：一峽又一峽，一橋過一橋。鐵道一路蜿蜒，有時往前看或往後看，可以同時看到兩座、甚至三座漆成白色的橋梁，弧狀金屬支架非常寬闊，在暮色中襯著墨綠色的樹林，猶如裝飾的垂掛物。陡峻山邊一小塊一小塊不規則狀的梯田，堤道和田水映著逐漸昏暗的暮色，很像痕跡斑斑的含鉛玻璃，或黑或金或紅，有些稻田已經插好一排排的秧苗。

小佛說，種稻的農人看不到我們所欣賞的美景。農人往往得在山區上上下下跋涉幾個鐘頭，才走得到大路上。當我們的火車開過一個村落時，他指給我看他剛剛說的話是什麼意思。在這些村落裡，一千盧布，約合五十美分，就是一大筆錢了。但他說的是一千「羅布」，把盧布說成「羅布」，是他說話難以理解的好笑地方之一。一根玉米所得不會超過五十「羅布」，只合二點五美分。所以儘管農人辛勤耕作，特別是還得把農產品運到市場去賣，最後可能只拿到五美元。過了一會兒，小佛指著一片樹林給我看，說那裡就是哈比比某個親戚準備蓋九百間房子給IPTN員工住的地方；這個航空企業還真會開枝散葉。

小佛說，此刻已站在另一邊的他，居然會用這種態度談論貧窮，他知道這樣很奇怪。但他每天都會和自己的合夥人爭論一些他看到或他以為自己看到的貪汙問題。他沒辦法不說，儘管心底清楚自己得仰賴這個合夥人和他的門路去拿到些落到他們頭上的大合約。這也是他對老師頗有微詞之處：老師不也接受貪贓腐化之人為信徒？

而那位老師怎麼說呢？

他說他也知道人們的故事，但他不能光憑這些聽聞就對他們下斷語；他只能根據自己雙眼所見評斷人。這番話說得很好，正如同小佛先前問到老師半阿拉伯式的服飾時，老師所給的回答一樣。老師說，沒錯，他的服飾是很奢侈，但這正是用意所在：這些服飾讓他保持自覺，一旦穿上，就不能做任何不好的事。

小佛說：「哈妮來了以後，我走開了一會兒，讓你和她相處。我去祈禱了。那時剛好是一天之中祈禱的時間。結果祈禱的時候，我發現錢包不見了。實際的損失並不重要，不過接下來會有各種麻煩，比如身分證就會引起很大的問題，申換身分證會花上好幾個月的時間。所以祈禱之後，我就擔心不已。繼而一想：『如果掉錢包是真主的旨意，那就表示還會有其他事情發生在我身上。』後來我去找你和老師，卻發現錢包就掉在你身邊的地毯上。」

所以，對小佛而言，這趟拜訪老師之旅還是頗具宗教經驗元素：遺失、慌張、放棄、信心、如釋重負、產生新的信心。但小佛畢竟是小佛，即便是宗教的時刻，還是有實用的教訓。「絕對不要將錢包放在側邊口袋，以免有時會滑落出來。一定要放在後面的口袋。」

天空變暗了，外面再也看不見任何東西。車廂的日光燈變得昏暗，車窗上映出倒影。與世隔絕的昏暗燈光、車廂的振動和輪子隆隆的聲音，加上螢幕上一直在播放的《小活佛》，讓小佛能更深入暢談他的私事。

小佛和我談起他的舅舅，也就是他母親的弟弟，說舅舅很愛他，為他做過許多事。就是這位舅舅把他從泗水的貧窮和絕望中拯救出來，帶他到雅加達，讓他能夠自立，讓他見識到外在的世界。小佛和這位既是律師、也是大學教授的舅舅一起住了四年，但後來兩人吵架。小佛第一次和我談到這位舅舅時，並沒有提及這場口角，但是那場爭吵深深影響著他，對他孤獨的現況提供了部分的解釋。

舅舅在大學之前受的都是荷蘭式的教育，儘管他是個很好的穆斯林，一天祈禱四次，卻始終欣賞荷蘭文化，每隔一年就會到荷蘭一次。彷彿從前就做過無數次一樣，小佛可以一一列舉他從舅舅那兒學來的東西。他學會如何上大飯店，他和舅舅每週上三次；他學會開車，舅舅有時甚至會把車借給小佛開；學會照相；學會買課外書；學會上可蘭經學校；學會穿著體面光鮮，學會穿好比說馬莎百貨公司鮮豔的名牌男士上衣，以及巴利牌（Bally）皮鞋，且絕對不穿布鞋和牛仔褲；怪的是，他甚至學會了自己油漆房子。

過了四年後，甥舅倆爆發口角，起因和女孩、和小佛夜晚經常在外面逗留得很晚，有時也和汽車、以及小佛對女孩的情況撒謊有關。舅舅倒不是針對哪個女孩，而是反對小佛當時的生活方式。

爆發口角當天，小佛做了一件怪事。他把當時交往的女友從她家帶走，然後把她安頓在另一個女友家。兩天後，女友家人報警，警察就到小佛舅舅家來查問小佛的下落。舅舅應付了他們之後，就問小佛：「你知道那女孩現在在哪裡嗎？」小佛說：「當然知道。」舅舅並沒有生氣，只是正色道：「你再不小心點，鐵定會惹上麻煩！」儘管小佛沒告訴我，不過當時他很可能對舅舅做出了什麼保證。

不久之後的某個晚上，女孩打電話到家裡，是舅舅接的。小佛一直擔心會發生這種事。這回舅舅真的是火大了，他對小佛說：「你不知道自己什麼都不是嗎？瞧你父親那副德性，他就是你的好榜樣。他住的地方根本不算是間房屋，他是住在鳥窩裡！」「他說的是事實，」小佛在述說這段往事時也這麼說：「我可以帶你去看那間房子。」舅舅給小佛下了最後通牒：小佛得和那女孩分手，不然就離開。

小佛說他會離開。舅媽為他求情，她甚至到他房間抱著他，要他去向舅舅道歉，但是隔天小佛還是離家而去。

小佛告訴我：「我會選擇離開還有另外一個原因。我家非常非常窮。住在像這樣富裕的環境裡，我常常會想到自己的家人。每一次我在自己身上花錢的時候，就會想到如果能將這筆錢寄回去，對他們一定很有用。我穿的是巴利的名牌鞋子，上的是精緻大飯店，買的是昂貴的書，但他們有時卻連中飯都沒得吃。」

他到一個大學朋友的家裡借住，朋友安排把弟弟的房間讓給小佛住。第一週透過另一位大學朋友的幫忙，小佛就找到一份小職員的工作，可以掙個三萬盧布，大約十五美元。到第二個週末，他已經在一家大電腦公司裡找到簡單的電腦作業員工作，一待就是十年，而且飛黃騰達。他就以這樣意外且迅速的方式，展開自己真正的事業。這全都是舅舅訓練他去追求的，但舅舅現在已經不在他身邊。小佛身邊沒有任何一個如舅舅般親近、關心或者見多識廣的人，可以讓他聊聊自己的現況。他開始品嘗到自己的孤獨感。

還有一點讓小佛更加不舒服，發生在他和電腦學校的某個朋友之間。他離開舅舅家後，就去投靠朋友，還住進人家家裡。這個朋友希望小佛幫他做家庭作業，要求小佛幫他代考，最後還要小佛給他錢。小佛無法向住在那裡的任何人抱怨，等到最後他不得不離開時，卻給別人留下很壞的印象。

他將收入的三分之一寄給遠在泗水的父母，藉此減輕一些舊日的痛苦。在離開舅舅家四年後，母親開始敦促他和舅舅和好。她告訴小佛：「你是晚輩，不能叫舅舅跟你道歉，是你該向他道歉。」他終於同意了。趁穆斯林齋戒月結束期間，母親藉著從泗水到雅加達參加慶典之便，就帶著他到舅舅家。母子兩人一大早就去，在那裡等了一整天，舅舅卻始終沒有踏出房門一步來招待他們。第二年，也是相同的慶典，小佛的母親再度前來帶小佛去舅舅家。這一回舅舅是出了房門沒錯，但甥舅關係終究已經絕裂，不可能恢復到從前那樣了。

這看來就是小佛一生的寫照：彷彿和傳奇故事說的一樣，朋友或救命恩人到頭來都會反目成仇。想到他那個在萬隆和優雅的家人坐在四輪驅動汽車上沒有禮貌的合夥人，我不禁納悶，像小佛這樣盡在印尼繁榮的富商大賈中尋找生意搭檔，過往的模式現在是不是又會重演。我把這個想法說給小佛聽。

他重複了我一些話說道：「朋友變敵人的可能性是存在的。如果你聽到一些閒言閒語，卻隱忍下來什麼都不說，總有一天會爆發出來，就像我舅舅一樣。」

他很脆弱，沒有人保護他。我現在也發現，儘管他拜舅舅訓練之賜，對衣著、鞋子和進口的墨色太陽眼鏡有了至今依然保有的奢侈品味，但他卻沒有房子或公寓。他寄居在朋友家的房間裡，三天兩頭換屋住，連辦公室都有個角落供他睡覺。他說他買不起房子。我跟他說我在雅加達的衛星城市看到數以千計的新房子。他說這些房子售價要四萬美元，只有像警察和會計師那種貪官汙吏才付得起百分之二十的自備款；而且一住到那些地方，就知道自己與一些敗類比鄰而居。但接著他又表示，自己不想住在衛星城市，因為那樣就得請個傭人整天照料房子，對他而言會成為一大負擔。過了好一會兒他似乎要說，他無法忍受擁有自己房子的那種孤獨。

他深受孤獨之苦。住在泗水的貧困父母無法在社交上幫他做什麼。因為他沒上大學，也和一整代的同儕失去聯繫。他可能會娶的女孩都嫁給了別人，就連在電腦公司平步青雲時，也都無法在同事中找到女朋友，因為他沒有她們那種背景和信心。在萬隆那位老師要他前往麥加朝聖之前，他曾有過頻繁的性生活，但就是欠缺「環境」。所謂「環境」，是他形容「合適的社交生活」的電腦用語。如今在發過誓言之後，他就連性生活都沒有了。

他有數百個朋友，但他神祕兮兮的說，寂寞和幸福並沒有直接關係；他所苦的寂寞是「不知道要做些什麼」。他和父母共處，但父母認為小佛的程度高出他們許多，親子之間沒有真正的話題，沒有辦法跟他像舅舅之間那樣有得聊。

「我父親對破產一事無怨無悔。他從來沒有後悔過。他喜歡穿很舊的襯衫，就連我買新的給他，他依然穿舊的。在這方面，他非常的印尼化。他不奢求豪華，對自己的鳥窩安之若素。我告訴他舅舅說了什麼，他聽了哈哈大笑，說：『所以你是因為他那樣說才離開他家的？』我說：『那太羞辱人了。』他說：『但那是事實，確實是間像鳥窩的房子。』」

日本人蓋的雅加達新火車站比印尼的任何建築都還要漂亮和吸引人，有著乾淨的開放空間和誘人的食物小攤。小佛花了好幾分鐘時間跟計程車司機激烈講價。我提議由我來付車資，但他仍堅持要講價。最後他講贏一名司機，談到我都認為極低的價錢，可是等到我們上了車，他卻告訴我他準備付司機講好車資的兩倍，以表達他對這司機禮貌的欣賞。

★

父親的某些神祕和怪異傳給了他。對於孤獨的恐懼，讓他過著住在朋友家和自己辦公室的生活，基本上就注定了他的孤獨。

他的辦公室座落在雅加達市中心一個很現代化的街區裡。這個房間用隔板分隔成好幾個空間，在主空間裡有五張行政人員的辦公椅，連向這區域的一間小陳列室就是沒和朋友待在一起時的小佛睡覺的地方。小隔間有上下鋪和衣架，因為沒有空調設備，所以睡覺時，小隔間的門得開著。主管辦公室區的抽屜存放著他沒掛起來的衣服，衣服就如同舅舅教他該穿的衣服一樣非常昂貴；小房間附近的架子上有一些書供他夜讀，也都是舅舅教他該買的，這些書中還有印尼文版和英文版的《可蘭經》、一些宗教書籍，以及一套零售商海涅曼（Heinemann）亞洲企管書籍，這套書是我們一起上萬隆之後才買的。

擺在主管室外面小空間裡的，是小佛前後都有避震器的昂貴美國登山單車。在泗水，原本大半算是他基本需求的代步工具，如今卻轉變成運動和奢侈。員工的上班空間就如同學校教室一樣擁擠，旁邊或後面是一塊鋪上綠色地毯的清真寺角落，擺著一塊祈禱用的小毯子，指向麥加的方向。

儘管規模要小一些，眼前卻還是讓我想起伊馬杜丁的辦公室。結果發現，小佛一直都在看伊馬杜丁的電視宗教節目，讓他印象特別深刻的是某次伊馬杜丁訪問了一位在獄中皈依了伊斯蘭教的殺人犯。而在全程參與過小佛的員工訓練課程後，我不禁想到：儘管伊馬杜丁和小佛都有美國公司的淵源，小佛終究還是採用了伊馬杜丁的一些心智訓練課程。

小佛有個朋友，二十五歲，是萬隆工學院的畢業生，在自家通訊公司工作，最近才來過這間辦公室。他是武術高手，還有天眼通，可以看出人的疾病，並預測未來。他一看就知道小佛的合夥人有腎臟方面的毛病，也看出小佛為鼻竇炎所苦。大吃一驚的小佛馬上請他到他睡覺的小房間去看看，這位預言家說：「你睡覺的地方有個年紀很大的女人的靈魂，不過她不會打擾你，所以就讓她待在那裡吧！」

我問小佛：「這個老女人長什麼模樣？他看到她了嗎？」

「你問的問題，我也問過了。他說：『老女人是透明的，就像電影《鬼馬小精靈》裡面的一樣。我看過的一本埃及書中說，靈魂既可以化為人形，也可以變成動物的模樣。」

我說：「我不知道你對這種事感興趣。」

「我一直對這樣的事很有興趣。」

☆

我們最後一次見面時，小佛送我一些禮物，是一些書——他畢竟仍有「乃舅之風」。書的內容都是印尼第一批共九位伊斯蘭教師或稱為傳道人的故事，小佛給我這些書，也算是紀念我們曾赴萬隆拜訪過那位老師。這是一些童書，但小佛認為很合適，因為書上記載了一些關於這些教師的民間故事。

小佛為我翻譯卡利．賈加[3]的故事。卡利．賈加這位宗教師最富盛名的是將梵文敘事詩《摩訶婆羅多》改編成適合在皮影戲演出的伊斯蘭教故事。他就以這種方式讓印尼人接觸伊斯蘭教，教印尼人敬拜真主，不再膜拜石像。

卡利．賈加的父親是爪哇最後一個印度王國，即滿者伯夷王國[4]的大臣或一方之主。父親的屬地在爪哇北部，已經受到一些伊斯蘭教影響。儘管這位父親本身就是伊斯蘭教徒，卻不希望自己的兒子傳授伊斯蘭教，因為他不想和王國的印度統治者對立。卡利．賈加長大後，對父親領地內的貧富懸殊情況開始覺得不滿，於是開始從國庫盜取稻米和其他食物分送給窮人。有一天被父親逮到，就命令他離開領地。卡利．賈加從此遁入森林成為大盜，專門劫富濟貧。

有一天他看到一個老人在森林中拄杖而行，杖柄還是黃金打造的。卡利．賈加搶上前去，一把就將手杖搶了過來。老人說：「你想要什麼？你想要黃金嗎？如果你想要黃金，看看那些樹。」突然間，老人所指的樹都變成了黃金。卡利．賈加飛奔過去想要拿下樹上的黃金，老人便逕自離開。等到老人消失了，樹上的黃金也變回樹葉。卡利．賈加這才知道老人神通廣大，法力無邊。

其實老人正是蘇南．波朗（Sunnan Bonang），九位教師之一，擁有神力，可以飛翔，還能呼風喚雨。卡利．賈加追上老人，懇求他收自己為徒。老人說：「我很忙，如果你真想拜在我門下，就拿著我這根枴杖坐在河邊，等我回來。」

老師就這樣離開了，並將卡利．賈加拋在腦後多年，直到某天他路過舊地，看到卡利．賈加依然坐在河邊，長髮、長鬚、長指甲，還拿著老師的枴杖，藤蔓爬滿了他一身。於是老人教導了卡利．賈加許多知識和法術，要他下山向百姓宣揚伊斯蘭教。卡利．賈加發現要向那些印度教徒宣揚伊斯蘭教很困難，所以他就盡可能講些印度教的故事和儀式，只是改變了用語。他也不念印度教的符咒，而是念《可蘭經》。

小佛說：「卡利．賈加是在與泗水相隔兩百公里的圖班講道，如今那邊已成為一座有海港的大城。」

「你知道日期嗎？」

「不知道。」

「哪個世紀？」

「我會連結到滿者伯夷王國滅亡那時。這本書因為是寫給兒童看的，所以沒有放上年代或其他資料等等。」

滿者伯夷王國滅亡於一四七八年，即西班牙最後的伊斯蘭教王國格拉納達滅亡之前十四年，也就是發現新大陸的前十四年。所以當伊斯蘭教在西方受到抑制之際，在東方卻廣為流傳至大印度文化和宗教的遺跡之地。印度數百年來飽受伊斯蘭教肆虐，在諸如印尼等地方，印度的光輝早已熄滅。

儘管卡利．賈加的身體渾身爬滿藤蔓，卻仍盡忠職守，正是那位冥想無止無盡議題的印度耆那教[5]聖人葛馬堤斯瓦拉（Gomateshwara）神奇而簡化的再版。最壯觀的藤蔓纏身葛馬堤斯瓦拉，非

3 譯註：比較為人所知的全名為Sunan Kalijaga，本書拼為Kali Jaga，約生於一四五〇年，卒年不詳，傳說活了一百歲。

4 譯註：Majapahit，十三世紀時東爪哇的一個印度教王國，位於今日泗水西南。滿者伯夷為《明史》上的稱呼。

5 譯註：起源於古印度的古老宗教之一，有其獨立的信仰和哲學。創始人為筏馱摩那。耆那教對現代印度的影響，甚至大於同樣起源自印度的佛教。

位於印度南部卡納塔克邦的史拉瓦納貝爾戈拉城那尊高十七公尺、巍然獨立的雕像莫屬。這尊裸像塑造於十世紀，至今看來仍很清新。讓人不安的是，雕像腳上有許多活生生的老鼠四處亂竄，彷彿是在進一步考驗聖人似的。他居然會出現在十五世紀的爪哇故事中，為著截然不同的目的枯坐在河邊，實在奇妙。

小佛的世界依然在各式信仰間交叉，遠比他自己所知的還要鬼影幢幢。

第二部

伊朗

阿里的公道

第一章　受迫害者基金會

在雅加達，新財富勢力有時候會顯得咄咄逼人，風土民情都被改變得太快，或者說看來似乎是如此：往事仍歷歷在目。每個週末，在這由新財富所造就的雜亂無章城市中，就會有一批有錢人，尤其是有錢的華人，一心往外跑，希望尋找休息、乾淨、清涼和秩序。他們攜家帶眷，甚至加上女僕，前往五星級飯店，那裡儼然已成為雅加達的週末殿堂。一九七九年一些雅加達華人就以這種方式享用大飯店，但也只是在一些重要節日這麼做而已。如今新金錢和新運勢，讓每個週末都像盛典。星期日早上在婆羅浮屠飯店，信奉「伯大尼成功之家教會」這個美國新興福音派的華人或其他人種的有錢人，都會聚集在比較大間的公共房間裡高唱聖歌，不時拍手，祈禱幸福長存。這類財富甚至可以澤被一些未受教育的人，多少讓人覺得是一種幸福，因為「科技」以及造就「科技」的工廠已經是整體的輸入；但也基於同樣的理由，讓人覺得這是一種掠奪，是必須終止之事。在幸運和執照只賜給順從之人的極權國家，發展的想法，包括「科技」在內，都會和掠奪產生聯想，連有錢人都會焦慮不堪。所以，一到了星期日早上，他們就聚集到大飯店的聖堂，以安息日的放縱心情高唱聖歌，並佐以拍手；他們轎車的後窗上有許多貼紙，上書：「**伯大尼成功之家教會**」，彷彿那是個堅定的祈禱，足以阻絕邪惡的眼光。

在雅加達的時候，我經常覺得這裡可能是伊朗革命之前的翻版，只是或許沒這麼優雅罷了：堂而皇之、勢不可當，讓人覺得是看到了假象，或者連想像這個偉大的城市崩潰或衰敗都是一大過錯。

不過一九七九年八月，即伊朗革命後六個月，我當時到的那個德黑蘭真的就像想像中的城市：像個花費數不清的財富造就出來的現代化都會，其生命卻已神奇的戛然而止，但國際貨品的廣告依然高舉，只是不一定買得到物品，好比說「肯德基炸雞」（Kentucky Fried Chichken）的英文名字已經被憤怒的改成「我們的炸雞」（Our Fried Chicken），南方上校的臉龐已被弄髒和重畫；十幾座高樓尚未完工，起重機就閒置在一旁；一家在陶器、帳單和菜單上依然叫「德黑蘭皇家希爾頓」的大飯店，幾乎空無一人的餐廳，卻依然擺設得無可挑剔，只是餐點腐壞，淋上褐色醬汁的鱘魚老如橡膠，打著黑色領帶、一臉沉悶的侍者聚在一起咬耳朵、發牢騷，就像是一群知道他們的天分和風格已經不再被需要的人。這些都是衰敗的預警。但是外頭在德黑蘭大學參加週五祈禱的群眾無數，人數之多，讓腳步聲聽起來如海浪般澎湃，走動之際，飛揚的塵土更是幾乎湮沒了他們自己；著名的傳教士出現在電視上；革命衛隊一副如今已如同信仰象徵的游擊隊裝備，開著敞篷小卡車飛快奔馳，宣告他們已經擁有了這座城市。

★

這次我下榻「凱悅」，也不完全是凱悅了，它叫做「阿札迪大飯店（前凱悅）」。阿札迪是「自由」的意思。伊朗所有的五星級大飯店都收歸國營，重新命名後再交給「受迫害者基金會」（Foundation of the Oppressed）接管；這名字是在嘲諷「巴勒維國王的基金會」（Shah's Pahlavi Foundation）。但人們依然習慣叫凱悅。凱悅大飯店就在城市外圍的北德黑蘭山區。

飯店大廳光可鑑人的大理石地板讓人備感安心，凌晨三點櫃台仍有人固守崗位。但升降機的地毯很髒，汙點斑駁，而且尺寸根本不對。升降機門的鍍金原來是凱悅大飯店昔日魅力所在之一，如今卻有多處或是剝離、或是掉落，僅剩薄膜，就像是信用卡上的薄片。飯店腳伕全都穿開領襯衫，算是革命的徽章之一。這些襯衫領子在外套衣領下鬆垂成不規則狀，於滯悶的此刻看來，就像是骯髒的十六、十七世紀高硬輪狀皺領。許多腳伕都不刮鬍子，這是伊斯蘭教習慣。有些僕役臉上發亮，並且髒兮兮的。這是一種社會性的反抗：兩種革命形式（即政治的和宗教的）並駕齊驅。後來我再度下樓，尋找飯店的保險箱，看到一群侍者毫不在乎的就公然坐在大廳中央的椅子上，全都擺著臭臉，根本不想對我施以援手，彷如一小群諸如凱悅之類的大飯店就是以其之名接管的被迫害者。

後來在大白天，類似情況再度重演。一名侍者端來咖啡，接著有兩名女子進來收拾房間。她們身穿長到腳踝的藍綠色袍子（或許是因為這顏色耐髒吧），披戴的黑頭巾仿如兜帽，讓她們看起來像是服事的僧人。不過她們很友善，甚至會說幾個英文單字。因為如此，以致接下來那個為我端來蛋捲午餐的侍者就讓我整個始料未及。他從頭到尾臭著一張臉，滿懷恨意的盯著我，一句話也不說。我心想，革命遺恨似乎仍揮之不去。傍晚時分我下樓到大廳時，看到了自己今早進來時因為陷入半恍惚狀態而忽略的東西：大廳中庭牆壁上有一塊大告示牌：「**打倒美國**」。自從革命成功，這塊告示牌就一直掛在那兒，也掛在所有五星級飯店的大廳。

招牌下的人們喝著茶和咖啡配蛋糕，看起來像中產階級的人當中，還有一些婦女。夾層樓面一定正在舉辦某種兒童宴會：只見衣著和鞋子十分優雅的少婦（那種優雅會掩蓋過長袍和黑頭巾），正牽著小女孩，沿著蜿蜒的樓梯走到夾層樓面，小女孩的服裝色彩鮮豔，顯示了這個社會遠比我們先前抵達此地、聽到德國航空空服員宣布女性應該要戴頭巾時，湧上心頭的想像還要開放得多。

不過某個聽我提起此事的男人——就是帶我去國王王宮庭園裡，在法國梧桐樹下的凡爾賽宮風格露天劇院欣賞一場名為「禽鳥大會」（*The Conference of Birds*）歌舞表演，演奏蘇非派音樂、跳蘇非派舞蹈的人——當我提及我在凱悅大飯店大廳看到的種種，他卻回應我說，伊朗真正的中產階級，亦即花了一百年時間和數不清的財富才造就的中產階級，不是被摧殘殆盡，就是流亡各地。我在凱悅大飯店大廳所看到的，不過是新中產階級悲哀的興起。

☆

事情次序展開。交通和我記憶中沒什麼兩樣，在每個十字路口，駕駛仍然是一場角力賽，有人贏，有人輸，汽車迎面撞上。每天都可以看到濃煙直冒，變成了整排的黑煙；從北德黑蘭山區可以俯瞰此景，但是若從德黑蘭市中心往外看，則看不到被濃煙所掩蔽的遠山。

凱悅大飯店的書店挑的新舊英文書都不錯，舊的平裝書是革命前的庫存，依然擺在書店裡。不太可能過關的書名老早經過審查，有時還鉅細靡遺到不可思議的地步：有一本教科書叫《黑男孩》（*Black Boy*），書中有一張黑人小女孩坐在南方茅屋外面的照片，顆粒頗大、畫質粗糙，兩條小腿被人用黑色簽字筆亂畫一通。

凱悅大廳咖啡區外面有一幅裝框海報，裡頭的女人披戴著頭巾。擔任我的導遊兼口譯的大學生邁赫達德為我念標題：「清白的婦女照」。德黑蘭許多公共場所都懸掛這張海報。

伊朗曾和伊拉克打了八年戰爭。這是無可迴避的主題。戰爭距離現在很近，但也顯得神祕，像是發生在一百年前的事件。邁赫達德首度提到時，就用了很奇怪的語言，他說：「這是一場輸掉的戰爭。」我問這場戰爭對他有何意義，他說：「沒有任何意義。」他並非真是這個意思；這是在表達難以言狀之痛苦的方式。

邁赫達德的姊姊已經三十出頭，受過教育，長得也不難看，但就是找不到婆家：因為戰爭爆發，導致男人嚴重短缺。她在出版社上班。就這點而言，她算得上十分幸運。許多年輕女子連想踏出家門的機會都沒有；革命期間的伊朗，未婚女子想過社交生活，或只是想四處走動，都不容易。邁赫達德的姊姊一下班就回家，而且足不出戶。她大部分時間都待在自己房裡。她很情緒化，邁赫達德說，她整個人變得沉重憂鬱，動不動就發脾氣，還經常大哭大鬧，他們的母親也不知道該怎麼辦才好。

邁赫達德的父親革命前在銀行上班，革命後銀行收歸國營，父親就失業了。他勉強張羅了一個小型的男士服飾用品店，就靠這個生意養家活口。邁赫達德話說從頭，回到他八歲的時候，許多年輕人就只知道革命；他還記得革命之初的口號是共產黨人的「Nun, Kar, Azadi」（麵包、工作和自由），一年後就變成「麵包、工作和伊斯蘭教共和國」。

現在每一種公共行為都有宗教規定，還有穿著綠色制服執行這些規定的革命衛隊，他們的鬍子和游擊隊裝備如今象徵的是他們的權威，而不再只是年少輕狂。有個傍晚，邁赫達德帶我到一個距離凱悅大飯店不遠的遊樂園去玩。青年男女都來這裡互相對看，但來的還有革命衛隊。他們四處走動，就等著人們犯錯好逮個正著。身穿黑色長袍和披風的女孩三五成群，一眼就看得到她們。現今在這座公園裡，黑色是一種十分搶眼的女性象徵顏色，從大老遠就看得到。毫無疑問，此時此刻的邁赫達德一定是想著蟄居在家裡的姊姊。他說有些女孩其實已經是婦女，看起來都顯得比她們該有的模樣還老，只因為戰後男人變得十分稀少。

公園某個角落一些寬闊的階梯兩旁，擺設著和伊斯蘭教伊朗的偉人像得驚人的半身像：伊斯蘭教革命已在這座供民眾休憩的公園製作了一種蘇聯藝術。

正如在古老的共產國家，中立報紙報導的新聞，主要內容都是其他共產國家的新聞，英文報紙《德黑蘭時報》報導的則是伊斯蘭教世界的消息。不過當中還是有些地方新聞：三名隸屬「聖戰士組織」[1]的恐怖分子受審；因為美國貿易禁運，石油工業零件短缺、貨幣貶值等等。

當然也有言論審查；這點不是祕密。書本的檢查尤其嚴格。每本書都得呈送檢查人員審核，而且還不是送打字稿，而是要將印刷完整、裝訂成冊的一整本書送審，形成激烈和徹底的自我審查。然而不管你想做到多麼的清白，卻還是無法確認自己到底有沒有達到標準。音樂沒問題嗎？各方見仁見智。下棋可以吧？或者會被當成是一種賭博行為？在幾番舉棋不定、爭論不休之後，領袖[2]何梅尼說沒問題，遂成為定律。

門上鍍金剝落的升降機從來沒有修好過，三天兩頭就故障。有時剛修好，幾次上下，輪軸便又故障。我房間的空調設備也不靈。「Kharab，」樓下的男子說，意思是「壞了」。就這樣，我準備忍耐下去，但邁赫達德聽到消息，馬上跑去找飯店人員，要他們給我一間後面的房間，既不會受到下午的陽光直晒，又可以欣賞北方的山景。

☆

何梅尼的聖陵和附屬的烈士公墓，也就是兩伊戰爭陣亡將士的公墓，座落在德黑蘭南方的沙漠中，通往聖城庫姆的大路邊。邁赫達德和司機雙雙表示，我們最好在白天變得酷熱前趕到那兒，所以便趁著天色尚暗之際出發。

黑暗中，平坦的沙漠遠處突然出現一排又低又廣的燈：有聖陵藍色和金黃色的燈，以及引導前往聖陵的公路路燈。接著，慢慢的，就如同眼睛的幻覺逐漸消失，透過燈光，再以黎明前的天空為背景，細節部分開始展現：很高的圓頂，奇異的古銅色，四個像通訊塔一樣的清真寺尖塔，每個塔上都設置有黃色的頂燈，其上另有一種尖塔，上頭有阿拉的象徵，再往上又有藍色的燈，彷彿設計者就如同倫敦亞伯特親王紀念亭的設計人一樣，都想要再加一點、再加一點、一直加到地老天荒似的。

停車的地方很大。巷弄間長著歐洲夾竹桃，停車場已停了許多老舊的小貨車或汽車。沙漠裡的光線很快的亮起來，也看得見越來越多的人：許多家庭都在他們的汽車或小貨車旁的人行道上或睡或臥，臉孔晒得黝黑的鄉下人身穿深色衣服，寢具破爛，行李全放在塑膠袋裡。

有一塊告示牌多此一舉地寫著「聖陵」二字。告示牌後方雜亂不堪：整片矮棚子裡，有幾間供人存放祭品用，一間是失物招領處，一間是免費供應茶和糖的茶棚，還有張布告說歡迎大家捐贈茶、糖和杯子。所有這些附屬的建築都是最基礎、平淡、甚至是隨便的，彷彿一座巨大的陵墓和四座有冠飾的光塔，就足已彰顯虔誠。邁赫達德還告訴我，這一切都是在四個月內蓋成的——蓋領袖的聖陵實在是太重要了。

---

1 譯註：Mujahidin Khalq Organization。Mujahidin 若意譯，即為奮戰者，指的是參與聖戰的鬥士，故現在大都統稱為「聖戰士」。

2 譯註：Imam，音譯為伊瑪目，原是阿拉伯語中的「領袖」之意，一國領袖也可以這樣稱呼，不過後來伊瑪目引申為在伊斯蘭教極其重要的地位，尤見於什葉派。

天高地闊中，人們顯得格外渺小。在聖陵中，人們看起來亦是如此。他們沒穿鞋子的腳踩在地上靜悄悄的，透過鐵欄杆的縫隙瞻仰領袖的陵墓；瞻仰之際，各種心願和希望油然而生。這正是人們到這兒來所要尋求的。外在的一切都是附帶的。

聖陵前面有一個鋪著水泥板的廣闊庭院，中央是一口敬拜洗手池。庭院邊一些只蓋了一半的土色水泥建築將作為青年招待所。水泥處處，粗糙的水泥延伸到沙漠之中。主建築旁的水泥平台已破碎不堪。從庭院延伸出來的水泥板也處處破碎，或者整個磨損，最後最外緣的部分甚至粉碎回歸泥土，形成處處水坑，還有塊塊砂礫。

邁赫達德說：「他們只有週年紀念日才會打掃。」

聖陵四周磚牆邊的隱蔽處，就是朝聖者傳統的休息地方，有些還用掛在繩子上的毯子和床單當成分隔的簾幕。清晨的微風吹掀起休息處的床單，露出裡頭擁著毯子、寢具和其他物品的一家人。沒有用簾幕遮避隱私的人家早就起床四處走動，許多看起來都是貧窮的村民，其中有些人在祈禱。身著黑衣的女人包裹的披風被微風吹掀起來，讓這些女人看起來比實際身高還高大。從近處看，許多婦女其實都十分瘦小，有些甚至呈挨餓狀。她們都是從遠方來的：昔日村子的苦難猶在，還沒有碰觸到任何改革的想法。

橘色桶子上有用油印蠟紙的波斯文字印著裝「垃圾」用。一些形狀很漂亮、看起來像信箱的藍黃兩色布施箱，則散置在主庭院裡。透過邁赫達德的翻譯，我才知道布施箱上方寫的是「**布施使你更富裕**」。布施箱兩邊有著格式化的一雙手，一隻手在收取或者接受，另一隻手則在施予。兩隻手都印成黃色，代表「施予」的手還加印了一行紅字：「**讓你的一天從布施開始**」。箱子的主體塗成藍色，上頭的訊息是：「**布施可以保護你免遭七十種疾病侵害**」。整個布施箱就安裝在一支約一百二十公分的黃色柱子上。庭院的水泥板都挖了洞好安裝柱子，再以泥漿填補洞口，這麼一來，倒讓布施箱看起來像是某人在事後才加裝上去的。

箱子裡的救濟品是要「幫助何梅尼領袖的革命委員會」，「革命委員會」設立於革命爆發的第一年。邁赫達德說德黑蘭有個關於這些革命委員會布施箱的笑話：一個鄉下的土耳其人（指的是伊朗境內的土耳其人，許多笑話都是針對這群人）跑去奉獻他的布施品，結果旋即被一輛載滿朝聖者的巴士給輾了過去。

邁赫達德說：「對這個土耳其人而言，這就如同一個故障的電話亭。」

庭院中還有許多意見箱，但出現在聖陵中卻顯得出人意表。或許這些意見箱也是革命委員會擺設的，其想法可能僅僅認為所有的公共場所都該有意見箱。意見箱就像是柱子上的小鳥屋，而柱子跟安裝布施箱的一樣，都立在挖開水泥的洞裡，然後再用灰泥重新填補，以致看起來倒像是事後才想到該裝設的東西。

旭日開始東升，到了轉往烈士公墓的時候了。水泥庭院入口處的三叉金屬燈座早就遭到破壞。我之前進入聖陵時，還沒注意到這些燈座。圓頂狀的燈蓋狀似教士的高帽子，是鋁製的，柱基也已被毀壞。

一切都如邁赫達德所說，全是迅速蓋起來的。或許所有陵墓一開始都是如此，應付十萬火急的需求，承受民眾排山倒海的情緒或悲傷。只要還有需要，或許這座陵墓和它的附屬建築就會一再擴建。我覺得對多數來到這裡的人們而言，一直有這種需求；世界畢竟總是在他們的控制之外。

此刻在停車場的汽車和小貨車旁的路面上，一個個家庭在夾竹桃間把無酵麵餅和他們買的灰白色乳酪井然有序的鋪開來，團團圍坐。有些還自備了茶壺。

★

一九七九年到處都有革命的海報和塗鴉，革命繪畫藝術一如革命情感般高張，如今卻幾乎再也看不到了，取而代之的是各種告示和當局的告誡。通往烈士公墓大道的上方有塊大木板，左邊用英文寫著：「**不要以為為阿拉捐軀的人死了。他們仍然活著領受阿拉的安養。**」

入口處維護良好的路面很寬廣，還有穿制服的軍人看守。這條路通往其他在松林與榆林之間的大路。墳墓就在樹下的灌木叢間，有點像廣告牌。鋁製相框安裝在兩根柱子之間，就像招牌一樣，尺寸不一的相框緊緊相鄰，每個相框上方都有一個玻璃盒，內裝亡者照片。相片看得人十分難過，因為影中人都相當年輕，就像那些你現在在街上依然隨處可見的年輕人。一九七九年我曾在德黑蘭街上看到革命衛隊持槍坐在汽車上四處飛馳，好像只為了炫耀，看在我眼裡真是充滿戲劇感。或許真的有誇耀的成分在內，但也有可能如他們所說的隨時準備慷慨赴義；在兩伊戰爭中，這樣的人一死便數以萬計。

最著名的戰爭烈士年僅十三，他在自己身上綁了枚炸彈，然後滾進敵人的坦克車下。何梅尼還曾在一場演講中提及他的犧牲。一張手寫的小告示裝飾得十分精美，意在頌揚，字是黑的，還加上紅邊，釘在一株松樹上，指引人們小烈士的埋骨之處。

小烈士的哥哥也死在戰爭中，如今兄弟兩人埋在一起。墓碑上的飾板有革命衛隊的標記：神似一把槍。在玻璃盒主要的位置上，有兩兄弟加框的相片，兩邊都有蕾絲人造花飾。下方的架子上有一面鏡子和蕾絲飾巾，以及更多的人造花。邁赫達德告訴我，鏡子和蕾絲在傳統上是送給新郎的禮物。何梅尼著名的頌辭也以他著名的文學風，用黑底白字或銀字寫在上面：「我不是領袖。領袖是這位十三歲的少年。他那顆勝過百枝筆之力的小小的心〔他的信仰遠比任何文字都有價值〕，身懷一枚炸彈將自己拋入坦克底下，摧毀了坦克，自己也暢飲犧牲之杯，壯烈成仁。」這件事發生在開戰兩個月後；當時誰都沒有想到，這場戰爭會一打就是八年。

易於辨認的簡單墓碑由政府提供，裝飾品更多的則由家人自行負擔。我們不時看到一塊又一塊簡單的墓碑，石頭上面用漂亮的波斯文寫著「無名烈士」。

邁赫達德說：「這裡有成千上萬的無名烈士。不知道兒子埋骨何處的家人，就到這兒來，挑塊石頭念禱文。」

在松樹和榆樹下，樣樣都靠得緊緊的，包括一排排的墓碑和相框、長在沙土中的細長樹叢，以及許多被樹叢和樹木侷限住的國旗，無法迎風飄揚，竟然也成了植物群中的一員了。

在我們穿越之際，邁赫達德說：「你到處可見國旗，伊朗國旗。」他指的是伊斯蘭教共和國的國旗：綠、白和紅三色，阿拉的象徵放在白色中央，下方有一行用像希臘回紋體寫的《可蘭經》文。他一面接一面的指著說：「顏色都快掉光了，失去了意義。」

邁赫達德服過兵役，話中的嘲諷其實是種痛楚。軍隊和國旗對他都很重要，而這些根本不是用來迎風、也不曾飄揚的國旗，都是烈士家族掛上去的，早就蒙上沙漠中的沙塵。

粉紅色的夾竹桃長在樹叢之間，就像長在何梅尼聖陵停車場之間的夾竹桃。陵墓中散落著群眾，這裡幾乎沒有任何人看守。看到的少數幾個人，大部分也都是公墓的工作人員。邁赫達德說，大眾總是在特定的日子才會過來。

汽車或掃街車揚起陣陣沙塵，使得路邊的鋁製相框嚴重蒙塵。有些相框早就空空如也，有些相片則留在相框裡一起腐蝕破敗。這種情況以前大家一定都覺得不可思議，可是家人現在都不再來了，邁赫達德這麼說。或許會來悼念的人，自身也已亡故。個人的悼念只與後人的哀傷同長。

在墓園的一個角落，一些沒人理會的墓碑和相框上方，有一塊告示牌，看起來依然十分新，上面有何梅尼的話：「烈士仰賴阿拉。他們心無旁騖。他們看到阿拉，全心全意信望阿拉。」

我們去參觀過去很有名的血泉。戰爭初期建造的這座血泉，最初噴的是染成紫色的水，用意在讓人聯想到鮮血、犧牲和救贖。現在已經不再噴水；噴泉已空。真正的鮮血已經太多。

第二章 賈佛瑞先生的周遊列國

我到處尋找過往認識的人，其中一位是帕維茲先生，他是英文報紙《德黑蘭時報》的創辦人和主編，這份報紙的座右銘是「願真理長存」，他對此深感得意；而且在我看來，一九七八年八月的他可謂如日中天。

這家報社在德黑蘭市中心有間設備完善的辦公室，約二十名員工中有一部分是外國人，是一些說英語的青年遊子，對於能用自己的英語賺幾個里亞爾[1]還滿開心的。報紙業務蒸蒸日上，帕維茲先生和他的員工於是計畫在新的年度將報紙從八個版擴大到十二個版。德黑蘭仍瀰漫著革命的興奮，各國來來去去，給帕維茲先生的感覺就像是大飯店和餐廳的人潮一樣，在革命動盪之後，經濟雖然暫時停滯，百業終將再起，解放後的國家不久必然會再度欣欣向榮，如同沙皇時代一般。

帕維茲先生看起來比較像是印度人，而不像伊朗人。當我問起他是哪裡人時，他卻答稱自己是印度裔的伊朗人。我想這是一種將問題複雜化的巧妙方式，於是我推測他是印度的什葉派，後來移民到彷若什葉派大本營的伊朗。

1 譯註：rial，伊朗幣制單位，1里亞爾＝100第納爾，不過一般日常生活中，伊朗人還是習慣以託曼標示價錢，1託曼＝10里亞爾。

他人很溫和，原先還以為我和其他訪客一樣，是來求他給個工作的，而且還幾乎就要給我了，因為他連看都沒看我一眼，只顧著用種突然被打擾的困窘檢視桌上的證明文件，拐彎抹角的問我有什麼「條件」。後來他總算弄清楚，我來訪的目的只是想找他談伊朗的現況，便叫我去採訪室找賈佛瑞先生。

賈佛瑞先生是個中年人，雙眼炯炯有神，大嘴能言善道，精力十足，渾身是勁。他終於離開了原先在高級打字機前埋頭打的文稿，吃著辦公室小弟幫他拿過來的一碟煎蛋。他吃得津津有味（儘管當時時值齋戒月，他卻沒吃齋），讓我覺得他在稿子上可能也同樣衝勁十足。

賈佛瑞先生也是印度人，是來自勒克瑙的什葉派教徒。一九四八年印度獨立後他就離開印度，因為有人「十分直率的」告訴他，身為穆斯林的他在印度空軍不會有什麼搞頭，於是他就前往巴基斯坦。十年後，他又開始覺得身為什葉派教徒在巴基斯坦並不快樂，於是又轉往幾乎每個人都是什葉派教徒的伊朗。然而，賈佛瑞先生不斷周遊列國所尋求的宗教自在一再地消褪，在國王統治下的伊朗依然個獨裁國家，龐大的財富累積到一定程度，終究帶來了腐敗佞行及衰弱。

但他仍堅忍到底，接著就爆發了革命。宗教引發革命，並賦予它龐大的力量。最後終於出現一些賈佛瑞先生能夠認同的好事，但不到六個月，革命就變質了。「阿亞圖拉們」（宗教領袖）並未如賈佛瑞先生期待的回到他們的宗教中心；他們沒有把政權交給政治人物和行政人員。賈佛瑞先生說，何梅尼已篡奪了沙皇的權威，現在整個國家都掌控在「狂熱分子」手裡。

毫無疑問在賈佛瑞先生邊吃煎蛋邊侃侃而談時，打字機上也盡是些唱反調的稿子。我的感覺是他把自己正在進行的稿子內容說出來，加以渲染，並讓內容更加誇大。或許在一輩子的對抗之後，唱反調或抗辯正好呈現身為新聞人的他最美好的一面。

賈佛瑞先生這輩子有個美夢，就是追求「jamé towhidi」（信徒的社會）。這個夢說的是將一切事物重新改造成伊斯蘭教創立初期的模樣，彼時一切都由先知治理，宗教與現世合一，一切皆能如小社區所傳說的那樣以服事宗教行事。

這如同古老城邦國家的美夢，在現代世界中便成了危險的幻想。它純粹就是對安全的渴望，卻也不無排外的想法。這兩種想法此起彼落，讓賈佛瑞先生最先唾棄印度，轉而追求信奉伊斯蘭教的巴基斯坦，後來又唾棄巴基斯坦，追求信奉什葉派的伊朗。換個角度來看，這是在夢想一個「種族上淨化的社會」（稍後會出現的字眼）。這種激勵卻已經造成印度次大陸的分崩離析，以及巴基斯坦的成立；但是這個以諸多人命和苦難為代價所成就的穆斯林國家，卻也未能保住賈佛瑞先生和他的美夢。

如今幾乎全球都默認無論是政治或精神上，伊朗都歸阿亞圖拉何梅尼統治。這種人物一時恐難再出現，也很難想像還有國家在宗教上會像伊朗激烈成這樣。根據《德黑蘭時報》的報導，現在伊朗人連清洗地毯都有伊斯蘭教專門的方式。在何梅尼統治下的伊朗，應該很接近賈佛瑞先生「信徒的社會」、政教合一的夢想。

但就在此時，賈佛瑞先生印度英國式的教育和經驗開始活絡起來，民主、法治、制度和政教分離的想法，讓坐在採訪室打字機前的他厲聲放砲、發言尖銳，既要求穆拉[2]重返清真寺，又呼籲阿亞圖拉回到庫姆。

---

2 譯註：mullah，伊斯蘭教的一種尊稱，意思是先生或老師，通常指受過伊斯蘭神學與伊斯蘭教法教育的人。在大多數的伊斯蘭世界，地區的伊斯蘭教士與清真寺領導者，都會被稱為穆拉。

賈佛瑞先生的「信徒的社會」的美夢既單純又甜美，讓他還沒碰觸到其中的牴觸和矛盾。他熱愛自己的信仰，也因為如此而不惜從這個國家搬到另一個國家，並且覺得自己有資格批判別人的信仰。而事實上，正因為他如此迷戀不可能實現的美好夢想、迷戀這種怪異的完美，並且覺得自己無比虔誠，幾乎已成為驕傲，且不斷排斥一切的不純淨，宗教國家的獨裁才會開始萌芽。然而其他人也有他們的思想，也覺得自己有資格批判別人。賈佛瑞先生如今飽受「狂熱分子」之害，卻以自己的方式和他們如出一轍。

☆

六個月後，我回到德黑蘭，時值冬天，天氣嚴寒，辦公室裡空無一人。一大捆文件夾裡盡是報紙檔案，多到把文件夾都撐到裂開，散落在其中一張桌子上。賈佛瑞先生的打字機就在桌上，空空盪盪，毫髮無傷。

幾個星期前，美國大使館被伊朗一個團體占領，館員全部淪為人質，一口氣就扼殺了商業和經濟生機。《德黑蘭時報》原來的八版縮減為四版，摺疊成一大張，員工從二十人變成兩個人，就是帕維茲先生自己和另外一個人。每一次出刊，帕維茲先生就得損失三百美元，然而他還是覺得報紙應該要繼續發行下去，因為報紙只要停刊，就算只停一天，就不再是持續經營的企業，而他投資的一切都將付諸流水。他緊張到不行，幾乎無法說出心中最深的恐懼：美國人質可能遭到殺害。

我問起賈佛瑞先生：「他很不好過？」

「每個人的日子都難過。」

美國大使館外面如同市集：帳篷、攤子、書本、食物、熱飲等等。高牆外的人行道已經封鎖。

大門有人看守。占領大使館的學生用幾乎是要讓自己隱身的謹慎言語，自稱為「追隨何梅尼路線的穆斯林學生」。他們穿著游擊隊衣服，也搭起矮矮的卡其布帳篷。在北德黑蘭大使館外的他們十分安全，不過是在玩戰爭遊戲罷了。

真槍實彈的戰爭爆發得比他們想像中快，而且整整持續了八年。

☆

如今事隔十五年，我到處尋找帕維茲先生和賈佛瑞先生的消息，卻不敢懷抱太大的希望。《德黑蘭時報》依然存在，偶爾在凱悅大飯店的桌子上還看得到，但帕維茲先生最引以為傲的座右銘「願真理長存」已經不見了。就印刷而言，《德黑蘭時報》有點汙損不清，精神上就像是凱悅大飯店。帕維茲先生絕對不會坐視報紙這樣的破舊汙損；他是專家，知道如何辦報。事實上，報紙的刊頭也不再有帕維茲先生的名字。

但他倖存了下來。雖然失去了《德黑蘭時報》，他卻仍在辦另一份英文報紙《伊朗新聞報》，報社就在德黑蘭市中心瓦納克廣場的一棟小房子裡。這家報社比帕維茲先生原來的《德黑蘭時報》更精緻。《伊朗新聞報》每一方面都十分現代化。一走進《伊朗新聞報》接待室，馬上就感覺到儘管他們長期遺世獨立，財務拮据，也儘管有類似凱悅大飯店這般矯情的革命式因陋就簡，伊朗人在某種程度上還是可以用一種饒富國王時代的餘緒、如今卻是閃閃發亮的風格行事。

帕維茲先生臉上絲毫不見他鐵定熬過的緊張，只略微浮腫，像是睡過頭的雙眼四周洩漏了年齡。我不太確定他是否還認得我。我們見過兩次面，時間都很短暫：第一次他很忙碌，還有點窘迫，第二次他卻已飽受折磨。儘管如此，他仍毫不猶豫和遲疑的立刻就帶我登上頂樓，我們在那兒吃午餐；他說，在那裡說話也方便。

這是一個空間大、照明佳的閣樓，在地板接近中間處，報紙以一個作用等同於祈禱地毯的角度攤開來，指向麥加的方向。攤開的報紙前面有一塊來自某個聖地的聖土，什葉派教徒祈禱時，都會把頭磕在這種聖土上。

帕維茲先生看到地板上的擺設，做了個簡單的開場白。他一定是特地準備了這個閣樓和我一起用餐，不過他很快的就言歸正傳。「啊，」聲音帶著幾分倦意的他，避開這些報紙往前走，說：「這些什葉派教徒。」

這下，換我被他的倦意和疏離嚇一大跳了，因為我一直以為帕維茲先生是印度的什葉派教徒，也正因為這股什葉派的熱情，才讓他不遠千里從博帕爾和印度搬到伊朗，放棄了他早年用印度伊斯蘭教徒波斯化的烏爾都語寫詩的歲月。不過帕維茲先生歷經了滄桑，先是度過國王時代，也熬過十五年以上的革命歲月，天曉得那付出了多少代價，因此就算真的有過篤定的人生觀，可能也早就瓦解了。

我們拿堆疊的那種塑膠椅子，坐在白色塑膠桌旁吃飯，背後即是報紙鋪成的祈禱地毯。桌子是用輪廓清楚的竹葉圖案當裝飾。報社小弟端午餐上來，用一種考究的方式擺盤，彷彿這是他們的風格之一：粗糙的、肉很多且看起來不太乾淨又油膩的食物，帕維茲先生依然吃得津津有味，一如十六年前那個齋戒月下午賈佛瑞先生吃他那盤煎蛋的模樣。帕維茲先生就這樣東吃一點、西吃一口的邊享受食物，邊跟我聊賈佛瑞先生的事。

☆

一九八〇年二月我二度走訪《德黑蘭時報》，在一間荒廢的辦公室裡找到了帕維茲先生，他因為「追隨何梅尼路線的穆斯林學生」占領美國大使館，並劫持館員當人質而繃緊了神經，賈佛瑞先生在那之後不久便與世長辭。

學生翻閱大使館內的文件，幾乎每一天都「揭發」出更多的人，甚至揭發了《德黑蘭時報》。某個夜晚，一名學生到《德黑蘭時報》報社向帕維茲先生查問賈佛瑞先生的下落。這名學生沒有自報姓名，只知道他是劫持大使館和館員的學生之一。帕維茲先生說隔天上午十一點賈佛瑞先生會進報社，然後學生就走了。

帕維茲先生憂心忡忡，他知道賈佛瑞先生是「美國之音」的特約記者。而他當時不知道的是，賈佛瑞先生從「美國之音」領的稿費，是直接從美國大使館拿的。賈佛瑞先生提供或者簽名的收據上，從來沒說這些錢是做什麼用的，收據上只有「收自美國大使館」。

賈佛瑞先生是個老人，有心臟和其他方面的毛病。帕維茲先生打電話到他家。

賈佛瑞先生說：「我過去報社。」

他一到，帕維茲先生就問：「有沒有什麼事？你和大使館有什麼關係？」

賈佛瑞先生說：「沒有關係，只和『美國之音』有關。我從前提供他們一些故事，然後透過美國大使館拿稿費。」

我問帕維茲先生：「你知道他拿了多少稿費嗎？」

「我想是每個月三百美元，這筆錢在當時還滿管用的。七託曼（touman），也就是七十里亞爾，約合一美元。」

現在更管用：如今是四千里亞爾兌換一美元。

帕維茲先生說：「我勸他到大使館向那裡的學生說明一下。我說他們看起來人不錯。他答應我他會去。」

第二天，賈佛瑞先生並沒有到報社。帕維茲先生馬上打電話到他家，但是賈佛瑞先生不在。帕維茲先生心情大壞，試著說服自己，說不定賈佛瑞先生家電話故障了，並且派司機過去看看。大概過了一個鐘頭，司機回來報告說：「房子鎖住了。」司機曾向鄰居打探，鄰居說昨天夜裡賈佛瑞先生把一些家具搬到汽車後行李箱裡。他有一輛又大又舊的美國車雪佛蘭。

帕維茲先生跟賈佛瑞先生的朋友取得聯繫。他無法相信賈佛瑞先生是個間諜，也開始想賈佛瑞先生可能已經被捕，於是和安全人員聯繫，安全人員卻對賈佛瑞先生一無所悉。

到了下午，大使館的學生再度前來找賈佛瑞先生。一聽帕維茲先生說他不知道賈佛瑞先生在哪裡時，馬上火冒三丈。

學生問：「那你為什麼告訴我他十一點鐘會來這兒？」

帕維茲先生說：「聽我說，他是個好人，已經老了，我知道他沒做錯什麼事。」

學生很生氣，帕維茲先生稍後知道，這名學生還夥同其他幾個人闖進賈佛瑞先生家，拿走了一些東西。

第二天，帕維茲先生接到一通從巴基斯坦打來的電話，是賈佛瑞先生。他說：「我和我的雪佛蘭都在這兒。」

帕維茲先生問：「你是怎麼過去的？」

賈佛瑞先生說：「我付了點錢給邊界守衛，兩邊的守衛，伊朗和巴基斯坦的都給。」

「你錯了。你清白磊落，根本不該逃跑的。」

「不，不是這樣的。我老了，而且疾病纏身。」

在《伊朗新聞報》閣樓吃著午餐、坐在一張桌面有著大片竹葉圖案的白色塑膠桌旁的帕維茲先生，回憶十五年前的往事說：「幸好他有一雙兒女早就住在巴基斯坦。然後他開始在伊斯蘭馬巴德工作。然後，大概是一九九〇年吧，我想，我接到一通從巴基斯坦打來的電話，是他兒子打的，通知我他過世了。」

就這樣為賈佛瑞先生的一生畫下句點。一九四八年他在印度勒克瑙做的超甜美、單純的「信徒的社會」、似乎值得他一再遠離家園去追求的美夢，皆已往事如煙。

帕維茲先生用一種最後的讚頌口吻說：「他非常喜歡打橋牌。當時，這兒有許多人打橋牌。」帕維茲先生所謂的「當時」，指的是國王時代。如今打橋牌也被列入反伊斯蘭教的行為，遭到禁止。

☆

就在賈佛瑞先生逃亡之際，帕維茲先生每發行一天的《德黑蘭時報》，就得虧損三百美元；從他告訴我的資訊判斷，當時應該是一九八〇年。但他還是覺得一定要繼續發行下去，而他也確實想盡辦法這麼做。但革命終究是革命，亂世自有其動力，幸福豈能轉個彎就碰上。

就在賈佛瑞先生逃走幾個月後，也就是在美國大使館外的虛擬戰爭、在「追隨何梅尼路線的穆斯林學生」的虛擬戰鬥之後，爆發了真正的戰爭：和伊拉克長達八年的爭戰，戰況激烈到時至今日，伊朗報紙仍使用各種象徵字眼來形容：「侵略戰」、「伊拉克的侵略戰爭」、「神聖保衛戰」、「八年神聖保衛戰」。

西部的戰線拉得很長，血流成河。不久之後，國內也爆發革命，同樣血流滿地：革命開始消滅部分肇始者。

帕維茲先生說：「一九八二年以後，所有善良的領導人都開始遭到暗殺。那些頂尖人物啊！暗殺行動是不同團體幹的。緊接著，第二級的人物就開始往上爬。只有貝赫什堤[3]還在，接著他也遭到殺害。對於伊斯蘭共和國，他有自己的一套想法，這些想法十分明確。他希望和以色列與南非除外的所有國家交好，並結束兩伊戰爭。」在他以及其他一些人物死後，反對派開始遭到「掃除」。

帕維茲先生說：「現在，他們連你坐的樣子都要管，」他輕拍著那張有竹葉花樣的白色塑膠桌子說：「還有你說話的方式，一切都必須按照伊斯蘭教的模式。」

貝赫什堤是位阿亞圖拉，後來成為帕維茲的「貴人」，不過帕維茲先生沒有使用這個字眼。我感覺得到在人質危機那艱困的幾個月內，幸好有貝赫什堤的幫助，帕維茲先生的報紙才辦得下去。「只要貝赫什堤在世一天，就沒人能碰我一根寒毛。他為我撐腰。拜託務必提一下貝赫什堤，他在一九八一年壯烈成仁，被人用炸彈炸死。當時他正在伊斯蘭共和國黨的經濟學專家會議上發表演說。後來這個黨也遭到解散。」

從貝赫什堤去世已超過十四年，帕維茲先生仍用「壯烈成仁」這個字眼，便可以看出他對此人敬愛有加，而且他是絕對有理由哀悼貝赫什堤的，因為幾個月後，他的報紙就被當局接收了。

帕維茲先生在一九七九年革命之後，創辦《德黑蘭時報》，「《德黑蘭【願真理長存】時報》。」他說，硬是把報紙的名稱和剪接的座右銘結合在一起，就好像真的放在頭版上一樣。我們坐在《伊朗新聞報》的閣樓上吃午餐，背後有報社的祈禱地毯和一塊聖土，回憶著美麗的前塵往事，帕維茲先生雙眼為之一亮，再度談到報紙的名稱和座右銘。

「報紙的名稱是註冊過的，現在他們更換了報名。有一天他們就是直接到報社來，要我在一張空白紙上簽名，我就簽了。來人現今是一名重要的大使，如今也成為我的好友之一，但當時我並不認識他。」

幾天之後，此人告訴帕維茲先生：「你最好把自己的名字從報紙上拿掉，這樣對你比較好。你從來就不是革命分子，你只是為一份和國王親近的報紙工作。」這話倒不假，在國王時代，帕維茲先生是和一家英文報紙關係密切。

有一天，帕維茲先生問報社的新進人員：「我可不可能拿回一點補償金？我在這裡所賺的錢，全都投資到《德黑蘭時報》了。」

會計部門的人說：「別問錢的事。」

帕維茲先生說：「為什麼不能問？我沒有房子，但有個兒子在美國，我必須寄錢給他。你看看，在革命之前我就是新聞記者，但現在沒有新聞記者，他們不是逃離這裡，就是鋃鐺入獄，再不然就是被處決了。」

會計部門的人並沒有如帕維茲先生所期待的買帳，他只是說：「你今天不但活著，還有工作，就應該感謝真主。」

帕維茲先生仍在報社當編輯。如今報社都有一位「穆拉」。幫得上忙的地方是這位穆拉人還不錯，正是帕維茲先生所期待的那種心胸開朗的人。這位穆拉會說：「要溫和，不要極端。」就只有

---

3 譯註：Beheshti，一九二九～一九八一年。伊朗學者、作家、法學家和伊斯蘭共和國伊朗憲法的主要起草人之一。一九八一年遭到暗殺。

這樣了。如果不是他這麼好，帕維茲先生恐怕也待不下去。事實上，當局對帕維茲先生也敬重有加。在正式場合，人們會這樣介紹帕維茲先生：「伊朗英文報業之父。」有回，帕維茲先生甚至還被引介去晉見阿亞圖拉何梅尼和總理拉夫桑賈尼先生[4]。

「他們用非常高雅的方式介紹我，」帕維茲先生說：「非常尊敬。」這些形式在伊朗非常重要。

帕維茲先生很習慣審查制度。在王權時代，直到一九七五年，也就是革命前四年，《德黑蘭日報》（即帕維茲先生的報紙當時的名稱）報社裡面就有一個從國安情資局[5]來的情治人員，也就是國王的祕密警察，這個人會在每天凌晨三點帶著一個懂英語的小組過來，仔細審查所有的東西，包括廣告。在報導反政府的示威或遊行時，《德黑蘭日報》不准使用「學生」或「青年」之類的字眼，只能使用「流氓」這個字。一九七五年，這種日復一日對報紙的審查終於停止，但政府仍然掌控一切，並總是對報社高層下指導棋。

如今已經沒有官方的審查了，帕維茲先生說，只有自我審查。現在新聞工作人員清楚自己能做到何種地步。在國王時代他們不知道，現在則可以自我審查到驚人的精細程度。

「我們批判總統、部長等等，但我們知道如果我們想傷害或摧毀基本體制，他們一定不會放過我們。」

「基本體制？」這四個字對我來說倒是十分新鮮。

「就是領導和服從的機制。」

那聽在我耳裡也十分新奇。帕維茲先生往左邊一靠，拿起一份當天的《伊朗新聞報》，標出兩則報導說：「這兩個故事可以說明一切。」

☆

第一則報導是政治小組寫的「阿亞圖拉卡尼強調宗教老師的重要性」，宗教老師就是教長，包頭巾、穿長袍的人。「……阿亞圖拉穆罕默德・禮薩・瑪赫達維・卡尼[6]星期一敦促宗教老師，身為政治人物和執行官員應該保持積極，絕對不能考慮放棄這種重責大任……阿亞圖拉卡尼在薩迪克領袖大學的新學年開學典禮中發表上述談話……」

第二則報導更重要：「服從領導人是左翼分子唯一的生存之道。」儘管它所呈現出來的只是一篇左翼代表的訪談，卻很明確地重申領導和服從的原則。作者首先定義領導人：「伊斯蘭教共和國的最高當局就是領導人——也可以是領導委員會——行使最高政治與宗教權力，根據伊朗憲法第五條規定，是政教合一的實證。」下面則是左翼代表所定義的服從：「左翼相信應該無條件服從領導人和政令的推行，根據領袖（何梅尼）的遺願，履行純正的穆罕默德伊斯蘭教，伸張社會正義，實施憲法第四十九條……」

作者接著引述憲法第四十九條：「政府有責任沒收所有經由高利貸、侵占、賄賂、盜用公款、

4 譯註：Rafsanjanin，一九三四年〜。伊朗政治家及作家，曾出任第四任伊朗總統。

5 譯註：SAVAK，英文為National Security and Intellegence Organization，伊朗的國家安全情報組織，是伊朗王國巴列維王朝治下的祕密警察機構，由穆罕默德・禮薩・巴列維在美國中央情報局的協助下於一九五七年建立。

6 譯註：Mohammad Reza Mahdavi Kani，一九三一〜二〇一四年，伊朗政壇最有影響力的人物之一，曾任伊朗總理。

竊盜、賭博、濫用政治獻金、濫用政府合約和交易、出售耕地和其他資源給公營、以及腐敗中心運作等手段所累積的財富。」

儘管帶有懲惡揚善的宗教口吻，伊朗憲法第四十九條條文的宗旨，倒也與一個盡責政府的職責走向不謀而合，古往今來，放諸四海皆準——讓這部帶有伊斯蘭教色彩的憲法只是太靠近「政教合一」而已。這是一種組織上的捷徑，因為政教合一是將領導人神聖化，人民必須絕對服從。伊斯蘭教講求「服從」，而在伊斯蘭教共和國，那就是伊朗百姓在公投中拚命想要及投票支持，人人都得服從。我們可以說國王也要求子民服從，但國王施行的是一個世俗和腐敗的專制，現在要索的，卻是人民的全面臣服，而人民所獲得的賜予，則是一個美到不行的「穆罕默德伊斯蘭教」，那是領袖何梅尼為他們許下的願望。

這就如同賈佛瑞先生「信徒的社會」的翻版。可憐的賈佛瑞先生徒留美夢，這個夢想主宰了他的一生：夢想自己是個身在全穆斯林信徒中的穆斯林，全什葉派教徒中的什葉派教徒，生活在一個重生的古代世界中，彼時先知穆罕默德統治這個世界，小眾信徒唯命是從，世上的一切都為信仰所用。但這畢竟只是一場美夢而已。然後，就像個其實從來沒有真正想要他所費盡心力追求的一切的人，一看到由宗教統治，成為何梅尼的伊斯蘭教長國的局面，最終開著他的雪佛蘭揚長而去，根本等不及他的美夢大膽付諸實現，讓領袖和「領導委員會」替代先知穆罕默德統治一切。

這個領導階層神祕的演變、人民一味地服從的「基本體制」，解釋了三位最高領導人的官方照片會出現在許多地方的原因，也可以解釋為什麼建築物的側面有時會畫上大幅油畫，把目前的精神領袖和何梅尼相提並論，非常簡單的呼籲百姓要服從。

☆

帕維茲先生說：「我根本沒想過一九七九年的情況會變成這樣。我以為國王的政權會消失，取而代之的是我們會有個西式的民主政府，如同印度一樣。我從未如此伊斯蘭教化過。」他的報紙在一九七九年留下了另一個印象。「那讓事情變得不一樣。我根本沒有宗教背景。一九八〇年我參加了公民投票，將票投給伊斯蘭教共和國。這是一場贊成與反對的公民投票，在完全不知道伊斯蘭教和國會是什麼模樣的情況下，選民卻給了伊斯蘭教共和國高達百分之八十五的得票率。」

帕維茲先生深受何梅尼所吸引，因為何梅尼言必稱受迫害者和第三世界國家。他尤其記得何梅尼流亡歸國之後在公墓所發表的著名演說。何梅尼在這場演說中開出許多支票：家家戶戶有煤油、水電免費等等。

「他保證人人有工作，說他將從美國人手中把就業機會搶回來。國王時代，大約有一、兩百萬人失業，或呈半失業狀態。如今約有一千萬人沒工作。不過我告訴你，何梅尼很誠懇，他希望與所有第三世界國家維持良好關係，但因為戰爭的關係，他沒有辦法實現這些計畫。」

這之後，公墓就有了其他的聯想。

為了自己和自己的將來，帕維茲先生試著將《德黑蘭時報》要回來，於是一狀告上法院。

「但我會一直有財務困難，都要怪人質危機。要是沒有發生這件事，我的報紙就不會陷入困境。生意人和外國公司全都走了，廣告也沒了。」

世界上發生太多事件，我也碰到太多事情。他不斷地重複說明人質危機。如果這個比喻不會太不恰當的話，那我要說想來奇怪，但我就是覺得此時此刻的他如同十五年前一般，始終被釘在十字架上。他歷經滄桑，一定費盡辛苦才得以倖存。如果太過追究他敘述中那些不太確定的事，未免失之公允。

☆

他們連你坐的樣子、說話的樣子都要管，帕維茲先生這麼說。德黑蘭的夜晚就像個被占領或正處於暴動中的城市，路障上有革命衛隊，有時甚至是由更可怕的「志願軍」[7]看守。他們在這種幾乎算是個人的夜間狩獵中，做的不是盤查恐怖分子，而是抓頭髮沒有完全覆蓋起來的婦女；不是搜查武器，而是搜查酒、光碟或錄音帶（音樂有嫌疑，女歌手當然也都在禁止之列）。

德黑蘭的在地人往往比外地人更早發現路障。有天晚上當我們經過一群被攔下來的人時，載我們的那位女士說，重點在於懂不懂和革命衛隊說話的方式。有一次她被攔了下來，她一副真的想知道似的說：「孩子，我的頭巾有什麼不對嗎？」對方是個背景單純的年輕人，聽到她這麼說不但不以為忤，反而覺得受到正確的應對，於是就讓她走了。在這裡的人們，就是這樣學會了服從和存活之道。

但與這種態度平行的，則是一種這樣的羞辱不能再繼續下去的感觸。儘管在反覆希望和失望了四十年後，革命甚或抗議的能力都已經根除，而且在死傷無數之後，人民現在只剩下厭倦：首先是厭倦國王時代的抗議人群，接著是厭倦革命後的國王派、厭倦共產黨，加上戰爭的慘烈殺戮；如今伴隨著厭倦，只餘一種伊朗某些事情一定要立即中止的感覺。而且幾乎成了期待爆發點一部分的，是周圍開始流傳出一些道聽塗說，說何梅尼其實是列強派來潛伏在伊朗人民當中的；某些重要的穆拉正積極爭取百姓，希望一旦再度變天，伊斯蘭教共和國遭棄時，能獲得百姓的善意。

☆

從我凱悅大飯店的新房間可以欣賞到北部的山景。晴天時，陽光雲影不斷投射，持續型塑米黃色禿山的山脊和斜坡。在多雲的日子裡，遠方山色一嶺比一嶺淡；前面的矮山因為背後有一片蒼茫襯托，似乎往前跨了一大步，時而深褐、時而淡褐、時而金色。採收過後，晒足陽光的植物有時便顯得格外柔和。樹林綠意依著山由下往上，終至驟然而止。較低的矮山似乎要夷為平地，以便蓋更多的房子。

---

7 譯註：Basiji，正式名稱是Nirou-ye Moqavemat-e Basij，意思是「抵抗力量動員」，是何梅尼創立的志願準軍事部隊，一九七九年十一月被緊急徵召，大量參與保衛伊朗反擊伊拉克的戰爭後，被保留下來，協助軍隊和警察從事維護治安的工作，以及提供社會服務等。

第三章　大戰

德黑蘭市中心路邊的金屬柱子上有一些白紙黑字的簡單海報，宣傳的是研討大阿亞圖拉何梅尼國防思想的第三次研討會。海報十分樸素簡單，沒有隻言片語表達革命時期的亢奮怒火；在精神上，這些海報就如同烈士公墓不再噴發的血泉。伊朗新聞社發出的一則《伊朗新聞報》新聞就說得比較清楚，研討會是權威教士楷米（Qaemi）籌辦的，他是「國防與三軍後勤部思想暨政治處」處長。宗教人物如今無所不在，他們的政治頭銜與宗教頭銜互起共鳴。將有五百人出席研討會，人數是「國防與三軍後勤部」安排的；在派員採訪的一百三十家報紙中，還有十四家會推派代表與會。「配合研討會的舉行，另外還舉辦這八年（一九八〇～八八年）神聖抗戰照片展和文件展。」

即將跟邁赫達德和我談戰爭經驗的阿拉希，就不知道有這場研討會。和政府其他事務非常相像的是，這場研討會似乎遠在天邊。

阿拉希二十七歲，戰爭的最後四年一直在前線。頭兩年他年方十六、七歲，就志願提早入伍，後來才成為義務役士兵。如今的他就如同曾是他最要好朋友的一名軍官一樣，成了計程車司機。邁赫達德要我留意阿拉希講到「計程車司機」時的那幾個特殊字眼，以及他說話時的口氣。和阿拉希一樣，這名前軍官根本沒為哪家車行開計程車，那樣的話，車行就要給他某種職位；他開的是自己的車，在某些固定路線來來回回賺些錢，拿自己的車當巴士開，而幾乎可以確定的是，他也沒有計程車執照。

阿拉希說：「這場戰爭對我毫無意義。那就來看看我的戰爭記憶對別人而言是否會有些意義了。」

我們到德黑蘭北部一家中產階級常去的咖啡館，玻璃帷幕，座落在交通繁忙、兩旁種滿法國梧桐的街道上。所謂法國梧桐，就是伊朗的懸鈴木，因為長得美，這種樹深得伊朗人和喀什米爾人喜愛。在喀什米爾，甚至有人說其樹蔭具有醫療效果，經常出現在波斯人和蒙兀兒人[1]的畫作中。

時間是下午三點左右，這家賣冰淇淋、果汁、冰水和茶的咖啡館裡，到處都是披著黑披風的婦女——良家婦女。而此時此刻在遊樂園裡，則有許多身著黑衣的年輕女子，以及在她們之間四處走動監視的綠衣警衛隊。在咖啡館以及那群女士周遭，有一股潛在的優雅。在婦女之間，則有種對如今伊朗特別壓抑這階層追求美感和時尚的渴望；那就如同是一種違抗。

我們坐在一間有窗戶的包廂裡，這地方的文明之一就是即便我們坐在那裡很長一段時間，即便過了一會兒我才開始做筆記，都沒有人特別注意我們，讓我們覺得不自在。

阿拉希家在德黑蘭才住了兩代。他們原來是農家，住在德黑蘭西邊，至今還有一支遠親住在那兒。他們養牛蓄羊，還有兩口坎井，沒有這些沿著山區奔流而下的下水道鑿的坎井，根本無法在沙漠中務農。阿拉希說，下水道每年必須修理和清潔四次。

阿拉希父親的父親當年到德黑蘭後，就成為軍人，效忠末代國王的父親禮薩[2]國王。那時是一九三一年。之後他完成兵役，就在德黑蘭經營房地產經紀公司。

邁赫達德在翻譯當中插話說：「他們正是中產階級。」

一九八四年阿拉希志願上戰場，成為大家所知道的志願軍。志願軍以他們所戴的頭巾著稱，這些頭巾可以是紅色、綠色、白色或黑色；不過經常展現在伊朗的電視上和海外所見到的，都是紅色頭巾，象徵血、犧牲和信念。

身為志願軍，阿拉希參加過十一次進攻行動，其中七次還站上了第一線。一九八四年阿拉希開始服役，也就是戰爭正打到一半時，當時軍中還維持著一種習慣，就是每次進攻之前，都會有宗教吟唱人到前線吟唱，為戰士們打氣。吟唱人吟唱，戰士們則用一隻手按照節拍拍打胸部；如果戰況吃緊，還得雙手齊發，一起拍打。有些吟唱人非常有名，伊朗全國人民都認得。阿拉希第四或第五次參加進攻行動時，就有一位很有名的吟唱人到他的部隊去吟唱。

就算發動攻擊前沒有職業吟唱人前往吟唱，士兵中也總是會有人挺身而出，在典禮當中領導眾人吟唱。吟唱時要盡可能用哀傷的音調，內容並非《可蘭經》文，而是一些虔誠歌曲，這些虔誠歌曲也往往因為有著名歌手吟唱而變得十分有名。

邁赫達德說：「如果你到學校去，一定有人知道這種旋律，熟悉這些歌曲，他也一定可以領著大家唱。」當天晚上稍後就在飯店房間裡，當我和邁赫達德一起核對我的筆記內容時，他就跟我示範了阿拉希所說的拍打胸膛的動作。在短短不到半分鐘時間內，甚至就在他跟我說並向我解釋他的動作時，光是因為充滿他催眠似的擊鼓聲，房間居然就有逐漸縮小的感覺。

吟唱儀式通常會進行兩個鐘頭，非常有名的吟唱人來到阿拉希的部隊時，吟唱時間更是可以持

1 譯註：Mugul，原指一五二六至一八五八年間，成吉思汗和帖木兒的後裔巴卑爾，自阿富汗南下入侵印度建立的帝國。全盛時期的領土幾乎囊括整個印度次大陸，以及中亞的阿富汗等地。此則泛指印度的穆斯林。

2 譯註：Reza，一八七八～一九四四年。伊朗國王，巴列維王朝的締造者。

續六個鐘頭，因為這位著名的歌者音色優美，肺活量大，精力更是充沛。

吟唱會讓戰士們滿腦子想到死亡、壯烈成仁、上天堂及享受自由。吟唱後，就讓大家沉靜半個小時或以上，但絕不超過九十分鐘。接下來即展開攻擊行動，通常是在凌晨兩點半。而在吟唱結束和展開攻擊之前的安靜時刻，戰士們會寫信和遺書，調整好鞋子，並且確認內褲是乾淨的。

邁赫達德說：「許多人在進攻前會接受宗教洗禮，因為他們認為進攻是一種神聖的行動，應該要心懷良善，潔身以赴。既然結果可能壯烈成仁，他們當然會想要以淨衣淨體拜見他們的真主。」

志願軍之間有些是軍官，但他們沒有胸章、肩章或區分的官階；不過理所當然的，只要看他們鬍鬚的厚度，就可以看出階級的高低；相傳那是因為先知穆罕默德曾說過反對用剃刀剃刮皮膚。阿拉希說，上級總會隨時告訴志願軍他們的處境，如果有問題，也會獲得詳細的答覆。

在服了兩年的志願軍志願役後，阿拉希解甲歸鄉，但幾乎就在同一個時候，服一般義務役的時刻又到了。他接受兩個月的訓練後，再度開往前線。

我問阿拉希：「既然你早晚要服義務役，為什麼還要志願服志願役？」

「我的朋友都這麼做。百分之二十五的朋友都這麼做。他們把這想法灌輸到我們的腦海中。」

「他們？」

「電視、廣播電台，還有清真寺外面的麥克風。雜誌、報紙，所有的一切。」

他們讓他覺得自己首先是為伊斯蘭教而戰，然後才是為國、為家而戰。

邁赫達德說：「他所使用的字眼非常強烈。這個字是波斯語namoos，延伸的意思是保護家中婦女的那種『榮譽感』。它可以用來表示一個人對他的國家或者對他的槍的感情。有一則笑話是從國王的父親禮薩國王時代傳下來的。某天他在檢閱軍隊時，隨手舉起一名士兵的槍問他：『你手中的是什麼東西？』士兵回答：『一把槍。』禮薩國王很生氣的說：『阿卡巴，這不是槍，這是你的榮譽感，這是你的母親、你的妻子、你的女兒，你必須保有它、保護它。禮薩國王繼續檢閱士兵，又走到一個名叫艾哈邁德的士兵面前。艾哈邁德是來自北方的土耳其人或什麼的，伊朗人經常開土耳其人的玩笑。禮薩國王舉起艾哈邁德的槍說：『這是什麼？』艾哈邁德回答：『這是阿卡巴的榮譽感，這是阿卡巴的母親、妻子和女兒。』」

阿拉希離開志願軍營，加入義務役的部隊，在接受兩個月的訓練後，就被選入特殊突擊團，前往距離前線十二公里遠的支援部隊報到。第一個晚上，或說是第一天就睡到中午才醒。他當時在山裡，醒來後就開始上山往「集合地點」爬。（邁赫達德搞不懂最後那個字，一開始翻譯的是「院子」。）一枚火箭直落在距離他大約六公尺的山下，把他炸到十一公尺開外。他大約昏迷了一天，等到恢復意識，發現手臂上打著點滴，下半身其中一邊完全麻木。

從咖啡廳包廂窗戶可見外面車水馬龍，披著黑披風的中產階級婦女坐在其他桌邊吃著冰淇淋邊喝茶，阿拉希說：「到現在，我都還覺得裡面有東西。」被火箭炸傷已是九年半以前的事，他的一隻手卻還是沿著左邊大腿檢查撫摸。

他在戰地醫院住了十七天，他們不讓他回德黑蘭。他告訴他們，只要志願軍要，就可以回自己住的城市。他們完全不管這些，硬是把他送回集合地點，結果就在回去的第一天，他感覺到那裡有股「準備進攻的味道」，遂決定逃亡。

他前一年就知道這個地方，曉得北邊有山，山後面有個村子或小鎮，估算約在十三公里外。當天下午，他收拾好錢和自己的東西，便開始往村子走，一直走到夜幕低垂，來到一個牧羊人的帳篷。牧羊人正要把羊群趕去放牧。冬天羊群會被趕下山，夏天再趕上山。現在羊群就正要被趕上山。

帳篷內有老人、嬰兒、女人各一，以及六名年輕女孩。他們給他喝溫熱的牛奶，還用傳統的動物脂肪軟膏為他療傷止痛。他跟他們說自己從軍團走失了，並在山中迷路，目前正要到山背後的小鎮或村落去。他們告訴他：「這段路十分漫長，一路上還有許多狼，而且你走的方向剛好相反。」當晚他們就留他下來，和大夥兒一起睡在帳篷裡。

一大早才六點，阿拉希就起身離開，一直走到下午兩點，終於來到村子。他攔下一輛小貨車，提議付錢搭車。他身上有錢，因為在火箭落下炸傷他之前，他才度完兩星期假回來。等來到了一座大城市，他便搭上巴士前往德黑蘭。父親被他的模樣嚇了一大跳，當然不要他再回到前線去。

那時是Nowroz，也就是波斯新年之前十四天，是伊斯蘭教傳入波斯以前的一個古老節日，他和家人待在一起，直到新年結束。

邁赫達德跟我說：「他決定逃離部隊的原因之一，或許是因為不想參與在波斯新年來臨之際的進攻。在這裡，每個人都想以自己的方式和家人一起慶祝波斯新年。我這麼說，是因為果然他現在說一過完這節日，他就自動回前線去了。」

結果回到那裡，阿拉希發現根本沒有什麼進攻行動，反倒是接下來即將有一場不但是很大的進攻行動，而且就在他回去的四天後展開。

阿拉希一共從戰場上逃離過三次，而且每次重返部隊似乎也都沒事。

有段特別的記憶是有幾天他們和伊拉克部隊正面對上。他看到伊拉克部隊那邊閃出一道光線，心想應該是陽光照在手錶上反射的光。後來又看到相同的反射光，他便認定這絕非偶然。於是他用自己的手錶閃回去，對方又反射回來，他們就這樣玩了好一會兒。後來的幾天，他們甚至用望遠鏡互相反射對方。

這有點像第一次世界大戰西方前線兩方交戰的士兵間，所發生的短暫兄弟情。阿拉希當然不會知道這些過往故事，但他的故事顯然點出了戰爭瀕臨結束之際，雙方都已經兵疲馬困。但他並沒有做出這樣的論點，沒有強調任何事，只把這段故事當成戰爭的奇聞軼事來述說。

服完義務役後，他又志願留營了四個月，然後才跟在軍中結交的其中一個朋友一起離開軍隊，前往色拉子，兩人睡在公園裡，結果早上一覺醒來，就聽到何梅尼去世的消息。對阿拉希而言，這是戰爭最悲痛的噩耗，對其他人而言亦然。

阿拉希說：「我記得我朋友因為吃了一個蘋果，就遭到母親叱責。彷彿何梅尼的去世創造了諸如Ramadan之物。」Ramadan即齋戒月。

戰爭結束後，德黑蘭卻讓人大失所望，就如同在戰爭期間始終讓人失望一樣。「德黑蘭處處都在舉辦婚禮。就在同一條巷子裡，這邊辦葬禮，那邊辦婚禮。在前線，人人談的是伊斯蘭教和戰爭；在德黑蘭這裡，人人談的是時尚和音樂。我們甚至可以在『美國之音』聽到有伊朗人點播新唱片。在德黑蘭，根本沒有人理會戰爭，人人都向錢看齊。」

最糟糕的是，他發現志願軍在德黑蘭惡名昭彰。他們到處尋找違反伊斯蘭律法的人，然後跟他們敲詐金錢。

邁赫達德說：「他們自認是失去了某些東西的人，認為有錢人正是偷他們東西之人，所以強奪豪取得有理。」

阿拉希話說得坦誠，卻還是有疏漏之處。他告訴我們的戰爭是一場沒有死亡、血流甚少的戰爭。他談到自己被火箭所傷，談到有人趕羊群到地雷區去引爆地雷，但就只是這樣而已。甚至連我們問他敢死隊的事情，他也只是說進攻時都由敢死隊打頭陣，接著是一般部隊，最後才是支援部隊。他想談戰爭，卻不願談死亡。

後來在我們離開咖啡館坐上車，陽光已經消失。我直接問他：「你看過有很多人被殺嗎？」

他實在不想回答。但過了一會兒他還是說了：「一個一千四百人的軍團進攻，只有四百人生還。」

「你現在做何感想？」

「我毫無所感。」

這就如同邁赫達德告訴我的話；而且阿拉希也真的跟邁赫達德說過自己的痛苦實在難以名狀。

「我覺得你是個孤獨的人。」

「我寧願孤獨，」過了一會兒他說：「每個人都在為阿里[3]討公道，但過了一陣子後，他們就發現這項工作根本無法完成。」阿里是先知穆罕默德的女婿，是回教第四位繼承人[4]，以慎謀能斷著稱，西元六六一年前往清真寺途中遭人暗殺，從此成為什葉派教徒敬拜和哀悼的焦點。

我說：「你認為在這個世界上，真的能夠再度討回諸如阿里的公道之類的東西嗎？」

「絕對不可能。就算在彼時，阿里自己也有許多困難。他是個偉人，但在很短的時間內就樹敵無數，他自己對此也無能為力。事情總是像這樣。」

他二十歲時就有了那樣的結論。印度什葉派教徒賈佛瑞先生在生命臨終之際也暗示相同的論點；他死後，他的美夢間接造成身後許多同宗教之人說不出的無盡痛苦。

☆

後來我們談到阿拉希的時候，邁赫達德問道：「你不認為他這個人很單純嗎？」

我根本沒有往阿拉希單不單純那個方向去談，但我沒有邁赫達德那種伊朗人的眼光，我喜歡阿拉希的開誠布公，視他為堅忍之人，甚至可能是好人，他的良善原來是可以運用在其他方面的。

他和另外一個我們也希望從他身上聽聽戰爭經驗的傢伙截然不同。此人是某個正要出版一些戰爭書籍的出版商叫他來找我們的。這個如果真是退役軍人的士兵，身材矮小，打扮整齊，黑鬍子修剪得整整齊齊，卻有著一雙不可靠的明亮眼睛，簡直就像是自以為奉命前來向我們扯謊的。他東扯句謊，西扯句謊，簡直滿嘴謊言。他先說自己是建築師，隨後又說自己是醫師，甚至說自己的臂彎裡曾經懷抱過垂死的烈士。他所說的一切都沒有具體的細節，我甚至懷疑他是不是真的上過前線。

過了一會兒，他開始向我們展示一些宗教標記，讓我們看他的袖口扣在手腕處，這是虔誠的標記。喝茶之前，他會整個人趴在桌子上，賊溜溜的眼睛四處亂轉，並且非常優雅的清楚說出「Bismillah」（以阿拉之名）。我問他在前線吟唱的虔誠歌曲。他說伊朗人是詩意的民族，動不動就詩興大發。他自己在前線的時候，就是用詩寫遺書。作為前線戰士時，如果是一個人獨處，就整天吟唱宗教歌曲。

---

3 譯註：英語全名Ali ibn Abi Talib，約五九八～六六一年。伊斯蘭教創始人穆罕默德的堂弟及女婿，在六五六至六六一年間統治阿拉伯帝國。穆斯林社會就是因為對阿里繼承人身分的問題產生分歧，因而分成遜尼及什葉兩派。

4 譯註：caliph，伊斯蘭教中穆罕默德的繼承人，也是中世紀政教合一的阿拉伯國家元首。有時音譯「卡里發」或「哈里發」。

此時，他突然停下來，用相同的音調問邁赫達德：「他是不是在問洗腦的事？」我們認定他是個麻煩分子，就打發他走了。

之後邁赫達德和我攔下一輛巡遊的計程車，車上已有一名乘客，是一個長得胖胖的、看起來十分乾淨的年輕人，穿著考究，還蓄著大把鬍子。本來坐在後座的他一句話也沒說，就主動下車，改坐到司機旁邊，好讓邁赫達德和我可以坐在一起。這是德黑蘭的計程車禮節。

我想談談那個用詩寫遺書的男子。邁赫達德立即雙眉緊蹙，朝前座那個大鬍子的後腦勺點頭。大鬍子不久下車離去後，邁赫達德才點醒我，司機是等到大鬍子下車之後才打開收音機喇叭的，播的不是卡帶，就是「美國之音」或以色列的熱鬧音樂。如今音樂既反伊斯蘭教也是違法的，而蓄鬍子的男人通常都站在奉公守法的那一邊。

☆

有天早晨，整理房間的女服務生幫我端來早餐。肥胖的她皮膚呈古銅色，一張沒洗的臉閃閃發亮，還因為穿了太多衣服而散發出明顯的體味，有些或許還是合成纖維的衣服。丹麥進口的波斯乳酪塗抹在一片吐司上，厚厚一片已泛紫色、凋萎無力的洋蔥，加上一片可能同樣切下來已有一段時間、看起來啟人疑竇的軟趴趴萵苣葉。洋蔥配上那片奄奄一息的萵苣葉，立刻讓我倒盡胃口；雀巢咖啡包只泡得出半溫不熱的一杯。過了一會兒，穿著僧侶般長袍的女服務生搖晃著臀部，幹勁十足的再度進來端走我的早餐盤子；不久後三度回來，問我要不要鋪床時，嘴裡正嚼著吐司。全身包裹得密不透風的她，唯獨嘴裡的東西一覽無遺，而我相信她咀嚼的那片吐司一定是從我早餐盤子上拿的。

那天下午早些時候，我在房間工作，洗的衣服送回來了，襯衫熨好並且整齊的放在塑膠袋裡，其他的衣服則放在印有飯店名字的漂亮硬紙盒中。這盒子對我而言可真新鮮，我認為這個盒子不符合飯店以及「受迫害者基金會」的簡約風格；而且當我打開盒子一看，竟然發現我的衣服根本就沒洗，和我早上送洗時一模一樣。我打電話給門房，門房請洗衣部經理上來。他十分尷尬，馬上把衣服拿走，並在快得離譜的一會兒之後又將衣服送回來，衣服已經燙好，熱氣猶存，即便沒洗，還是放在新的塑膠袋裡。

我終於又去到大廳時，發現那排歐米茄時鐘上頭「**打倒美國**」的告示牌已經拆下來。在掛了十五年之後，瘦削笨拙的字體已被拆下，徒留幾個螺絲孔呈現出幽靈影像。這一刻對我而言，簡直就是歷史性的一刻；或許意味著事情將以某種方式蛻變，但隔天一行字體行雲流水、長度更長的古銅色波斯文字卻掛回時鐘上方，更加大方體面地展示著顯然絲毫未變的字義。

☆

多變的陽光和飄浮的雲朵反覆塑造北方的山景，時而照射這邊，時而照射那邊，讓山脈清晰可辨，顯露出意料之外的山脊和溪谷時，重巒疊嶂，就連山巖上經冬雪磨損的痕跡也無所遁形。有時，挺立的山峰會將雨雲攪動得支離破碎，如瑞雪般灑落在山巖的鋸齒起伏間。

第四章　鹽地

阿里年約六十，在國王時代拜開發土地所賜而大發其財。一九七〇年代初期，即石油危機爆發之前，他就有足夠的運氣，外加智慧與金錢，在克爾曼省買下一大片鹽地。當時是以每平方公尺一圖曼，約十里亞爾，十五美分買的；三、四年後，石油危機爆發，伊朗境內各城市蓬勃發展，他將一部分鹽地當作建地賣，每平方公尺要價四百圖曼。所以說呢，就只是玩一下驚人的數字遊戲，投資不超過一萬美元，三、四年後竟然暴漲成四百萬美元的一筆小財富。

這樣的一筆財富，可能可以讓大部分人安身立命了。阿里卻轉了個向，成為革命的支持者。他說：「既然有了錢，財務有保障，我們就要自由。這是我們不曾擁有之物。」一九六〇年代，當阿里還在美國念書時就熱衷政治，甚至是美國當地的政治；對本身來自一個沒有自由的國家，他漸漸深以為恥，這種感覺也始終讓他耿耿於懷，所以當伊朗似乎要爆發革命之際，阿里就投入心力和金錢，透過一名成為他朋友的「阿亞圖拉」支持革命。

阿里對革命的觀念來自書本，尤其是歷史書。但也有一部分，儘管他沒說出來，是來自宗教的支持或相等的影響。他說：「我們期待一場基於天道和自然法則的革命。」天道，就是賈佛瑞先生「信徒的社會」阿里版，也是阿拉希盼望為什葉派聖雄、伊斯蘭教第四位繼承人阿里討回的公道。

革命顯然是由許多不同的思想和刺激匯集而成。所以革命爆發時，在表面的萬眾一心、一般的如釋重負之下，還是有無數的利益衝突。身為大富翁的阿里多災多難，有三年時間他吃盡了革命的苦頭——不只一次被綁架，逮捕和入獄的次數更多，甚至遭受審判，還被榨取了數千萬美元。

三年之後，他終於學會如何與革命共存，就如同在國王時代，他學會如何容忍政權一般。如今他大部分時間都用在學習生存之道，以及和當局各個部分和階層打交道。現在他已深諳進退之道，幾乎在各種情況下都知道如何通權達變。

阿里身材中等清瘦，他的波斯人相貌很平常。外表上的貌不驚人，或許是他很好的偽裝，他的男性特質會漸次地討人喜歡。就以他瘦長的外形來說，對他而言似乎不以為奇，但事實上卻是他經常運動的成果。他的工作、他的企業，以及他幾達憤怒的求生意願，讓他保持健康和警覺。生存的壓力在他妻子身上更為明顯，被迫過著重重束縛的不自然生活，頭髮嚴重掉落的她依然親切，但內心卻是深受重創的深刻哀傷。

★

他的革命思想在國王時代就受到宗教影響：天道與自然法則之夢。他有宗教背景，父親和祖父都是穆拉，連祖母家也出過一些穆拉，母親家族則都是阿里所稱的「都市人」。

他父親出生於一八九五年，但是阿里對基督教紀元並不太確定。他十六歲時就到馬什哈德念神學院。當時以及往後的一大段時期，許多來自村落的男孩都上像馬什哈德和庫姆的這種學校，他們可以有自己的小房間，有食物供應，甚至有時收他們做學生的阿亞圖拉也會給他們一點獎學金。那些阿亞圖拉並不是從學校拿錢；他們的錢，或是他們給學生的錢，都來自信徒的供養。所以這種體制還算得上公平：取自於民，部分再還之於民。一九一一年，阿里的父親前往馬什哈德，當時的神學院是伊朗唯一提供高等教育的地方。沒有大學，也沒有較高等的學校，在卡扎爾王朝[1]統治下的伊朗遙遙落後於其他國家，在地圖上幾乎消失不見。

阿里的父親在馬什哈德待了四年後，成為一名穆拉，後來即前往克爾曼省，並在當地教書，原本很可能像他父親那樣終了一生。但是卡扎爾王朝被推翻，國王的父親，即禮薩國王在英國人協助之下上台執政；一九二〇年代中葉，禮薩國王改變了伊朗的司法制度。司法部成立了，法國的法規沒有太費力的就融入傳統的伊斯蘭教體制。新體制更加正式，要求設立法院、法官和律師。

阿里的父親因為受過伊斯蘭教法學訓練，很容易就融入新體制。還不到三十歲就成為法官，然後轉任律師，從此飛黃騰達。他開始在國內各地做土地投機生意，更因為他同時熟悉舊法律和新法律，當時的土地所有權又十分複雜，所以他經常被找去確定產權，所得的報酬有時就是爭議土地的一部分。

所以，局勢出人意表的轉變，在禮薩國王獨裁時代，整個世界以一種他家前幾代的穆拉作夢也想不到的方式，為阿里的父親敞開了大門。諷刺的是，當阿里的父親好像已讓自己穩如泰山之際，禮薩國王的世界卻漸漸暗淡。一九四一年，外在世界鋪天蓋地侵入，列強占領伊朗，以免它落入德國勢力範圍。被認為對德國人太過友好的禮薩國王因而遭到罷黜，並在英國人把他帶到南非後不久即撒手人寰，簡直就是預演了三十五年後他兒子的悲劇，真是詭異至極。

列強的占領既未影響阿里的父親，對國家也並非壞事。在禮薩國王被罷黜和他兒子復辟的十一

1 譯註：Qajar，一七九四～一九二五年。伊朗北部卡扎爾部落，現屬土庫曼人的首領阿迦．穆罕默德．汗所建立的王朝。

年之間，阿里說這國家認識了一種半民主半混亂的狀態，畢竟中央政府的政令並無法普及全國。但伊朗卻得到前所未有的自由，所以禮薩國王遭罷黜時，當時只有五、六歲的阿里，長大後除了自由外，一無所知。而代代推演，有個受人尊敬的有名富爸爸，阿里所享受的特權遠超過父親的童年。但父親很嚴格，積習難改的阿里倒也接受了這份嚴厲。

阿里十八歲的時候，父親告訴他：「我一直供應你一切費用直到今天，但現在我希望你開始照顧自己。我準備給你一筆錢，你可以用來做生意或上大學。」

阿里用這筆錢去美國上了各種科技課程。錢用完時，就在大學獎學金的協助下再上了一門人文課程。前後他總共在美國待了八年。

回到伊朗時，他已快要三十歲，除了自由之外，一無所知。所以當他看到國王的獨裁，看到國王的祕密警察「國安情資局」，著實大吃一驚。

阿里說：「活在這種政權下，你必須知道如何自處。如果你昧於情勢，搞不清楚狀況，就可能犯下各種錯誤，鐵定要吃足苦頭。」

我問他：「你犯了哪種錯誤？」

「有一天我正想搭計程車，一輛計程車停了下來。那不是空車，後座坐了兩個人，前座還坐了一個。我依照慣例坐進後座，隨即加入深入的政治評論，批判起國王。後來我發現這根本是個圈套，他們是想摸清我的底，才會故意討論政治。我非常天真，竟然馬上表達自己的看法。幸好計程車停下來，否則我很可能和他們一起進了咖啡館，並且被他們套出更多話，然後讓自己惹上麻煩。諸如這樣的事情一旦發生，你就瞭解到這裡不是美國，你不能馬上掏心掏肺。我們學會過雙重人生。所以當伊朗爆發革命時，我們早已練就了過兩面手法生活的經驗。」

阿里特別學到、而且學得很快的是國王神聖不可侵犯。其他人再怎麼位高權重，都可以對其口誅筆伐，獨獨對國王不行。有一種說法是：「只要不招惹國王，在伊朗就可以為所欲為。」

阿里回伊朗後就進了公部門，任職於企畫部。第一個任務就是針對一間年虧損三百萬美元的公營水泥工廠做一份報告。他做了些簡單的研究，發現三百萬美元根本已足夠設立一間民營水泥工廠，於是建議那間公營水泥工廠應該關閉。他說，政府每年花費在自家公營廠上的三百萬美元應該發給私人，獎勵他們創辦新的水泥廠。這在經濟上說得通，但他發現，就除此之外的任何一個角度而言，他的建議都大錯特錯，擋到了太多人的財路。他應該想到水泥廠的經理、他們的家人、他們的關聯，他還應該顧慮到廠內的工人。這些都是各界希望他能納入的考量。

很快的他就發現企畫部根本形同虛設，不論該部門如何制定目標，馬上就會被要求不要真的付諸實施；身為顧問的他，也被期待要蕭規曹隨，就是要講究贊助、朋友和家庭關係的老規矩。他也發現這個部門的首要目標之一，就是讓部內高薪職員免於流落到其他地方去後，一定會面臨的財務匱乏。

他辭掉職位，改當一名翻譯。這並不算是降級。因為石油經濟和進出口業務繁榮，所以有很多翻譯工作可做。阿里主要是為伊朗出口商翻譯，並跟許多國家的領事和高級官員打交道。任何人所能摸熟的門路，阿里都瞭若指掌，也因而想到以自己累積的知識，能做的事情還很多，繼續當翻譯是不對的。他開始當中間人，幫出口商找外國買主來買貨物，自己抽成百分之十五，皆大歡喜。出口商只要多付一點費用，就可以把所有的事情化繁為簡；對於沒有資本的阿里而言，則能藉此開闢自己的事業。他生意做得十分成功，很快就成立自己的公司，並在南部幾個港口擁有倉庫。如此一來，他就可以直接從出口商進貨，增加利潤。

之後他的運氣更好，在克爾曼省買了一大片土地。那是一片非常貧瘠的鹽地，但身為鄉下孩子的他深知這片土地的潛力。他變成一個農夫，聽取國王成立的農業機構的忠告，開始「洗掉」土地的鹽分。這整個過程要進行七年，他用的方式是在田地四周挖一道深一、兩公尺的壕溝，冬天的雨水會將土壤鹽分沖到壕溝裡；一條壕溝再通往另一條壕溝，直到成為一條鹽水河為止。田地洗過之後，就可以種植農作物了。比如第一年他種一種很適合鹽分土壤的瓜，當天我們吃過晚飯後享用的水果之一，就是那種瓜：白皙堅實、甜美多汁，饒富土壤和夏天的風味。作物還在田裡，他就先行出售；批發買賣，價格包含運費。所以他賣了不少作物，後來還種紫花苜蓿，成為牧人。

一九七三年，石油危機爆發，政府收入從一九六一年的三億美元暴增到一九七六年的兩百二十億美元。城市擴充，地價暴漲，阿里得以高於當初買價四百倍的利潤出售部分的鹽地，同時成為自己土地的開發商。他覺得想要讓某個區域發展便利，自己應該要有座清真寺——阿里的宗教背景還真是多方位的呈現。他不知道怎麼蓋清真寺，便向一位受過高等教育的阿亞圖拉請教。阿亞圖拉介紹阿里認識一位專長蓋清真寺的工程師，等到清真寺蓋好後，阿里也和這位阿亞圖拉建立了友誼。在革命爆發前一、兩年，這位反對政府的阿亞圖拉被祕密警察找麻煩，最後還鋃鐺入獄，他的門徒把消息帶給阿里，阿里立即動用他的關係和金錢，著實費了一番功夫，終於在幾個月後將這位阿亞圖拉從獄中營救出來。後來革命爆發，這段情誼對阿里而言就變得十分重要。如果不是有這段情誼，阿里鐵定有得苦頭吃了。

☆

阿里認識的一些人原本都是革命的支持者，但一個月過後即開始反革命。阿里認為，他應該給革命一點時間。但革命爆發兩個月後，隨著處決行動展開，阿里才開始認真的懷疑起來。有些人什麼也沒做，還是被抓進牢裡，許多人甚至消失無蹤。「然後他們開始闖進民宅，沒收他們的財產。我們無法保障自己的財產、子女和妻子。」我覺得在阿里心目中的那個字，就是邁赫達德介紹給我認識的那個字：榮譽感。

革命爆發大約一個月後，名為「伊斯蘭教正義法庭」的革命法庭成立。阿里某位最要好的朋友是這座法庭的第二把交椅，有一陣子阿里每天都到法庭去，看看自己能做點什麼好救出他認識的人。「這間法庭幾乎一天二十四小時開庭。哈克哈里是法庭庭長。」阿亞圖拉哈克哈里是何梅尼著名的絞刑法官。「他利用這間座落在沙里亞特街的法庭，當作他處決人犯的工具。革命爆發之前，那是一間國王設立來審判反對分子的軍事法庭。結果當初設立這間法庭的人，如今幾乎都在這間法庭內受審，就在同一棟建築內。我朋友在法庭內待了大約兩年。」

但在此之前，阿里老早就已經放棄革命，深陷在自身的苦難當中。

「我們盼望會有美事發生，可以激發人心的那種。我們十二、三歲時，讀到法國大革命、美國革命和英國光榮革命的歷史，還念到俄羅斯大革命，但我們總是最著迷於法國大革命。那是上帝成就的事，你曉得吧。在最近的一代，大部分留過學的伊朗人都沾染了法國文化。法國大革命的故事聽得我們悠然神往。我們都認為革命是美事一樁，是神成就之事，像音樂，如同音樂會。就像我們身在戲院觀賞音樂會，高興自己成為戲院的一分子。如今我們都成了演員。多年來我們一直讀著關於丹敦[2]

2 譯註：全名Georges Jacques Danton，一七五九～一七九四年。法國政治家，法國大革命領袖。

和羅伯斯比爾[3]的書。但現在我們卻成為參與者，且做夢也想不到後來會開始殺人。」

共產黨和穆斯林整整花了一年時間才分道揚鑣。但「杜德黨」，即共產黨，卻早已滲透到新政府的每個部門，他們甚至前往清真寺參加星期五的祈禱會，以真主的子民自居。在革命初期，共產黨完全臣服並效忠何梅尼。根據阿里的說法，他們說他們不要行政權，當顧問就心滿意足了。他們支持銀行、保險公司和工廠國家化。他們讓政府和官方作為有著蘇聯式風格，那是外來訪客都看得出來的。

革命爆發六個月後，阿里既沒有安全感又痛苦不堪，日子很不好過，根本就不可能工作。新官員也充滿敵意，視阿里為舊政權的餘孽。於是開始有人在阿里公司裡煽動反對他，甚至有兩、三個人會跑進阿里的辦公室當面「質問」，所以他不得不花錢打發他們。到了第一年末，阿里便遭到綁架。

「這裡是克爾曼省。我就在自己的土地上，正在蓋房子。他們大約是一車三、四個人來，要我協助他們的一項建案。我上了車，他們就將我載走，載到十五公里外的沙漠，像在法庭上那樣質問我。那時是在一間很簡陋的小屋裡，是牧羊人遮風避雨之處。他們都是年輕男孩，可能看了不少電影，如今手裡又有槍，自大的不得了。」

槍是從國王軍隊的軍械庫拿的。軍隊崩潰之日，而且是瞬間瓦解時，許多人都跑到軍械庫去拿槍。革命後有四個月時間，槍就堆在一所大學裡，任何人只要去要，又拿得出身分證，就可以拿到。許多人主動說要給阿里槍，但阿里很快就知道，對他而言，槍根本沒用，因為他無法殺人，就算是為了保護自己也下不了手。假如他在遭綁架時有一把槍，並且企圖用槍的話，很可能反而讓自己遭到綁架他的那些男孩傷害。

現在他只想要與這些男孩小心周旋，以便探聽清楚他們背後還有多少人。或許沒有其他人了，也或許還有四千人想要扣留他並要脅贖金。他們在沙漠中的牧羊人小屋裡談了十個小時，最後他們表示要放他走，但他必須給錢。他不想給他們太多錢，不願意鼓勵其他人群起效尤，便只答應給一小筆。男孩子們聽了很生氣，威脅說要殺掉他，甚至還揚言要破壞他的建築公司，但他就是不肯答應給更多。

他說：「我非常決絕，絕不讓步。」

最後，他終於獲釋。但這次綁架事件徒增他的不安全感。德黑蘭有四百萬人口，感覺上四百萬中的任何四個人都可能會持槍來要錢。而現在和地方官員之間又隨時可能產生衝突，他們開始占領他的土地和建案中的房子，說這些都是政府的財產，必須還給人民。

「這個地方政府官員真的在克爾曼省沒收了許多財產——我的，還有其他人的。」

「他長什麼樣子？你認得他嗎？」

「他和聖戰士團體有關係，這些人非常左傾，百分之百的反資本主義。」

「他長得什麼模樣？」

「大約三十四歲，很矮、很胖，怨氣沖天，受過教育，是個工程師。我確信他遭受過國安情資局的毒打，所以滿腹怨氣。他造成我相當大的損失。幾百萬元。幾千幾百萬美元。我幾年前還碰過他，他到我辦公室來時，十分窮困。他已經被逐出政府機關，政府還將他逮捕入獄。他來找我，希

3 譯註：全名Maximilien François Marie Isidore de Robespierre，一七五八～一七九四年。法國大革命時期政治家，是雅各賓派的實際首腦及獨裁的法國革命者。

望我給他工作。他來找我、親吻我，要我原諒他。當時他年約四十五，穿著一件舊外套。我告訴他，每個孩子都有一些玩具，不過其中一定有個是最特別的。『我也有一些玩具。過去生活得很好，自得其樂。而且我這輩子的每個夜晚都有美食可吃，至今依然如此，這就是我最喜愛的玩具。如果因為你的作為，讓我有一個夜晚無法豐衣足食，那麼我絕對無法原諒你，絕對無法寬恕你。不過至今你的作為只像是一隻蒼蠅爬過我的皮膚，傷害不了我。』」

阿里的一位律師走進房裡，和我們一起坐，時間是星期五早上，伊斯蘭教安息日。我覺得有這位第三者在場，似乎鼓動了阿里，讓他變得異常興奮。

我問道：「你給他工作了嗎？」

「我沒給他工作，因為這種人絕對不可能改邪歸正。只要再得著機會，他們鐵定還會傷害我，所以要跟他們保持距離。」

如今，革命已過了一年，阿里到處受迫，加害者有政府的人、政府內部的共產黨員，甚至是一些煽動者。後來他又被綁架了三、四次。

「我不怎麼害怕和他們一起走，因為我據理力爭的能力比他們強。第一次你會感覺他們是頭野獸，即將撕裂你。然而一旦馴服這隻野獸，你就可以指揮他們。」

如今連革命衛隊也經常來騷擾，跳進花園裡，透過窗戶看屋內的人是否在看電視或錄影帶，或乾脆直接闖入屋內，搜尋酒類、火腿，或女人的衣服、男人的領帶，這些現在全都是違禁品。

「如果你穿得光鮮整齊，他們也不喜歡。他們會攻擊你。他們就像是波布[4]一樣，但沒有那麼極端，大概只有百分之十吧。這是一場全面革命。」

「全面革命？」

「政府的控制權完全不在政府手上，已經全然失控。恐怖的無政府狀態，原因出在何梅尼本人身上。革命發生大約三個月後，我那位阿亞圖拉朋友帶我去見何梅尼。這位阿亞圖拉朋友向何梅尼解釋，我是土地開發專家、是技術人員，可以幫忙解決蓋屋問題。我和這位阿亞圖拉朋友以及何梅尼一起坐在他家地板上。門開了，一些穆拉魚貫而入。何梅尼開始和他們談話。不久之後，又有一批穆拉走進來。就這樣，一批批穆拉走進來，直到滿屋子都是穆拉，大約有兩百位。他們全都想要點錢，好帶回他們的城鎮，給當地的學生和宗教組織。何梅尼說他沒有可以滿足每一位穆拉的錢，接著就說：『回你們的城鎮去，找你們碰到的第一位有錢人，或第一位有工廠或大農場的人，強迫他給你們錢。』」

出於政府領袖口中的這番話，讓阿里大為震撼。而就在此時，他終於瞭解何梅尼正帶領他的人民走向混亂。

和我們坐在一起的律師說：「他所認為的精神紀律和別人不同。他是屬於人民的人，他瞭解大部分人民。大部分的人民都沒受教育，他們要的是錢和東西。他們不要革命，他們要的是錢。何梅尼心知肚明。」

阿里說：「大多數的人想要掠奪他人財物。」

律師說：「於是他就在國內製造混亂，讓他們可以搶人財物，為所欲為。」

4 譯註：Pol Pot，一九二八～一九九八年。柬埔寨華人後代，赤柬最高領導人、柬埔寨共產黨總書記，一九七六至一九七九年間出任民主柬埔寨總理，因其反蘇政策，曾受到中國、美國、泰國和一些西方國家的支持，但後又因奉行極左政策和大屠殺，普遍受到國際社會的譴責。

阿里說：「當他說『遵守法律』時，他所謂的法律並不是國家的法律，而是他自己的法律，他自己心裡的法律。革命之前，他說繳稅給政府是反伊斯蘭教的行為；革命之後，他說繳稅給政府才合乎伊斯蘭教精神。他想要的就是一團亂。到他家那天，我終於瞭解他並非政府中人。他還是個革命分子，無法控制自己。直到最後一天為止，他都還在製造混亂。」

我很納悶這種混亂、這種一再發生的革命，這個有著誤導聯想的字眼「革命」，不也是什葉派教徒抗議的對象。但當我提出這點疑問時，阿里和那位律師卻不接腔。他們是幻滅的人，因為曾飽受折磨才說話；但他們深深信仰什葉派教義，這占了他們情感生活的一大部分，他們不可能再退應該退的一步，從遠處去觀察這件事。

他們開始轉而談起伊斯蘭教的「必要之法」，那是何梅尼動不動就拿來充作宗教名義，行使一些明說或沒說的事情。

阿里談起這必要之法：「為了保護自己，有時候你可以做些不對的事。阿亞圖拉可以在來自阿拉第一級律法和第二級律法之間斟酌調解。需要的話，阿亞圖拉可以暫時發出第二級的法令。」他舉的例子和他自己息息相關。「在伊斯蘭教國度，保護人民的財產屬於第一級律法。但在何梅尼執政期間，在他生前，蓋屋的土地相當缺乏，於是何梅尼就說：『用我的特權，下第二級律法，不管城裡的土地屬於何人，我就是要全面徵收，並且無須支付任何賠償，重新分配，把土地分給需要的人，因為有此需要。』」

為了證明何梅尼做法的過分，這位律師給我的感覺，就是開始領著我走過在馬什哈德與庫姆神學院中所教授的伊斯蘭教法學的巷弄、古徑與隧道。

律師動作優雅地吃著整顆小小的綠色無花果，中間也會剝皮或吃其他的水果。他說：「在伊斯蘭教創立大約一百年後，麥加有位穆罕默德的繼承人想要徵收聖地附近的土地。這個天房聖地附近都是早有人住的房子。但法律並不准許徵收這些土地，保護人民財產是真主繼承人的重責大任。所以真主繼承人邀請大教義官到他家，一起想辦法。提出最上策的是先知穆罕默德的直系後裔第五位什葉派領袖巴格爾。他說：『你可以徵收天房四周的房子，因為天房最優先。評估一下房價，付錢給屋主，再把他們遷到別處。』」

阿里說：「何梅尼樹立了惡例，現在每個阿亞圖拉只要如何梅尼經常做的那樣宣稱有需要，就可以違法。」伊朗至今仍活在何梅尼的伊斯蘭教憲法下，這套憲法賦予他至高無上的力量，並確定領導與服從的原則。憲法規定國會由選舉產生，卻又另外設立一個委員會，可以推翻國會的決議。

阿里說：「他有個出於天性的腦袋，直覺上的聰明。正因為如此，他才可以指揮人民。他沒有受教育而習得的智慧。他不感情用事，非常冷酷。」

☆

我們第二次見面時，阿里補充說明了一些革命後三個月，他在何梅尼家中的記憶。當時在房裡向何梅尼要錢的穆拉高達兩百位，何梅尼的回應是要他們回到自己的教區，跟他們碰到的第一個有錢人要錢。這個回應似乎滿足了大部分的穆拉，但就像是《一千零一夜》的故事場景似的，有位穆拉說：「我的鄉鎮很貧窮，我們鎮上根本就沒有有錢人。」何梅尼聽了，可能是出於一種反射動作，他居然碰了一下阿里的袖子，而那「一下」的時間長到即便事隔十六年，阿里依然記得在那恐怖的一刻，他還以為何梅尼可能就要犧牲他，叫他給那位貧窮的穆拉錢了。

事實上，類似的事情十五個月後還是發生了。阿里遭到克爾曼革命法庭的逮捕，指控他的罪名五花八門，不一而足：鞏固皇家政權、掠奪數百萬平方公尺的人民土地、運出數十億美元、指揮了一場最終失敗的反政府政變，以及領導反革命組織等等。諸如此類的指控說得都不明確，只是罪名既正式又標準，當局就用這些罪名來對付很多人。

阿里說：「在克爾曼這區域，只要你稍微活躍些，大家就都認得你。我在革命之前很活躍，大家便都知道我。我是小王侯，是當地權力的象徵。當他們在城市成立革命法庭的分支單位時，立刻逮捕像我這樣的人。革命衛隊隊員全都來自鄉下，有他們特別的口音，非常年輕，動不動就樂得開槍，大部分後來都在戰爭中喪生。要我說的話，我會說革命衛隊是由百分之四十的聖戰士和百分之六十的穆斯林混合而成的。信奉馬克思思想的聖戰士從一開始就滲透進革命法庭，他們不表明真正身分，把自己裝成是穆斯林。」

阿里分辨得出誰是聖戰士、誰是穆斯林，因為他也在偽裝：偽裝成伊斯蘭教革命分子。「我有生命危險，無論如何都得跟他們交朋友。」阿里也很快就發現有個第三團體滲透到聖戰士運動和穆斯林團體中。「他們這些人只想為自己撈些錢，卻表現得相當伊斯蘭教化。」很快地就換他們發現阿里也在演戲，他根本就不是伊斯蘭教革命分子。「這些人和我交朋友，因為他們知道我有錢，於是會慢慢的告訴我法庭上的種種，並且告訴我誰是誰。」

阿里被逮捕了許多次，每次關個四、五天，但有次卻被關了六個月。政治犯監獄是一間老舊的工廠庫房，分隔成許多牢房。有一些牢房是專門關單獨監禁的犯人；兩個大院落監禁一般的犯人，像是走私鴉片犯和小偷等等；還有一間很大的牢房專門監禁政治犯。阿里起先關在單人牢房裡，寬一公尺，長兩公尺半，一天只放風半小時上廁所及盥洗等。第一天他就在牆上看到前人所寫的字句：**囚犯終將獲釋，獄卒卻永遠身在牢裡**。

「這句話讓我大受鼓舞，因為它告訴了我，在我之前的獄友已經獲釋。即便是十五年後的現在，我已獲釋多年，可以自由自在到世界各地去旅行，自得其樂；但即便到現在，當我要做特定的事情時，我還是會到那裡的監獄去走走。雖然地方已經變了，牢房不再是工廠的廠房，我在那邊還是見得到一些獄卒。果然他們才是囚犯，不是我們。他們才是囚犯。」

工廠廠房監獄裡某些革命衛隊隊員會跟阿里自我介紹，他發現其中有些還是他過去推建案時工人的兒子。

他們告訴他：「過去你不會正眼看我們，驕傲得很。如今你關在這裡，我們還得養你。阿拉真偉大！」

他們回家跟自己的父親提起阿里的事，讓他們意外的是，他們的父親居然要他們在權力範圍內儘量幫阿里的忙，因為從前阿里幫過他們，給了他們工作。

「這些男孩幫了我許多忙。他們權力不大，但他們可以告訴我各種事情。可以幫我把信寄出去，也可以幫我太太送信來。他們可以給我最好的牢房和最好的牢飯。」

託這些新朋友的福，阿里從單獨監禁被遷往政治犯牢房。所有反政府的人全都關在這裡，約四十五到五十個左右。因為沒有別的事好談，他們整天都在聊政治，而阿里發現每個人都因背景不同而有各自的政治觀點。有些是杜德黨人，但他們的領導人和政府合作；有些是聖戰士運動成員，但聖戰士尚未展開反政府戰爭；有些則是極端的毛澤東思想分子。事實上，政府已開始默默整肅左派分子，在政治領域內，有些是國王部隊的將軍和上校，有些是和國王掛鉤過的大地主，更怪的是，還有兩個在國王時代風光一時的穆拉觸犯了性犯罪。其中一位穆拉表示，他有神力可幫助不孕的婦女，所以他總是把不孕的婦女帶進自己住處，再和她們發生性行為；另外一位穆拉則是算命的。

「其實兩位穆拉最後都遭到處決。我們通常可以從很遠的地方看到處決人犯的過程。每當他們要處決人犯時，我們總會在前一晚就發現。那晚我們會早早關燈，假裝已經睡著。然後到了午夜十二點左右，庭院花園的燈光會忽然大亮。我們遠遠就能在獄卒毫不知情之下看到處決。革命法庭中有個當地的穆拉位高權重，操徵收、監禁和生殺大權。」

「處決人犯對其他囚犯有什麼影響？」

「不論是站在哪一邊，都沒有人喜歡處決。他們不認為這就叫伸張正義。」

革命衛隊的調查人員不時前來監獄，帶走一些政治犯去「調查」（阿里不想用更強烈的字眼）。這些「調查」會持續兩到五個鐘頭，然後再讓犯人回到獄中。調查行動都是客客氣氣的。

因為和獄中的革命衛隊交上朋友，阿里顯然享有一些特權，看得一些囚犯忌妒眼紅。事實上，這些新朋友帶給阿里的糖果和水果多到他都可以分給獄友們吃了。

有一天，部分共產黨囚犯終於忍無可忍，他們告訴阿里：「對你而言，這是一場喜宴，但等著瞧，等我們掌權，我們不會將你這種人解往法庭和監獄，我們會把法庭和處決者帶到你住的街上、你的家，然後在你家前面審判你，將你就地正法。」

阿里跟他們說：「感謝真主，你們全被關在牢裡，而且你們會一直關在這裡，奈何不了我。」

不久之後，阿里的案子宣判了。當局邀請大家來，想告他的儘管告，有任何狀子想提的儘管提。穆拉的法庭一共開了七次庭，指控阿里的案子最終遭到駁回。

那個穆拉法官說：「我不是伊斯蘭革命分子，但我確實讓革命帶來了伊斯蘭教，兩者仍舊有所區別。我希望在天國有個家，而不是在地獄有個住處。除非我真的發現證據確鑿，否則有錢人不一定有罪。你或許不是個好的穆斯林，但我判你無罪。」

審判之後，對阿里而言，一切都變得比較平靜。問題還是有的，而且不少。現在生活變得不容易，而且或許他也從此失去了安全感。但那種預先斷定他是有錢人，並在革命後的最初三年把他整得死去活來的革命分子，如今在法庭和政府部門已經不再那麼囂張了。政府已經將許多更瘋狂的分子驅逐出去，那些仍留在裡頭的人也已經逐年收斂。權力讓其中大多數的人腐化，有的人撈了許多錢，甚至還自己做起生意來。就算權力人士仍然可能妨礙別人，但現在已經比較容易被看穿，也總有辦法打發他們。

歷經這一切之後，阿里家一片愁雲慘霧，全都顯現在他妻子的臉上，述說著一些對真實失落的生活永難撫平的哀傷。

☆

往北方山區看去，晨光投影在山巔上和山谷中。每塊崢嶸突起，每個磨損岩石，每處山坡落石，都顯眼可見。晨光也照射出一些較矮的山地建設的程度，好幾個地方還被削成新平台，米黃色下可見水泥色，準備進一步建設。到了夜晚，原本空盪盪的山邊可以看到照射在其上的一道道破碎燈光，但是一到早晨，燈光即消失無蹤，似乎空無一物。再往下，只見白楊木在墨綠色的襯托下，顯得格外清新。

第五章 監獄

裴達在貧瘠的西北部長大，從小就深深為革命思想著迷。眼見寡母為生活日夜操勞，每每心如刀割。母親為人縫補衣物以及做各種襪子維持生計，往往在縫紉機前一坐，就到凌晨兩點。

裴達及時加入杜德共產黨。杜德黨一直希望依附宗教運動奪取政權，革命初期，黨的政策就是以伊斯蘭教當掩護，這夠容易的：畢竟這兩個團體都講求正義公道、信賞必罰，以及統治者的邪惡。但杜德黨後來還是自我毀滅。這個黨賦予了伊斯蘭教革命蘇聯式的組織架構，之後卻又被這種組織給毀滅。

一九八〇年和一九八一年，被關在工廠牢房的阿里就看出左派勢力已經開始內縮。儘管在政治部門的憤怒共產黨員依然威脅說一等他們掌權，就要把阿里吊死在他家屋外，但其實他們在伊朗的時代已經結束。兩年後，即一九八三年，政府正式宣布杜德黨為非法政黨。又過了兩年，一直東躲西藏的裴達就如同杜德黨其他殘餘黨員一般，到處被追緝，最後被送進了德黑蘭市外的監獄。

裴達當時並不知道監獄設在國內何處；其實直到現在他也還是不知道。根據他的估計，他有大約兩個月時間被關在一個類似洞穴的地方，完全無窗，暗無天日，並且接受偵訊。他最先被關在一個洞穴，後來遷移到一間牢房，和十四個人關在一起又過了一年。也就是在這種黑暗、極度的孤獨、與外界隔絕的情況下，他開始冷靜思考在他成年之後驅策著他大半歲月的革命思想。他終於瞭解，而且是在這種情況下格外痛苦地瞭解到為什麼他錯了，「為什麼革命注定非失敗不可。」「我認為人的本質非常複雜，不能光用一種簡單的方式和一些口號去領導。我們的內心其實充滿了貪婪、愛恨和恐懼，每個人都有自己的歷史和過去。所以，一旦我們發動革命，每個人都帶著自己的七情六慾，只是程度不同罷了。革命一向都不理會這種個別差異性。」

所以在獄中他就唾棄了革命思想。那原本等同宗教，都是他最大的精神支柱；日後，他再沒有得遇一樣重要的思想。他就如同一個內在幻滅的人，他是來自西北方的昂藏漢子，可以想見，他一定也熱情如火，如今他卻出奇平靜；他的舊仇新恨讓他隨時注意自己的情緒、斟酌字句，喜怒不形於色，把所有的抱怨都扣在心中。雖然他現在和從前一樣引人注意，還是隨時可能再度被抓，日常生活艱難，革命後的伊朗經濟一團亂，伊朗幣值一落千丈，他擔任教職的收入也一日不如一日，他卻依然努力為自己的私生活、自己的家庭理出個方向。

他說：「我十八歲時深深著迷於革命思想。」這大概是革命爆發前七、八年的事。「我們鎮上有個人剛出獄，我們很喜歡去找他聊天。但因為安全的關係，他不想和我們聊。最後他一定對我有了好印象，才會挑我聊。他三十八歲，是一位在我們村內河裡淹死的名作家的密友。他信任我之後，就開始和我聊天。」

我問裴達：「他家住在哪裡？住哪種房子？」

「他住在一間很普通的小房子，就像你在西北部經常見到的房子，有一個小庭院和兩個房間。他與母親和兩個姊妹同住。他告訴我許多不公不義的事，以及將來準備如何洗刷冤屈。」

「當時你在工作了嗎？」

「我剛從學校畢業，在一個市場裡工作，同時也為雜誌寫些小故事。我寫了大概三十篇，大部分都刊登出來了。」

「你都寫些什麼？」

「關於貧窮，關於受苦的人。我十二歲時父親過世，從此經歷了貧窮之苦。母親為了養家活口，每天工作十六個小時。我見過她一些晦暗的畫面：凌晨兩點醒來，發現她在縫紉機前打瞌睡。」

裴達的新朋友，就是那個政治犯，送給裴達一些俄羅斯作家寫的書。馬克西姆．高爾基[1]的作品最能打動裴達的心，他最喜歡高爾基的小說《母親》。這個朋友也介紹裴達認識伊朗的革命作家，有些還坐過牢。這個朋友不想談自己服刑的日子。他總共坐了三年牢，裴達很想聽這段故事，但這個朋友寧可談自己的政治思想。

他說，這些都是馬克思思想。裴達後來發現這些都只是非常粗糙的馬克思思想，但當時他是興奮的，這些粗糙的思想也內化成為他的。到更後來，裴達更加清楚原來朋友的政治思想也僅止於此；他根本沒有試著去做更深入的探索。

我對裴達說：「然而在你看來，這個朋友有種神聖的光芒？」

「沒錯，我的感覺是種純粹的情感。我覺得，是的，這人的革命見解行得通，但要有人犧牲。我開始為革命自我準備，甚至開始想到我可能會喪命。」

「你花了多久時間才到那個階段？」

「全部只花了一年。」

「今堂呢？」

1 譯註：Maxim Gorky，一八六八～一九三六年。社會主義、現實主義文學奠基人，政治活動家，蘇聯文學創始人。

「她知道。她知道那個朋友教我走他的路，但她什麼也沒說。她是我們這裡典型的那種母親——相信自己的兒子，相信兒子的所作所為。這種事通常發生在父親過世後、兒子就取代父親的家庭。或許不是完全順從，但做母親的大抵會聽兒子的。」

「你幾乎是用宗教的方式在談革命和犧牲。」

「我不太確定我的宗教情感。我父親是個無神論者，也不信教；母親也不信，並非典型的伊朗人。母親相信真主，但她更相信人。我依然記得她說過一些很棒的話。『如果你教一個小孩不要做壞事，他真的沒做，你就給他獎勵，那當然沒問題，畢竟他只是個孩子。但是如果他長大了，也瞭解自己，你卻仍然因為他做好事而給他獎勵，那就是在羞辱他了。』」

一九七〇年代末期，裴達前往英格蘭一所省立學院深造。他帶著妻子和兩名子女同往，雖然有些積蓄，但他可能還是靠獎學金去的。在英格蘭，他們賃屋而居。儘管他當時沒那樣看待，如今也沒說，但他負笈英格蘭求學這件事，其實就等同於對國王治下的伊朗的推崇。這說明了即便連裴達這種出身貧窮落後地區的人，仍有機動力；說明了經濟仍然讓他有份工作，讓他能夠儲蓄；也說明了當時伊朗貨幣仍然強勁，仍有購買力。

我想知道，裴達在英格蘭注意到第一件不尋常的事物是什麼。

「在英格蘭，我都是用預設立場看事情，我認為他們全是資本主義分子。我非常憤世嫉俗，認為他們應該為我們的歷史苦難負責。當然在某種程度上，他們是該負責。」

「你注意到建築嗎？有沒有喜歡的？」

「許多事物我都視而不見。想法和我一樣的革命人士也都這樣。」

很快的，革命就爆發了。

「當時是一九七八年，人人都走上街頭，我必須選邊站。對於一直希望在街頭與民眾站在一起，共同爭取自由與平等的我而言，邊老早就選定了。我在英格蘭參加示威運動，散發傳單給過往行人。那時因為革命的關係，何梅尼大受歡迎。」

我說：「在英格蘭，我們倒是很晚才聽到他的大名。我的感覺是教徒希望他保持神祕。」

「革命剛爆發時，他並不在那兒。一直到一九七八年，人們才開始聽到他這號人物。」

「他們連你都不透露有他這位人物？」

「就連我們這些奮戰的人都無從知曉。這次我必須做一次痛苦的決定。我不是信徒，我是馬克思主義分子。但何梅尼又是領導革命的宗教人士。當時唯一和何梅尼站在一起的政黨就是杜德黨。自然而然地，我就被杜德黨所吸引。當然，除了和何梅尼站在一起外，杜德黨的領導階層裡也有許多頗負眾望的知識分子。有些人因為在智識上確有表現而受到我們的愛戴，事後我們才知道他們的政治目的。當時我深感為難，最後決定和何梅尼站在一起。但我也有許多疑慮，我會跟朋友說：『我們或許能贏得革命，但在文化上卻可能倒退一千年。』」

「令堂怎麼說？」

「她非常悲觀。她說：『跟隨這些信教的人，你最後什麼都得不到。我們很瞭解這些人，見識過這些人。這些人不讓我學習讀書識字。』她說的沒錯，因為某天有位教士到我外祖父家說：『你不應該送女兒上學。對於女人來說，這些學校就是撒旦的中心。』當時是一九二五年，我母親只有七歲。母親一輩子也忘不了他們，因為她很喜歡追求知識和讀書。」

但裴達終究想辦法說服了她。他是她兒子，她愛他。後來他放棄學業，認為在革命如火如荼進行時，再繼續念書就是浪費時間，便毅然返回伊朗。他希望置身革命現場，和人民站在一起。

等他回到國內，革命卻已經結束。國王去國流亡，何梅尼大權在握。裴達找了份教職，他對革命的走向向來有疑慮，不久情勢便開始惡化，宗教規範相繼出籠，婦女必須裹披肩、戴頭巾，音樂和文化活動一律禁止，報紙也受到限制。一九七九年八月，一家叫《未來報》的非宗教性自由派反對黨報紙被勒令關閉。兩年後，裴達的教職也丟了。接著就來了所謂的「文化革命」，所有的大學都關閉。

裴達在國內四處打臨工，和妻子與兩名子女開始過著飄泊的日子。他主要是為私人的進出口公司當翻譯。

裴達說：「這段時間的悲劇點是，我居然也和杜德黨衝突起來。」

「第一個向你宣揚革命的那個人怎麼了？就是你十八歲時，送過你高爾基的書那個人。」

「革命之後，他反而不太活躍。如果我稍加注意，就會發現這很怪。他謀了份教職，目前仍在教書。如今我知道他真是有智慧。」

「但他沒給你忠告？」

「沒有，或許是認為我太年輕了，或許有他自己的疑慮，也或許他為自己沒加入革命而感到慚愧。很久之後我還真的跑去找他問：『你實在很聰明。為什麼不教教我？』他說：『我連自己要做什麼都不太確定了。國王的政權垮台之後，這又是新的政權，而我一無所知，也不確定是好是壞，只能得過且過。』」

「你現在怎麼看待這件事？」

「那個回答也還算持平。」

「令堂呢？」

「她聽從我的想法，也接受我的說法。」

他之所以和杜德黨衝突，是因為杜德黨不分青紅皂白，一面倒的支持何梅尼政府。當他提出反對時，他們說何梅尼領導的是人民運動，既然杜德黨相信人民，他們就不能遠離人民，所以杜德黨必須和何梅尼站在一起；在國際上，這就是他們的一貫政策。時值一九八三年，就在那年，杜德黨被宣布為非法政黨，杜德黨人開始遭到逮捕。

「我身陷混亂，充滿危險。他們開始搜查我的住處。我在大學時發表過一些言論，說我和杜德黨人在一起，他們就在我住的城裡搜捕我。純屬運氣好，我才能勉強逃脫。原來是因為城裡有人被捕，那位被捕的人後來告訴他的家人，革命衛隊談到了我，於是他家人趕緊來跟我通風報信，我就帶著家人逃離了住處。那些日子啊！真的是！從那時開始，我東躲西藏的過日子。我通常一個月來探望家人一次，帶點錢回來。什麼工作都做，還化妝掩飾身分。我在飯店工作，都是些手工，比較簡單的工作，都在很遠的地方。全靠親友接濟，家母成了交換消息的中心。」

過了兩年這種生活後，他認為風頭已經過去，應該可以走出藏身地。好像已經沒有人在跟蹤他，報上的逮捕報導也越來越少，於是他又開始和家人住在一起，並且尋找教職。就這樣過了一年。有一天晚上家裡電話響了，是革命衛隊打來的，他們說要他到總部走一趟，花幾分鐘時間，回答一些問題。後來他發現，他們早就查過他的資料，找到了他的住處。

他在電話中問對方：「真的只需要幾分鐘？」

革命衛隊的人說：「噢，是的，你到這裡來絕對不會超過一小時。」

裴達就和妻子、兒女吻別，說這一別可能要好長一段時間不能再見。妻子說不會是他想的那樣。但他是對的，直到一年後才得以返家。

他到革命衛隊總部報到，並且自我介紹，接著被送進一個房間，一名革命衛隊人員早就在裡頭等著，給了他一份問卷要他填寫。其中有一道問題是：**你過去從事過政治活動嗎？**

我問裴達：「革命衛隊人員長什麼樣子？」

「體格魁梧，蓄鬍子，高個兒，一臉冷峻。他有一雙手指肥厚的大手，是我首先注意到的東西，結實的手指頭。或許我是想到他可能會打我吧。」

「你覺得他多大年紀？穿制服嗎？」

「大約三十歲，穿制服，卡其衣。」

「受過教育嗎？」

「沒受過，完全沒有。這點從他說話的模式就可以看得分明。」

「辦公室呢？」

「就是我們一般的革命委員會辦公室模樣。我們都這樣稱呼它們。我在被問及是否有參與政治活動的問題上回答：『沒有。』他說：『你確定自己沒有別的信仰？』接著我就把我的想法全部告訴他。沒有其他資料。他聽了就露齒而笑說：『這我們都知道了。』然後用布蒙住我的眼睛，把我關到一個小房間裡。那時是早上九點。」在裴達的敘述中，時間大幅跳躍，以致聽起來彷彿整晚他都在接受偵訊似的。不過一直到很後來，我才注意到這種跳躍。「當時是春天，四月或五月吧。第二天我就從那裡被移送到監獄，最先是移送到艾溫監獄。」那是德黑蘭大獄。「一個星期後，我又被移送到另一個地方。到底是什麼地方，我至今都還不知道。我在那裡被偵訊了兩個月，後來被判刑一年。艾溫監獄還可以忍受，至少是現代化的地方。但在另一個地方就很可怕，那裡很冷，就像洞穴一樣。接下來的一年時間倒也還好。一個十五人團體的囚房。那年的情況還可以，因為他們關的人不多。過去真的很糟，可見外頭的情況慢慢緩和下來了。」

就在這個時期，裴達開始在孤獨中思考、也從遠距離思考革命。他認為那是他一生中最重要的一年。

「令堂呢？」

「她在兩年前過世了。幸運的是她走得很快。我開始思考革命的東西和我所有的信仰。現在是該為自己思考了，思考一些某種程度上對我而言是禁忌的東西。」

「是你自己將它們視為禁忌。」

「是我自己畫地自限。譬如對我而言，亞瑟．柯斯勒[2]是反動分子，所以我就不看他寫的任何東西。就是這樣，再簡單不過。喬治．歐威爾[3]也是反動分子。我把人分成革命分子和反動分子兩種。現在我特別思念母親，想念她在不知道這些思想體系之下的種種美好作為。對我而言，她象徵著真正的人類；每個人都愛她，每個認識她的人都愛她。這實在很奇怪。她在醫院過世時，所有的護士，連醫生都哭了，原因是她關心醫院裡的每一個人。她會說：『護士小姐，打電話給你的那位紳士後來如何了？他有沒有來？』她也會問另一個護士：『令堂好嗎？好點了沒有？』即使自己也

2 譯註：Arthur Koestler，一九〇五～一九八三年。匈牙利出生的猶太裔英國作家、記者和批評家。原是共產黨員，後出於對蘇聯大清洗的反思，思想逐漸趨向自由主義，並最終寫出指斥大清洗、起訴史達林主義的西方文學史上著名的政治小說《正午的黑暗》。

3 譯註：George Orwell，一九〇三～一九五〇年。英國左翼作家、新聞記者和社會評論家。《動物農莊》和《一九八四》為他最著名的傳世之作。

病著，她還是一直忙著關懷別人，幫助別人。

「我想，思想體系只是能在生活上幫助我們的一小部分智識而已，主要的來源在於我們的文化思維，諸如家母那樣的人自然而然的行為。我獻身的革命不將我當成知識分子來理解，也不把我母親當人看。」

監獄裡倒沒有經常在肉體上虐待犯人。裴達只被嚴重修理過兩次。第一次是何梅尼去世的時候。革命衛隊緊張萬分，深恐會有人劫獄。他們將十五名囚犯全部蒙上眼睛，帶上一輛小巴士，命令他們往前彎腰，保持安靜。裴達旁邊的男子悄悄問他：「他們要帶我們去哪裡？」裴達伸出手指比在嘴唇上說：「我不知道。」但一個革命衛隊隊員聽到了，他走過來，用槍打裴達的後頸，接著甚至開始痛毆他，瘋狂的程度讓裴達覺得自己這次死定了。事後裴達病了一個星期，躺在囚房裡無人聞問，他們只給他東西吃。不知怎地，他終究活過來了。

還有一次他挨了一記耳光，因為在談話中提到聖戰士，那是左派教徒組織，一度和革命衛隊結盟，也參與了早期折磨阿里的那批人。一名革命衛隊隊員聽到後，馬上賞裴達一記耳光，並嚴禁他再提「Mujahidin」（聖戰士）這個字眼。但這名隊員要說的其實是Monafegheen，是個不好的字眼，意思是「偽君子」。

裴達說：「我獻身教育工作，這種方式對我的同胞是最有用的，就是想辦法教育他們。如果我一開始就想得到這點就好了。可惜我們身在其中，上頭又瀰漫聲囂。更早的政權應該為目前發生的一切負責。他們剝奪了我們的自由和接受優良教育的機會，讓其他那些人得以出現。」

★

北方低矮的山丘，在某種光線下呈現黃褐色，結構柔和，有時還有些因新近才種植的樹而顯得蒼翠點點的梯面，另外還有幾面擋土牆，讓我以為是準備未來開發用的。某天我在那個區域散步時，才發現從我飯店房間的窗口往左望，茶褐色的矮山之一，即是許多人遭到處決的現場：自由凱悅飯店的地址其實就在艾溫十字路口。

我注意到階面是從某個地方才開始有，看到路一條接一條蜿蜒而上；那是一種階梯狀的高牆，不斷往上攀升，消失在山的一邊，然後又在遠遠的另一邊重新出現。我覺得這種階梯狀的高牆是相連的，只是之前並不知道自己看到的是什麼。部分原因是照在山上的光線舞動，迷惑了我的雙眼。只有早上當東方的太陽照進山谷和山峰並顯出光影時，右手邊階梯狀高牆的高度才得以看個分明；投下斜斜的大片長影，往上逐漸變細，終致消失不見。其他從我眺望的地方看不到影子的時候，呈階梯狀的高牆就如同山色，只看得到高牆上方的鋸齒狀線條，讓我以為它們是一堵用來防止土壤崩塌或土地鬆動的擋土牆。

如果右手邊階梯狀的高牆只有在清晨才清晰顯影，那麼左手邊的高牆則要等到中午過後才輪得到投射牆影，在我從前看不到高牆的地方顯現出巨大的齒狀曲線。

如今我既然看到了，就一直留意。左右兩邊呈現鋸齒狀的高牆，還有中間某些地方若隱若現的鋸齒狀頂端，看來活像是一個巨大老舊的陷阱鋼牙。

現在我知道原來這是一座監獄，而讓我吃驚不已的是，儘管我已經觀看了好些日子，卻只是把它當山景看，從來沒起半點疑心：怪異的水泥棚廠建築物，沙土顏色，在白楊木與法國梧桐的翠綠中聳然而立。接下來的兩、三天，監獄和監獄建地變得越來越清楚，越來越鉅細靡遺。柏油路蜿蜒而上，穿過掩人耳目的翠綠，直通大門口的警衛室；棚庫下有一排長得像鐵路廠棚的矮房子，像是小工廠，還有一些更矮的水泥建築，毫無疑問一定是員工宿舍，不過看在我眼裡，可不是那麼適合住人。我原以為這些建築是開發業者在美麗山邊的凌亂施工；它們（或者說至少就我個人的感覺）有助於偽裝監獄。

到了晚上，山景看得更清楚，似乎也更加邪惡，或許是因為監獄的邪惡事情總是發生在夜裡。藍色的大路燈蜿蜒曲折，標記出往上通向監獄的柏油路；既高且大的白色監獄探照燈高掛在如棚廠般的牢房上；到處都是燈。

監獄廣袤，在北德黑蘭占一大片地，需要很長的時間才看得盡。

某個下午我任由自己舉目望去，讓雙眼從籠罩著陰影的高牆沿著山往左看，結果看到樹林中的牆一堵接一堵，橫向綿亙，從左邊延伸到山腳右邊。山腳下的這堵牆很高，牆中嵌有幾扇高大的藍門，毫無疑問地，革命之後，卡車就是經常載送著遭到處決的犯人屍體從這些門中運出去。在綠樹、磚牆和水泥襯托下，幾扇門上的藍色格外醒目，看得人不禁懷疑為什麼會選擇那種藍色？

在美麗而多變的群山之下，這幅景象——即德黑蘭大獄——比布拉格城堡還要恐怖駭人。發現這件事後的衝擊力，就如同我在西非達卡英國大使館發現使館網球場的圍牆另一面就是停屍間時一樣，難怪那裡每天都有一大群戴著穆斯林帽子、穿著長袍的非洲人，而且總是一臉哀戚。

阿里說，何梅尼的絞刑法官阿亞圖拉哈克哈里曾經坐在這間座落於沙里亞特街、曾經是國王昔日軍事法庭的革命法庭中審判問案。革命初期，這間法庭經常一天二十四小時全天候開庭，阿里也經常鎮日往法庭跑，看能不能營救幾個他所認識的人。犯人可能就是從艾溫監獄押解過來沙里亞特街的。

一九七九年八月我第一次到德黑蘭時，法庭仍人滿為患，川流不息。就在同年同月，哈克哈里接受《德黑蘭時報》（老闆和主編仍是帕維茲先生）的訪問，賈佛瑞先生仍坐在他那台高級打字機前，嚴厲且尖刻的呼籲阿亞圖拉們回庫姆去。訪談中，哈克哈里說他「可能」一共判決過三百到四百人死刑。他說有些夜晚，卡車會從監獄載三、四十具屍體出去。

屍體就是經由那些藍色大門運走的。

第六章　烈士

邁赫達德和我約在一家圖書出版商的辦公室與阿巴斯碰面。阿巴斯今年二十七歲，是個戰爭老手。戰爭打到第二年時，十四歲的阿巴斯就投筆從戎，放棄學業去打仗，就這麼一路打下來。如今他似乎沒有一份固定的工作。戰爭結束後，在精神需求的驅策下，他去庫姆念了三年神學，但後來對庫姆深感失望。為了討好女友家人，他拿到高中畢業證書，繼續上大學。現在他在學拍電影，製作一些詩情畫意、如俳句般不超過一分鐘的超短影片。他也在伊朗四處遊歷，採訪和他一樣打過仗的老手，供稿給我們在其辦公室碰面的出版商。這家出版社似乎出版了一系列和兩伊戰爭相關的書。

這裡有許多打過仗的戰士，阿巴斯憑藉他受過的軍事訓練，發展出能在同一時間內安排許多場訪談的程序。他每到一個新地方，就會召集退伍戰士來參加類似公共論壇的聚會，先發給大家問卷調查，訴說自己的戰爭故事，蓄意簡化，旨在用這些簡單的故事鼓勵退伍戰士去除羞赧或疑慮，同時也寫下自己的回憶。

眼前他正聊起一個他說給退伍戰士聽的故事。自己的軍事經驗記憶猶新的邁赫達德，聽得悠然神往，居然忘了為我翻譯，發亮的雙眼無法從阿巴斯身上移開。

阿巴斯長得十分醒目，個兒小，四肢壯，有種正統的帥勁，鬍子修剪整齊，以及打理光鮮、長度剛好蓋住後頸的髮型。他穿著一件亮黑底、上有寬直條紋的綠色襯衫，眼鏡盒扣在腰間，算是他的風格之一。這風格讓人觀之心傷，因為他的頭部曾經受過傷，顯然克服了許多障礙，今天才能依舊保持大半的自我。他雙眼充滿血絲，喜怒不形於色，奇怪的凝視著；轉動起頭來很緩慢，說他的雙腿仍然會痛。

可惜在吃水果、喝茶、聊天一小時之後，我發現阿巴斯的話了無新意，除了雙眼凝視外帶正經自大外，什麼也看不出來；我甚至連從上衣口袋掏出筆記本的慾望都沒有。而當社區停電、四周突然陷入一片黑暗時，似乎也就到了道別的時刻。

我們起身道別。在黑暗中，我忽然想起一件事，便問他在採訪期間，有沒有遇到過參加敢死隊而存活下來的人。他說是有幾個倖存下來。而當我們問到有沒有可能找某個人來見個面時，他又不說話了。然後，大概是黑暗產生的效果，抑制了周圍的日常聲息，以至於我們說起話來格外輕聲細語，襯著不遠處林蔭大道的車水馬龍、仍在外頭街道上嬉戲的兒童的聲音，聽來突然特別清楚。或許因為停電的關係，阿巴斯欲言又止的說：「我不該說的，但我就是其中之一。」

結果我們就繼續待下去。阿巴斯首先是摸黑，然後與我們秉燭夜談。出版社多的是蠟燭，原本就是為停電時而準備的。

我當下並沒有做記錄，是後來回到飯店，邁赫達德和我將訪談資料重新整理時，我才做了筆記。

★

當阿巴斯說他參加過敢死隊時，他先前所說的許多事情似乎頓時到位。他十四歲自願服役，被帶至戰場邊緣，然後自動請纓，自己摸路到死傷無數的迪茲富勒前線。這個前線城鎮受到戰火的嚴重摧殘。他為什麼要投筆從戎呢？他說，政府有個負責發展的組織，會派遣一些擅長演講的人到他學校去（後來在飯店，邁赫達德還特別跟我說，那所學校是德黑蘭最好的學校之一）。演講人說他們想要帶些男孩上前線，讓他們見識戰爭，徵求自願的人，於是阿巴斯便自願報名。

即便是個志願軍，他在迪茲富勒卻無事可做。軍方希望將他遣送回去，但他央求他們，說想要幫忙做事，他們便讓他留了下來。

阿巴斯在迪茲富勒期間正值伊朗大攻擊之際，有二十二天時間，大砲聲和飛機聲終日不絕於耳，他便在這裡首度目睹了戰場上的死亡和壯烈成仁。

一輛救護車從前線開回來，一瞥見是伊朗組織的，大家都擁了上去。阿巴斯也和大家一起跑過去。起先他以為救護車裡的人只是受傷，等到他們被抬到地上，他才發現他們都死了。其中兩名死者，兩個鐘頭前他還看到他們生龍活虎。當時他心想，「我想要找我的朋友，但其中已經沒有我的朋友了，我的朋友已在別處。」他當下覺得死亡是件崇高而美好之事。他知道，有朝一日他也會有相同的經驗，到朋友所在的地方去。

這是一個精神大受震撼的時刻，當他在為死者清洗子彈帶和裝備帶時，這種感受更是攀升到最高點。那是他在前線經常做的事情之一。他每天都會到停屍間（官方名稱是Meradj，即升天之處），蒐集平均約四十名死者的裝備，晚上便清理這些裝備。因為參加攻擊行動的人太多，當時的裝備十分短缺，鞋子也缺。他在白天經常做的另一項工作就是協助開往前線的卡車卸貨。因為他卸起貨來認真賣力，也就成為軍方沒有將他打發回去的原因之一。

對阿巴斯而言，清洗死者的裝備是一種精神上的訓練，因為他認為他所清洗的這些遺物，屬於一些先前根本不知道自己會前往何處的人。不過阿巴斯的話模稜兩可，他的意思也可能是，儘管這些人並不知道自己將前往何處，卻依然義無反顧的勇往直前。

一年後，阿巴斯終於正式入伍，成為敢死隊隊員。自願參加敢死隊的人聲稱他們願意接受任何任務。他們在一般營隊裡並沒有穿特別的服裝，倒是以他們的熱情而讓長官們知道。就字面而言，烈士敢死隊就是準備作戰到死的人；無一人會倖存。

在展開攻擊之前，會有一場「告別式」，可能有人高歌；可能有人到營中來致敬，或是教長、或是指揮官、或是長者、或是頗負眾望的人物，由他們來向敢死隊隊員發表演說。演說者會站在講台上或椅子上說：「明天我們將展開攻擊。」那就是告別式的開場白。有人會當場頓時痛哭流涕，也有人是之後才哭，但一般都會有許多人落淚與慟哭。演說者會說：「你們當中明天可能有一些人不會再回來。我們可能無法再相見。有些人明天就會去見真主。」

接著就是音樂和吟唱。聽在阿巴斯耳裡，就如同背景音樂，沒有人會專注去聽，每個人都掏空自己的感受，將感受匯集成一股共同的洪流，包括人間各種苦難和塵世的煩惱，以及家庭的問題，或妻子有孕、孩子生病、財務困難和親子失和，一切都如洪流，消失不見。參加告別式就如同登上一艘船，不論喜不喜歡，都得隨之共行。

阿巴斯受過兩次傷。比較確切的說法或許是，他只提了兩次受傷的情況。第一次是在中午伊拉克反擊的時候（伊朗這邊則都是在清晨時分展開攻擊）。在伊拉克那次反擊中受困的是傷者、敢死隊和其他一些想要拖延敵人進攻的部隊。一枚火箭在阿巴斯左近爆炸，他的雙腳都被擊中，昏迷不省人事，一直到晚上才醒轉過來。他起先是聽到有人說阿拉伯語，看到一些顯然每隔二十公尺便派駐一人看守的伊拉克士兵，那是伊拉克前進部隊的警戒哨。阿巴斯找到一枚手榴彈和一把機槍，他先把手榴彈丟向伊拉克士兵，炸死其中四人，接著拔腿就逃，逃到五十公尺外的伊朗部隊這邊。伊拉克部隊朝他不斷開槍，但他繞來彎去，居然因此沒被射中。

第二次受的傷更嚴重。事情發生在第一次受傷一年之後，是在某個伊朗展開最大規模攻擊行動之一的晚上：一波波的攻擊持續了一個多月。又有一枚火箭在他身旁爆炸，一塊尖銳的彈片擊中他的後腦勺，把他炸得摔飛在地，傷勢嚴重。他昏昏醒醒了好多次，最後被人用飛機載到色拉子一家大型軍事醫院。

他們在他頭上嵌入一片人造骨頭。不久之後，他失去平衡感，接下來更是什麼都看不見。他的視網膜上有個血塊，可能導致完全失明的危險。有一天，當局希望帶一些病人去查拉古大帝[1]的陵墓，那是伊朗著名的陵墓之一。阿巴斯很想去，但他現在坐輪椅。醫生說，阿巴斯的情況不夠好，不能去。阿巴斯聽了大叫，開始和醫生吵起來，醫生只好讓步，於是阿巴斯就在上午八點坐著輪椅去陵墓。

戰場上有人高歌和吟唱。阿巴斯誓言：「阿拉，我接受您的意願，我喜歡您所喜歡的一切，但我不能對您說謊。我需要我的眼睛，如果您還給我眼睛，我會善用它們回到前線去。」

十二點時，阿巴斯和其他病人一起離開，回到醫院。兩點時，護士進來，他每六個小時就要吃十二顆藥丸，結果護士一打開門，阿巴斯就看到了光，隨即大叫起來。醫生和其他護士們全都跑進來，發現阿巴斯視網膜上的血塊不見了，於是他們不讓他睡覺，趕緊請其他醫生來看，沒有任何一

1 譯註：Shah Cheragh，是第七代先知領袖之子、第八代領袖之兄塞伊德之墓，因內嵌片片碎鏡，經由太陽光線折射，仿如鑽石庫般，故有「光明陵墓」或「燈王之墓」的別稱。

位醫生相信這種宗教奇蹟可能發生。消息馬上傳了出去，成為報紙刊載的故事。但阿巴斯有點緊張，深恐消息太過張揚。

一直幫我們倒茶的出版社助理說：「這麼做也是件好事。如果人們知道他到陵墓治好了病，一定會蜂擁而至，將他的衣服撕成碎片，帶回家當紀念品，希望也能在他們身上展現神蹟。」

我在一九七九年也聽到諸如此類的傳說，革命爆發之前，有人在示威活動中遭到國王的警察射殺。當時只要受一點輕傷，都有可能會致命，因為一旦有人倒下，和他一同示威的同伴就會紛紛跑過去用力摸他的傷口，希望沾染點烈士溫熱的鮮血。

★

在出版社見面那晚稍後，我到色拉子去了一趟，於薄暮時分，前往查拉古大帝的陵墓。外面的街道猶如有燈、有攤子、也有行人熙來攘往的市集街道，連陵墓內的氣氛也大致相仿，在庭院漫射的燈光和柔和的光影下，人們四處走動。而清真寺本體，在有欄杆圍繞、燈光更亮的陵墓四周，許多人都在禱告祈福。

要看阿巴斯所看過的一切，要融入此間眾人共同的感覺，就必須懷抱自己的感覺而去。你必須懷抱信仰、神學、情感和需求。

路邊有個高個兒伊朗漢子用自己的方法在祈求施捨。我一進去，他就相中我，隨即誰都不再理會，只全神貫注對準我。「Bhaiya（兄弟），兄弟。」他說，擠眉弄眼外加噘嘴，就像個演出悲情戲的演員一樣。

年輕的他胖胖的，腳蹬一雙在薄暮中十分醒目的白色鞋子，身穿掩不住下腹部外突的乳白色寬鬆衣服。他不時逗弄一個哭叫著的嬰兒，還有一位帶著幾個孩子的婦女，顯然是和他一起來的。他自稱來自杜拜，來陵墓是為了向聖人致敬，誰知壞人偷了他的錢，很多的拉克[2]，所有的文件也都被偷了。他邊說話邊逗弄著抱在乳白色衣服前的嬰兒，並且隨著大肚子每一次的搖晃，都用大拇指和食指捏嬰兒的屁股，惹得嬰兒尖叫不已。

逛完陵墓後，我再去找這名男子，想看看他當晚收穫如何，卻發現他和嬰兒不見了，連和他在一起的那個女人，以及與女人在一起的那些小孩，全都不見蹤影。

☆

出版社現在已點亮蠟燭，應我之請，阿巴斯談到信仰經驗所產生的影響。

他說：「信仰讓我深入內心。在精神方面，我有些我認為其他人都沒有的發現。」這是邁赫達德在度過漫漫長日、風塵僕僕回到飯店後，針對一個困難的概念所做的翻譯：他怎麼翻，我就怎麼記。「在戰場上，我們看到許多事情都無法用物質主義的方式來形容，像我看過一個人的手臂都被炸掉了，猶自跑著逃命，教人難以置信。這裡有許多在街上晃來晃去的人，只要手臂受點傷，就直接躺在街上不動，等著人來救。但在戰場上，敵人步步進逼，這個被炸掉一隻手臂的男孩還拚命地在躲避敵人。此情此景讓我知道，什麼事情都有可能。那一刻，我再也不在乎疼痛了，完全不去注意。」

---

2 譯註：lakh，印度或巴基斯坦等國獨特的貨幣計量單位，一拉克等於十萬，所以此處這人說的是幾十、甚或幾百萬。

戰後，他想要一直親近他所發現的那種精神信仰。對他而言，這種精神信仰猶如珍寶。街上來來往往的人當中，擁有這種精神信仰的並不多。「mardom to khiyabom」（街上來來往往的人）：這是在談他的精神信仰時第二度提到的字眼，彷彿精神信仰是一種真正的分界線，分出不同的人。「街上來來往往的人」當然未必不如他，但他們卻介意阿巴斯並不介意的事，像在他們的宗教信仰中，婦女必須戴面紗或者蓋頭巾，阿巴斯卻不重視這個。

「《可蘭經》教我們做事情要量力而為，所以我盡自己的能力行事，他們盡他們的力量行事。」他覺得自己應該增進精神感受，並認為自己可以利用研究和獎學金達到這個目標。他自幼喜歡念書，所以就到聖城庫姆註冊一門要研讀五年的課程，結果他三年就念完了。這時的他所讀的書已經夠多，認為自己在庫姆並未獲得當初所期待的東西。念書就是念書，他所關切的精神信仰則比較關乎個人，不是可以透過念書而來。周遭多的是空有一肚子宗教學問、卻根本沒有精神信仰的人的例子。

一、兩年後，外在世界又給了他另一項考驗。他愛上一個女孩，想和她結婚，於是到她家去提親。女孩的雙親卻說她是大學生，所以他也應該先念了大學再說。邁赫達德說，對阿巴斯而言，這真是強人所難，因為在伊朗，如果沒有高中文憑，根本上不了大學；而阿巴斯十四歲時就因為要從軍，便從那所很好的德黑蘭學校輟學了。

但如今的阿巴斯對一個人到底具有多大本能，自有他的精神信仰，他無時或忘那個被炸掉一隻手臂、幾乎去掉半條命的男孩，依然拚命逃離敵軍魔掌的模樣，於是他開始投入學業中。這是兩年前的事，如今阿巴斯早已取得文憑，也上了大學，他的家人和女孩的家人正在籌辦婚禮。

直到此刻，我才想到要關心一下他的家人：阿巴斯一直特立獨行、自信十足、英俊優雅。

「家父在德黑蘭一家巴士公司工作。」

「做什麼工作？」

「就只是個工人。」

對伊朗的社會階級有自己感覺的邁赫達德猜對了。他後來說，阿巴斯的父親任職的是間相當窮的公司，在這種公司當機工，根本就是份苦差事，但這名機工居然讓所有的子女都受了良好的教育：如今一個兒子開工廠，一個在大學當教授，么兒則當工程師。所以阿巴斯家是革命的成功故事之一。

我想知道他是怎麼發現自己身上的靈性的。

他說一切都得從他的名字談起。他很珍視自己的名字。在伊斯蘭教歷史上出現的第一位阿巴斯，是偉大的阿里之子胡賽因的親戚和主要指揮官，在卡爾巴拉戰鬥中和胡賽因領袖一起戰死的勇士共七十二名，阿巴斯就是其中之一。就字面上的意思而言，這位阿巴斯就是胡賽因的掌旗官。

所以小時候在伊斯蘭教一月[3]，即血月，也就是什葉派哀悼卡爾巴拉殉教之月，小小的阿巴斯儘管年僅六歲，卻也堅持不負自己之名，想要在紀念活動的遊行中掌軍旗。他是絕對不會讓旗子掉到地上的，對他而言，掉旗是種褻瀆。

光是這樣而已嗎？他父親或其他人難道沒教他一些事情？他還念過哪些書？

他說他無法再進一步解釋了。他家只是以平凡的方式在信教，家裡是有一些書，但都不是父親

3 譯註：Mohurram，關於這個月有一個比較特別的日子，即一月份的第十天，穆罕默德的孫子胡賽因和追隨他的一隊人在卡爾巴拉遭到屠殺，從此這個月的前十天便成為什葉派穆斯林哀悼的日子。

的。

我問道：「如果沒有爆發戰爭，你認為自己的情況會如何？」

出版社的助理說：「這是我們大家都想問的問題。如果沒有戰爭，我們可能得更加迂迴地繞長路去認識阿拉。我們有些人甚至可能到最後都見不到阿拉。」

阿巴斯說：「如果沒有爆發戰爭，我會繼續念書。我喜歡純物理，和哲學相關，就是研究物質。」

我對這點很感興趣，因為它顯示即使在啟示性宗教的嚴謹中，精神信仰的感覺也可能引發神奇感，科學和知識的追求因而得以展開。那就像我在前幾年獲得的領悟，在印度、在那國家的南方，某些身為古老儀式和禁律的僧侶守護者的婆羅門[4]家庭，歷經二十世紀的兩代之後，達到了高度發達的科學，準備好展開應他們非常複雜的神學所需，以及古怪的排外純粹所支配的智能之旅。

我跟阿巴斯提了一些上述想法。

他或許聽不懂，但懷抱著戰場上那個被炸掉一隻手臂的男孩影像的他說：「我希望看到東西是如何形成的，它們的原料為何。我想知道事物的本質。」

☆

出版社和街上的燈又再度亮起。此刻已經過了八點，我們從下午四點半就一直待在出版社。出版社的助理想要清走水果盤，關上辦公室的大門。孩子們早就停止在街上嬉戲，我透過窗戶藉著尚未消失的天光，看著孩子們在痛打並剝撕一株小法國梧桐，他們爬到樹幹上去，硬是把樹枝拉扯下來。

阿巴斯充滿血絲的雙眼現在幾乎透露著友善。他說：「我不該說這麼多的，還真像是個喝醉酒的人。」以上是我們回到飯店後，邁赫達德最先翻譯的，但他隨即又說：「不行，這樣說太強烈了，對阿巴斯不好。」他想了想後說：「『醉漢總是不知所云。我覺得自己就像是那樣。』這樣好多了。」我看不出有什麼不同，但邁赫達德說：「第二種要溫和多了。」

出版社的助理在關燈，利用這新的一波黑暗逐客。阿巴斯談到他製作的兩部一分鐘影片，每部影片分為三個場景。第一部開始的場景是某人在雪地中踩出腳印，另外一人踩著他的腳印走，第三個人起先也這麼做，但隨即猶豫，最後轉個方向，在雪地上留下自己的腳印。第二部影片是某個人的婚禮，然後是個耕田的農人，最後是一片風吹麥浪的田園景象。

邁赫達德說：「在伊朗，麥子是世代的象徵。」

這些影片的義意再透明不過，但阿巴斯自己可能並不知道。他對自己的想法表露無遺：他特立獨行，他是重生之人。

☆

在計程車上，邁赫達德說：「你注意到沒？他一次都沒有提到何梅尼。」

我說：「當他談到庫姆的時候，他說有許多例子顯示宗教學習並沒有依精神信仰來進行。我想跟他多問些這方面的事。」

---

4 譯註：印度的祭司貴族，掌握神權，占卜禍福，壟斷文化教育和報導農時季節，主持王室儀典，在社會中的地位最高。

但邁赫達德期期以為不可，他的意思是這個想法有些危險性，我也就不好再說什麼了。過了一會兒，邁赫達德說：「對我而言，阿巴斯是真正的英雄。不論是戰時或者平時，他的行事風格都如此。」

邁赫達德特別記得阿巴斯在二十五歲上下的時候還回到中學拿文憑，為的是準備上大學，想和女友結婚。

我們在一條街的牆上看到「FAITH NO MORE」（信仰不再）這幾個斗大的英文字。邁赫達德說，這是一張美國重金屬音樂的唱片名字。寫這幾個英文字的人英文不錯，所以英文字母或羅馬字母書寫的方式，若是只認得波斯文的人，恐怕就看不懂。（就連邁赫達德寫的英文也糟得可以。）不論邁赫達德說什麼，我都認為這幾個字表達的是一種抗議，就如同國王時代你經常可以從公寓或計程車裡聽到的流行音樂一樣。

接著，在一座陸橋的橋墩上有一塊用紅綠兩色波斯文塗抹的大招牌，紅色字是：**烈士們說**；綠色字寫著：**自從我們離開後，你們做了些什麼？**邁赫達德說，這話批判性十足，但志願軍有特權，他們可以在街上任意塗鴉，沒人敢制止。

☆

在有著一大扇窗可以清楚看到艾溫監獄那一大片藍光、燦爛白光和橘黃耀眼燈海的飯店房間裡，我們重新整理當晚的訪談。在談到阿巴斯故事的某個段落時，我問邁赫達德，如果革命沒有爆發，如果革命不是真的那麼浪費人才，阿巴斯和他的兄弟，也就是機工的眾多兒子，到底可不可能繼續往前進呢？

邁赫達德說：「人就像船一樣。」阿巴斯也用過船的意象，不過方式不同，他是用於談到戰場上的告別式時。「當第一艘船開往某個方向時，其他的船就會尾隨而去。就像是在處決盜賊的行刑隊。」邁赫達德從軍的最近記憶。「第一槍很重要，其他人跟著開就是，一聽到槍聲，他們就跟著扣扳機。我看過很多次了。就好比在游泳池。在軍中時，我是游泳池的救生員。來游泳的小男孩都很緊張，但只要第一位男孩跳進游泳池，其他男孩就會跟著跳，完全不考慮水有多深，或者自己會不會游泳。在大學也是如此，某位教授教得很爛，人人都知道他素質很差，但大家都沒什麼表示。可是只要某天有某個學生首先發難，站起來表示異議，立即全班譁然，學生個個開始和老師作對。

「這就是我對革命的感覺。我父母參加過四、五次示威，卻不知道自己為何參加，他們甚至連自己在做什麼都不知道。我父親不是勇者，他根本就不勇敢。如今你若問他，他就會說自己從未參加過示威，但我記得他參加過。我們家有許多書，其中有一本是圖畫書，彩色的，國王出版的有關皇室的書，是姊姊從學校帶回家的獎品，結果被我父親發現，我說過他不是個勇敢的人，他馬上把書撕爛丟進垃圾筒裡。他說：『也許爆發革命後，他們不希望看到我們家有這種東西。』我說：『才沒有人會理你家有什麼東西。』大家怎麼做，他就怎麼做。他明明一清二白，卻嚇得如驚弓之鳥。別人一身罪孽，他可是清白的。」邁赫達德認為自己是破除迷信者，但他的語言卻十分「宗教」。

我說：「有些東西你沒有翻譯。就是阿巴斯發問卷給打過仗的戰士，要他們填寫作戰經驗時跟他們說的故事。」

「有兩個朋友上前線，其中一個一天到晚都在談他城裡的運動和工作，絲毫不覺得自己在前線。另外一個推崇宗教精神生活的人，不希望自己的朋友與精神層面脫節，於是想盡辦法希望朋友少談城市生活，多談點精神話題。最後他在前線的通訊交換中心那裡取得一本筆記本，花了十天時間，把朋友說的話都記錄下來。到第十天時，六十頁全都寫滿了，他就把筆記本拿給朋友看，並說：『你看，這是你十天來的言談，我全都記了下來。你讀讀看，看你是不是做了好事、做了壞事、或做了毫無意義的事。』兩天後，兩個朋友再度碰面，愛好運動的那個把推崇宗教的那位帶到一個幽靜隱密的地方，掏出一個塑膠袋，裡面裝著焚燒後的紙灰說：『這是我的過去。我知道你要說什麼，我不會再犯同樣的錯了。』一陣子之後，每當他開口說自己的故事時，就會自動打斷並說：『噢，算了吧！』後來他就因『噢，算了吧！』而知名。」

我說：「你很迷這故事。」

「阿巴斯說，每當他把這則故事說給退役軍人聽，他們就開始笑。後來他們想到戰爭，想到自身的友誼，就會轉為啜泣。阿巴斯說，這則故事只是想讓退役軍人知道，把戰爭經驗填入問卷後，就算是簡單的事，也能產生效果。」

我說：「現在你對這則故事有什麼感想？」

「我這會兒沒有感覺。」

過了一會兒，他說：「這是伊朗的故事，因為談的是兩個士兵間的感情。要將缺點告訴朋友總是困難的，這故事是在說，身為朋友，終於找到了規勸的辦法。」

第七章　庫姆：懲罰者

一九七九年八月我到德黑蘭的時候，革命的絞刑法官阿亞圖拉哈克哈里可是個大明星。誠如阿里所說，伊斯蘭教革命法庭幾乎是徹夜開庭，日夜無休。艾溫監獄隨時都有人被處決，屍體就由卡車穿過藍色大門在晚上運走。

這些處決既不隱密，也毫不羞慚。有些革命官員甚至還會計算人數，《德黑蘭時報》通常也會在報導中更新數目。剛開始計算人數是為了彰顯革命有多麼仁慈，後來處決的人數實在太多，才停止計算。彼時官方還會為遭受處決的人犯拍照，不但處決前拍，處決後也拍。處決後的屍體赤裸裸躺在停屍間滑動運轉板上的照片，就歸檔入停屍間的大文件櫃裡，甚至還拿到街上公然叫賣。

伊斯蘭革命法庭的統治者阿亞圖拉哈克哈里對媒體十分開放，他在多次訪談中都大放厥辭。我帶著一名口譯到庫姆去看他，時值齋戒月。庫姆是阿亞圖拉暫時隱居、齋戒祈禱的地方。那時是八月份，沙漠酷熱異常。到了庫姆後，我們還得等上五個多小時，直到哈克哈里祈禱完畢開齋為止。當時是晚上九點。我們發現他就坐在他小小的家的走廊地板上，等在小庭院中央的則是他的侍衛、一些仰慕他的伊朗人，以及一對穿著非常正式的非洲夫婦（男的穿著淺灰色套裝，女的則是一襲雪紡紗似的莎麗），也都坐在地板上。

哈克哈里臉色白淨、禿頭，非常矮小，是個短小精悍的公務人員，穿著邋遢。或許因為身材矮小，他喜歡開各種玩笑，說的笑話都與處決人犯有關，聽得法庭的人大笑不已。或許和他職司絞刑有關，他也可能在開著玩笑之際突然扳起臉孔，沒來由地眉頭深鎖，嚴峻苛刻。

他是西北方的亞塞拜然人，自稱是農夫的兒子，小時候都在牧羊。所以照阿里的說法，哈克哈里原來只是個村童。對這種村童而言，五十或者五十多年前唯一的出路就是念神學院：一個房間，吃公糧，還有些錢可拿。但是哈克哈里對自己的童年幾乎認定沒什麼好提的，只是誇張地乾笑說他知道如何砍羊頭；這也不過像是在他小小法庭裡的某則處決笑話。因為他從未學過如何處理或思考自己的經驗，也從未廣泛涉獵書籍或深刻思考，他的經驗就只是過往的日子，甚至大半都徒然流逝，完全不留痕跡。或許如他所說，在庫姆念了三十五年的神學之後，他早已形同槁木，心如死灰，遠離現實的腦子裡只有規矩法條。如今革命又讓他大義凜然，近乎自負。他關心的只有眼前，他自己的權威和聲望，還有他執行的處決工作。

他說：「如今將由穆拉統治，我們的伊斯蘭教共和國將千秋萬世。馬克思主義者繼續跟著他們的列寧[1]，走我們的何梅尼路線。」

革命就是流血與懲罰，宗教就是流血與懲罰：在哈克哈里心中，這兩者似乎早已合而為一。

事實上，這兩個有關血的概念倒是很適用於革命的伊朗。幫我口譯的貝赫札德是共產黨員，他的父親也是。貝赫札德現年二十四歲，以他所擁有的伊朗優雅、科學教育和社會雄心，懷抱著自己的熱血夢。他最崇拜的英雄是史達林[2]。貝赫札德說：「他在俄羅斯做什麼，我們就該在伊朗做什麼。我們必須大開殺戒，大殺特殺。」

我們在月光下穿過沙漠返回德黑蘭，途中打開收音機聽廣播，聽到的新聞是政府關閉自由派或非宗教性的報紙《未來報》。這則新聞讓貝赫札德的心情變得十分沉重。不論共產黨高層說什麼，也不論隔年之後他們還會如何宣稱宗教革命是他們的，貝赫札德那晚就知道這場遊戲已經玩完了。

☆

十六年後的現在，我認為自己應該再去一趟庫姆，找找哈克哈里。若是可能，最好可以從他那兒聽到一些回顧舊時代的新角度。在聽到阿巴斯和阿里的說法後，我也想到自己在庫姆時，應該找個學生，即「talebeh」[3]談談，也好知道這些在革命之後還進神學院就讀的，到底是些什麼樣的人。因為邁赫達德認為我不應該去見哈克哈里，所以到目前為止我都還不敢輕舉妄動：去看哈克哈里，或只是有此意念，恐怕都會流於政治化，太過打擾，可能會招來麻煩。在我到處打探之際，也確實聽到好幾個理由，說哈克哈里可能不願意被打擾。他老早就被革命視為老人那一群，退隱在家，最近還有些心臟方面的問題。

儘管邁赫達德反對，我依然伸出觸角，傳回來的還是佳音。雖然官方可能不鼓勵，但還是聯絡上了哈克哈里，他準備好某一天的十一點鐘在家中見我。他家在庫姆一條名叫瀑布巷的地方，要帶我去的是一位神學士，這個神學士在庫姆求學多年，除此之外，他自己也想和我談談。我準備在庫姆距離哈克哈里住處不遠的馬拉希圖書館，和這個神學士碰面。馬拉希圖書館很有名，在庫姆幾乎

1 譯註：Lenin，一八七〇～一九二四年。著名的馬克思主義者、革命家、政治家、理論家和思想家，俄國共產黨創立者，蘇聯的主要建立者和第一位最高領導人。他將馬克思主義發展成列寧主義的理論。

2 譯註：Stalin，一八七八～一九五三年。蘇聯前領導人，執政近三十年，對二十世紀蘇聯和世界影響深遠。

3 譯註：神學士，音譯為塔利班，意即「伊斯蘭教的學生」，本書統一翻譯為「神學士」。

無人不知、無人不曉，應該很好找。

不過這項安排太複雜，太多細節必須搞定。身為旅人的我，知道就算是在比較單純的地方，做簡單得多的安排都有可能出錯，所以我是懷著半信半疑、忐忑不安的心情前往庫姆的。

☆

到庫姆有條會經過何梅尼陵墓那有銅色圓形屋頂、裝飾華麗尖塔的新路。司機卡姆蘭曾載邁赫達德和我到過何梅尼陵墓和烈士公墓，他忍不住挖苦說：「你們又要去？」

我們雖然置身沙漠，但只要有灌溉就會有綠田。土地很平坦。接著我們就到了真正的沙漠，紅褐色的土地貧瘠，且更加的殘破不堪，這會兒是一排排龜裂的土丘，等會兒又是一排排矮矮的峭壁，某些地方都磨損成落岩，成為變形和龜裂的岩層。從車子看過去挺奇特的，但邁赫達德說：「在我們看來，這是一塊很糟糕的土地。它是一塊鹽地。」

左邊遙遠的地方就是大鹽湖。一九七九年，我的嚮導兼口譯貝赫札德告訴我，國安情資局經常從直升機上將人丟進湖裡。現在邁赫達德卻告訴我，湖水因為鹽分太高，任何東西都沉不下去。邁赫達德更進一步談到據說深藏在湖底的石油。邁赫達德說，官方發布的消息是這塊鹽地所產的石油品質很差，伊朗的傳聞則指稱當地石油儲量十分豐富，所以當局希望將這些石油儲存起來。因此，儘管土地是鹽地，而且十分貧瘠，它還是充滿了傳奇，就像庫姆本身一樣。同在一塊毫無疑問歷史悠久的土地上，就像所有的聖地都可以回溯再回溯，追溯到更早期的宗教。

如今有時在左手邊，我們可以看到那條通往庫姆老舊、緩慢而蜿蜒的道路。堅硬的土質已經變軟，向外展開成一塊平原，零零落落的草叢逐漸出現。遠處一座高低起伏的參差山脈，在強光中呈現紫褐色。在曠野中兩、三度出現修車廠，形成沙漠上的黑色斑點：黑色的輪胎痕跡層層覆蓋，黑色的油漬在空曠的地面上四處斑駁。

依稀向右彎的一條路的路邊，有些諸如工廠棚子的小棚屋，宣告著庫姆已近在咫尺；不久之後，著名庫姆陵寢的圓形屋頂和尖塔就出現在難以歸類的一大片土色磚房上空。一九七九年的庫姆只是個小鎮，現在革命之後，庫姆已擴展到三倍大，人口也增加到一百五十萬。

我們來到一條環型交叉路，供水便利且綠意盎然，是沙漠的盡頭，城鎮的開始。

卡姆蘭諷刺如故的說：「我們正進入梵蒂岡。」

路邊有一塊很大的招牌，像是公家的歡迎牌子，卻毫無歡迎之意。邁赫達德說上頭說的話可是會讓人很苦惱的。牌子上用龍飛鳳舞的豪邁波斯文寫道：「法律的實用哲學全在治理上。」牌子上所謂的「法律」，寫的是「fiqha」，其實是指廣義的法律學，也是在庫姆所研習的主要課程之一。邁赫達德說，牌子上的文字具有多重意義，客氣的解釋是：「我們的法條全部根據學問和宗教。」真正的意義比較殘暴：「我們在庫姆就是要統治你。」

革命爆發後不久，伊朗人就在公民投票中支持伊斯蘭教共和國，時值一九七九年。伊斯蘭教共和國的原則其實都還沒有精心策畫，而大部分的伊朗人認為他們只是把票投給了自由和正義，如今伊斯蘭教共和國的原則已經由學者策畫出來了，庫姆所制定的原則，就是這些原則之一。關於何謂領袖，以及效忠領袖的想法等等這些伊斯蘭國度的基本思想層面，從來沒有人質疑過，連間接的質疑都沒有。

後來又出現一塊上書三種文字的招牌，感覺就柔軟了些。那是深受愛戴的「無邪」聖女馬蘇瑪[4]的陵墓，她是第八代領袖的妹妹。

穿越沙漠後的此刻來到聖城，街上披著黑色披肩的婦女格外讓人印象深刻。她們十分活躍，似乎有點獨來獨往，身軀明顯矮小。有些手拉著披肩蓋住臉，有些則用牙齒咬著邊邊，似乎是在讓自己三緘其口。你想到的不會是庫姆的女聖人；你只會想到服從的原則。

如果沒有陵墓晦暗的金色圓形屋頂，這座城市便再稀鬆平常不過了；但庫姆就是有陵寢。如今一步步深入城裡，我們開始看到一些神學士，他們圍著頭巾、穿著各種顏色的過膝寬鬆上衣和黑色長袍。出現在眼前的學生越來越多，於是庫姆不再只是個沙漠城市，也絕對不只是個制服地方。

我們彷彿回到好幾個世紀以前。彷彿有人利用電影或電腦設計，將我們帶進馬羅[5]的戲劇中；這是我說的。我們開始在古老的街道上行走，懷抱古老的想法，回到以顏色和衣服為替代象徵的古老學習概念裡。

（雖說是替代的，卻又是詭異的熟悉：原來從伊斯蘭教世界傳進來的學術思想片斷，在如我一九五〇年某個午後進入牛津大學時，依然倖存著，而且很快就被視為理所當然，包括講師和學士的黑色長袍、一般學生的短袍等等。）

☆

馬拉希圖書館並不如我們原先聽說的人盡皆知。我們幾乎一開始就被指引得團團轉。我們開上新路，疾速穿越沙漠，卻已經趕不上時間，和哈克哈里的約會顯然要遲到了。

最後我們終於到了圖書館，也終於瞭解為什麼必須那麼費事才找得到。原來我們到處問路，彷彿圖書館是個地標，事實上它並不是，只是棟用褐色磚塊蓋的新建築，圖書館的拱門、窗戶和裝飾都有點太過於伊斯蘭教化，並不是那麼龐大或者顯眼。圖書館正面上方有一條條彩色燈泡的庫姆幌子，下面的石壁上則並列著新海報和殘留的舊海報。一塊大招牌往外伸到車水馬龍的街道上方，活像塊商業招牌。

我們將卡姆蘭留在車上，去找那個要帶我們去見哈克哈里的人。都已經十一點多了，而哈克哈里約我們見面的時間是十一點。

一通過進入圖書館的拱門，我就知道有麻煩了。

圖書館創立人，也就是阿亞圖拉馬拉希的墳墓，就在入館之後的左側。墳墓是一種頗奇怪的鋁製籠子，以綠色覆蓋，狀似一個大鸚鵡籠。邁赫達德後來說，鋁製是現代化的表現，本來常見的材料應該是銀。儘管我們從擁擠、明亮的街道趕了過來，館裡卻早已有些需求孔急的虔誠人士，或者病重之人，靜靜的靠在籠架上。旁邊比大理石地板略略高凸的是一塊鋪著地毯的開放區域，有更多的人坐在上頭，或者在那邊祈禱，全都在大大一張阿亞圖拉馬拉希的彩色照片下，相片中的他已經十分老邁。

馬拉希圖書館似乎也是馬拉希的陵墓，有它本身忠實的信徒和關係。大廳末端小辦公室裡的工作人員對我們以及我們要和哈克哈里會晤之事一無所悉，不過這倒是沒有讓我感到太驚訝。

---

4 譯註：Masumeh，即什葉派第八代領袖阿里．禮薩的妹妹法蒂瑪．馬蘇瑪，其埋骨之地全名為哈札特．馬蘇瑪陵墓，此陵墓也讓庫姆成為僅次於禮薩本人陵墓所在的馬什哈德的第二大聖城。

5 譯註：全名Christopher Marlowe，一五六四～一五九三年。英國伊莉莎白年代的劇作家、詩人及翻譯家，為莎士比亞的同代人物。這裡指的應該是他的著作《帖木兒大帝》。

我們被帶到另一間辦公室，那間辦公室的人對我們同樣一無所知，然後再將我們帶到大阿亞圖拉馬拉希兒子的辦公室。

既是父親所蓋的圖書館館長，也是父親陵墓守墓人的他，身材高大，相當戲劇化，留著一大把黑鬍鬚，間中還有兩道灰痕。他戴黑頭巾，穿束腰上衣和長袍。辦公室很壯觀，裡面全是書籍、檔案和文件。他說他不知道我們是誰，也不知道我們的來意，對神學士和哈克哈里一概不知。我說我有哈克哈里的地址，是在瀑布巷。我還把記在筆記本上的地址拿給他看，深恐自己發音不對。他說那根本不是地址，上面也沒有門號。我說巷子可能很短，而當地人幾乎都知道哈克哈里的住處。

他完全聽而不聞，只是開始發問：「你叫什麼名字？住在哪裡？你寫過多少書？哪一種書？你代表哪家通訊社？是來自SOAS嗎？」我連什麼是SOAS都不知道。他深感不悅，不論我說什麼，就是不開心。他要我將名字和住址寫下來。之後卻變得異常地客氣，就在邁赫達德出去打電話給德黑蘭那邊的人，也打電話給應該要在圖書館等我們的神學士埃馬米時，他還請我坐下。

邁赫達德並沒有出去多久，回來時只說埃馬米會回我們電話。我想這大概是壞消息。但此刻急著想安慰我的邁赫達德說，我們不妨一邊等埃馬米，一邊先瀏覽圖書館裡珍藏的手稿。我們和哈克哈里的會晤鐵定會遲到很久，但邁赫達德似乎不怎麼在意。

當我們步上階梯走向手稿室的時候，邁赫達德說我們進入圖書館館長室時，館長早就起身了。這在伊朗是尊重的表示；如果館長對我們一無所知，他根本不用站起來。

然後在一根根的鐵條門之後，我們置身於安靜的手稿室內至高無上的古物之美當中。所以在歷經了街上的忙亂、我自己內心的緊張以及樓下的重重阻礙之後，我們又忽然來到了另外一個世界。

時間早已過了十一點半。就算埃馬米現在趕到，我們與哈克哈里的會晤也會晚上一個鐘頭。我開始在心裡塗銷這場會面，思索著如同樓下那些倚靠著鋁籠、希望祈求已經去世的聖者療癒的人們一般，我能夠在靜靜散發古老世界光輝的這裡盤桓半個多鐘頭，也不失為好事一樁。我想到西班牙薩拉曼卡大學的圖書館，這裡甚至可以說是它的鏡面影像，因為這座圖書館也蒐集了一些幾乎同屬一個時期的閒散作品。接著那位負責引導我們參觀、會說英語的嚮導突然被叫走，換進來的是一名穿束腰上衣和長袍的年輕教士，個子矮小，雙眉深鎖，一語不發，帶著我們一個櫃接著一個櫃參觀，他的長袍下襬搖曳在淡色小拖鞋上方。最後他終於領我們走出手稿室，再將鐵門砰一聲的關上。

接著，他同樣一語不發，也毫不友善的帶我們參觀圖書館其他部門：印刷書籍室、保存室、消毒室和複印室。接著又參觀幾個房間，看到了更多更多的書，有關伊斯蘭教神學的書籍一望無際。在諸如庫姆這種地方，伊斯蘭教神學總可以好整以暇的精心製作，分裝成許多本的「套裝」，裝訂方式統一而耀眼，且套數多到你不禁會想，這些書籍的審訂和校對工作到底能夠做到什麼程度？這些書籍到底是要寫給哪些讀者看的？還是這些書籍根本就被當成聖物，是為了彰顯某位備受尊敬的阿亞圖拉而發行，完全是因為某個人的虔誠和捐獻，才會印製和發行？

因為參觀的套書實在太多，作陪的人脾氣又這麼壞，我終於喊停。我認為我們這趟旅程的收穫已經夠了，不妨去馬蘇瑪陵墓看看，吃頓中飯或什麼的，然後就返回德黑蘭。邁赫達德欣然同意。他認為我們已引起太多人注意。我先前留下自己的姓名和住址已經讓他非常擔心，他認為我們不宜久留。

我們甩掉那名接待人員，走下兩層樓，直到圖書館正門口，終於看到了那個神學士埃馬米。

埃馬米年約三十，身材高瘦，神情自在而輕鬆，似乎渾然不知自己讓我們空等了一個鐘頭。他沒穿束腰上衣、沒裹長袍、也未戴頭巾，反而是穿著長褲，上搭一襲發亮的絲質白襯衫，還有些結構花樣。他剛剛人在何處、為什麼沒打電話、或者為什麼沒有在一個鐘頭前趕到，對此他皆無隻言片語的說明，也有可能是邁赫達德完全沒有轉達給我知道。他只是很平靜、很柔和的說他知道哈克哈里住在哪兒，他會帶我們去。

我問起他的穿著。他說他當然有資格穿戴神學士的束腰上衣、長袍和頭巾，只是不喜歡穿戴罷了。按照邁赫達德的翻譯是，他以此刻的穿著作為現代化的一面，認為自己是現代人。

我們到館長室去道別。那位戴著黑頭巾的高大男子雖然客氣卻疏離，他和我們已經沒有瓜葛。那本有我名字和地址的白色便條紙仍然留在他桌上一疊文件和舊書堆上面，看起來既耀眼又醒目，我因而可以理解邁赫達德的擔憂。

在樓下，我們經過一群前來陵寢的訪客，他們或坐在阿亞圖拉馬拉希相片下的地毯上祈禱，或者把臉貼在陵墓的鋁籠上。外面的街道上車水馬龍，陽光普照，我們走過一家店門敞開的書店：波斯文書籍擺在玻璃櫃內，兩名年紀很輕、戴著頭巾、穿著束腰上衣和長袍的學生正向書店老闆購買一本摘要版的教科書，表情興奮，如獲珍寶；說不定那只是一本簡易的問答書。這個場景原本像是舞台，但現在那些原來作為道具的古老知識新書，和賣這種書的書店已經不再像是道具，而原來像是身著戲服的書店老闆和學生，現在也從演員變成了真正的角色。如果能夠駐足觀賞，玩賞這個場景所能提供給觀眾的幻想，絕對是美事一樁，但我們和哈克哈里的會面已經遲到一個小時了。

我們在相隔不遠、陽光普照的街邊，找到了卡姆蘭和他的汽車。但待我們一行人都坐進車裡後，卻發現車子發不動。

☆

我們都在推車，連穿著白得發亮的襯衫的埃馬米也照推不誤。卡姆蘭在這樣的慢速中，照樣顯現他輕忽汽車的本事，一會兒毫無預警的開進人群中，一會兒又直接往車流衝過去。他有他伊朗人的運氣，沒有人因而揍我們。如此這般前進了一百公尺或一百五十公尺，被推得顛顛簸簸的汽車突然發動了起來，卡姆蘭、邁赫達德和不論說了什麼都顯然對哈克哈里的住處沒有絕對把握的埃馬米，一起問路再問路，打聽再打聽，做著我們當天上午稍早就該做的事。每個人都知道哈克哈里住在哪兒，大家都說已經很近了，但還是得找上一番。

最後我們終於來到一條很短的住宅街：白色的房子，還滿新的，四周築起伊朗式的圍籬或高牆。埃馬米按一間住家的門鈴，沒人回應。埃馬米再按第二家門鈴，對著對講機說了一些話。這時，第一家的大門打開，出現了一名老婦人，沒有披庫姆那種黑披肩，只在頭上綁著一條淡色花樣的頭巾，她走出人行道，指了指第三家房子。

埃馬米按了那家門鈴，邁赫達德也按了一會兒，一名男子前來開門。這人並沒有穿制服，但邁赫達德注意到了，並在後來告訴我說這人腰間配戴手槍，用襯衫遮掩住。他說，他對會面一事一無所知，不過他會去問阿亞圖拉。阿亞圖拉正在看東西。過了一會兒，男子再度走出來說：「阿亞圖拉在等你們，以為你們十一點鐘會來。」不過一直到這天結束，邁赫達德才告訴我這段話。

我們穿過高高的大門進入裡面，又看到另一名警衛。他穿著一套墨綠色的長褲和襯衫，正是革命防衛委員會隊員的舊制服。

眼前一個小小的前院，短短幾步階梯後，就是一道走廊。我記得一九七九年來過類似的地方，但不確定是不是同一棟房子，因為周遭的事物改變太大。一九七九年，哈克哈里的房子座落在城市邊緣一條新街道旁邊，街邊新種了一些樹，感覺沙漠就近在咫尺。但這條巷子看起來已經鋪在城市深處。

我們脫掉鞋子進入接待室，右手邊是一間圖書室或書房，裡面有幾排書架，上面擺滿了一套套的書。左手邊是客廳，一個很正式的地方，除了幾塊地毯外，滿室空蕩。牆壁是淡灰綠色，幾塊綠色條紋的長方形墊子靠在嵌入某面牆內的暖氣裝置上。地毯上一塊薄薄的坐墊，異常的私密，顯示阿亞圖拉先前可能就是坐在上面休息，或等待我們。房間的另一邊有四、五張扶手椅，其中一張椅子旁邊有一張邊桌，桌上一塊蕾絲邊桌墊上有三、四支牙籤，顯然這就是一家之主的坐椅了。我們按門鈴的時候，阿亞圖拉一定正在此處看書。

在那扇裝有暖氣裝備的牆上，掛著一頂纏繞妥當、隨時可以戴上的黑色頭巾，看起來有點單薄、壓扁和可憐兮兮，上方則是阿亞圖拉和何梅尼的合照。或許是為了避免被偷，所以照片高掛在牆上，但如此一來就不太容易看個仔細。其中一張黑白照片是趁照片中的人不注意時側拍的，但見哈克哈里和何梅尼都戴頭巾、穿長袍、眉頭深鎖、意志堅定的走在一輛汽車後面的雪堆中，儼然成為一個街景。哈克哈里的長袍幾乎長達足踝，勾勒出他的肚子，卻沒有強調出矮小；事實上，他走在何梅尼身邊，看起來並沒有矮上多少。左手邊一張正式團體照，照的是何梅尼、他的兒子和哈克哈里。哈克哈里曾教過何梅尼的兒子，頗以這份殊榮為榮。旁邊則是何梅尼和哈克哈里的彩色合照，這回他倆都笑了：照片右邊的何梅尼斜躺在一張狀似躺椅的長椅上，哈克哈里狀似有所圖謀似地從左邊倚向何梅尼。哈克哈里戴頭巾、穿長袍，還戴著一副厚鏡片的黑框眼鏡，覆蓋在何梅尼上方的黑色長袍活像一雙保護的翅膀，占據了照片左側很大的空間。這張照片若不是焦距不對，就是放大得不好，何梅尼的椅子周圍還出現一種藍白色光圈。這是一張讓人看了不安的照片，哈克哈里這位弄臣在逗主人發笑。這也是我唯一看過何梅尼笑的照片，笑容改變了相貌，強調了感官。

人們說哈克哈里如今什麼都沒了，他已經被晾到一旁。牆上的照片似乎在證明他從前曾一度大權在握，顯示他曾經多麼接近革命層峰領導人何梅尼。但如今，牆上的照片或許也可以別有所指：一些革命時代忙碌的人物儘管在公開場合眉頭深鎖，私下卻竊笑不已。

☆

現在他進來了，出現在門口，打著赤腳，穿著一襲簡單的白衣服，狀似懺悔者，行動很緩慢。一件短袖束腰白上衣，胸口以下的部分都被汗水濕透，罩在一件較長的寬鬆白衣上。他一步拖著一步地走了進來，身材十分矮小，沒戴頭巾，頭髮全禿光了，一張娃娃臉，頭往下垂得低到胸口，額頭下的雙眼往上看，已經沒了昔日的淘氣，好像隨時都會淌下淚來，像是要刻意誇張他的現況和人們的同情。

他請我坐到椅子上。他就坐在我旁邊，我們中間隔著一張小茶几，几上擺著蕾絲邊的小飾巾和牙籤。

我不知道該如何開頭。我真正想聽的是他擔任法官期間的工作內容，並且聽聽他現在對革命的看法。但我不知道如何將話題帶到那上面去。我想用比較迂迴的方式，先談他的童年生活或早年生涯，看能不能開始帶到那兒。但和一九七九年時一樣，他還是不想談自己的生活。

他說，如果我們話說遙遠的從頭，那他會很累。他動過心臟繞道手術。要不是因為他坐在椅子上真的很難過，就是因為他想要表現出不喜歡我的問題，總而言之，他就從我旁邊的椅子上站起來，走到地毯上的坐墊去。

我問他何時變成一名革命黨人。他說，從有意識以來，他就一直是革命黨人；他一直都痛恨國王。

幾名侍衛用小玻璃杯端茶進來，他們也坐下來聽我們談話。我覺得他們也喜歡在例行生活中來點休息時間。

哈克哈里突然表現出客套，說他從尼赫魯[6]身上學到很多。這應該是在對我表示禮貌，將我視為從印度來的人。他特別喜歡尼赫魯寫的《世界史一瞥》（*Glimpses of World History*），波斯文譯本厚達三冊。我提醒他回想起他對一九七九年波利薩里奧運動[7]的興趣，並向他請教今日革命社會的未來將會如何。透過邁赫達德的翻譯，他說的是：「真實終將勝利。」

真實：對他而言即為真理。真實就是用來對抗虛假的制度，對抗假神，對抗一切的詐欺。不過要讓他具體談一些實在的東西，還是很困難，他將一切事物都帶往抽象的方向。身為阿亞圖拉，這簡直是他的天賦。搞得我昏頭轉向，不曉得自己所為何來，似乎讓他樂得很。在用他那種阿亞圖拉的方式談論真實和虛偽時，他那雙走進來時幾乎像是要落淚的眼睛，開始亮了起來，發出光芒，讓人得以一窺昔日的胡作非為，一窺這人在一九七九年的種種表現。

他問我：「你要去見阿亞圖拉蒙塔澤里[8]嗎？」

我說：「我想不會。」

邁赫達德翻譯這句話時，哈克哈里盯著他說：「他應該去見蒙塔澤里。」

邁赫達德板著臉翻譯。要到後來我把聽到的各種事情拼湊在一起後，才瞭解到這個關於阿亞圖拉蒙塔澤里的問題是個政治議題，甚至具有哈克哈里想要把我拉攏到他那邊的企圖。哈克哈里和蒙塔澤里都是革命初期的菁英分子，兩人都以狠毒聞名。如果說哈克哈里是絞刑法官，那麼身為何梅尼手下第二把交椅的蒙塔澤里一度甚至比他的主子更熱衷革命。當何梅尼說革命應該以年輕人為主，超過四十歲的人就毫無用處時，蒙塔澤里說得更絕。他說發養老金根本沒有用，老樹本來就該砍掉。這番話人們至今依然記得。哈克哈里和蒙塔澤里兩個人，如今都被下一代的掌權者丟棄在一邊；兩人現在都噤若寒蟬，已毫無殺傷力。

但凡此種種，我幾乎都是後來才知道的。所以當哈克哈里問我要不要去見蒙塔澤里時，我不知道他的用意，搭不上腔；相反的，我還讓他大失所望的問，剛剛我們進門時，他正在看什麼書？我說出去接待我們進來的警衛說他正在看東西。是在看宗教書籍嗎？

就只是在看報而已。他用演說家的姿態說：「世界並不是駐足不動的。總是有新事物出現，所以我才會看報。」

他的遣詞用字並沒有多大意義。這些話語對他不構成負擔，反而有助於他來評估我。他坐在地毯的草墊上，儘管額頭下垂，雙眼卻不時往上注視我。我現在也漸漸注意到在他虛無縹緲的閒扯中，其實不斷在反質詢我。我多大年紀？有沒有子女？我說沒有。他問我為什麼。我說，如果我有

---

6 譯註：Nehru，一八八九～一九六四年。印度獨立後第一任總理，也是印度在位時間最長的總理，在印度有「偉大的學者」之稱。

7 譯註：Polisario，全稱為薩基亞埃爾阿姆拉和黃金河人民解放陣線，又稱為西撒哈拉人民解放陣線，是一個致力於爭取西撒哈拉獨立的政治及軍事組織。

8 譯註：全稱為Grand Ayatollah Hussein-Ali Montazeri，一九二二～二〇〇九年。伊朗重要的伊斯蘭教神學家、民主倡導者、作家及人權活動家。曾參與領導一九七九年伊朗伊斯蘭革命，後被指定為最高領袖大阿亞圖拉何梅尼的繼任者。但一九八九年因政府政策干涉人民自由、侵犯人民權利而與何梅尼交惡，晚年都在庫姆度過，對改革派運動仍具有極大的政治號召力。

子女，要做這份工作就有些困難了。他說，許多波斯作家育有一百名子女，卻也寫了一百本書。我寫了多少書？夠生活嗎？波斯作家寫書很難生活。我和哪家通訊社有關係？我信什麼宗教？他問起印度和喀什米爾，卻完全沒在意我說了些什麼。

他對我感到不悅起來。他習慣的是另一種訪談，一種更政治、更直接的訪談模式，或許是某種更能直接引人注目的訪談。他不知道我的目的為何，也或許是我自己迷失了方向。或許先前在馬拉希圖書館遭受的不順過程，讓我太過於戒慎恐懼。

如果我先前直接問他身為革命的絞刑法官有何感想，或許情況會好得多，但我不想那樣問；我認為那樣的問題可能會讓他封閉起來，或者給一套制式的答案，或生出敵意，如此一來，結局就可想而知了。我應該問他牆上那些照片。我對照片很感興趣，照片對他而言又很重要；或許他會願意聊聊照片，那樣可能就能談到別的事情上去。不過這個有關照片的想法，是我在幾週之後整理筆記時才想到的。

我繼續摸索，問他現在對革命的看法。他說了好一會兒，顯然說了一大堆言不及意的話。邁赫達德很簡短的翻譯，告訴我他已經做了開場白。多少的開場白？百分之三十。我已經看到了一個起頭，那麼他必定看到了接下來會有什麼發展。因為搶在我提問那剩餘的百分之七十是什麼之前，他就說他累了。他在談話或演說之際還閃閃發光的雙眼，此刻又恢復呆滯，表情空虛而哀傷。他的頭垂了下來，下巴貼在胸前，緩緩起身。白色短袖束腰上衣的前胸和後背皆汗濕了。他一步步的走回邊間。

☆

訪談結束了。現在我們面臨一項問題：我們沒有車。卡姆蘭去找修車廠修理他的點火裝備。他原先說會在半個鐘頭之後回來，結果不過是說說就算，我們只好繼續等他。時間是正午，在巷子外面等人實在是太熱了。所以為了等卡姆蘭，埃馬米、邁赫達德和我就繼續跟侍衛一起坐在哈克哈里的接待室裡聊天。

和埃馬米談話是我到庫姆的目的之一，藉以瞭解目前過來庫姆的神學士，或稱為學生。埃馬米已經做了十四年的神學士。他從十六歲開始就在德黑蘭一間神學院念書，後來因為獲得一位阿亞圖拉的接納，即遷來庫姆。如今已經結婚，育有一個兩歲的兒子。阿亞圖拉給他的獎學金是每個月兩千圖曼，約合五十美元。他自己也教一點書，翻譯一些阿拉伯文，賺些外快。生活並不輕鬆。庫姆塵土飛揚，天氣又十分炎熱。他忍受得了這一切是因為從小就想當一名信仰的宣傳者。他說自己並非到庫姆來尋找免費糧食和住宿的窮人家子弟，他不是那種典型的神學士。他父親是商人，他們是中產階級家庭。

但是到底要念到什麼時候？什麼時候他才可以踏入社會？他說事情並非如此，有些人可以學生一當就是五十年。何梅尼就說過他每天都在學習，但那並不足以解釋運動如何影響教士的生活。人們是如何冒出頭的？他說，人們會因為學識和人格而嶄露頭角，學無止境。馬拉希圖書館裡那一套又一套的書籍，盡是些關於神學、哲學和法學的評論，或評論的評論，或可點出埃馬米的意思。人們也可能因為自身的能力，在這人才濟濟之中，因為創造出新鮮或有趣的決斷而嶄露頭角。好比說，何梅尼就曾因為發表過「只要輸贏沒有賭注，下棋就不違法」這個言論而顯露鋒芒，庫姆的百姓至今對此仍津津樂道。

埃馬米說，他自己並不有名，他對自己的身分，即當信仰的步兵和宣傳者，覺得很滿足，那就是他的職業。他並不富有，但他不在乎，他對吃並不太講究。我說我認為他這麼說好像太強烈了。我不認為他很貧困。他的身材很棒，一定有在做什麼運動。他笑著說他每天早上都在運動。

從埃馬米身上再也挖掘不出什麼了。他對職業有自己的看法，這也足夠說明為什麼他學生一當就是十四年。他無法超脫自我去思考自己的生命和動力。他的世界有刻板的限制，對他而言，所謂的學習只是在學習規則，瞭解了規定就會讓生活簡化。埃馬米是個唯命是從的人。信仰和革命所要求的正是如此，每天的報紙所傳達的訊息也是如此。

我們在阿亞圖拉的接待室聊了大約半個鐘頭或四十五分鐘，就在阿亞圖拉的頭巾和照片下方邊聊天邊等卡姆蘭，傾聽外面是否有汽車停下來的聲音，並且不時到走廊上去查看。這時哈克哈里又再度走了進來，行動緩慢，表情哀傷，寬鬆的上衣從胸口以下都濕透了。邁赫達德向他解釋汽車和司機的事情。哈克哈里問我們要不要吃點麵包和乳酪；是波斯麵包和波斯乳酪。

在我聽來這個主意很棒，還可能給我機會用另一種方式和阿亞圖拉聊聊。但邁赫達德堅決的說，所謂請我們吃麵包和乳酪其實只是客套話，阿亞圖拉是在下逐客令。

我們起身道別。哈克哈里說，如果我們想要再見到他，就必須再另外約。時間是下星期四，也就是他不用教書的日子。這次我們必須守時。他憂鬱的表情開始因含帶怒意而變色。而且我們必須記筆記。沒有任何人可以過耳不忘。光談不記，根本就是在浪費時間。我們一直在玩弄他。我說我有做筆記，只是沒有當場做而已，況且我不認為我們先前的談話有到需要做筆記的程度。他的怒氣逐漸消退，說下星期見，並且事前要透過電話聯絡。他給了我們他的電話號碼，還指著一名侍衛說：他會接電話。

我開始覺得如果我們不是拖延了太久，如果情況好一些，哈克哈里其實並不在意多聊聊。可惜機會已過。我們走到走廊上，穿好鞋子，步出高牆的大門，穿過街道，走到角落附近的一小塊蔭涼處，站在那裡等待卡姆蘭。

邁赫達德說：「你有看到槍嗎？」

埃馬米說：「他現在有很多敵人。」

邁赫達德說：「他們對彼此而言都像敵人。舊時代的人和新時代的人。他向你打聽蒙塔澤里的事。我勸你不要去見蒙塔澤里，那是死路一條。」

他說話的樣子看得出來是真的害怕，我只能盡力安慰他。

我說：「但這些人都已經過氣了，年紀又十分老邁，現在對任何人都不會有任何危險。」

他說：「在這情況下，連死人都有危險性。」

站在哈克哈里家的對面，我不禁開始狐疑起來，就算我下星期真的來，就算有任何人記得下星期四還有一場約會，我所能看到的或許也不會比今天下午看到的增加多少：就一個革命時期的執法人員，如今已疾病纏身又焦慮戀棧，坐在自己照片下的他，攀緣各式權勢，比他自己所知道的更惡毒、更該受到批判，身邊環繞著幾個佩槍的侍衛，其中一名侍衛還穿著早期革命委員會看來像舊衣服的墨綠色制服。

一九七九年就有侍衛了。我仍然記得在八月某個漫長的日子行將結束之際，沙漠的落日餘暉籠罩在我們四周，在一條建好一半的巷子裡，一名身材魁梧的男子佩著槍，站在一間暴露在外的房屋矮矮的大門前；我猶記得他搜身的雙手，封閉、愚蠢和得意洋洋的臉龐。革命仍然掌握全國，侍衛做搜查主要是為了表演：假裝革命依然在危險當中，還有革命初期部分的興奮和頌揚。如今雖然算是種監禁，但哈克哈里卻需要高牆和配槍的侍衛。

邁赫達德出人意表的說：「他會說自己很疲倦了還不錯。伊朗人通常不會這麼說。他們不會如此開誠布公。他很老了，但相當聰明。」

☆

我們在角落的蔭涼處等候。邁赫達德認為我們應該走到可以叫計程車的地方，和埃馬米做些我們該做的事，並且安排好四點三十分在庫姆一座知名的橋上等卡姆蘭。我們可以請哈克哈里的侍衛轉達口信。為此，我們只好再度按哈克哈里的門鈴，那個出來應門、身材更高大的侍衛蓄著鬍鬚，並不介意我們再度打擾。

我們開始在白得發亮的街道上行走，埃馬米一面當我們的嚮導，一面演繹庫姆的哲學路線到底哪裡出了錯：太多老舊的哲學，當代的事務則不夠；太多法拉比[9]和阿維森納[10]（這名字對我來說甚有魔力，聽著他就這麼隨意聊起，還真有點奇怪）死守他們的思想，卻不曉得很多都是錯的，襲自如托勒密[11]和亞里斯多德[12]的遠古哲學家。批判庫姆是當局認可的事。儘管埃馬米以現代人自許，也樂意做現代化打扮，卻絕對不是反叛分子。

超現實的是，在走了幾分鐘後，彷彿在夢中似的，我們竟然看到卡姆蘭的汽車沿著空曠的白色街道向我們開來。他的汽車點火裝置出了問題，得一家家修車廠去找，一家家汽車行去問，才能找到新的點火裝置。

現在我們不需要走路了。埃馬米希望我們到他家去吃午餐。他很堅持。邁赫達德同意了，我們就在塵埃遍地的街上停了兩、三次車，買一些午餐要吃的水果和其他食物。天氣非常炎熱，萬物似乎靜止不動。埃馬米說，庫姆約有兩萬五千名神學士，並指出供外國學生居住的青年旅舍給我們看，主要是印度人、巴基斯坦人和非洲人，以及少許的歐洲人，還有一定數量的阿拉伯人。一會兒過後，彷彿是在為這座灰濛濛的城市道歉似的，他說都是阿拉伯人搞髒了這座城市。他用聊天的口氣說，沒有惡意，就好像隨意聊著大家都會接受的事實：和伊朗人在一起時，總是會以出人意表的方式談到他們對阿拉伯人的這種不安，阿拉伯人既征服過他們，卻也為他們帶來了宗教。

我們經過何梅尼的房子，這是他在庫姆任教時住的地方。房子座落在一條繁忙街道的轉彎處。有個警察在監視交通情況。當年何梅尼住在這裡時，街道可能沒這麼繁忙。房子很低矮，非常平凡，顏色和塵土相似，有一部分還隱身在街道的牆壁後面。但伊朗的房子大抵如此，空白且幾乎毫不顯眼的牆壁後方，通常藏著一個庭院，那裡光蔭交織舞動，讓人遠離牆外街道上的吵鬧和強光。

埃馬米就住在這個不斷擴展的城市邊緣，他住的地方是好像一開始就那樣座落在沙漠及塵土中

---

9 譯註：Farrabi，八七〇～九五〇年。畢生鑽研哲學、醫學、心理學、音樂等多種學科，為人類做出重大貢獻，被尊為伊斯蘭哲學的「第二導師」。

10 譯註：Avicenna，約九八〇～一〇三七年。中世紀波斯哲學家、醫學家、自然科學家、文學家。所著《醫典》是十七世紀以前亞洲及歐洲廣大地區的主要醫學教科書和參考書。主要著作還有《治療論》和《知識論》。

11 譯註：Ptolemy，約九〇～一六八年。生活在埃及，用希臘文寫作的希臘裔羅馬公民，是數學家、天文學家、地理學家及占星家。其一系列科學著作中，《天文學大成》、《地理學指南》和《占星四書》這三部，對伊斯蘭世界和歐洲的科學發展有著頗大的影響。

12 譯註：Aristotle，西元前三八四～西元前三二二年。古希臘哲學家，柏拉圖的學生。著作涵蓋物理學、形上學、詩歌、音樂、生物學、動物學、邏輯學、政治學及倫理學等。和蘇格拉底及柏拉圖一起被譽為西方哲學的奠基者。

的全新發展區域。街道都尚未鋪好，我們一路在碎石和碎磚上顛簸，好一會兒之後，讓我不禁開始為卡姆蘭剛修好的汽車擔心起來。最後車終於停下來。街上有一、兩片塑膠，還有一個空袋子嵌在破碎的磚塊和石塊中，模樣就是十足十的無人照管。但是在埃馬米家單調大門的後面，卻還是有個在此罕見的小庭院：有著未鋪好的街道後方通常會有的蔭涼處，然後走幾步路過庭院，就到了埃馬米租來的兩個房間，這裡是他最近四年來的家。

水泥前房除了一面牆上有幾個書架的書外，其餘空無一物。埃馬米去向鄰居借來一把椅子給我坐。房間的空無，道出了這位只關心宣傳宗教的神學士的樸素，而不是貧窮，看得邁赫達德吃驚之餘，也記起筆記來。書架上有好幾套神學、哲學和法理的書籍，其中有五本封面是奶油和綠色的書，是何梅尼談論關於買賣各層面的法理大作，我還是到現在才知道他有這方面的知識。哲學書包括羅素[13]《哲學問題》的波斯文翻譯本，不過羅素的後人拿不到版稅，因為伊朗並未參加國際版權組織。當我問起這件事，埃馬米回答說像他這樣的學生所使用的書籍，都是不同的基金會出版的，價格十分合理，但他的藏書館仍然會消費掉一大部分他得自阿亞圖拉的獎學金。

現在在自己住處成為我們主人的埃馬米，變得親切有禮。我們先前聽說他有個兩歲大的兒子，此刻正在睡覺，埃馬米說要不然他早跟我們在一起了。他雖然忙進忙出，對邁赫達德、卡姆蘭和我卻無絲毫怠慢。那位我們到現在還沒見到的妻子，在他的指示下，在後面某處準備他和邁赫達德點好的煎蛋和番茄，配上波斯麵包和雖是由丹麥進口、卻是伊斯蘭教允許的白乳酪給我吃。

他拿一塊油布進來，鋪在地板上。油布是很神聖的東西，邁赫達德這麼說，因為麵包就是用油布包的。油布必須清洗得很乾淨，放在高高的地方。埃馬米隨後拿盤子和其他一些東西進來，不時會停下來和我們聊聊。他臀部坐在腳跟上跪坐著，褲子緊繃在結實的雙腿上，銀色的襯衫顯示出他勤於運動的肩膀和平坦的腹部。當我們開始吃東西的時候，他再度談到他很滿足，因為他目前做的事，就是他一直想要從事的宗教宣傳。

我問他知不知道如報導中指出的，一些年輕人已喪失信仰。他說這根本不是祕密。「我們的敵人知道我們的弱點。」

有人輕輕敲門，來人似乎不想製造太大的干擾。這回由他未露面的妻子送來的並非食物，而是他兒子。小孩安靜祥和，不過臉上還帶著熟睡後醒來的迷糊模樣。

吃完蛋和番茄後就吃西瓜。我問埃馬米，他先前所說的敵人是誰。他說是西方國家，它們想要消滅伊斯蘭教。他說這幾句話時，還是跟說其他事情時一樣和顏悅色。

午餐結束，碗盤撤走，埃馬米小心翼翼的折疊油布，先把四個角拎起來，折疊兩次才拿到外頭去，然後把兒子抱還給妻子。等把一切分神事物都排除之後，他開始和卡姆蘭聊天，兩人談起戰爭。埃馬米說戰爭最後一年，他曾到前線宣揚伊斯蘭教。多久去一次？他說他一共去了四次，時間加起來共兩、三個月。他發表過幾場演說。卡姆蘭問他教士們是不是就只會發表演說而已。埃馬米答說不是，他知道有些教士是真的會上戰場去打仗，不過他自己倒不曾打過仗。對他而言，戰爭是一場精神經驗。

他很滿足，但他知道自己做的還不夠。他家距離教書的學校很遠，來來回回以及做一些家事，就占據了他許多時間。但最近他得到一部腳踏車，這幫了他很大的忙。

---

13 譯註：全名Bertrand Arthur William Russell，一八七二～一九七〇年。英國哲學家、數學家和邏輯學家，一生致力於哲學的大眾化和普及化。

☆

吃完午餐，埃馬米希望帶我們去一所神學院。我們要道別了，卻發現連個說再見的對象也沒有，埃馬米的妻子還是未露臉，兒子也早就抱走了，我們只好在沒人恭送、也無須辭別的情況下，逕自步出小庭院，而且幾乎是馬上就來到那條亮晃晃的沙漠碎石街道上。驅車返回市中心的我們，開往埃馬米心中所想的那座神學院。校長不在，警衛無法准許我們四處參觀，埃馬米便請卡姆蘭開往另一所神學院。那是一座黃磚現代化建築，座落在一條兩邊有樹和水道的寬廣街道旁。水道過去一點的庭院，有些身穿長袍、束腰上衣和纏頭巾的學生過來上課，有些學生甚至是騎機車來的。他們看起來十分整潔，很健康，總而言之，就是很富裕。埃馬米回來了，他見過校長：我們可以四處參觀。

我們在入口的大廳脫下鞋子，放在一個很大的鞋格架裡，踩著大小合適的地毯踏上上面的地板。學生們一直源源湧入。有些學生在脫鞋之前，還就著飲水器喝水。很快就來了一大群，他們沒有說話，有些看起來很焦慮。穿著襪子的學生們步上鋪著地毯的寬闊階梯時所發出的唯一聲音，是他們衣服的窸窣聲。階梯上方鋪著地毯的空曠處，坐著某些學科不及格的學生，他們正在進行補考，這自然有公然羞辱的懲戒意味。學生們沒有書桌，也沒有寫字板，其中有些學生寫字的姿勢怪到極點：盤起雙腿坐著，上身向前趴，將整個身體拉得長長的，就在地板上寫了起來。

校長是個慈眉善目的老人，戴著頭巾，鬍子染過，十分醒目，是個頗具古老智慧的人物。在小小的辦公室裡，他介紹三位肩併著肩、正襟危坐的講師給我們認識。一位講師教基督教義並且會說英語，一位教伊斯蘭教教派，另一位則教伊斯蘭教神學。邁赫達德說「神學」並不是阿拉伯原文的正確翻譯，隨即和三位講師就這個觀點做了小小的友善辯論，校長和藹可親的在一旁觀戰。邁赫達德說，這個主題是分析與先知穆罕默德有關的一切傳統：古老的學問，一世紀接一世紀的相傳，一批人接一批人的評論，強化到或許有人認為、也或許有人不認為的真正傳統，但因為這些東西可以拿來建立或者挑戰法律而變得重要。

校長帶我們一遊他的學院新建築，看起來富足且壯觀。演講室的桌椅都是簇新且堅固的，固定在地板上。圖書館裡是一套套、一排排的新書，學生們則散落坐在各書架邊的地板上。

下層樓就是校長所謂「進行特別計畫」用的，每個房間都由一名學者負責一項特別計畫。演講室一間接一間的參觀下來後，我覺得自己實在沒有力氣再參觀特別計畫室了。雖然我這麼說，但邁赫達德在翻譯時可能將我的話軟化修飾了許多，以致校長似乎沒在注意。

他推開走廊的第一扇門，看到裡面有位學者裹著毯子、枕著枕頭像是在休息，也或許是在假寐，讓我們吃了一驚。地板、桌子和書架上，到處都是書本和紙條。校長說，房間裡的這位學者是非常有名的歷史學家，爾後我在德黑蘭和人談起，也確實是如此。這位歷史學家大吃一驚，趕緊抓起白色頭巾套在頭上。他是個中年人，甚至可以說還要再老些。他盡快爬起身來，抓起褐色毯子裹在身上，然後略低著頭來到門邊。他年老的臉龐看起來慈眉善目，淡褐色的皮膚平坦光滑。他把褐色毯子裹在腰部，正如街上的婦人將她們的黑色披肩拉到下巴下方一般。

校長說，這位歷史學家正在寫一本書，名字叫《世界政治史》（*The Political History of the World*）。

歷史學家很快從驚訝當中回過神來，對我說，「你知不知道有本談甘地和穆斯林的書？」

我完全不知道，但為了鼓勵這位歷史學家，我說：「這是個有趣的主題。一八九〇年代最先呼籲甘地到南非去的，就是一個印度穆斯林商人。所以，你可以說是他讓甘地展開政治生涯的。」

歷史學家沒怎麼注意我說的話。他說：「把這本書寄給我。」然後他後退兩步，從一堆書的上面拿了一張紙。「來，記下我的名字和地址，把書寄給我。」

我說或許他可以聯絡印度駐德黑蘭大使館，提供他一些意見。

他顯然沒在聽。再度走近門口的他說：「將這個留作紀念，作為禮物。你曉得吧，我在研究世界歷史的時候，也研究過一定數量猶太復國主義的作品。我開始覺得，就在猶太復國主義者把美國當作他們的第一偶像或假神之際，他們也將印度當成了第二偶像。我不曉得你知不知道印度這頂皇冠是由一位猶太人交給英國的，此人是狄斯雷利[14]。這項史實應該廣為人知，事實上知道的人卻不多。英國人的劍，是猶太人在印度為他們磨利的。我很擔心猶太復國主義分子會再度傷害印度。他們會再度殺害甘地，再度流放他的思想。」

正在為我翻譯的邁赫達德突然中斷，問我：「甘地曾被放逐過嗎？」

我說：「或許他只是象徵性的說說而已。」

在邁赫達德和我交談之際，歷史學家拉了拉他的毯子和帽子，禮貌的往後退；等到我們交談完畢，他又再度走上前來，看來似乎準備繼續聊下去。但我們決定離去，讓歷史學家好好休息。儘管校長的態度十分和善，但他顯然覺得如釋重負。

★

我們到馬蘇瑪陵墓。通常說起事情來就憤世嫉俗的卡姆蘭，一上路就嘟囔著說，那天上午開始行程時，他沒有放一毛錢進布施箱，沒有照他應該做的那樣奉獻些什麼，所以汽車的點火裝置才會出毛病，害得他找了一家又一家的修車廠。現在，他似乎準備盡可能的表現一下，於是在陵墓外一條街上的奉獻箱口塞進一張折疊起來的舊鈔票。彷彿光這麼做還不夠似的，當我們到陵墓的庭院時，他又把我們留下來，自己到陵墓去祈禱，祈願回程一切平安。

當卡姆蘭這麼做時，一名男子將邁赫達德拉到一旁，打探我的身分。他問道：「他是穆斯林嗎？」很可能是因為我戴著墨鏡和一頂「香蕉共和國」[15]呢帽的關係。邁赫達德為了省麻煩，直接說是，那名男子也就滿意了。但麻煩還是可能會發生。基本上，陵墓是清真寺，非穆斯林不應該來到此地，連到庭院都不行。一九七九年，我的嚮導兼口譯貝赫札德可以帶著我到處跑，根本沒有人會對這種規定質疑。被打探之後，我在庭院裡也感覺不太自在了。四處都是革命衛隊隊員，我可不想遭人制止。

我們並未停留太久。卡姆蘭從明亮的陵寢走出來後，訴說完他的禱詞，表情緊繃節制。我們出發前往德黑蘭，又圓又紅的太陽正落到鹽地峭壁後方。當我們開到離德黑蘭已經比距離庫姆還近的地方時，卡姆蘭開始談論起埃馬米和他的前線之行。卡姆蘭說：「他們，」即那些教士，「根本不瞭解戰爭的真諦。就算我們說埃馬米上過前線六次好了。兩天去，兩天回來，他一共有二十四天是花在路程上，其餘時間都用來幫別人準備好去作戰。他只是在演講，只是在做他自己的工作。」我們

14 譯註：全名Benjamin Disraeli，一八〇四～一八八一年。英國保守黨政治家、作家和貴族，曾兩次擔任首相，在保守黨的現代化過程中扮演中心角色，確立了黨的政策。時至今日，狄斯雷利仍然是唯一一位猶太裔英國首相。

15 譯註：Banana Republic。美國服飾品牌，一度被定位以旅行為主題的服裝公司，後來定位成高價位的高檔品牌，走簡約都會休閒風，低調且經典。

越接近德黑蘭，卡姆蘭對埃馬米也越不客氣。他說：「埃馬米現在過得可好了，不管他稱之為什麼，好歹有個小公寓。我到現在還跟父母一起住。」

過了一會兒，開始看得見何梅尼陵寢的燈光，他提起了這漫長一天的酬勞話題。我還以為邁赫達德之前就講定了，但現在他說還沒有。他用英語跟我說：「最好用友善的方式處理這件事。」

邁赫達德用波斯語跟卡姆蘭說了一些話，卡姆蘭沒有回應，反而打開車頂燈，捲起左手的袖子，舉起前臂，露出鋸齒狀的砲彈長傷疤。

邁赫達德用英語跟我說：「我們必須友善行事。」

我們算了好一會兒，把里程和時數都計價在內，將這兩項數字加總好，再把還滿大的一筆數目的零頭去掉。現在何梅尼的陵墓已在我們背後，有好一會兒邁赫達德並未透露我們算出來的數字，好讓卡姆蘭猜不透；等到德黑蘭的燈火映在眼前，他才將數字告訴卡姆蘭，卡姆蘭也立刻接受。我數好鈔票放進信封裡，邁赫達德將信封交給卡姆蘭，卡姆蘭把信封放在儀表板上，再也沒提錢的事。

第八章　癌症

邁赫達德有個朋友名叫佛雷敦，二十歲出頭的他和邁赫達德一樣，曾在空軍服役，每到週末就回德黑蘭的家。佛雷敦個子高又修長，臉頰瘦削，一口流利的英語和邁赫達德一樣都是在伊朗學的，一旦開口，再複雜的句子也能說上幾句。佛雷敦在伊朗革命的孤立環境中成長，很喜歡和人討論書籍、思想和哲學。

在一次這樣的討論過後，轉而談起別的事情時，我無意中告訴邁赫達德，佛雷敦是個虔誠的人。我的意思只是，他是個有信仰的人；但邁赫達德對「虔誠的」這個字顯然很感冒。幾天後當我們開車到德黑蘭時，他舊事重提；但有些事情我認為可以等到了他家再詳談不遲，此事就是其中之一。

有天傍晚我們到了那裡，嚇了他母親一跳。我們走進接待室，從一扇打開的門便可直接看到一個邊間，他母親就躺在床上。我們要來她是知道的，只是可能算錯了時間。只見她半直起身、半翻下床，頭都禿了，一直咬著雪紡紗似的頭巾下襬。儘管她可能只有四十幾歲，身材矮胖的她卻十足的慈愛模樣。她來自西北部，有雙明亮的眼睛。

邁赫達德的父親也在家，只待一下，就等兒子介紹他和客人認識。他個子高，膚色比妻子黑，和兒子一樣英俊，只是身體比較弱，幾乎是蒲柳之姿，讓我很容易就會誤以為他體力差，或許還在療養中。他的兒子兩度提到父親不是個勇敢的人，永遠在尋求安全，永遠跟著群眾跑，一會兒懸掛國王的照片，一會兒撕毀女兒的書，那是女兒從學校帶回家的獎品，只因為書中有皇家的照片。不過眼前這個兒子口中不夠勇敢的男人，在革命時丟掉了銀行的安穩工作後，事實上卻證明了自己的應變能力。他振作起來，小本經營做一些小買賣，並且足夠讓全家人住在德黑蘭市郊中產階級的房子，好好過生活。只不過一個人維持日常生活的艱辛，有時卻會被兒女視為理所當然。

接待室很大，鋪著並排的地毯，如同某種波斯畫呈現出各種圖案和顏色，覆蓋了整個地板。擺著花和水果的餐桌放在角落，我和邁赫達德就坐在這張餐桌旁聊天，直到晚餐時刻。

☆

邁赫達德說：「你說虔誠的人是什麼意思？我覺得你使用這個字有問題。你說佛雷敦是信徒，他卻自認為是異教徒。」

我問：「他說的異教徒是什麼意思？」

「異教徒就是不隸屬公共宗教的人。在這裡，我們多的是方法去判斷一個人是不是信徒。第一是他們的外觀，即鬍子。伊斯蘭教規定男人必須蓄鬍子。刮鬍子和修鬍鬚都有特殊規定。你可以用剪刀剪鬍子，但不能用刀片刮。」

「這是《可蘭經》規定的？」

「不是，是聖訓，即先知穆罕默德的言行錄。」

「你在成長過程中聽說過這些聖訓嗎？」

「聽說過。但革命之後，這些規定越來越廣為人知。我聽說過有些人在求職的時候，為了附上照片，事先還特地留了鬍子。還有其他的規定：留鬍鬚還不能留得太長，以免喝水時弄濕。這也是聖訓之一。所有這些規定都寫在*Bahar-al-Anvar*[1]中。從前教徒還會留長髮，但現在不留了。」

「為什麼？」

「沒人知道。還有別的規定，但不普遍。如果你低頭祈禱，額頭必須碰觸一塊取自信仰聖地的泥土。連在庫姆的人們都製作了許多這種土塊。過一陣子，你觸碰聖土的皮膚就會變黑，或改變膚色。他們自稱每天祈禱五次。有時候還有特別的晚禱。這種特別的晚禱，俯首磕頭，觸碰聖土的機會很多。」

在庫姆的時候，邁赫達德曾以埃馬米為例，向我說明他的額頭中央比較黑，就如同他公寓光禿的水泥前房一樣，那是埃馬米身為神學士虔誠的一面。但你在尋找這些特徵之前，必須對這種慣例有所瞭解才行。一旦瞭解了，就很容易看出來。有些很虔誠的人額頭上有類似燒焦的疤痕，那是因為他們在祈禱時會先把聖土加熱。

邁赫達德說：「還有別的。信徒把玫瑰香水撒在身上。他們聞玫瑰香水，特別是在伊斯蘭教一月期間。」伊斯蘭教的一月是什葉教派信徒的哀悼月。「因為外觀的關係，他們很害羞。當他們和女士談話時，頭都低了下來。當然，怎麼看女士也有特殊規定。讓我看看關於這點，何梅尼的書有多少規定。」

他去拿來一本很大的平裝書。除了我在埃馬米的書房看到的五大本有關買賣的書之外，這又是另一本何梅尼有關法規的書。

1 譯註：《光之海》，集結於六世紀的伊斯蘭教傳統合集。

邁赫達德說：「這本書名叫《問題的解答》，也可說是《問題的法令》。看女士要怎麼看，何梅尼這本書中有十大基本規定。這本書本身就討論了三千項問題。」

「人們會一直查書嗎？那些規定真的對人們有幫助嗎？」

「對我而言，關於鬍子的規定就沒有邏輯。他們也沒說為什麼，只說：『做就是了。』我不可能是教徒，因為我總是聽被禁的音樂，我們也曾針對這個問題問過他們許多次，他們說，如果音樂會改變你的情緒或感覺，就在禁止之列。這實在沒道理，因為你無法一邊聽音樂一邊保持平常心。」

「哪種音樂會被禁止？」

「跳舞的音樂，情歌的音樂。除了古典音樂，西方的音樂也都在禁止之列，印度的流行音樂也禁止。有一陣子連購買樂器都禁止。讓我查查看。有了，何梅尼的第兩千零六十七個問題。我也不祈禱，所以我不是信徒。我從未齋戒，也從不上清真寺。雖然大部分規定我都清楚，卻從來都不遵守。我研究過法律，對大部分法律瞭若指掌。有些規定我還會嘲笑以對，譬如有條關於『血債錢』的規定是：如果你殺了某人，你就得賠血債錢給他的家人。現在規定指出，婦女的命只值男人的命的一半價錢。如果你殺的是男人，你得全額照付。目前完整的價格是兩百萬託曼，相當於兩千萬里亞爾，五千美元。如果你殺的是女人，只要付半價就行了。」

「你認為人們需要這種規定嗎？」

「我正要說明這點。在我們看到生活的問題之後，就開始思考。我們嘗試獨立自主，解決一些問題。信徒可不喜歡這麼做，因為這麼做意味著我們拋棄整個制度。我們大多數人相信真主，但我們的想法比較像伏爾泰[2]。」

當我說佛雷敦是信徒時，我的意思正是如此。但如今我發現，在伊朗，所謂的「信徒」和「異教徒」有伊朗本身的解釋。

邁赫達德說：「生活需要的是真主，而不是這些毫無意義的規定。人們並不在意這些。關於年輕人在一起，我們有些規定。在一起並不合法，但他們還是在一起。我有個朋友和她的男朋友之間發生了一些問題。她已經不是處女，她將處女之身獻給了這個男朋友，現在對方卻要離開她。她不斷的祈禱。只要遭受壓力，人們就求助於宗教。我們需要真主。在問題叢生的貧窮國家，我們需要老天爺。」

「你覺得為什麼宗教人物會如此重視規定？」

「他們是制定規定的人。如果你否定這些規定，就是否定制定規定的人。如果你否定制定規定的人，就是反對領導人。如果你反對領導人，就是反對先知。如果你反對先知，就是反對所有的聖典。聖典來自真主，而反對真主的人非死不可。但誰來行刑？是制定規定的人；不是真主。」

☆

規定多如牛毛，每件事情都要加以控制。不但規定婦女要披披肩、戴頭巾，規定男孩和女孩不能一起走路，規定婦女不能在電台或電視台唱歌，還規定某些音樂不能演奏。舉凡雜誌、報紙、書籍和電視節目，都逃不過完備的審查制度。直升機飛越北德黑蘭上空，檢查是否有人偷裝衛星小耳

2 譯註：Voltaire，一六九四～一七七八年。法國啟蒙時代思想家、哲學家、文學家，啟蒙運動公認的領袖和導師，被稱為「法蘭西思想之父」，不僅在哲學上有卓越成就，也以捍衛公民自由，特別是信仰自由和司法公正而聞名。他的著作和思想對美國革命和法國大革命的主要思想家都有影響。

朵，就像革命衛隊在公園走動，監督男孩和女孩；或者進入人家家裡搜尋酒和鴉片；或者像我在偏遠的色拉子所見到的，當地的道德警察會在觀光飯店巡邏，只為了讓觀光客感覺到他們的存在。

一九七九年和一九八〇年，復興伊斯蘭教的傳教士相互呼應，彷彿各自的說詞都來自相同的中央來源，無止無休地說伊斯蘭教是一種完整的生活方式；現在在伊朗，也可能視政治化的伊斯蘭教為完整的控制模式。《德黑蘭時報》的創立人兼主編帕維茲先生在我抵達德黑蘭不久後，就跟我說：「在這裡，他們連你坐的方式、說話的方式都要管。」我不認為自己當時瞭解他在說什麼。陳述這些限制很容易，但需要時間來瞭解這些限制的影響程度有多深遠；也必須事隔一段時間，我才明白這些限制有多扭曲人們的生活。

邁赫達德的姊姊未婚，且結婚的機會十分渺茫，因為太多適婚年齡的男子都在兩伊戰爭中喪生。她一下班就待在家裡，一語不發，內心充滿憤怒。她的不快樂讓全家蒙上陰影，也讓無從為她創造未來的父母擔心不已。她很難走出去。如今的她更是連出門的意願都沒有了。在這種情況下，她就如同我認識的一位老師的十五歲女兒。這個女孩知道，如果她單獨上街，就可能遭到革命衛隊盤查。她痛恨這種屈辱，所以現在乾脆足不出戶。當世界應該大大開放之際，對她而言卻變得十分狹隘。

一九八〇年二月在被占領的美國大使館外面露營的學生當中，我看到一些年輕女子穿著游擊隊服裝。美國大使館當時被稱為切．格瓦拉[3]裝置，意即革命的舞台。我記得有一個豐滿的年輕女孩，身穿卡其衣服，在冷冽的下午，端著用馬克杯裝的熱茶，從矮帳篷裡走出來，送給一個男的喝：想著自己是在為革命和革命戰士服務，她便容光煥發。這些年輕人是「追隨何梅尼路線的穆斯林學生」，和共產黨員或其他左翼團體分子一樣，如今大部分都已喪生或失勢了。大使館外牆和樹上到處都貼滿海報，將伊朗革命與尼加拉瓜革命相提並論，讓兩者成為全球向前邁進的一部分。我想，端著馬克杯的女子作夢也想不到她所獻身的革命會以這種方式落幕，婦女還是受到舊式的折磨，直升機在空中盤旋，搜尋著衛星小耳朵。

一樣的革命工具和風格，如今卻有了別的意義。鬍子不是切．格瓦拉的鬍子，而是漂亮的伊斯蘭教鬍子，不能用刀片刮；綠色的游擊隊服，如今則是執行宗教法律者的制服。

我所遇見的人，沒有一個認為革命是個可能的選項。早一代的伊朗人十分熱愛的這個想法，如今就如同在古老的蘇聯一樣全部完蛋了，「革命」一詞已被這個宗教國家所接收。沒有人談論政治行動的可能性，沒有方法，眼前也沒有領導人，沒有新的想法可供散播。政黨的控管雖然全面化，但照片無所不在的實際統治者卻早已遠在天邊；近在眼前的政府，誠如某人所說，是「超自然的神祕」。不過在一般的空虛之中，有種山雨欲來風滿樓的感覺，人人自危而緊張。

一天下午，當我們往北開車到德黑蘭山區時，似乎說過人們已學會容忍種種限制的邁赫達德，突然口出相反之語。他說：「每個人都如同驚弓之鳥。我嚇到了，我父母親都嚇到了。」可憐的父親又遭到波及。「他們不知道自己和我們這些子女的前途會如何。他們還不太為我擔心，畢竟我已經成人，可以照顧自己。但我弟弟還年幼，還要八年左右才成年，這八年將會非常凶險。」

有了這股不安全感，某些奇想就出現了。最特殊的就是何梅尼是英國或歐洲的情報員。這種說

3 譯註：Che Guevara，一九二八～一九六七年。古巴共產黨、古巴共和國和古巴革命武裝力量的主要締造者和領導人之一；後至阿根廷，成為當地的馬克思主義革命家、醫師、作家、游擊隊隊長和軍事理論家；最後在玻利維亞被捕，繼而被殺。此後他的肖像成為國際共產主義運動中的英雄和世界左翼運動的象徵。

法我最早是從帕維茲先生那兒聽來的，還以為那只是他的妄想之一，但後來我又聽到許多人都這麼說。故事是這樣的：列強在法屬西印度瓜德羅普島集會，決定派遣何梅尼潛伏在伊朗人民當中。伊朗人很單純，只要宣傳得法，證明一些事情，就可以說服他們；像是參加反國王的示威並不是基於某種信念，就只是跟著別人做罷了。在伊朗建立伊斯蘭教國家，根本就是列強反伊斯蘭教的陰謀，目的是在給穆斯林一次教訓，特別是懲罰伊朗人。而好像在回應這些妄想似的，甚至有跡象顯示信仰在某些方面也遭到質疑。

帕維茲先生說過：「〔對抗伊拉克的〕戰爭是以伊斯蘭教名義打的。這簡直就是偽裝的祝福。如果沒有兩伊戰爭，百姓不可能接受伊斯蘭教的餵養。」這種說法似乎太過極端。但後來我在某些人的談話中也發現了對宗教不確定感的蛛絲馬跡。這些天馬行空的幻想，產生了一種碰觸到革命、戰爭、貨幣緊縮以及宗教國度限制的人。而就如他們所說，伊朗人其實不能為伊朗革命負責；我也聽說，伊朗人其實也不用為什葉派信仰引人注目的層面負責。伊斯蘭教的血難一月，即哀悼月，其實是從歐洲傳來，從天主教傳來，與原來的信仰毫無關係。

我跟邁赫達德提起這點，他說：「這是習慣問題。我們的敵人永遠要負責。怪別人，不要怪我們。」

☆

我所聽到的名字發音是「薩吉爾太太」（Mrs. Seghir），她目前住在國外，這也是伊朗人流散的現象之一。她回來探望年邁的雙親，在德黑蘭已經待了一陣子。我打電話給她時，她邀請我共進午餐，還和另外一位女性朋友一起來飯店接我到她的公寓。這也是在遵守規定：薩吉爾太太或她朋友都不能單獨和一位陌生男性碰面。

公寓座落在一個已經殘破的美式街道之間。電梯門一開，就是一間兩棟公寓共用的狹小門廊，不只是破舊，還很髒，鋪著一塊骯髒的地毯，陰鬱的氛圍繼續向內延伸。在開放式設計的起居空間裡，有套老舊的仿路易十六時代的椅子，和一張彷彿不是要讓人坐的靠背長椅。一面佈滿了張牙舞爪舊電線的牆上，仍掛著一套價值不高的歐洲縮圖，花鳥風景俱備，其中一張還裱框，間隔很大的排成不規則的兩排。廚房旁邊那個房間的另一端，擺著一張長餐桌。廚房看起來有經常在使用。

廚房旁一個小房間裡，有個男人就坐在打開房門的桌子邊。他已經非常年邁，老到臉上不規則的斑點都已失色，歪斜得對著桌子坐，背部半對著門，臉部側面依悉可見。他是薩吉爾太太的父親，已經高齡九十一。這些都是薩吉爾太太那位在起居間的母親告訴我的。她現年八十。

和薩吉爾太太一道來飯店接我的那位朋友，此刻正在廚房和薩吉爾太太一起忙著。這個朋友已經離婚，她很友善，也很肥胖，穿著一件彷彿快要被撐破的長裙，還有兩片像是專為吃而生的豐唇。她很樂於在廚房當幫手，穿著一雙高跟鞋，來去如風。

起居區域和陽台間隔著一扇落地窗。如今落地窗半開著，外面車水馬龍，十分吵雜。我往外看，陽台一邊放著一堆舊紙板、幾支掃把和打掃用品，另一邊則有一個掩蓋著的畫架或箱子，至少狀似如此，但其實那是衛星小耳朵。薩吉爾太太需要小耳朵接收新聞。要是不知道世界新聞，她在伊朗豈不是會徹底失落？這些偽裝的目的是不讓直升機發現小耳朵；即便當下，它們都還在外頭搜尋著。

料理擺出來了，溫暖的油香四溢，名叫「咕咕」（coo-coo），是伊朗式乳蛋餅，還有米飯和茄子泥。年紀老邁、滿臉風霜的老人來到桌邊，蒼白額頭下的雙眸黯淡陰鬱，雙頰上坑坑疤疤；他的褲子上圍著一條皮帶，卻落在腰帶和皮帶圈下幾吋的地方。他的妻子，即薩吉爾太太的母親協助他用餐。身材瘦小、眼鏡後的眼神顯得軟弱的她，依然是個賢惠的妻子。這種情感一直持續到極致，感人至深。

那位胖女士談到英格蘭北部的事情。她有個親戚住在北英格蘭，是位職業婦女，嫁給一個來自孟加拉從事特定專業的男士。她去找過這對夫妻玩，受到英國式的盛情款待。這話說得彷彿她真的很瞭解似的，但在我聽來，她所說有關英國的一切，並非來自自己的經驗，而是在英國期間從電視上看來的。

老人的妻子為他切好「咕咕」，其他東西他則自己拿來吃，但到最後他無法控制，頭往下垂至幾乎碰到盤子，看起來似乎出於意外，也可能是病了。之後，他站了起來，什麼話也沒說，就走回自己的房間去。他小心翼翼地坐回自己的椅子上，歪斜得對著桌子，背對著打開的門。他的動作變得十分緩慢。剛剛的「意外」讓他元氣大傷，經過一番深思熟慮，知道自己的世界現在只適合做些小動作後，他便拿出一支筆，又拿出一疊報紙，把其中一疊翻開來，滿足的攤平放下，似乎準備玩填字遊戲。

我現在注意到地板上有一塊庫姆的絲質地毯，咖啡桌上有一塊刺繡繁複的絲絨紫桌巾，用金銀兩色繡線繡出三排玫瑰和蔓藤，從繡工之奢華、細緻和花費研判，顯然是很久以前的作品。薩吉爾太太說，這塊刺繡絲絨桌巾是母親送給她的禮物，桌巾上有幾個雕花玻璃盤子，上頭裝著一些糖球果凍和庫姆生產的金黃色糖果。

然後，薩吉爾太太又回到廚房幫胖女士拿點心，她的母親指著吊燈說：「這是卡札爾王朝的徽章。」我對吊燈視而不見，感覺它的壓迫感太重。薩吉爾太太的母親又再說了句：「卡札爾王朝的徽章。」卡札爾王朝就是一九二〇年代被已故國王的父親推翻的王朝。我起身去端詳卡札爾王朝徽章上的刻字，因為是在吊燈眾多的玻璃燈罩上，所以不太容易看得清楚。排成一個圓圈的燈罩，如同舊式油燈的燈罩；圓圈內部和下面有大小不同的雕花玻璃垂飾，作工細緻，叮叮噹噹。薩吉爾太太的母親說：「這是巴卡拉水晶玻璃。」我首度發現，在這間需要油漆，且不論陽台上一大堆髒亂與外頭人車雜沓喧囂的低矮房間中，居然有兩盞這種枝形吊燈，它們占滿了上方的空間。時時記掛這兩盞吊燈，真會讓人有種窒息感。

薩吉爾太太身穿罩衫，飄舞在她的豐臀和黑長襪上頭，終於忙完廚房的工作後，就回到客廳陪我一起坐。我問及她的丈夫。她說丈夫罹癌去世了，文君新寡的悲戚，依悉感受得到。她說革命爆發後，丈夫鎮日悽悽惶惶。身為工程師的他受過高度訓練，在政府機構中位居要職。他並未丟掉差事，但壓力卻差點要了他的命。革命大約五年之後，有一天他說身體不舒服，即依照往常一有小毛病便去就醫。診斷結果是結腸癌，必須立即動手術。幾天之後，醫生就為他動手術，手術很成功。但隨後照X光，卻發現癌細胞擴散到肺部了。

有張復刻版的橢圓形小桌，擺在距離半開的落地窗不遠處，桌上有幾張家庭照片：幾張薩吉爾太太自己在不同年齡拍的照片，她女兒的照片，以及放在一個大鏡框中她丈夫的照片，攝於生病前一段時間（他病重時，連兒女都不讓見）。照片中的他英俊親切，優秀傑出，非常吸引人。放在大小不一鏡框中的這些照片，擺在橢圓形小桌子上，就好像烈士公墓裡榆樹、松樹、夾竹桃和國旗之間的那些鏡框。就某方面而言，它們也算是革命烈士了。

☆

那天下午，佛雷敦準備休假回家，邁赫達德和我就一起到他家去。他家公寓在城裡一條街上，比薩吉爾太太的家小多了。他家公寓比較陰暗，比較簡樸，目前的經濟狀況顯然不好，但氣氛大致相同。他家就是家具太多，頗有古老家庭遺風。公寓在一樓，外面車水馬龍，人聲雜沓，迥異於穿過薩吉爾太太家半開的落地窗傳進去的隆隆聲，是比較直接和刺耳的吵雜聲，不斷透過打開的金屬窗戶傳進來。小客廳裡擺了兩張餐桌，比較大的一張是為我們準備的。玻璃盤子裡裝著巧克力，較大的盤子裝水果，以及用金色塗層小玻璃杯盛裝的茶。

佛雷敦的母親在廚房。她揚聲叫邁赫達德，他過去了，兩人談了一會兒話。邁赫達德回到客廳時，一臉悲戚。

他說：「我總是不斷的聽到苦難之事。有時，我真的覺得自己再也受不了了。」

佛雷敦的母親在醫院當藥劑師。醫院有個園丁的兒子上沙場作戰，一直沒再回家，但園丁怎麼也不肯相信兒子已經死了，總是說兒子有朝一日一定會回家。園丁很虔誠，留著大鬍子，醫院的人還因為他太虔誠、鬍子留得太好而認為他可能是意識型態的密探，潛伏在醫院裡監控大家。戰爭終於結束，戰俘開始返鄉。回國的戰俘名單印了出來，園丁總是向佛雷敦的母親打聽名單上是否有他兒子的名字，但兒子的名字卻從來不曾出現。

大概三個月前，當局為三千名從古戰場找回遺體的無名烈士舉行集體葬禮，空軍將骨灰盒運到烈士公墓，每個骨灰盒都覆蓋著伊朗國旗，即中間有阿拉象徵的綠、白、紅三色旗，骨灰盒堆成一座座小金字塔。邁赫達德從電視上收看葬禮的實況轉播，久久不能自已。那些遺體正待埋葬的戰士是穿著制服捐軀的，而邁赫達德在服役期間也穿那種制服，因而覺得自己和那些烈士有所連結。坐在客廳述說陳年往事的邁赫達德拉了拉他的襯衫，顯示那套制服對他多麼具有意義。

其中一個盒子就裝著園丁兒子的骨灰，套用邁赫達德的說法是：「兩塊骨頭。」在此之前，園丁一直靠信仰支撐著，現在他開始痛徹心肺，一、兩個星期之後就撒手西歸。幾天前醫院為園丁解剖，發現癌細胞已經侵蝕了他整個胃。這就是佛雷敦的母親要告訴邁赫達德的，也就是讓邁赫達德之前之所以告訴我「我總是不斷的聽到苦難之事」的原因。

幾天前（此刻在我看來，彷彿是幾個星期以前的事了），我問邁赫達德對戰爭有何感覺，他說：「毫無感覺。」但他的意思並非如此，他的意思正是他剛剛說的，「有時，我真的覺得自己再也受不了了。」

☆

即使規定之外，只有更多的規定，但是年輕人，那些除了宗教國家之外一無所知的年輕人，正在學習他們自己的不合作方式。他們有自己的身體；身體可是他們自己的。年輕人之間有些性革命的故事，也有其他不合作的方式。

佛雷敦的弟弟十九歲，只比佛雷敦小五、六歲，卻隸屬於另一個世代。佛雷敦是哲學家、懷疑論者，充滿了智識上的好奇，他說和弟弟之間雖然只隔了一道牆，但在佛雷敦牆這邊的是一些嚴肅的書，弟弟那邊的牆貼的卻盡是些足球隊、一個重金屬流行樂團的照片和一個納粹黨徽。佛雷敦的弟弟是納粹黨人。他說身為伊朗人，他是亞利安人[4]，因此他是納粹黨人。他對於身為納粹黨人這

4　譯註：Aryan，即使用印度、伊朗語族或印歐語系語言的人。但十九世紀和二十世紀上半葉，部分種族主義者鼓吹亞利安人種是最優越的種族，為二十世紀三〇至四〇年代納粹德國的種族滅絕政策種下了禍根。

件事十分認真。

坐在公寓大房間的大桌旁，佛雷敦告訴我，他弟弟和朋友已經把從前住在隔壁的猶太人家趕走。他們割破這家人的汽車輪胎，砸碎他們家的玻璃。這家人不但搬離德黑蘭，甚至乾脆離開伊朗。

這裡不是歐洲，也不是美國，伊朗有其自身的緊張，佛雷敦用他那古怪的天真所告訴我的故事，不只是關於年輕的伊朗納粹黨人而已，更接近兩代之間的鴻溝，那五、六年間所造成的差異。這種差異還有另外一個層面：佛雷敦的納粹弟弟和他的朋友毫無所懼。現在他們主要的消遣就是出去嘲弄革命衛隊，挑釁革命衛隊逮捕他們。結果就是佛雷敦的弟弟常常被抓進牢裡，一關就是一、兩天。

邁赫達德和我到的時候，他弟弟就在客廳，臉色灰黃人又瘦削。我當時對他一無所知，對他的一身黑也沒想太多。他很有禮貌，卻也相當疏離；在我眼中，他是個貧困、可憐而迷失的人，沒有未來可期待，比他哥哥或邁赫達德更絕望。既然我現在已經聽到他的事，就想跟他多聊一些。但這孩子卻如佛雷敦所說，是文化改變的另一種跡象，與過去絕斷。他沒跟任何人說一句話，就逕自走出了公寓。

革命會生出奇怪的孩子。

☆

佛雷敦和邁赫達德帶我到德黑蘭一個欣欣向榮的新地區，這裡就如同一個新城市，適合新富，適合那些大發革命財的人家。位在德黑蘭東北部的這一區，開發已有大約十年之久。有個新的商業中心，裡面盡是價格昂貴的商店，專門賣給住在另一邊新公寓的人。邁赫達德說，住在那裡的人都是商人和大談交易的人，卻都不是生產者。不過在商業中心，這些有錢人家的女兒卻自在地四處走動，立即流露一股引人注目的魅力：足蹬高跟鞋，修長的雙腿穿著石洗牛仔褲，披的是時髦的短披肩。

「還有她們的皮膚。」對於少女的美麗特別有感的邁赫達德說。這些好皮膚來自好空氣、好食物，以及擁有美好前途的自信。他姊姊就不會有這種好膚質。

還有另一種人，另一種不合作。在商業中心入口處有一個很高、燈光很亮的監控站，一名年輕女子茫然而厚臉皮的站在革命衛隊隊員前面。「他逮到她了。」佛雷敦說。她一定有些不符合伊斯蘭教的行為，違反了某些規定，或許是頭髮露得太多。邁赫達德說：「他會訓她一頓，再讓她離開。」

我們進入咖啡店後，邁赫達德要我們看反映在玻璃上的一個女子。他說：「她嗑了藥。」女子目光呆滯，無法聚焦；頭巾往下滑，落在腦後很低的位置。角落裡，一名身穿卡其制服的革命衛隊隊員正在跟店主說話，一個穿著黃色外套的侍者就走到女子前面，告訴她注意自己的披肩。她只是摸了摸自己的頭。過了一會兒，革命衛隊隊員或許不願意讓自己難看，或似乎意識到權威受到挑戰，就逕自走開了。又過了一會兒，女子步履蹣跚地閒晃出來，我看得到她栗褐色長髮從背後的披肩露出。邁赫達德幾天前才告訴我那是一種流行，也是一種不合作的表現。

稍後在商業中心外面的路上，我們看到一群年輕人剛被騎機車的革命衛隊搜身，看他們有沒有攜帶錄影帶、光碟、毒品或其他違禁品。

第九章　兩個部落

因有著浪漫地名而遠近馳名的伊斯法罕和色拉子，再度歡迎外國觀光客。我先去了伊斯法罕，但不知道該看些什麼。這個地名並沒有附加任何特殊的觀光和文化主題。在遙遠的爪哇，有神祕的佛教婆羅浮屠金字塔和印度教的普蘭巴南高塔寺廟；印度有泰姬瑪哈陵，南部還有雕刻精緻的寺廟。但伊斯法罕，就如同撒馬爾罕一樣，徒具浪漫地名而已。我還是透過印度畫作，才對其榮光產生間接的概念。從某些畫工過於細膩的蒙兀兒帝王畫中，我知道對在一六〇五至一六二七年間統治印度的賈漢吉爾[1]而言，他統治的印度和一五八七至一六二九年間阿巴斯大帝[2]所統治的波斯乃是全球兩大中心，其餘國家均不足為道。儘管有伊麗莎白一世[3]，儘管無敵艦隊擊敗過西班牙，也儘

1 譯註：Jehangir，一五六九～一六二七。印度蒙兀兒帝國的第四任皇帝，被認為是蒙兀兒帝國最偉大的皇帝之一。

2 譯註：Shah Abbas，一五七一～一六二九年。一五八七至一六二九年伊朗薩非王朝的皇帝，在他統治時期，薩非王朝達到了國力的顛峰。

3 譯註：Queen Elizabeth I，一五三三～一六〇三年。英格蘭和愛爾蘭女王，都鐸王朝第五位、也是最後一位君主。她一生未婚，又有童貞女王和榮光女王等稱呼。

管有莎士比亞[4]這種不世出的天才，英國畢竟都「天高皇帝遠」；就連一六一八年詹姆士國王[5]派遣的大使，都很難吸引賈漢吉爾王的注意。

賈漢吉爾王宮廷的一名印度畫工，在伊斯法罕的蒙兀兒大使館花了六年時間，繪製阿巴斯大帝的畫像，為的是要讓賈漢吉爾王瞭解他的厲害對手，同時與對手和平共處。畫中刻意畫瘦的阿巴斯大帝，佩戴一把對他而言稍嫌太大的彎刀；而比起他偉大城市的任何具體構想，大帝的短腿畫像在我腦海裡的印象還要更加深刻。這就是諷刺畫的力量了，以致我完全沒有心理準備居然會看到伊斯法罕的璀璨、廣闊和國際色彩，它驚人的自信和創意，以及勻稱的比例：比威尼斯的聖馬可大教堂更大的廣場、橋梁、清真寺和教堂的圓形屋頂、色彩精緻的瓦片，那大大小小看得人渾然忘我的色彩、花樣和效果。賈漢吉爾王的不自在可以體會：在阿巴斯大帝的伊斯法罕這裡，撇開許多其他的事物不論，光是印度蒙兀兒建築早就有一大批。

這裡如此金碧輝煌；類似印度的壯觀璀璨。但是在賈漢吉爾王過世不到一百年後，印度的蒙兀兒榮耀也告終；又過了一百年，印度更淪為英國的殖民地。伊朗雖從未正式淪為殖民地，但就某方面而言，命運卻更加悽慘。當一度遠在天邊的歐洲讓伊朗感受到它的存在時，伊朗從此便自地圖上消失。偉大的遺址腐朽衰敗，並且從未像印度的遺跡那樣遠近馳名。到十九世紀結束時，統治主甚至已經準備將國家和人民拱手交給外國的特權分子。

幾乎是一淪為英國的殖民地，印度就開始重生，開始接受歐洲的新學問，並成立與新學問相襯的機構。印度第一位偉大的改革者羅伊[6]生於一七七二年，即法國大革命之前；甘地出生於一八六九年。伊朗卻僅懷抱東方的君主思想，以及諸如庫姆等地的古老神學，邁入二十世紀；而踏入二十世紀的伊朗，更根本只有懷抱著感受痛苦和虛無主義的能力。

☆

阿巴斯大帝的波斯有其榮光，可惜白璧仍微有瑕疵。不過，我倒是無法跟我在伊斯法罕的東道主及嚮導聊這個想法。他是位退休的外交官，滿心皆是國家的苦難，一生就懸掛在兩極之間。一九六〇年代，他父親希望他接受英國教育。一九八〇年代，即伊朗革命之後，也就是他從海外的工作崗位退休之後，便不想再到海外旅遊了：在更寬闊的世界，持伊朗護照的羞辱感實在太沉重。他靠剩餘的私人收入過活，同時也教點書。革命和戰爭讓他大受損傷，也讓國家兵疲馬困；老外交官雖深諳這點，但他仍如同分裂的人，認為革命和戰爭有其必要性，他吐的苦水因而歧異難解。

他有個朋友也是老師，是國王時代歐洲化的伊朗中產階級。革命爆發時，他年近四十，有個兒子十一歲，名叫法爾哈德；這是很古老的伊朗名字，不是阿拉伯或伊斯蘭教名字，在國王的父親實施改革之後，許多中產階級都為兒子取這個名字。

革命之後，這位老師開始感覺兒子和他漸行漸遠。戰爭爆發後的第二年，已經十四歲的兒子終於拒絕家庭和家人的行事風格。他首先拋棄了法爾哈德這個名字，給自己改了個阿拉伯名字叫「麥

---

4 譯註：全名William Shakespeare，一五六四～一六一六年。英國文學史上最傑出的戲劇家，也是世所公認傑出的作家之一。

5 譯註：King James，一五六六～一六二五年。代表英格蘭及愛爾蘭國王時，稱詹姆士一世；若代表愛爾蘭國王時，又稱詹姆士六世。

6 譯註：全名Roy Ram Mohan，一七七二～一八三三，近代宗教及社會改革者。

薩伊姆」。麥薩伊姆是先知穆罕默德最早的追隨者之一，後來壯烈成仁。這是老師的兒子想要走的路。

何梅尼說過，革命必須以兒童和年輕人為焦點，如同那位老師一樣四十歲以上的人都毫無價值。（革命的第二把交椅阿亞圖拉蒙塔澤里用詩的隱喻說得更絕——乾枯的樹就應該砍掉。）這些話可不是憑空說說而已，國家花了大把精力教化年輕人，畢竟因為戰爭的關係，革命對年輕人的需求殷切。

老外交官說：「年輕男孩喜歡玩槍，所以他們常常拿著槍到清真寺，手拿以色列烏茲衝鋒槍和其他槍枝示人。男孩子們悠然神往，而當有人說到卡爾巴拉戰爭的烈士時，他們還會高呼口號、吟唱禱詞。」卡爾巴拉敵我懸殊的戰爭，什葉派教徒的悲劇與熱情，無休無止地被敘述。「熱血終於戰勝利劍，因為烈士終於獲勝。有些年輕人要是發現有朋友是聖戰士或隸屬共產黨，就一定會去向當局告發。當局會要求他們提供自己家和朋友家的情報，這算是一種革命行動。」

某天沒有向雙親稟報，那位老師的兒子就跑到清真寺自願從軍，隨即被派往前線。「後來我聽到消息，說他成了一個拆地雷小組的指揮。他是志願軍。剛開始根本不知道如何拆地雷，他們卻會派出幾百個志願軍去拆。在加入之前，軍中曾特別示範給他們看。他們會用一些磷光性的材料製作一個假人，暗示說有人看到馬赫迪[7]領袖騎著一匹白馬在遠方前線飛馳。」馬赫迪是什葉派第十二位領袖，幾世紀來一直藏身某地，等待機會重返信徒身邊。「他們會給志願軍一支鑰匙掛在脖子上，說那是一把通往天堂的鑰匙。當時有許多關於這把通往天堂鑰匙的笑話，說那根本是在日本大批製造及進口的。但我應該告訴你，這些男孩是**真的想要**去。我有一些學生就自願從軍。我還記得有一天巴士來把他們載走。巴士已經在等，一個男孩卻在我懷裡發抖。我告訴他：

『如果你不確定自己該不該去，你就沒有必要去。』他說：『我必須去，但是我害怕。』他們會讓男孩子分乘幾輛巴士，載著他們遊行，他們是英雄，準備和撒旦作戰，一路殺到卡爾巴拉。」卡爾巴拉之名出自遠古一場什葉派的戰爭，但如今伊拉克還真有個地方叫卡爾巴拉。

「伊朗有個習俗，每當有人要遠行，就要在《可蘭經》下面走兩、三次。家長先親吻《可蘭經》，接著高舉在準備遠行的人頭頂上方。但那些志願軍呢，當他們奉命趕赴前線時，就由一名穆拉親吻《可蘭經》，然後高舉在他們頭頂上方，接著發給每一位志願軍或紅或綠的頭巾。當然這是很體面的告別式。我年輕時，如果有必要出門，母親就會捧著《可蘭經》進行這些儀式。我上車之後，她還會拿一碗水潑撒在我後面。潑撒之前，她會先對著這碗水祈禱，還會對著這碗水吹氣。在伊朗，水是神聖的元素，而這項儀式幾乎肯定早於伊斯蘭教。」

過了一段時間，老師聽說兒子受傷了，在大布里士住院。老師趕忙去把兒子接回家，悉心照顧。等到兒子的傷好得差不多了，就又回到前線。這種事情反覆發生。

「六年後，他終於回家了。戰爭已經結束，他顯得十分沮喪，父母也不知道該拿他怎麼辦才好。他大部分時間都關在房裡，誰都不想見。最後，有一天老師走進他房間，看到孩子盤腿坐在房間中央。地毯上散滿照片，有團體照，也有個人照。男孩只告訴父親：『這些人全死了。』他們都是他在前線的朋友。」

戰爭逐漸褪色，一切事情都冷靜下來，昔日的熱情逐漸降溫。漸漸的，因著雙親的慈愛，男孩

---

7 譯註：Mahdi。另有「導師」之意，是伊斯蘭教教典中記載將於最後審判日之前七年、九年或十九年降臨世間的救世主。這概念在《可蘭經》內沒有清晰體現，但是穆罕默德在《聖訓》中多次提及。

終於康復。他改變髮型，開始穿歐洲或國際化的衣服，進入大學就讀。因為志願軍享有特權，就算沒通過入學考試，也照樣進得了大學。就這樣，六、七年前當他還是個男孩時所拋棄的性格，在成長為青年的現在，又片片段段的逐漸重新修復。他恢復聽流行音樂，拋棄替自己取的阿拉伯名字，再度變回法爾哈德。

外交官說：「現在他希望自己能成為醫生。整個過程宛如一場夢。如今他不再談戰爭。我知道許多像他這樣的男孩都很失望，但正如當過志願軍的都有特權，他們也都有人格分裂症。」

麥薩伊姆—法爾哈德人格分裂，老外交官自己其實也一樣。因為身為伊朗人有特殊的信仰，特殊版本的阿拉伯信仰，而老外交官打從骨子裡知道（這也正是他的痛苦之一），戰爭耗費人力、沒有結論又恐怖萬分，卻還是得打下去。

他說：「如果男孩子們不做這些犧牲，薩達姆[8]和伊拉克就會吞噬掉伊朗四分之一的土地。從某種角度而言，何梅尼可以視同伊朗民族主義的創立者，多年後他重演了古老阿拉伯—伊朗人之間的對抗。薩達姆給自己取的封號之一是『加德辛亞勝利者』（Victor of Ghadessiah）。那是伊斯蘭教入侵初期，伊朗人慘敗在阿拉伯人手下的陳年往事。時值穆罕默德去世十年後的奧馬爾[9]。海珊稱伊朗人為「Magis」，即祆教徒。」那是拜火教徒的意思，是伊朗在信奉伊斯蘭教前主要擁護的宗教。

老外交官是個智者，十分有教養，但伊拉克的嘲弄（就如同在校園內的嘲弄一樣），仍然有足夠的勁道對他造成傷害：奚落伊朗異教徒的過往、伊朗拜火和沒有信仰的過往、信奉伊斯蘭教以前的過往；嘲弄伊斯蘭教傳入伊朗、阿拉伯人的征服，以及積極傳播他們新宗教的方式等等。加德辛亞戰爭發生在久遠的西元六三七年，卻如卡爾巴拉的挫敗一樣，歷歷如昨般的清晰。波斯的歷史源遠流長，在加德辛亞戰爭之前將近一千年，它還是個強國，足以挑戰希臘，重創羅馬。但是過去已經都屬陳年往事，已經都屬於其他民族，加德辛亞的敗績無可彌補。在人們的意識裡，伊朗是隨著伊斯蘭教的到來、隨著敗仗才開始存在的。吃敗仗反而給了伊朗的信仰特殊優勢，給了人民特殊的情感。

老師的兒子經歷了那種情感上的矛盾。他拒絕了自己家裡受國王啟發的歐化作風，擁抱了自己的信仰。他給自己取了個非常早期的阿拉伯烈士名字，導致他綁上志願軍的頭巾，掛了上天堂的鑰匙，以及和自稱是「加德辛亞勝利者」的阿拉伯人戰爭。

☆

外交官說，孩子的人格也分裂了。這是他們用來抗拒極度壓榨的事情，並且藉此保持部分自我的方式。

他告訴我一對夫妻的故事，他們和他一樣飽受苦難，滿心不平，卻依然是民族主義者。他們有個九歲女兒就讀當地的真主黨學校。某天，學校校長請他們到學校一趟。他們到了學校後才發現，原來女兒是全校最會背誦《可蘭經》的學生。因為成績太傑出，學校決定邀請父母來參與她的頒獎典禮。父母對女兒的天分一無所知。事實上，他們剛接到學校的到校通知時，還嚇了一大跳，不知

8　譯註：Saddam Hussein，一九三七～二〇〇六年。即我們熟知的海珊，一九七九至二〇〇三年任伊拉克總統及伊拉克總理、伊拉克最高軍事將領、伊拉克革命指揮委員會主席與伊拉克復興黨總書記等職。二〇〇三年伊拉克戰爭中，其政權被美國推翻。薩達姆逃亡半年後被美軍擄獲，經伊拉克法庭審判，於二〇〇六年被判絞刑。

9　譯註：Omar，約五九一～六四四年。伊斯蘭教第二任領袖，先知穆罕默德最著名的擁護者和戰友之一。

道女兒在學校裡說了他們什麼壞話。

外交官說：「這就是現在怪誕的方活方式。」

★

這些都是我在伊斯法罕步行及搭車時，在我思索著圓形屋頂和瓦片、拱門和拱形建築，以及夜晚時分思索著河上的燈光和拱橋時，所聽到的一些故事。雖然許多事物恢復了，然而灰飛湮滅的也很多。磚塊便是如此。在一些髒亂的巷弄裡，一些外觀美好的建築物背後裸露的磚塊，似乎很快就會回歸塵土。老外交官表面上溫文儒雅，其實底層卻埋藏著肉體和心理上難以平息的重大創痛。痛楚是他故事真正的主題。有時，一則故事被當成他所認識的人的經驗來述說，卻帶有一股民間神話的色彩，基於一般民眾的需求而編造出來，就像在某個特定時期，某些社區就會出現一些並非某人而是集體創作的笑話，然後廣為流傳。「一團肉」便是這樣的故事之一。

一名裹著披肩的中年婦人，拜託眼科專家檢查在當地醫院治病的一個男孩的視力。當專家被帶到病人面前時，他發現病人只是「一團肉」而已——他無手無腳，其殘缺不全已經無法再修復。圍披肩的婦人每天都來請眼科專家去看病人。專家想不通的是，一個不可能康復或者恢復正常生活的病人，恢復視力要做什麼。但他不想傷害這個圍披肩的婦人。她一直待在醫院病房區。像這樣的家屬，找遍全醫院也只有兩、三個。

眼科專家打聽了一下，才發現裹披肩的婦人根本不是病人的母親，只是他的鄰居。病人的母親每天都到醫院，但總是待不久。過了一段日子，醫生終於贏得圍披肩婦人的信任，有一天他開口問道，病人又不是她的兒子，為什麼她還那麼想讓這個四肢嚴重傷殘的男孩恢復視力。

裹著披肩的婦人說：「我自己的男孩，我自己的兒子，因為參加反革命團體被處決了。那個告發他的男孩，就是這個病人，也就是鄰居的兒子。我很高興我兒子死了，被處決了，一了百了。而我想讓『這團肉』繼續活著，就是為了報復。我要讓他母親每天為他難過悲傷。」

☆

國王宣告這段前伊斯蘭教的往事，原因之一就是想讓自己和歷史上偉大的統治者產生連結。就如同兩千年前的亞歷山大大帝[10]一樣，他也前往帕薩爾加德的塞魯士[11]陵墓去朝聖。革命之後，一批批的革命黨人都前往陵墓和附近的宮殿，甚至連拜火教廟宇都去，卻幾乎沒有破壞任何古蹟。真相如何，不得而知，但有人說，何梅尼的絞刑法官哈克哈里曾被任命一個委員會，旨在研擬出最方便的手段，就算不是全面摧毀，也要損壞波斯波利斯廢墟的外貌，幸好後來爆發了戰爭！那漫長的「神聖抗戰」。如今觀光客再度回到色拉子，並驅車前往波斯波利斯。有些觀光客甚至還會遠征到帕薩爾加德。

10 譯註：Alexander，西元前三五六～西元前三二三年。古希臘北部馬其頓國王。到十六歲為止一直由亞里斯多德任其導師，三十歲時已經創立歷史上最大的帝國之一，疆域從愛奧尼亞海一直延伸到喜馬拉雅山脈。他一生未嘗敗績，被認為是歷史上最成功的統帥之一。

11 譯註：統稱 Cyrus II of Persia，約西元前五五九～西元前五三〇年。波斯帝國創建者及阿契美尼德王朝第一位國王，帝國從西邊的赫勒斯滂到東邊的印度河，是前所未有的最大帝國。他並通過塞魯士圓柱宣布了可能是歷史上第一份重要的人權宣言。

恐怖主義模式的革命時刻已成為過去。革命已全面掌握，再也沒有敵人，世界已經重新改造。不過哈克哈里認為，必須完成的事情，其實只完成了百分之三十。

要進大學，得先通過伊斯蘭教的入學考試。邁赫達德說考試越來越難。五年前，考生還不必背誦《可蘭經》經文，如今卻非背誦不可。現在所有的政府機構都設有伊斯蘭教組織，所有的求職者都得接受這種組織的面試。他們會問一些政治問題，但他們對於人們有多熟悉伊斯蘭教規定也深感興趣。

邁赫達德說：「不是一般性的規定，而是非常細節的規定。他們說所有的穆斯林都必須知道這些規定，於是會詢問你關於祈禱的種種。我們通常每天祈禱五次，但還有另一種祈禱，就是受驚祈禱，也就是種急救。還有星期五的祈禱，或是為死者所做的祈禱。所有的祈禱都有規定。像我這種人，平時都不祈禱，怎麼可能知道其他的特殊祈禱。」

大學有一門特殊課程叫「何梅尼的遺志」。這門課算一個學分，即便是非穆斯林也是必修課，不論主修什麼都得學。

邁赫達德說：「這門課叫『何梅尼的遺志』。我學到了十足十。教授發給我們十頁手寫的摘要。何梅尼說話的方式十分複雜，就連一個簡單的句子都有很複雜的文法。只要看到漆在牆上的一行句子，就連十歲小孩也知道這句話是出自何梅尼。大體而言，這沒有什麼不好，但要看四十頁，實在很辛苦。教授的摘要讓它變得簡單多了。這都是在保革命於不墜，教你嚴防美國和帝國主義，教你如何保護清真寺和伊斯蘭教的安全。」

☆

世界已經重新改造。邁赫達德的父親從前掛著皇室照片的牆上，如今改掛何梅尼的剪影，而且是喜歡自己動手做的邁赫達德剪的。因為革命和兩伊戰爭先後爆發，伊朗被鬧得天翻地覆，元氣大傷。固然有些人向上提升，卻有更多人飽受摧殘，是否實踐了更遠大的理想，沒有人說得準。所能說的只是，舉國上下幾乎一致感受到痛苦。現在都沒有人想要行動了。痛苦之下，筋疲力盡，百姓就只想坐等事情發生。人們如邁赫達德和他的家人一樣悽惶過日。所以，或許歷史真的在詭異地重演。每一項偉大的行動，像是戰爭和革命，都勢必如此。每一項偉大的行動都會互相牽連，打回原形。

在德黑蘭的最後一天，我和阿里談到推翻國王的革命。除了革命之外，可還有別的路可走？阿里說，像他那樣的人需要自由。在國王統治下，他們雖然都很有錢，但日子卻必須過得像老鼠一樣。拿自己和其他國家的有錢人一比較，馬上自慚形穢。面對這種屈辱，無人可以泰然自若。發動革命的就是像他這樣的人，而不是窮人，有文化面，也有伊斯蘭教面。

阿里說：「我必須話說從頭。一九四〇年代，當時伊朗遭列強占領，許多人開始從鄉村移居小城鎮，許多小城鎮的小商人又往更大的城市搬遷。」

在小城鎮裡，從外地移居過來的人已經比原來的居民多。原來的城市人非常世俗，移民則有他們根深柢固的伊斯蘭教生活模式。他們看不慣在城裡所看到的一切：酒店、夜總會、穿迷你裙的婦女、放映憂鬱影片的電影院、在電視上載歌載舞的半裸女子等等。從一九四〇年代直到一九五〇年代，人們不斷從鄉村往城鎮遷徙。

一九六〇年代，國王開始他的土地改革。「肥沃的土地還是保留在原有地主手上，貧瘠或半貧瘠的土地則分配給總是辛勤耕作的農人。傳統上，地主乃是農民仰賴終生的人。地主雖然吸農民的血，卻也是他們的金主。地主會借錢給農民，提供農民種子；每逢天災人禍，地主也會及時伸出援手。當土地重新分配，農民失去了他們的金主，政府卻不以銀行體系來取代金主的角色，農民從此收支不能平衡，只好離開農地，往城市裡搬遷。」

這些農民既保守，又忠於宗教信仰。他們的兒子在城市長大，接受教育。他們上大學，享受國王的政府提供的獎學金，但這些第二代仍然受到他們父親伊斯蘭教信仰的影響。阿里認為，需要經過兩、三代，才足以改變全村的想法，可是伊朗並沒有那麼長的時間等待。世事快速變遷，沒有前一代可與之競爭的第二代集合成團體，力量變得十分強大。他們在政府機構任職，有些人成為教師，有些人甚至走進市集成為生意人。

「在精神上，他們都是穆斯林。因為他們都來自清寒家庭，在心理上則比較傾向於左派的社會主義。這就是為什麼聖戰士深具吸引力：馬克思主義和伊斯蘭教都是他們的意識型態。物質主義和阿拉並列，真是個諷刺。這些人，這些移居城市的第一代和第二代，和他們留在農地上的親人、小城鎮與村落都息息相關。這些人是新運動的領袖。我在克爾曼認識許多這種人。所以當革命爆發的時候，這些領袖早已置身城市，而他們需要聚集起來展開叛變和進行示威的民眾，卻留在村落和小城鎮裡。」

隔絕於外，彷如置身另一個世界的，是國王的人民。他們是老一代城市的子女，其中很多都是有錢人，都在歐美學校受教育。他們會說許多語言，開口就能談西方哲學和歐洲政治。他們對法國、西班牙和德國歷史的認識，遠勝過對伊朗歷史的瞭解。

「這些人大概占總人口的百分之五，最多就如此。其他以下的，占了百分之九十五，他們讀《可蘭經》，念阿拉伯文，他們是真正的人民，真正的群眾。他們和其他百分之五的人沒有關聯，變成了生活在一個國家裡的兩個部族。國王就遭到那百分之五的人包圍。特別是到後來，當國王娶了最後一名在法國受教育、渾身都是法國文化的皇后時，他們嫌惡伊斯蘭教，一如其他團體對強加在他們身上的西方傳統也滿心厭惡一樣。」

一九七〇年代石油價格暴漲，伊朗的收入暴增到從前的五十倍。這筆財富難以想像，也讓局面每況愈下。

「這筆新財富流到城市，而大部分人都住在農村。移居城市的年輕一代農人發現他們被騙了。從一九七〇年開始，越來越多伊斯蘭教組織在大學及每個城市，如雨後春筍般欣欣向榮，特別是在市集裡，伊斯蘭教組織已經取政黨而代之。國王不准政黨生根成長，這些伊斯蘭教組織也表達了人們對國王及其同僚的看法，指稱他們並沒有信奉伊斯蘭教。國王、皇后和她的團體開始歡度藝術節，他們邀請海外的音樂家、詩人、舞者和各種藝術家前來表演。其中有個團體人人脫得一絲不掛，還載歌載舞。這種情況再三發生，如同火上加油，一發不可收拾。」

事隔大約二十年，國王和他的團隊都消失了，倒是宗教領袖的彩色照無所不在，他們也同樣要求百姓要絕對服從。國內充滿了伊斯蘭教規定，革命衛隊和志願軍就在現場認真執行，無論是下午在公園裡或晚上在公路上。如佛雷敦弟弟那樣的年輕人，除了宗教規則外一無所知，在天真無知卻危機重重的情況下，他成了納粹黨人，和一些朋友在某些夜晚跑出去嘲弄革命衛隊。年輕族群掀起性革命，並從太過嚴格、太過普遍的信仰中墮落。對於這種疏離，庫姆的神學士埃馬米曾說：「我們的敵人知道我們的弱點。」在經歷這一切痛苦之後，一種新的虛無主義似乎正蔚然成形。

阿里說：「伊朗內有兩個部族的情況依然存在。如果兩族不媒合，我真不知道他們將何去何從？」

第三部

巴基斯坦
從地圖上消失

第一章 犯罪企業

在波斯波利斯可以參觀的東西太多了，多到一天之內也想不出該先看哪些才好。而在那之後，還準備再走個四十公里路到帕薩爾加德的觀光客就不多了。相較於波斯波利斯，帕薩爾加德比較小，有的是光禿禿、疏疏落落和去除廢棄物後的乾淨：除了一座祆教寺廟陷落的塔之外，就只有塞魯士大帝的宮殿和墳墓，整個地方全被我和邁赫達德包場了。當地的入口處有個被晒得黝黑的老嚮導，或許也是看守人之一，個子矮小瘦削，沒有刮鬍子，身穿一件舊夾克和套頭衫擋風遮塵。騎上他的摩托車後，一語不發就開始在這片荒地上當起我們的先導，保持著騎在我們前面幾公尺處，掀起滾滾沙塵和藍煙，而且如同某些古老神話的現代版，每當我們的司機躊躇不前時，他就咧嘴而笑，對他打手勢。

我們就這樣來到塞魯士大帝的宮殿遺址。由不規則形狀的大片大理石交錯鋪成的白色地板，至今仍和兩千五百年前鋪設時一樣的平坦與契合。宮殿的石材一度被竊取挪為他用，其中一部分還被人運到另一個地方蓋清真寺，不過到了國王時代，部分石材又收回來運回原址。這些刻有阿拉伯文字的石材如今派不上用場，只能當作神聖的遺物擺在一個早於希羅多德[1]一個世紀、比伊斯蘭教創

1 譯註：Herodotus，約西元前四八四～西元前四二五年。古希臘作家，著有《歷史》一書，是西方文學史上第一

立更早上一千多年、且曾是世界權力中樞的地方。四周土地平坦，盡是漫草野花，夏季過後乾燥鬆脆，只聽到不見蹤影的鳥兒婉轉鳴唱，賦予了活力。

嚮導說，不久前，大約有三、四十名印度人搭巴士前來此地。他們站在一根上端銘刻著「朕乃塞魯士，岡比西斯士[2]之子，此為朕之宮殿」這行字的高聳柱子前面，致上某種祈禱，接著又嚎啕大哭了二十分鐘左右。等到一切都完成後，才上巴士離去。

嚮導不知道巴士上的觀光客是何許人也。但很容易猜到他們是帕西人、祆教徒。祆教是波斯信奉伊斯蘭教前的宗教，阿拉伯征服波斯，伊斯蘭教東傳，帕西人因而逃離波斯，這些人即為他們的後裔。他們在印度古吉拉特找到庇護所，也自然而然改說古吉拉特語。他們只是個小社區，在本世紀之前大致沒有什麼變化；如今隨著對外世界的開放帶來的通婚結果，慢慢融入以至於消失。儘管古老的祈禱記憶可能已支離破碎，儀式也是東拼西湊，但還有些人仍記得昔日的光輝，以及在塞魯士大帝宮殿廢墟中行禮如儀的哀傷，仿如奇蹟。

不久後，我前往巴基斯坦的拉合爾，下榻阿瓦里大飯店。阿瓦里家也是去國離鄉的帕西人。一九四七年印度次大陸分裂，部分帕西人留在印度，部分留在巴基斯坦。飯店大廳有幾幀飯店創辦人阿瓦里夫婦的大張彩色照片，入口處有一塊歌頌阿瓦里夫人的匾額，表述她的生平和成就。最後有一句話是：**「一九七七年十一月二十五日逝於美國波士頓。願阿胡拉．馬茲達[3]讓她的靈魂在天國永遠安寧。」**

這讓祆教有點像基督教或伊斯蘭教。古老的伊朗宗教是那個樣子的嗎？或許那不重要，重要的是掛那幅匾額的人心裡在想些什麼。基督教和伊斯蘭教已經將古典世界翻天覆地，重新改造。這些想法是放諸四海皆準，而非侷限於一隅的在地宗教；他們的宗教和社會思想觸及每個人內心，就算看在外人眼裡，也能顯得親近。

☆

在伊朗，當然回不去伊斯蘭教傳入前的時光了。但巴基斯坦可不是如此，過去的重要片段仍存在於服裝、習俗、儀式、節日和重要的階級思想上。伊斯蘭教大約就在先知穆罕默德去世之後即傳到伊朗。將近四百年後，印度西北方開始遭到外力滲透；至於西南部的信德省遭人征服，則又是另外一回事了。粗估在一二〇〇年之前，穆斯林是次大陸北方的強權；一六〇〇年，這個強權達到巔峰；到一七〇〇年之前，因為蒙兀兒王朝衰落，印度穆斯林的力量便多少有幾分敗落了。

這裡從來沒有像伊朗一樣被全面征服，事實上，在蒙兀兒王朝衰落後還出現的特殊種族，如馬拉塔族人[4]、錫克人，都在某種程度上捍衛自己的信仰，對抗穆斯林。征服這兩種人，成為直接和間接統治綜合體、次大陸最高強權的是宗教的局外人，即英國人。

有的地區兩百年、其餘地區不到一百年的英國統治時期，就是印度的再生期。印度人，特別是孟加拉的印度人，十分歡迎英國人引進的歐洲新知識和各種機構。喪失大權的創傷，加上對舊宗教

部完整流傳下來的散文作品。

2 譯註：Gambyses，約西元前六〇〇～西元前五五九年。波斯阿契美尼德王朝的早期成員。

3 譯註：Ahura Mazda，古波斯神名，祆教宣稱祂是創造一切的神，因此後來成為祆教的最高神祇。

4 譯註：Mahratta，一六七四～一八一八年，是印度次大陸上的一個近代帝國，也是印度歷史上真正的最後一個印度教帝國。

的顧忌，穆斯林只能置身事外。這開啟了兩個社會間的知識鴻溝。隨著獨立的到來，鴻溝愈發加深；而拜此一如今更甚於宗教的因素所賜，到了二十世紀末，印度和巴基斯坦已成為兩個截然不同的國家。印度因為知識分子大幅增加，已經全方位發展；巴基斯坦則除了頌揚宗教之外，還是只有頌揚宗教，甚至一天不如一天。

巴基斯坦的創立完全是拜穆斯林缺乏安全感所賜。它與懷想舊時榮光、大舉南侵的西北大軍，以及掠奪印度斯坦寺廟[5]和強加信仰在異教徒身上同時進行。美夢仍在，然而對於次大陸皈依的穆斯林而言，那是他們恐懼的開始，因為在這美夢當中，皈依者忘了他們是誰，並且成為了褻瀆者。就好像（如果換個大陸）墨西哥和秘魯的原住民支持科爾特斯[6]及皮薩羅[7]，把他們當成帶來真理的使者。

☆

一位律師跟我說了他三歲時在巴基斯坦地動天搖之際，於旁遮普一個小鎮聽到的伊斯蘭教口號；兒時就聽得他大受感動，時至今日，依然如是。這位律師的父親是兩國未分裂以前著名的自由派分子，他在我面前也表現得如同父親一樣的自由派。律師有點遲疑地抬起下巴指向街上說，如果來來往往的人知道他的想法有多麼自由的話，他「半小時內就會被吊死」。

但他實際上是個老派的狂熱分子，光是擁有信仰還不滿足，非得用老派手法贏得勝利不可。他一開始背誦那些一九四七年的口號時，我看出來了。他的聲音顫抖，雙眼發亮，又變回在萊亞普爾那個三歲大的孩子，滿腦子想將不信教的人送上西天。

穆斯林在這世上什麼都不怕——
去問阿里就知道。

隨著將流暢的烏爾都語逐字翻譯成硬邦邦的英語，他的情緒冷靜了下來。逐漸恢復律師模樣的他，半抱歉的說：「詩或許並不太好，卻深得我心。」

我們坐在律師家的餐廳。這裡經常使用，卻陰暗得出奇，彷彿要比外頭的地面下陷許多。街上的水溝飄來惡臭，或許是陰溝出了問題。律師為此道歉，不過他好像已經習以為常。冰箱就擺在屋內一個角落，或許是用來查核僕人用。那個普什圖族僕人高大陰沉，身上那套巴基斯坦僕人必須穿的衣服已經非常骯髒，他每兩分鐘就從冰箱裡拿出一些東西，或放一些東西進去。這看得我有點分神，律師卻不動如山。他明亮的雙眼視線落在遠方。一九四七年的巴基斯坦口號令他振奮，我覺得那些口號仍在他腦海中迴盪。

最後，我們開始啜飲那髒兮兮的僕人端上來的劣質咖啡，然後就如同我去過的許多家庭，我們

5 譯註：印度斯坦人是印度、也是南亞地區的主要民族，占印度總人口的百分之四十六左右。
6 譯註：全名Hernán Cortés，一四八五至一五四七年是殖民時代活躍於中南美洲的西班牙殖民者，以摧毀阿茲特克古文明、並在墨西哥建立西班牙殖民地而聞名。
7 譯註：全名Francisco Pizarro，一四七一或一四七六～一五四一年。西班牙早期殖民者，開啟了西班牙征服南美洲，尤其是秘魯的時代，也是現代秘魯首都利瑪的建立者。在西班牙歷史上，皮薩羅以活躍的征服，與墨西哥的征服者科爾特斯齊名。

開始思考這破落的現況。

☆

新國家倉促建立，並沒有真正的建國大綱。新國家不可能成為次大陸所有穆斯林的家園；根本不可能。事實上，留在印度的穆斯林比留在這個新穆斯林國度的人還多。感覺似乎凌駕於任何政治目標之上，新國家立意彰顯信仰的勝利，是老印度教徒心中的利害關係。某人（不是那位律師）就記得一九四七年的這麼一句奚落口號：

正如印度必然會分裂，
巴基斯坦也必然會建立。

一九七九年我在拉合爾遇見一名男子，他嘗試告訴我，巴基斯坦的建立對他這個在印度邊界的男孩有什麼意義。用字遣詞他還得先想過。最後，他說：「對我而言，就如同真主。」對許多或是絕大部分的次大陸穆斯林而言，這個脫離印度而獨立的國家，係以一種宗教狂喜的姿態出現，超乎理解，更超乎有關邊境、憲法和經濟計畫的爭論。

接著，幾乎就在巴基斯坦分裂出去的時候，有些人看出可以從新國家大賺一筆。所有西部的土地（即所有古老、或者不是那麼古老的印度教、佛教和錫克教），最後都將消失；所有在那片土地上的印度教徒和錫克教徒，都將被驅趕出去。他們都會離開回印度。以財產論，印度教徒和錫克教徒都很富有；有人說，當地百分之四十的財富都掌控在他們手中。他們離開之後，許多債務都一筆勾銷；在巴基斯坦全國境內，大大小小的鄉村與城鎮，許多財產都需要有新的所有人，於是許多人一夕之間致富或變得富有。所以，打從一開始，這個新的宗教國家就受到掠奪的舊思想汙染。所謂真主國家的想法已經修改過。

巴基斯坦不需要為未來的道路付出代價，它成為美國的衛星國家；巴基斯坦的各個政權在冷戰期間都得到支撐。它並未發展現代經濟，認為沒這種需要。相反的，巴基斯坦開始出口人民，有幾分算是成為了匯款經濟。

就在分裂三十二年之後，爆發了阿富汗對抗蘇聯侵略的戰爭。這或許能夠歸入宗教戰爭之列；戰利品龐大。八年當中，美國的武器和阿富汗的毒品依循著同一條道路源源流入，億萬錢財就這樣落入某些信徒手中。貪汙腐敗的情況猖獗，國家最後岌岌可危。公開的信仰以及私底下的掠奪，形成一種循環。如今看不出到底可以從這個循環中的哪個點切入，並且重新起步。在憤世嫉俗及知識分子徒勞無功了四十年後，這個剛開始被一些人視同真主的國家已淪為犯罪企業。

☆

從來沒人認真想過該如何治理這個新國家。拜信仰勝利所賜，萬事如預期地順利進行。雖然把伊斯蘭教的一致性當作分裂前的抗議理由十分強而有力（誠如那位律師所說：「是能喚起人們共鳴的強力因素。」），其本身卻不足以凝聚這個大而無當且又分成兩翼的國家。擁有自己的語言和文化的孟加拉很快就脫離巴基斯坦。就連在那時，每一個在剩下的巴基斯坦尋求政治力量的人士，依然承諾會比對手更伊斯蘭教化。

程序性的法律承襲自英國，次大陸的立法者既不熱心也不務實的加以妨礙。某些伊斯蘭教附屬物仍揮之不去。律師也並非總是能夠加以運用，司法體系因為受到政治操控而大壞，如今變得更加搖搖欲墜。婦女的權益不再有保障。通姦成為一種罪，意味著男人如果想要擺脫老婆，只要指控她與人通姦，就足以讓她下獄。一九七九年制定了一些條款來進行《可蘭經》式的懲罰；雖然從來沒有過截肢刑罰（因為醫生說不行），人們仍然喜歡公開鞭刑，總是爭先恐後的跑去看。

這些法律所界定的伊斯蘭教很有約束性，既嚴厲又簡單，法律卻不一定都能執行。像是雖然民眾紛紛要求執行，但一九八六年的公開鞭笞就可能暫停；或者好比關於喝酒與賭博的法律，也可能被忽視。法律都只寫在書裡，並且改變了國家的本質。這些法律鼓勵人們往後看，為動盪埋下伏筆。它們還概述了一種一旦爆發危機，人們就可以引用的獨裁政體。

隨著孟加拉脫離，次大陸的剩餘部分，即如今的巴基斯坦，居然是教育程度最低的，這實在令人意外。巴基斯坦很晚才落入英國人手中，接受英國統治還不到一個世紀，時間大約從一八四〇年代中期或晚期，到一九四七年；在這段時期開始不久，印度即爆發大動亂（一八五七至一八六〇年），最後甚至獨立。英國統治印度的時期，大致與其最著名的編年史家，即出生於一八六五年、卒於一九三六年的魯德亞德．吉卜林[8]的一生重疊，這也是另一項意外。

英國的機構輕輕地安坐在比較古老的地方體制，即西北部的部族體制，和半奴隸制的南部封建酋長制。在巴基斯坦獨立不到五十年後，這些比較古老的非正式體制開始再度全面顯現。這個繼承來的現代政府，感覺上就如同一個最近並無需要的負擔。

如今一直站在背後的乃是基本教義派，他們受夠了巴基斯坦建國之後的狂喜，更受夠了法律的部分伊斯蘭教化，因而想要把國家往後帶到第七世紀先知穆罕默德的時代。這部分有些因應的計畫，但就和對巴基斯坦本身的計畫一樣模糊：只有一些例行祈禱，一些《可蘭經》式的懲罰，像是斷手斷腳；強迫婦女戴面紗，有效的監禁她們，不讓她們外出；賦予男人同時擁有跟四名婦女鬼混的權利，而且可以隨意使用或拋棄她們。不知為何，就是有個出於封閉而虔誠的社會認知，認為只要這個社會全面充斥著沒有受過教育的男人、四處鬼混獵豔，國家就會匡正，力量就會產生，一如最初自然而然出現的伊斯蘭教一般。

☆

一九三〇年詩人穆罕默德．伊克巴勒[9]向分裂前的伊斯蘭教聯盟發表演說，那是第一次有人慎重其事地談到巴基斯坦的情況。較諸一九四七年的街頭口號，這場演說的口吻文明，也更通情達理，但出於衝動這個重點則如出一轍。伊克巴勒來自一個最近才皈依的印度家庭；或許只有像他那種自認為是新皈依者的人，才可能發表這樣的演說。

伊克巴勒說，伊斯蘭教並不像基督教，它並非講究私人良知和私人實務的宗教。伊斯蘭教提出某些「法律概念」，這些概念具有「文明的意義」，可以創造某種社會秩序。「宗教理想」不能和社會秩序分離。「職是之故，依循國家路線建立政體，如果需要取代伊斯蘭教的團結原則，對穆斯林

---

8 譯註：全名Joseph Rudyard Kipling，一八六五～一九三六年。出生於印度孟買的英國作家及詩人，主要著作有兒童故事《叢林奇譚》。

9 譯註：Mohammed Iqbal，一八七七～一九三八年。印度穆斯林詩人、哲學家、政治家，其波斯語和烏爾都語詩作被認為是現代的最佳作品之一。他的伊斯蘭宗教告政治哲學理論也很有名，被譽為第一個提出印度穆斯林建立獨立國家的人，並啟發了巴基斯坦的成立。其「兩個民族理論」成為巴基斯坦立國的依據。

而言，皆難以想像。」一九三〇年所謂的國家政體，指的是全是印度人的政體。

就一位思想家在二十世紀所發表的演說而言，這場演說稱得上非比尋常。伊克巴勒用一種複雜的方式表示穆斯林只能和其他穆斯林一起生活。如果當真這麼以為，那就表示良好的世界，要認真追求的世界，乃是純粹的種族世界，各自安分地處於配好的位置上，每個種族自成一格。這會被視為純粹的夢想。

在一再要求巴基斯坦和伊斯蘭教政體的背後，始終沒有提及的就是伊克巴勒根本就排擠了印度教的印度。他的聽眾會理解到這點，並且他和聽眾也一定都很清楚遭到排擠的是什麼。根本就在周遭，他們只需要看上一眼就會明白；那是真實世界的層面。原先並不存在、而伊克巴勒也未曾嘗試界定的，乃是即將伴隨新國家而產生的新伊斯蘭教政體。在伊克巴勒這篇重量級的演說中，這種政體是抽象的，如詩如畫，必須以信賴來接受。為了推薦這種政體，連先知穆罕默德之名都間接用上了。

如今看來，這篇演說可謂充滿諷刺。巴基斯坦一上來就剝奪了留在印度穆斯林的公民權。孟加拉獨立自主，但在巴基斯坦則一提自主必稱分裂，那裡的新伊斯蘭教政體變得如同舊的一樣，也就是伊克巴勒所知道的那種：你不需要走得多深入，就可以發現一些人既無聲音，也無陳述，一如伊克巴勒演說時的一九三〇年。

第二章　政體

六個月前的某一天，這名女子的先生和他姪兒（兩人皆為勞工）抓住了她，並且「割下她的鼻子」。先生還將她囚禁起來，後來她想辦法掙脫，逃到了大城市喀拉蚩，她在那裡有朋友。這個朋友和拉合爾的一個人權團體有聯絡，這個團體在外國提供的補助下，開設了一個受虐婦女庇護所。

我就在這個團體辦公室的等候室見到了她。在一群飽受難以想像的羞辱或情感折磨，因而表情順服、半死不活的安靜女人當中，很容易就讓人注意到她。一塊類似紗布的面紗往上拉高，蓋住臉龐下半部，遮住了傷口。面紗上只露出了眼睛和眉毛。我覺得那雙眼睛看起來像孩子，這讓人一想起她被毀容的事，就更加難過。

但她並不是個孩子，她已經三十五歲了，那是我幾天後再回去辦公室找她時才知道的。這次她並未將臉遮掩起來，鼻尖也不像我擔心的被切掉，看起來反倒更像是被一把熱鉗子夾傷。兩個鼻孔都有傷口，紅腫紫黑邊的肉色呈粉紅色，但現在的她已經習慣，並不想遮掩躲藏。

她又瘦又小又黑，十九歲就結婚。當時父親生病，母親認為她該結婚了。女孩不結婚就違反伊斯蘭教教義。她出嫁時沒有嫁妝，「只為真主」；這意味著她唯一能帶給丈夫的嫁妝，就是真主的保佑。她必須嫁給這個打零工的人，婚前既不認識，也不知道父母為什麼幫她挑這個人。她就只是照著父母的意思做，根本無能為力。

幫忙翻譯的人權律師法札納說：「她是封建社會的受害者。」

這名婦人自己卻無法看清楚這一點，她只知道被找來的這個男人和她父親一樣，都為同一個地主工作。她先生是個廚子，每個月賺三百到四百盧比，約十到十二英鎊。他也會從地主那邊得到食物。地主有大片土地。她一定要認識地主，必須知道他是何許人物，因為她父母都為他工作，他是個讓人尊重的好人。

村子裡有一所學校，是小學，可是她沒上過學。父母不讓她去，他們自身都是文盲。她父親身後身無長物，等於是分文未留。父親是地主的僕人，也就是隨時得待命，一被召喚就要去服務。當地主要打獵時，就叫她父親跟上，讓他負責宰殺飛禽，照顧獵犬，並且就住在地主家庭院的一間土屋裡。她不確定到底有多少人住在那兒，可能有二十五個人吧，但她不知道。這些人都是地主的僕人。村子裡有座清真寺，所有的人都經常上那裡去。

聊到這座清真寺時，婦人就笑了，她認為有關清真寺的問題只是個陷阱題，她很高興自己看穿了這一點，同時覺得這是她提到自己時，唯一發生過的好事。

她父母的小屋裡根本沒有家具，只有一口箱子、一些器皿、一台電扇。由此可見，土屋裡有電力供應，而這台電扇儘管顯得奢侈，卻也足以證明夏季有多麼酷熱。其他還有什麼東西，她就想不起來了。

她的婚姻維持了一段幸福的時光，她生了三個孩子，兩男一女。過去她都在別人家裡幫傭，但緊接著在兩年前，先生便染上海洛因毒癮。他想要她多拿些錢回家，一旦她拿不出來，就有麻煩了。有一天，她的孩子和她先生姪兒的孩子吵架。她先生的姪兒也是勞工，只是在另一個莊園工作。她把所有的孩子都打了一頓，結果先生姪兒的孩子抱怨了一番，她先生回家後，便將她狠狠的打了一頓。她帶了一個孩子逃到姻親家裡，丈夫隨即尾隨而至。她想去報警，但她丈夫的一個親戚勸她不要這麼做，並叫她回到丈夫身邊去。她聽話照做，於是鑄下大錯。孩子們吵架只是個藉口，她先生先是對姪兒發了一頓脾氣，然後兩人便聯手蹂躪了她的鼻子。

提到自己認識地主家人的時候，她笑了。顯然根據她的判斷，這是她所說的第二件好事。

她自己兩男一女的孩子也曾經上過學，但後來都輟學，連怎麼讀寫都忘了。他們「每一件事」都忘得一乾二淨，但他們每天都會去清真寺；是她要他們去的。現在她認為兒女都受到虐待，公婆對她的孩子很不好。

碰上困難時，她的地主並沒有幫她。她沒有去求過他，也沒有想過要跟他求助。她的地主不知道她有困難，沒有人告訴他。她在那村子裡已經沒有家，自己的兄弟姊妹對她也漠不關心。

她就住在人權團體的庇護所。他們幫她找了一份差事，一個禮拜在繃帶工廠工作兩天。

她的兩個腳丫子在塑膠鞋裡頭不安地動個不停，也不停地調整她有花色圖案的粉紅色裙子。浮雕印刷的頭巾是唯一的一抹時尚。

她說現在任何事情都無法讓她開心，她一心只希望能夠把孩子帶回來。自從她逃離丈夫身邊後，發生了一些變化，現在她已經不再害怕。

法札納說：「她已經麻木不仁了。」

多麼奇怪的字眼。或許法札納的意思是「冷漠無情」。

不過，說她「麻木不仁」可能也對，因為當法札納再度問她的時候，她說：「我不該有快樂或幸福的感覺。」

突然間，她開始大笑。她是在笑我，笑我問一些奇怪的問題，笑我的衣服，笑我需要一名口譯和她聊天的實況。她打從心底大笑出來，而一旦開始，就不能自已，只記得為了表示禮貌而轉過身去，用手掌摀住自己的嘴巴和那被殘害過的鼻子。

☆

蒙兀兒王朝建立了許多城堡、皇宮、清真寺和墳墓。英國人則在十九世紀下半葉蓋了些房子，安置一些機構。拉合爾多的是這兩個時代的紀念物。諷刺的是，一個高談伊斯蘭教認同、甚至自稱是蒙兀兒王朝後裔的國家，殘破腐朽的卻正是蒙兀兒王朝的歷史遺跡：要塞、沙賈汗大帝[1]的清真寺、夏利瑪爾花園、沙賈汗大帝和他鍾愛的皇后諾兒—賈汗的雙墳。至少看起來像在任由兩座凡爾賽宮腐蝕敗破。這有部分原因要歸咎於巴基斯坦一般人的教育程度低落，歸咎於老舊的思想，認為凡是沒有目的的東西就不需再加以理會。但這也涉及伊斯蘭教皈依者對他所居住的土地的態度。對於皈依者而言，他的土地沒有宗教和歷史意義；遺跡不算什麼，只有阿拉伯土地才神聖。

英國行政大樓繼續存在，裡頭所容納的大都是國家所依存的機構。這些大樓就聳立在購物中心，位於拉合爾市中心的大道上，有一點人工化，一幢接著一幢聳立在黃金地段上，彷彿此間的英國人因為從印度次大陸的其他地方有過經驗，一開始就知道他們該在拉合爾蓋什麼似的：公務員學院、國家賓館、地方首腦子弟念書的學院、政府機構、英國人俱樂部、公園、法院、郵局、博物館。

法院一向門庭若市。但律師表示，儘管機構皆備，法院卻從不做出判決。有太多政治力介入，太多訴訟，也有太多偽證，法官總是超量工作。但這裡沒有所謂從前的制度可供還原。有一則關於蒙兀兒皇帝斷案的鄉野傳說，故事說皇宮外面日夜懸掛著一條繩索，想要申冤的可憐人，只要不是人太多，抑或沒有被中途阻止或攔截的話，只要跑過去拉這條繩索就好。繩索會拉響一口鐘，皇帝就會出現在窗口，為農人討回公道。這則其實是農奴以為主子有多慈悲的幻想故事，卻被巴基斯坦教科書當成事實在流傳，並被用來為舊穆斯林統治者的莊嚴加分。但根據法學講師瓦立德・伊克巴勒的說法（其祖父就是那位提出巴基斯坦構想的詩人），他說在英國人統治之前，即錫克特代，此間的法律很「模糊」；時間再往前推衍，推到繩索和鐘的蒙兀兒時代的話，那所謂法律，根本就是獨裁制。英國式的法院，以及一八九八年和一九〇八年的英國程序法依然殘留在這個國家；它們符合需求，所以能夠持續。

我和大法律事務所裡的小律師拉納一起去看那些法院。二十九歲的拉納來自旁遮普，是某位小地主的兒子，他父親先是賣掉土地，後來又輸光了錢，最後連地位都沒了。拉納很晚才決定要當律師，他想要權力，想要自保。同時出於他對這些機構不智的禮讚，他以為居於法律、居於執行法律，就可以找到像是純潔、像是這國家紛紛擾擾、不仁不義之外、像是身在其中人就可以稱之為人的東西。

結果法律讓他感受到雙重失望，這種失望從他的態度中展現出來——他是個喜歡沉思的人。拉納長相英俊，身材纖細，許多年輕律師都是他的朋友，大家都很高興看到拉納出現在法院的庭院、維多利亞的哥德式長廊，以及律師們的茶水間（感覺有點像火車站的自助餐廳）。他穿得比他的朋友們更整齊正式。我不認為他會喜歡穿律師的黑袍；我想，身為資淺的律師，他一定漸漸覺得這根本就是勞役服裝。

1 譯註：Shah Jahan，一五九二～一六六六年。統治印度次大陸的蒙兀兒帝國皇帝，一六二八至一六五八年在位。

在法院後方半破舊的街道上，有許多律師的看板或小鐵板，寫的是瀟灑揮舞的烏爾都文，或白底黑字，或白底紅字，有如商店招牌一般掛在欄杆或水泥、金屬製造的電線桿上。在這些下級法院的庭院裡，群眾總是熙來攘往，如同下課時的學校；在紛亂中，少有人注意到的是一名警察正用鐵鍊拉著一個犯人。一些穿著寬鬆的旁遮普裝的人，靜止不動地站在主建築的拱廊，或者在樓上樓下的地板上。

有些小小的破爛房間，或許是小間法庭吧，有些裡頭有幾個人，有些則不見人影。我不太確定自己看到的是什麼，拉納並沒有說什麼。但接著我們來到大廳，拉納就變得彬彬有禮。他幫我找來一張椅子，請我坐下來，自己則站在我後面，靠近門邊。天花板很高，有著錘梁，地板鋪上大理石，書本擺放在地板上的托盤和籃子裡，書裡則夾滿了紙書籤。穿著黑袍的律師站在法庭欄杆前的講台上，隨員不時搬放著卷宗的托盤。兩名法官坐在飾有流蘇的褐布篷蓋下，彷彿是王權的象徵。其中一位法官一邊翻著一本大書，一邊問：「是第幾條法規？」在法官和他們的篷蓋後面，是幾扇有窗簾的歌德式窗子，門口上方則是哥德式拱門。而再次想到大廳內精益求精的維多利亞時代哥德式裝潢，邊門的蒙兀兒圖形，還有如今已改設電力或瓦斯暖氣設備的壁爐上方、代表正義的法秤，在在讓我心中浮現一個想法，那就是一如印度次大陸的其他地方，象徵英國主權的建築一直在這些公共建築中展現最美好的面貌，不厭其煩所講究的細節，可能不會被單獨注意到，卻能增添整體效果。巨大葉片的電風扇並不是懸掛在天花板上，而是垂直固定在牆上；因為現在是秋天，所以全都靜止不動。

法官開始宣判，他念的是英文，但因為他話語喃喃，我覺得聽起來很吃力。他在念的時候，不斷重複一些字，是正在對一名下令清真寺的麥克風必須消音的地方長官做出不利的判決。「此風絕不可長，他無權……」

在這精緻的大廳，法官坐在篷蓋下方，律師穿著黑袍站在講台上，正式的辯護和審判，法律條文全印在大部頭書上，便可以理解，即便國家出了種種問題，從我與拉納的交談中也聽得出，他還是抱持著法律是純潔的這個想法。

☆

多年來他一直想當警察，主要是為了安全。在警察對一般平民百姓擁有絕大管轄權的旁遮普當警察，就可以保護他自己。年僅十歲或十一歲時，他就發現到警察的權力有多大。當時他騎著單車在馬路上亂轉，造成一輛人力車和汽車發生事故，警察跑到他家去找他，把他帶回警察局。這是發生在他們還沒搬到拉合爾之前，拉納一家仍住在小村子時的事。當時他父母並不在家，他們到拉納父親成長的村子去，好像是某位親戚病重或者往生了。所以拉納和一位叔叔聯絡，那位叔叔說馬上就過來。拉納告訴那名警察，警察很粗魯的跟他說：「走開，坐那邊去！」過了一會兒，還在等叔叔過來時，那名警察又對拉納說：「去洗我的盤子和湯匙。」拉納想都沒想到後果，馬上頂了回去：「不要！我是拉其普特人。」

身為古印度戰士階級後裔的拉其普特人，是拉納家人和族人深以為榮的一件事。血統就體現在拉納這個名字；在父親成長的村子裡，他就有著實際的驕傲感。他經常和父親一起去，彼時父親還擁有自己的土地，而拉納和父親所到之處，大家都對他們畢恭畢敬。他們會對拉納的父親說：「拉納大人，您能大駕光臨真是太好了。」這麼說的都是在耕種拉納父親土地的農民。村人都對他們畢恭畢敬，頗令拉納飄飄然；他漸漸樂在其中，也逐漸明白當一名拉其普特人的意義何在。

那就是為什麼當警察局裡的警官要拉納去洗他的盤子和湯匙時，拉納得以正色以對的說：「我不喜歡做那件事。我不要！」

警官沒拿他怎麼樣。他其實大可以做些處置，甚至可以很粗暴。可能是因為拉納的態度，也可能是因為叔叔已經在趕來的途中。叔叔來了之後，付錢了事：給警官五百盧比，另外再付五百盧比給人力車主。

他們要離開警局的時候，警察跟他叔叔說：「等一下。」然後說了盤子和湯匙的事，並且說：「這小子只有十歲，就已經是一個『goonda』了。」惡棍的意思。雖然叔叔贊同拉納回應的方式，但在步出警局之後，卻也警告他：「這就是警察可能會有的行為。將來你應該要小心點。」

這個事件讓拉納矢志要當警察。不久之後，一群警察突襲臨檢鄰居的房子，這又使拉納想當警察的意志更加堅定。一旦當上警察，不但自己有人保護，家人有人保護，還有理所當然的，警察是份公職，公職總是讓人有安全感。十三、四歲時，他開始認真的以未來的警官自許。他覺得自己有股掌權的本能，不過後來某天，這想法又改變了。

他有個表哥是警察，在拉合爾市外約四十公里的一個小村子當助理副督察員，算是低階警察，但拉納一直以這個表哥為榮，視他為成功人士。正如在父親的村子裡，拉納以身為拉其普特人和地主的兒子為榮一般，當他開始瞭解助理副督察員是什麼職位時，也曾以擁有一位擔任這職位的表哥為傲，心中油然生起優越感。拉納在十六、七歲時，感覺自己有天該去拜訪表哥一下。沒有什麼特別的理由，就只是想去和這個成功的表哥打個招呼，親自見個面。結果在表哥任職的警局裡，他看到有些人銬著手銬或鍊著鐵鍊。他發現警察所接受的訓練是將一般人視同罪犯。他記得雖然表哥對待朋友很客氣，對自己的家人卻很凶惡。拉納很不喜歡自己所看到的一切，當下就決定不要這種權力，連帶也就放棄當警察的夢想。只不過他已經懷抱這個夢想那麼久了，一時也不知道該換什麼目標比較好。

不久之後，拉納的父親賣掉村子裡的土地，改行做生意，但生意馬上失敗，把一切都敗得精光。拉納馬上發現，身為父親的兒子在村子裡受到尊重所帶來的喜悅，如今已不復存在，甚至連一些近親都跟他們保持距離。他誰都不想見，覺得自己夢想擁有駕馭別人的權力，根本是個錯誤。

將他從鬱卒中拉出來的是父親，他堅持拉納應該接受更高的訓練。拉納的父親一向相信教育。拉納小的時候，父親就經常告訴他：「如果你不上學，我就宰了你，或者把你趕出家門。」父親還常說：「不識字就死路一條，識字才有活路。」

現在他建議拉納應該去上法學院。儘管已經破產，父親還是每個月擠出五百盧比當拉納的學費。拉納在讀法律的過程中，也慢慢找到一種哲學的慰藉，讓他見識到另一種權力知識。

我們到法庭參觀的幾天之後，拉納和一名朋友來看我時，談起這件事。他說：「我的法學研習得越深，越覺得原來權力並非全都掌控在警察手裡。只要有辦法，受過足夠的教育，又瞭解自己的權益，任何人都可以當個穩重的人，可以面對任何結果。」

拉納研習了三年法律，就在快讀完的時候，他愛上了一個女孩。法律考試結束後，他認為自己應該離開家人一陣子，便到伊斯蘭馬巴德一些山區，譬如穆里、卡根、納蘭等地。但是後來那女孩並沒有嫁給他，而是嫁了一個有錢人。他倒沒有因此而恨她，仍以女孩曾經喜歡過他為榮。這次又是父親把他從憂鬱中拉出來。父親在某個山區找到拉納，跟他說：「凡事適可而止。回來準備文件，好申請律師執照。」

已經學過法律的拉納，現在開始學習執法生涯。在他眼中，自己已接受過教育，是個知性的人，期待人們因此尊敬他，並且敬重他的知性。結果在長達六個月的實習生涯中，他發現根本沒有人敬重他。他的上司視他如同一般職員，甚至只是個打雜的。於是拉納轉換到另一家法律事務所去工作。新的主管告訴他：「一開始我會付你一千五百盧比的薪水，十五天後會調高到兩千。四或六個月後，錢就無關緊要，算是精神上的了。」結果拉納甚至連剛開始的一千五百盧比都沒拿到。並不是上司不喜歡拉納，他很喜歡，只是不認為自己該給拉納薪水。

拉納說：「錢反過來變成精神上的報酬。」

和拉納一起來的朋友蘇海爾說：「拉納最大的問題在於他不是個唯唯諾諾的人。」

拉納說：「現在我倒活得像個什麼都說好的人。現在的我，百分之八十是個唯唯諾諾的人。」但他是微笑的。現在他已經下班，沒有穿律師黑袍，顯得比較輕鬆自在，還能開點小玩笑。

高官是一回事，但連一些書記官之類的，你也得打點，他們才會去做依法本就該由他們做的事。拉納的上司說：「這是工作的一部分。」但拉納不表贊同。還有客戶，他們都想要有經驗或有名氣的大律師，還有英文比拉納好的律師；在巴基斯坦，與法律有關的一切全都用英文。最後還有法官，拉納認為他們應該要斟酌用字，留心字意，結果並非如此；他們根本就是看人辦事。

拉納第一次自己出庭是請求交保。拉納滿心以為只要沒有傷及要害部位、傷勢不嚴重的話，法院就會准許交保。拉納陳述自己的案由。法官說：「年輕人，你說完了？」拉納回答：「是的，庭上。」法官說：「幾分鐘後，我會給判決。」拉納轉身走下講台。法官突然開口：「聽我說！」拉納轉過身去看著法官。法官說的是：「我駁回你的交保申請！」

拉納滿心陰鬱的回到法律事務所。他告訴朋友不想再幹這一行了。第二天法律事務所出動一名資深律師，而且面對的是同一位法官，馬上獲准交保，不過這可沒讓拉納覺得好過一些。

小時候一想到權力，他就想到實際的運用。如今，他從另一邊、從較卑微的面向去看權力。有一天他在地方法院看到兩個男孩，約莫十歲和十二歲，和他們的母親一起被控走私毒品。母親放聲大哭。拉納過去和她說話，她告訴拉納，那個告她們母子的警察，實際上一直糾纏著要她陪他上床。拉納相信她。

蘇海爾說：「在巴基斯坦有兩種人活得很好，就是有名的人和有錢的人。其他人都像螻蟻、蛆蟲，他們沒有力量，也沒有門路。權力就掌控在少數人手裡，金錢亦然。」

拉納覺得忍無可忍的這一天終於來到，他想要離開巴基斯坦，一走了之。奇怪的是，他任性的漠視移民法，一廂情願的想要去英國，在英國做事並增進英語能力，還可以在法學上繼續深造。當他到英國領事館申辦簽證時，櫃台人員竟然連話都沒讓他講完，就把護照丟還給他。拉納記住了這個羞辱，甚至在說這故事時，還模仿了對方丟護照的動作。但拉納無能為力，只能待在原地，並在法律中尋找出路。

如今要是拉納偶爾告訴父親，他想再研習法律一年，父親就會說：「你在法律上已研習多時，目前最好維持現狀，因為你多多少少也賺了些東西。」

現在他鎮日緊張不安。這職業壓力本來就不小，日常生活也總是有些艱難。

蘇海爾說，拉合爾的出口量原本就很大。拉合爾多的是豪華的「富豪」（Volvo）巴士。後來他們（所謂該負絕大部分責任的「他們」究竟是誰，則不得而知）偷光了空調設備、地毯和坐墊，接著又開始偷引擎零件。現在車庫裡停滿了毫無用途的巴士，路上開的都是些小巴士，每輛車只有十五個座位，但巴士站通常有二、三十名乘客在等車。

拉納說：「有時候我一等就是一個鐘頭。如果有人因而想要自己執法動私刑，想要擁有AK-

47，你怎能怪他們？生活總是有些基本要求。你總得讓百姓有得吃，有便利的交通可以行動自如，還有些其他的機會。」

蘇海爾說：「人們並不清楚自己的權益。」

拉納閉上眼睛猛點頭。拉納家一共有十個人，他是長子。過去，為了自己和家人的安全，他曾想過要擁有凌駕他人的權力，如今卻談及別人的權益。

我問起他的母親。

「她是位單純的女性，來自村莊。」那是透過媒妁之言的種姓婚姻。「她就只是告訴我要等待，再等待。」

☆

拉合爾一位大律師建議我應該到「Hira Mandi」、即鑽石市場去參觀，那是歌女舞女、花街柳巷之地。這位律師的法律事務所有著高等法院的味道。每當律師踏進外間辦公室，所有的職員和助理都得起身對他行注目禮。在法界竟如此看重階級和個人，大出拉納意料之外，並為此所苦；對我而言，卻另有派上用場之處。從律師周遭的一切、從人們眼中，我馬上知道這位律師地位舉足輕重。律師有個很適合帶我去鑽石市場的導遊，他說他的一個當事人對那個地方瞭若指掌，而且他現在正好在內部辦公室裡：他是個大個兒，穿著一件寬鬆的桃紅色長版襯衫。

歌舞通常很晚才開始表演，所以我的導遊約好當晚十一點過來，結果他晚到了十五分鐘。他看起來比坐在律師辦公室裡時還胖，隨行帶著一個肌肉男。等到坐進停在飯店車道上的休旅車時，我才發現車裡還有兩個人：戴著棒球帽的那個皮膚黝黑，長著一張麻子臉；另外一個同樣很強壯，留著小鬍子，身穿紅藍雙色條紋運動衫。

鑽石市場位在有著圍牆的舊城裡，與大賣場的末端有段距離，就在沙賈汗大帝清真寺後面。奇怪的是只不過開了短短一段車程，就看到一些亮著燈的房間，暗街上男人來來去去，到處都是碎石泥土，還有食品店和糖果攤。

我那位穿著長版襯衫的導遊，一派權威的走著。大家都認識他。律師說得沒錯，這裡是他的地盤。那個穿著紅藍雙色條紋運動衫的男人說：「他是這裡的恐怖分子。」後來我的導遊，也就是那個穿著桃紅色長版襯衫的男子和某個人打招呼時，運動衫男子說那個打招呼的人：「他是小恐怖分子。」

我們走過那些亮著燈的房間。但見房間裡有一些樂師坐在地板上，女孩們或三五成群或獨自落單，帶著戒慎恐懼、憂愁或空洞的表情。亮燈的房間上頭總有陽台，有的有女的，有的有年輕男子。導遊說：「她們的皮條客。」看得見的東西，導遊全都提供：糖果、食物和女人。沿途盡見無家可歸之人、遭人輕視之人和隨風逐流、無人聞問之人。

他們要我吃塊牛奶糖。他們想要吃什麼就直接從店門口的展示攤上拿，沒人阻止，不但順服，還陪笑臉。我有點緊張的和他們一起品嘗了一些。隨後我們在一家著名的飯店或食堂用餐。那地方真的很大，雞肉和羊肉在飯店外面的鍋子裡燉著，內室裡早就為我們準備好擦拭乾淨的桌椅。就好像古羅馬人那樣（有塊鑲嵌地板專供客人扔擲殘羹剩餚），大家啃食完骨頭上的肉之後，就將骨頭扔到地板上。穿長襯衫的大個子用幾片饢舀起雞肉和羊肉的燉汁，然後彷彿有意展現他的權力似的，又到外面的鍋子去拿。

他回來時，我問道：「這個地區有多少恐怖分子？」他那個穿條紋運動衫的朋友對我眨眼說：

「只有一個。」大個兒談到他在倫敦、在白教堂的日子，說他在那裡認識了兩名非洲（或只是皮膚黑）的恐怖分子。

最後，他們扭開洗手槽上的水龍頭洗手，再用毛巾將手指頭擦乾。大個兒指著洗手槽旁月曆上的一張美女照片，問道：「喜歡她嗎？想要跟她那個嗎？」酒足飯飽後讓他變得豪爽起來。「都算我的。你去上她。我有的是錢。」他拍了拍腰部。

我們再度走動，走過那讓人昏昏欲睡的亮燈房間。在聽過女人與女孩被綁架和折磨的故事後，很難不讓人擔心及害怕。

那是當晚我頭一次看到警察吉普車，小心翼翼地開在狹窄的巷子裡。

大個兒說：「警察全是垃圾。」

所有的人都同意。

大個兒說：「他們總是在十二點半所有攤子都打烊後才過來。」

警察找過他麻煩。他被控殺人，關了一年才得以假釋出獄，所以那天早上他才會在律師事務所。

他說：「正義是垃圾，法律是垃圾。法律只是給窮人用，管不了有錢人。」

我們拾階而上，進入電影院大廳，裡面空無一人，看起來是關閉了。大個兒指著廣告板上的電影劇照，他那個穿著運動衫的朋友馬上說：「這些女人全是妓女。」言下之意，彷彿要再提供這些女子供我挑選。我表示尷尬之意。我們之間好像突然有了股夥伴感，那位朋友說：「我很瞭解。」

我們回到休旅車裡。一個看起來肯定無家可歸的男人一直在看車。瘦到剩皮包骨的他從暗處裡走出來，萎縮得幾乎不成人形，向我們要錢。我的同伴二話不說，毫無輕視之意的給了他。

大個兒說：「走最後一圈了。」

我們再度在窄巷中慢慢地繞來繞去時，有錢人過來把女人帶走了。就在走完最後一圈時，大個兒指著一個又黑又瘦、身穿過膝長上衣、像是嗑過藥並用力吸著菸的男子說：「皮條客。那三個的。」他指的是在亮燈房間裡的女子。那個暗街上的黑膚色男子就站在房間前面。

大個兒說：「現在你要上哪兒去？」我說：「回飯店。」他們都大失所望。

過去，這種地方一定會讓我興奮得暈眩。我三十五歲以前，妓女對我還是頗具吸引力，我也常尋花問柳。然而記憶中這些時光並非全然歡愉，銷魂之後毋寧是更加虛脫無力。車上那幾名男子一定認為我在假正經，畢竟在巴基斯坦嫖妓，在中下或中上階層都是被認可的行為，並不會為我帶來不名譽的評價。但我現在真的沒有尋花問柳的衝動。我對性滿足的想法已經改變。

大個兒拿起擋風玻璃上一個瓶狀圖樣的東西。那是反對黨領袖納瓦茲・謝里夫[2]，穿著一件長襯衫和一件沒有扣上的西裝背心，身材壯碩。大個子說：「他是我的老大。」其實圖樣上的人物，是車上所有人的老大。我居然置身在某種政客群中，讓我頗感意外。

政治、性壓抑、殘暴、被囚禁的女子、音樂、髒亂、大家都排斥的人和擺在外面的食物：許多想法和感覺，都在這個尋歡作樂之地相互衝突。萬事都不能信任；萬事都互相抵銷。

2 譯註：全名Mian Muhammad Nawaz Sharif，一九四九年～。生於巴基斯坦旁遮普省拉合爾，現任巴基斯坦總理。謝里夫在一九九〇年代先後兩次被選為巴基斯坦總理，兩屆都因為政策失當或者軍方政變而結束執政，甚至流亡海外。二〇〇七年他結束流亡回國，二〇〇八年巴基斯坦大選領導穆斯林聯盟成為最大反對黨，二〇一三年巴基斯坦大選，穆斯林聯盟取得壓倒性勝利，成為第一大黨，使謝里夫得以第三度問鼎總理之位。

我後來知道，大個兒真的沒有說謊。他就如同自己所說的那麼重要。這種地方的要人所做的事，他全都做了，以致有些人想撂倒他。那天晚上若有人想從上面昏暗的窗口對我們下手，實在太容易了。

第三章　在村子裡的拉納

星期五，即安息日。一直到一九七七年才宣布此為安息日，這是一位總理和他的挑戰者就伊斯蘭教誓言而進行政治拍賣的一部分。這場政治拍賣，總理可以說贏了，也可以說輸了，因為事後他很快就被罷黜並接受審判，最後甚至被處以絞刑，星期五安息日則被保存了下來。週五當天，不必穿上那套黑色律師袍、打黑領帶的拉納，帶我去參觀他父親世居的村子。

他父親現在在村子裡已經沒有土地，但村子裡多的是他們家的親戚，拉納安排他的一位叔叔接待我們。他有五位叔伯仍然擁有土地。他們全都源於同一位祖父，所以彼此要不是兄弟，就是堂兄弟。拉納說村子裡共有四、五百戶人家，每戶有八到十個人，這些人一度大多數為地主工作，如今有一小部分人出國到沙烏地阿拉伯、科威特等其他地方，另有一小部分人自行創業，經營小小的養雞場、小商店或小型製冰廠。不分季節，無論晴雨，每個人都是日出前即起，然後一直工作到中午；到田裡去的人還把吃的也帶上，直到工作結束才回家。

拉納希望我看的是美好的古老生活方式。他安排好車子。那是朋友的車，而且充當司機的正是那位朋友。他比拉納矮，卻比他壯碩；和拉納一樣年輕，但已經小有成就。他在小鎮裡有自己的企業，做出口成衣，儘管規模小，但有自己的夢。這些夢想讓他滔滔不絕地講個不停，一直到路面變得十分崎嶇、開車變成考驗為止。

出城的道路有一段經過一條有行道樹的運河，後來我們終於來到非常平坦的旁遮普平原。拉納說這裡是雷溫德區，每年夏天宗教學者都會在這裡集會。他們不只是學者，還是傳教士。我記得一九七九年那次集會：如同平地上的一大塊露天商場，從老遠就可以看到道路和一些閃閃發光的汽車，一路綿延到看不見的遠方；多如山丘的帳篷；浸透了水，如同吸飽水的墊褥般彈性十足的地面，一腳踩上去，馬上就出現許多小裂痕，但腳一抬起來，馬上又恢復原狀；帳篷所形成的密閉空間，凸顯出篷桿東倒西歪，一直往後，則變得越來越小。擁擠的人群就坐在如水波般覆蓋的陽光中，那是坦露的天空從並沒有完全密合的帳篷蓋間，灑落下來的流動強光。

在齊亞將軍[1]的統治之下，巴基斯坦在那年的雷溫德大會首度嘗到宗教的恐怖。他吊死了宣布星期五為安息日的布托先生[2]；後來他前往麥加朝聖，雖然只參加了一小部分活動，並沒有全程參與，仍從沙烏地阿拉伯帶回一億美元。巴基斯坦的政府官員在規定的敬拜時間，得停止一切事務去祈禱；回教的鞭刑執行車四出，隨時準備對付作姦犯科之徒。百姓深感威嚇。有些人覺得自己可能還不夠好，覺得自己應該做得更多、更多；而雷溫德附近，即便在教士集會的帳篷狂熱後，都還看得到許多人在加緊祈禱。

在這個星期五早上，當我們開車前往拉納的村子時，土地平坦，空氣清新，大老遠就可以看到人，一口氣便能將兩、三個村子盡收眼底：小小的身影，假日早上有人打板球、有人跑步或走路，人物的微小和細微處的鮮明，讓人看了賞心悅目。房屋呈現出黏土磚蓋的泥土色，間或出現一些磚窯的錐形大煙囪，四周雜亂放著支離破碎的磚塊。

拉納說有一條捷徑，如果我們找得到的話，一個鐘頭就可以到村子。問題是他記不得捷徑在何處，也不知道歷經洪水後，捷徑的狀況如何，於是我們開始問路。拉納說得沒錯，是有一條捷徑，而且有兩、三個人告訴我們，洪水並沒有造成太大的損壞。但等我們終於開到這條捷徑時，卻發現它根本不像是一條路。捷徑上到處都是車轍溝痕和水坑，且每個村子都會塞上一陣子。這些村子十字路口的商店，都把店開在自己土地的後方，然後把商品全部堆在商店前面眾人踐踏的泥濘空間。這多出空間的幻象促使人們得大幅度轉彎，以致增加了混亂。我們一度有大約十分鐘的時間動彈不得，因為太多的車子混在一起，有馬拉的輕便雙輪馬車、手推車、汽車、單車和巴士等等。

許多手推車都是年紀很小的男孩在推，他們就坐在手推車邊緣抽菸，活像男人的模樣，蹦蹦跳跳到有點過頭，執起韁繩來又有些躊躇。這份差事既新鮮又令人興奮，也是男性氣魄的證明。在一大段鋪好一半的可怕石子路上，我們看到一個年約十歲、背部窄小的男孩，跟在他父親馬車後面努力推著他小小的手推車，推得不太順利，一會兒靠向手推車左邊，一會兒又靠向右邊，讓手推車忽左忽右的在石子路上前進。

我問拉納：「那男孩以後會如何？」

拉納說：「他的前途完了。」

在捷徑上走了兩個鐘頭，我們一直在村子裡，一直在堵塞，拉納這才說回程我們要走另一條路。

最後我們到了一個村子賴以生存的小鎮，又過了一會兒就到達村子。這裡到處是用磚牆圈起來

---

1 譯註：Zia，一九二四～一九八八年，巴基斯坦第六任總統。

2 譯註：全名Zulfikar Ali Bhutto，一九二八～一九七九，巴基斯坦政治人物，曾任總理及總統，也是巴基斯坦人民黨的創黨領袖。

的地，道路兩旁都有排水溝，還有許多倒垃圾的水池。拉納指著一棟建築物給我看，說那是一所女子學校。但我們沒有停下來，先直奔叔叔的家。

他在等我們，一走進他接待客人的外院時，就看到了他。這位叔叔不但長相英俊，身材也很好，除了黑色的皮鞋外，穿一身白，包括白色頭巾和纏腰布，這是鄉間服飾，還有修剪得十分整齊的白鬍鬚。

小房子在庭院後端：泥地走廊的屋頂用磚柱支撐著，寬闊的房間則是泥土地、水泥牆壁和幾扇木門。走廊的泥土地上鋪著一塊蘆葦墊子，內室擺著一張繩床。木製天花板上倒掛著一台電扇，安置天花板的橫梁看起來彷彿是個大鐵架。一張還沒裝上繩索的新床架翻起來架在牆上。釘在牆上的大鐵釘用來掛衣服，還有兩個壁龕上下並陳。

突然出現了幾名男子，幫我們搬進來兩張額外的繩床，還為拉納搬來一張繩椅。一位纏腰布、穿汗衫、赤裸的肩膀上披著條毛巾的堂兄弟走進屋裡，端著加鹽的「lassi」，即奶油牛奶。這位為我們服務的堂兄弟，個子比拉納和那位一身雪白的叔叔都小。

一個嚴謹地穿著卡其色寬鬆過膝上衣、腳踏黑色涼鞋的年輕男孩打開電扇。因為電扇吹得太涼了，所以我們把它關掉。這個打開電扇的男孩是另一個堂兄，智力有點受損。拉納跟我們說了他的故事。在這男孩一個月大的時候，另一位堂兄不小心掉了一塊大冰塊在他身上，從此他就變成這副模樣。那塊冰塊或許就來自拉納提過的製冰廠。

男孩有著自己無法控制的低沉聲音。訪客都十分注意這個男孩。當他試著用低沉嗓音說話時，馬上就成為眾人注意的焦點。拉納自始至終都親切地看著他，叔叔也關注著他。

還有其他人陸陸續續到來，向拉納致敬。那位「patwari」，就是幫村子的土地做紀錄的男子，騎摩托車過來。他穿得好正式，一整套橄欖灰的寬鬆過膝長上衣，自顧自地表現出一位重要官員的模樣，他的地位和職責早在蒙兀兒時代就已界定。地主到底該繳多少稅，完全視地政員的紀錄而定。但沒有人正式的介紹他，他也一語不發，只是待在屋裡頭。

外面的庭院以一道高高的磚牆一分為二，這戶人家可以從內院走出來接待不能進去裡頭的訪客。有個穿著花朵圖樣綠衣的小女孩在圍牆邊窺視，彷彿想要打探訪客是不是真的如她所聽說的來了。一見到我們，她又猛然抽回身去，像是嚇了一大跳似的。牆的另一邊有棵印度苦楝樹，內院不曉得在燒什麼，只見煙冒了上來。

村子的主要道路傳來麥克風的聲音，越來越近。架在車上的麥克風，正在叫賣冬天蓋的毯子。

我們那位從事成衣製造的司機，躺在一張吊床上伸展四肢。在開了那麼長一段路後，此刻他鐵定自在逍遙。彷彿他和這村子、拉納的叔叔、這個家、還有這張床都很熟似的。他跟拉納談他的成衣生意和出口夢想。接著，他透過拉納跟我說，他認為我可以幫上忙，幫他做點口碑。他的烏爾都語夾雜著一些突如其來的英文字：「設計」、「最新設計」、「時尚設計」、「整體設計」、「模特兒」。

聽得到麥克風的聲音又回來了，不過這回沒有說話，只有電影配樂。

有人拿水煙筒進來。狀似精心修飾的銅碗，碗底打造得很平，擺在幾個小支腳上。

在這些非常熱切招待我們的堂兄弟當中，拉納真的猶如王子。他沒有讓親戚失望，舉止再完美不過，比他的堂兄弟高出一、二，甚至四、五籌。

有個堂兄弟拿獵槍和子彈進來，提議去打獵。拉納將這個堂兄弟心裡想的解釋了一番。附近有座「叢林」。這裡所謂「叢林」，和次大陸其他地方一樣，指的並不是茂密的熱帶林，而是純粹的荒野大地。獵槍和子彈放在這個空盪盪的泥土地房間裡，就如水煙筒一樣，都是精緻的手工藝品，有種奢侈的味道，是供訪客使用的。不過這也是在對拉納的叔叔致意。他有八十公頃田地，全都種甘蔗，還有四百個人為他工作。拉納說那意思是，有這麼多人隨時可為他所用，一有需要，就可以指揮他們做事。

公雞開始啼叫，其實時間已過中午，還夾雜著小孩的嬉鬧聲。一個小男孩身穿沾滿塵土的黑色衣服，就站在門口。

現在我們的午餐準備好了。中間的繩床是用人力操作的，被收起來靠在牆邊。從內院的房子搬出來幾個色彩鮮豔的墊子和兩張氣派的椅子，以及一張有著美耐板圖案貼面的矮桌。當那不曉得是男人或說是男孩把桌子抬進屋內時，就看得到漂亮的美耐板桌面下，呈現出桌子簡單的木框和一些新的長鐵釘，俐落的貫穿桌面釘進木框中。突然之間出現許多雙手，許多人在做活兒。一塊有著暗紅色底及黃花圖樣的桌布鋪在美耐板桌面上，他們努力要將桌布壓平，但桌布的皺痕就是無法消除。拉納說：「手工縫的。」磁器和碗盤陸陸續續端了出來，也有越來越多雙手隨著需要而出現。拉納說：「這些東西是專為我們拿出來使用的。」他似乎不希望我沒注意到他家族的客氣殷勤，或者將一切視為理所當然。

一顆顆完整的煎蛋各自放在瓷碟上，一碟醃芒果，一籃全部用布包著保溫的全麥煎餅麵包，一瓷壺加了糖的奶茶。煎餅是用村裡製作的ghee（液態奶油）做的，使用的小麥雖然是在其他地方的磨坊磨的，卻是貨真價實出自我們四周的田地。

拉納說：「你們可能會想洗個手。」

我們就站在外面的磚牆邊洗手。一名堂兄弟用瓶子為我們倒水。只有訪客在吃東西，其他人不是坐在一旁，就是忙著招呼我們。主人家中只有一些地位比較重要的坐著。還有個男子專拿水瓶站著。

食物真是色香味美。我們又洗了一次手。終於到了該到田野去進行主人先前答應過我們的打獵活動的時候了。另外一把槍拿了出來，和先前那把一樣保管得很好。

隔壁有一間磚蓋的房子，光禿禿的牆壁，安著一扇與小巷相隔的門，那是拉納某個親戚的家。對面有幾間比較小的，則是工人住的泥土屋。這些房子比較開放，有兩、三個人躺在蔭涼處的繩床上。曾是地主工人的他們，如今都是個體戶了。

巷子的積塵甚厚，兩邊水溝流著從牛欄排放出來的綠色汙水。一個院子裡，有個婦人正用雙手清洗排水溝，厚厚的糞肥深及手腕處，呈現一片綠。

一出村子口就是田地，從老遠處我們不時可以看到一群群的女人，三五成群從田野往村子走去，狀似歡樂的她們彷彿是嫁娶隊伍中的成員。衣服或紅或黃，頭上頂著的籃子也用鮮紅色的布包蓋著，有可能是花籃，或者是禮盒。等到走近時，才看清楚這些婦女很瘦小，晒得黝黑：她們和穿著的衣服顏色之間，似乎沒有多大關係。有時她們還會用頭巾遮蓋住下半張臉。那並不是什麼婚嫁行列，只是從田裡工作歸來的工人。拉納說，未婚女子穿的是鮮豔的顏色，已婚婦女則穿得較為暗淡。

我們看到前面不遠處的田中有間磚蓋新屋，拉納說那是學校，是一位叔叔捐的地。但這所學校和村子裡的另外三所學校，包括我們剛到時，拉納就指給我看過的女子學校一樣，全都沒有老師。拉納說，因為「環境」的關係，沒有男老師要到村子裡來。鄉村生活只有對歸屬村子的人才有樂趣可言，對外人則顯得索然無味。女老師也不要來村子教書，因為雖然拉納說村子的地主都很和善，我親眼所見也是如此，但她們還是怕會被大地主綁架。等到我們走近之後才看到，那校舍連徒有骨架都稱不上，既沒有屋頂，後面也沒有牆壁。

我們在下陷田地間的堤岸和矮牆上行走，偶爾會跳過小溝。十一月初的天氣涼爽，還不時吹來陣陣微風。農作物很多樣化：快要成熟的甘蔗長得很高，但尚未準備收割；另有還未成熟的玉米。麥田已收割完畢。從遠處看，白色和粉紅色的棉花田，就像是粉白兩色的玫瑰花田一樣。有些田裡仍留有農作物殘莖，其他的則已經犁過，並且灌了水。這些田地要泡多久的水？拉納問同行中的某個人，對方回答說要泡個三、四天，接下來灌溉水渠的水就會關閉。拉納問道：「在英國怎麼灌溉？」如果你一輩子所認識的就只有旁遮普的這塊田地，那你鐵定很難想像一個農業完全仰賴雨水耕種的國家風貌。

我們現在跟村子距離已經相當遠，但田裡絕非空無一物。一些工人正要回家。被馱著的一大捆草遮去大半個身軀的小騾子，步履穩健地走在因飽經踐踏而十分乾燥的堤岸上。偶爾在一、兩塊田地外，會站著幾隻雜種狗盯著我們看。牠們很不安。我們一行人中有人吹口哨，馬上搞得狗群緊張起來。他們擔心口哨聲會伴隨一些殘忍舉動，所以與我們保持著距離。

我們走過一個看起來像是小小村落的地方：一批用泥土和磚砌的、牆壁上有糞塊的房子。拉納說這裡不是小村子，而是他們家族某個分支擁有的房子、附屬房屋和畜欄。他們因為和家族最大的一支發生爭吵，現在寧可不再「說話」，獨自住在這裡。一部二衝程的引擎在走廊上噠噠作響，一部機器在為動物剁草。拉納說：「現代世界。」雖然家族間不和，他還是揮手跟剁草機後的男人和男孩打招呼。

我一直以為我們要走到「叢林」去打獵，但走到某段路程後，拉納卻叫兩個人去甘蔗田，他們就開始砍甘蔗。我們把他們留在那裡，繼續往前走。拉納指著遠處幾棵樹下的房子，說我們要到那裡去。那裡有座碾磨坊，我們會榨甘蔗，喝新鮮的甘蔗汁。

繼續走下去，沿途都看到人。一度還看到一整家約五、六個人，蹲在田裡割長長的草，裡頭有個裸露著背的男孩也一起割草。男孩大約五歲，而且就像個孩子該有的樣子，忍不住在長草中直起身來看我們。其他的家人則低著頭，繼續割草。

我問拉納：「他們真的需要那個小童工嗎？」

拉納說：「草很難割。」

我們現在離房屋和拉納所指的樹已經很近。我們離開堤岸，走過光禿禿的田地，田裡的凹地很潮濕，其他地方卻都乾成土塊，甚至龜裂開來。房屋的狗兒們開始狂吠，但這些狗都未現身，過了好一會兒，我才發現牠們都置身在水牛群中。

榨蔗機就擺在一個略為攏起的高地上，靠近一棵可遮蔭的樹的地方。旁邊一小堆被陽光晒乾的灰白甘蔗皮，顯示大約一週前有人來過。灌溉用水蓄成一個水塘，將我們和那間有水牛、狗和遮蔭樹的房屋分隔開來；泥巴外牆上，晒著一些牛糞乾。

兩個砍甘蔗的男子現身了，主砍者拿著鐮刀，助理則扛著砍下來的長甘蔗。一張繩床從房子裡搬了過來，我們這些訪客便應邀坐在稀疏樹蔭下的繩床上，看大家準備榨蔗機。持槍的人當中，有一個看到十五公尺外的一棵樹上有隻灰黃色的鳥，停在樹枝末端，彷彿想要看我們，還有我們在做什麼似的。那個人瞄準目標，轟地開出可怕的一槍，鳥兒卻毫髮無傷的飛走，接著並沒有人再開第二槍。槍的事情眾人全都忘了，所有的精力都放在榨甘蔗汁上。

榨蔗機先用水池裡的水清洗過，削好皮的粗樹枝已經找好，準備推進榨蔗機，一端插進狹槽中。樹枝原本放在兩條閹牛脖子上當作軛，然後由牠們繞著小圓圈走，推動榨蔗機。不過現在是由我們當中幾個人去推榨蔗機，另外兩個人則坐在機器旁邊，將一截截的甘蔗放進去。屋裡有人出來幫忙，榨汁工作於焉展開。這組合很有趣：三個人推動榨蔗機，就如同三條閹牛，另外兩個餵甘蔗進去的人蹲著，但每當牛軛轉圈時，他們還是會俯下身去。

最後終於榨出一整瓶甘蔗汁。灰色的甘蔗汁溫溫的，沒有他們宣稱會有的那種香味；或許需要再等一會兒，才會出現濃郁的香味。拉納喝了滿滿一整個玻璃杯的甘蔗汁，由先前我們吃中飯時拿著一瓶水的那位堂兄弟拿著同一個瓶子，只是這回裝的是甘蔗汁，站在一邊。那位成衣製造商喝了，其他人也都跟著喝了。

我們的娛樂節目結束了，終究還是沒有打獵，開始打道回府。在次大陸的許多城市，甘蔗汁原是隨時可以從配備簡單的手搖榨汁機攤子上買到，結果為了享受這種日常的情趣，為了在田裡喝新鮮的甘蔗汁，卻得動用一大票人馬專程為拉納服務。或許部分的樂趣就藏在儀式、人群和舊時回憶當中。我問拉納他小時候和父親來村子時，有沒有一起去打過獵。拉納說沒有，當時他太小了。他在村子裡的樂趣主要是觀察，他會自己到田裡四處看看。

他穿著白色長袍服，或可稱為寬鬆的長褲，外加金褐色的長外套，走王子風格，在田裡更加明顯。在我看來，他是在優雅和親切中長大，如今雖然已經沒有土地了，但人們依然願意為他服務。給了他身為拉其普特人是種榮耀的想法，就來自於多年來的類似服務。

拉納說過，他在拉合爾有雙重人格，這番話是可以理解的。穿黑色律師袍、結黑色領結的那位拉合爾律師，每天因為法律工作而覺得羞辱；他原本還期待從事這偉大的行業，在村子裡的地位可以高人一等。一個人格如此分裂的人，一碰到國家有些事情行不通時，就會變得不耐煩。他總是說：「在我的國家」，卻從來不說：「在巴基斯坦。」在悶悶不樂當中，他已經成為一股龐大民怨的暗流之一，而瞭解這現象的政治人物卻沒幾個。

從老遠處，我們還聽得到村裡的麥克風。這次不是叫賣地毯。拉納說，那是清真寺的麥克風，傳教士正在傳道，談簡樸生活的人，正像是村裡的人一樣，有福了；不過對於村裡的孩子而言，可能正如拉納所說，早就沒有前途了。

當我們走進村裡時，一個穿著土黃色衣服的男孩正在用泥塊丟一頭被拴住的騾子，不甘被作弄的騾子則拚命回踢。

拉納走到叔叔家的內院，向叔叔家的女眷道別。除了一開始看到的那個穿綠衣服的女孩，在安全的偏遠距離處偷瞄陌生人，然後一溜煙跑掉之外，我們始終未曾看到任何一個女眷。

我們朝著讓拉納有雙重人格的拉合爾開回去。這回不走捷徑，改走另一條路。和捷徑一樣，這條路上也有許多村子，甚至還有一條柏油路，只夠一輛汽車通行，所以容易造成延誤。但走這條路還是比較順暢。拉納說要走一個半鐘頭，結果我們走了兩個小時。

第四章 游擊隊

一九四五年戰爭結束，沙赫巴茲的父親從英國駐印度部隊中被遣散，他原以為自己可以定居英國。這是戰前部分印度王公貴族的想法，他們的金錢和頭銜給了他們一種異國的尊榮，即便當時印度不過就是英國的殖民地而已。沙赫巴茲的父親心中或許有個想法，就是隨著印度和巴基斯坦獨立而來的，是定居於英國的穆斯林也將同獲尊榮。其他來自次大陸的穆斯林也是這麼想；他們因為各式各樣的理由不信任獨立，並且認為住在英國這個法治的國家是一條出路。

所以，雖然沙赫巴茲是在獨立後那年才出生，但成長過程中卻一直不乏殖民和種族的壓力。他到英國去念小學和寄宿中學，在中學階段尤其辛苦。他是學校中唯一的亞洲人、唯一的穆斯林，也是唯一不吃豬肉、不上教堂的人。父親破產後更是雪上加霜，有三個學期，沙赫巴茲付不出學費，一度學校好像還想請他離開，結果雖然沒發生，但沙赫巴茲覺得和朋友更加疏離。

沙赫巴茲的父親放棄定居英國的念頭，開始準備返回巴基斯坦。他在旁遮普內陸做生意。沙赫巴茲十二、三歲時，每逢學校放假就會去看父親做生意，一起拜訪當地某些特定的封建家庭。這些「封建家庭」都是大地主，往往擁有一整個村子。有些封建家庭的子弟都到英國去留學，所以沙赫巴茲的父母親照顧過他們。如今沙赫巴茲看到在自家裡頭的這些封建家庭子弟，根本不像牛津或劍橋的畢業生。他們將自己家的工人和農夫視同農奴。農夫在向地主打招呼或表示順從時，會碰觸地主的雙腳，這動作其實是順從的成分多過於打招呼，而地主卻連叫農夫起來都不叫，看在剛從英國回來的沙赫巴茲眼裡好想哭。

沙赫巴茲念英國寄宿學校的最後三年過得非常快樂，一切都獨立自主。放期中假或其他假日時，就待在朋友家，或待在付費寄宿的人家家裡。有一次他寄宿在牛津郡一位教區長家，還和院長女兒展開一段柏拉圖式的戀情，生活得還不錯。雖然他現在比較像英國人，更甚於巴基斯坦人或穆斯林，而儘管他對巴基斯坦幾乎一無所知，但一開始寫詩，題材卻都是貧窮、乞丐、殘廢或街頭民眾。

沙赫巴茲完成學業後即返回巴基斯坦，回到拉合爾去修學位。他對當地政治感興趣，反對軍人執政，是個左翼分子；但是他真正的政治生涯卻是回英國後才展開，他上的是一所著名的省立大學，修英國文學學位，當地人很熱衷政治。當時是一九六八年，越南運動正進行得如火如荼，而且二十七年後他仍記得「群情激動」。人人都說「制度」已經腐化，非改革不可。他這麼說，性感的拉丁美洲女孩也如是說。到處「有人摟抱親吻」，大學生活是一種「嘉年華會」。

大學裡有很要好的巴基斯坦朋友，很多都和沙赫巴茲一樣主修英國文學；那是比較輕鬆的課程之一，或許還可以說是最輕鬆的，而且當時的氣氛很政治化又有諸多限制，鼓勵的是馬克思主義和革命，而不是廣泛的閱讀。所以，沙赫巴茲和他在馬克思研習團體內的巴基斯坦朋友研讀的，是標準、也是簡約版的革命文章，如法蘭茲．法農[1]、切．格瓦拉。而當他們讀某些當局批准的俄羅斯作家作品時，他們並不去讀，也不去瞭解屠格涅夫[2]那些討論的情況與巴基斯坦實況並無不同的小說，像是一八六二年的《父與子》、一八七七年的《處女地》，卻反而質疑革命過於簡化。

當我問及屠格涅夫時，沙赫巴茲答道：「我沒有把他的小說和我的政治發展連上關係。」彷彿他對馬克思主義和革命的思想，不論多麼制式化，都是他個人的事，是他發展的一部分。

在英國其他大學也有類似的巴基斯坦研究團體，它們組合起來，每兩個禮拜在劍橋或倫敦集會一次。在倫敦，他們和印度左派團體串聯。伯爵府（Earl's Court）是左派的地盤，當地的酒吧和餐廳都有左派的風味。來自世界各地的左派分子齊聚於此，在這個國際氣氛當中，大家總是談興高漲，派對一開就是一整夜，十分令人「振奮」。

沙赫巴茲有個表姊是個規模更龐大的倫敦研習團體成員。她到過古巴，在古巴砍過六個星期的甘蔗，見過「菲德爾」[3]。沙赫巴茲私心暗戀這個表姊。她是個美麗的女孩，她所述說的古巴平等和醫療服務，聽得沙赫巴茲更加熱愛「集體」的概念，對革命失去了耐性。但接下來大學生涯結束後，這個美麗的表姊卻開始退步。在旁遮普，她不但倒退到請人幫忙砍她家的甘蔗，同時還開始變得像穆拉一般，對伊斯蘭教充滿熱情。沙赫巴茲說：「她完全倒退回去了」，彷彿在述說一樁病情一般。她最後甚至嫁給一個「奉承巴結」的傢伙，作為這退步的總結。如今在拉合爾的一些社交場合裡，當他們在同一個房間或地方碰到時，表姊還會裝作不認識他的樣子。

但另有人喜歡沙赫巴茲，是個和他念同一所大學的巴基斯坦女孩。對這女孩，沙赫巴茲是百分

1　譯註：Frantz Fanon，一九二五～一九六一年。法國作家、散文家、心理分析學家、革命家，是二十世紀研究非殖民化和殖民主義的精神病理學較有影響的思想家之一，其作品啟發了不少反帝國主義解放運動。

2　譯註：Turgenev，一八一八～一八八三年。俄國現實主義小說家、詩人和劇作家。

3　譯註：全名Fidel Alejandro Castro Ruz，一九二六年～。即大家熟知的卡斯楚，古巴政治家、軍事家、革命家，古巴共產黨、古巴共和國和古巴革命武裝力量的主要創立者和領導人，現已正式引退。

之百的陷入愛河，而她顯然也愛著沙赫巴茲。沙赫巴茲說得像是做愛和烘烤蛋糕一樣輕鬆自在。「我們希望回去一同革命，那就太美妙了。」對前途的這份憧憬支撐沙赫巴茲過完他的大學生涯。等到最後準備束裝賦歸、投入游擊戰的行列時，這個女孩卻發現自己無法追隨沙赫巴茲。

沙赫巴茲說：「她在政治上無法與家人切割。」

沙赫巴茲一想到這份愛情，心頭就覺得溫暖，得以熬過之後漫長的十年游擊戰歲月，以及在俾路支和阿富汗的沙漠和山區生活。而多少讓他有點驚訝的是，他發現就憑著在伯爵府、劍橋以及大學裡那些徹夜的討論和派對，他便熬了下去，過了十年的禁慾生活。因為儘管是單身一人在俾路支為俾路支人打仗，他還是得遠離女人。在遊牧民族間通姦是會要人命的。想要通姦的人得潛入女人的帳篷中，在不驚醒她丈夫的情況下把她叫醒，帶著她走過親戚和家人，和她做完愛，再將她送回去，期間不得讓任何人發覺。沙赫巴茲說，這種通姦就像是游擊戰中的游擊戰一樣；而儘管最高明的通姦者可能成為最傑出的游擊戰士，沙赫巴茲仍滿足於遠觀而不實做。不過這一切，再加上他自己漫長的禁慾，便成了他的未來。

☆

馬克思主義學生團體習慣討論的事情之一，就是巴基斯坦的「民族問題」。旁遮普是指標性的大省，其他省分的人都有被遺棄之感。伊克巴勒那位提出巴基斯坦概念的詩人，以他皈依者的熱情認為對於一個新興國家的人民而言，伊斯蘭教將有足夠的同質性和理想，而宗族和階級的歷史想法，就如同拉納身為拉其普特人的驕傲，都將消失。但伊克巴勒錯了。地域感到處叢生，特別是在東部；孟加拉很快就分離了出去。

如今沙赫巴茲的馬克思主義團體的想法是，伊斯蘭教做不成的，就改由馬克思主義和革命去完成。沙赫巴茲是這麼解釋的：「你需要一個從下而上的革命，從所有的民族之間做起，革命的過程也會鞏固各個民族。」

沙赫巴茲並不認為這個想法太抽象；這是得自馬克思主義的文學，研習團體花了一年半時間才獲得的心得。他們也知道革命該從何處著手。革命應該從俾路支這個在西邊廣闊且幾乎空無一物的省分開始。居民既稀少又落後，許多人都是遊牧民族。獨立後一共發生三起暴動，人民至今依然心懷不滿。這是個很難管理的地區。總而言之，俾路支這塊地方，若用比較抽象和科學的革命詞彙來說，就是「省和人民之間的矛盾很明顯」。

這個團體如今被一名南非的印度裔人士所宰制。他的家人遷居喀拉蚩開了家店。在某次走訪倫敦時，會晤了這個團體。他很年輕，只有十九或二十歲，但他說自己一輩子都是馬克思主義的信徒，渾身都是革命和游擊隊的故事。他說，他和全家人都隸屬「非洲民族議會」，自己則在南非從事地下工作。儘管還年輕，但他的成就已不僅止於此：他還在巴基斯坦本地，在俾路支從事地下工作，讓巴基斯坦的馬克思主義分子完全沒有話說。這個南非人沒受過正規教育，他們卻樂意接受他對他們特權背景的指責。

沙赫巴茲認為他能激勵人心，而且「頗具魅力」（這是沙赫巴茲的用語）。他長得很好看，矮小但很結實，有著一雙彷彿能看透別人的犀利眼睛。他沒有時間去管別人的個人問題，對他而言，革命理想就是一切。對沙赫巴茲而言，這又是另一段不得善終的關係，因為最後這位南非人想殺害沙赫巴茲。那雙曾深深吸引沙赫巴茲的犀利眼睛變得偏執。二十五年後，即他參與的所有游擊戰都結束之後，他又回到非洲的辛巴威，並在試圖殺害自己的兒子後自殺，不過這些都是後話了。

一九六九年某天在倫敦，這位南非人特別針對沙赫巴茲大學時代的馬克思主義同好者辱罵。那是他把他們帶入次序的方式。他說：「你們應該停止坐而言，改為起而行。各位如果真的有心，就該放棄一切，讓俾路支成為巴基斯坦的革命焦點。」

這正是團體所討論的從各民族內部展開的革命，主要目標是鞏固各民族。這位南非人野心勃勃，目標放在全面革命，他說他依循的是毛澤東在文化大革命期間第二把交椅林彪的戒律。林彪曾說鄉村可以用來包圍城市；鄉村正是可以對城市展開游擊戰，也是政府成立的地方。

南非人的願景讓所有人都大感驚嘆。先是阿根廷、古巴和玻利維亞的切·格瓦拉，法屬西印度群島的法蘭茲·法農、非洲民族議會，如今又加上林彪。對沙赫巴茲的研習團體而言，儘管他們參與革命的時間很晚，但所有偉大而飽經磨練的革命部隊都已開始在他們之中運作，沛然莫之能禦。所有人都開始夢想著俾路支和游擊戰。

第二年，沙赫巴茲畢業了。他告訴父母，他要到南斯拉夫念一間電影學校，實際上卻偷偷溜回喀拉蚩，在喀拉蚩住了一晚，然後搭火車和巴士到俾路支的一個小城鎮。一位俾路支族人去接他們，帶他們到山區的一座訓練營。那個南非人就在那兒，還有一位來自倫敦研習團體的人。

俾路支就如同伊朗，盡是沙漠高原和貧瘠的山丘，水很少，植物也不多，氣候極端。這就是沙赫巴茲度過十年的地方。頭三年他和其他人一起學習語言，嘗試為俾路支人展開社會服務。

☆

但我覺得這段敘述進度過快。當我想記筆記時，才發現有些事情漏掉了，於是打電話給沙赫巴茲；他毫不刁難，於是我又去看他。我想要多聽些他在俾路支頭幾年的生活情況，想多知道一些他第一天是怎麼度過的。

沙赫巴茲說：「我從喀拉蚩搭火車，兩名部落成員在月台另一頭等著要接我。他們比我日後見到的部落成員更都市化。我們先搭巴士開了約十六公里，下了巴士後再走兩天的路。那是我第一次走山路，路面十分崎嶇。我穿的是寬鬆的上衣套裝和鞋子，包著還不太習慣的頭巾，背著一個並不習慣的帆布背包。我們一路自己做麵包，吃乾麵包，第一晚還露天而宿。時值夏天，我們就躺在光禿禿的地上，累死人了。我長了許多水泡，疼痛難當，渾身痠痛。等到抵達訓練營時，我真的已經筋疲力盡。

「五天前，我還在英國一所大學，如今卻猛然投入一個有三、四十名部落成員的訓練營，全副武裝，說的全是我聽不懂的語言，就像是坐在電影院裡。那就如同跟一群火星人碰面，這種會面上的震撼，在心理上我根本還沒準備好。第一個晚上我就分配到一把槍，被派去值哨兵站崗。五天前，我還在英國的一所大學呢！他們殺了一隻羊，慶祝我的到來。當天晚上我們吃了很肥又油膩的羊肉，讓我一直拉肚子。而就連到草叢裡去上廁所，剛開始也不容易。」

研讀屠格涅夫的作品並未幫他做好前往俾路支的準備，只不過在想像上，在自認為革命分子，以及和「火星人」的會晤上做了準備。

☆

沙赫巴茲去的是訓練營。當時尚未爆發戰爭；那是在受訓三年後才發生的。當地的俾路支領袖，即沙赫巴茲的戰地指揮官，是一名宗族領袖。俾路支裡有很多部落，部落裡有很多宗族，部落與宗族間往往爭執不休，讓沙赫巴茲和其他外人難以窺其全貌。訓練營中總共有五名外人，還有一些人駐在城裡，負責看管金錢和其他補給品事務。

最初三年，沙赫巴茲和其他人都只是在「融入」。游擊隊員所做的一切似乎都有專門術語。因為現在已經到了現場，身在廣闊的俾路支，有些人可能會感到渺小，甚至覺得茫然無所適從，那樣做可以讓新加入的人安心，所以他們要花三年的時間融入，學習術語，為部落的人建立社會服務體制等等。部落的人都是遊牧民族。遷移時，沙赫巴茲的日子很難過。他吃的是乾麵包，睡的是將一方披巾鋪在草上的大地。夏天會搭建遮蔽物，露天而睡，冬天就住在岩塊外懸的山洞裡。外來者會睡在睡袋裡。沙赫巴茲也有收音機、打字機和一些書。他和其他人在山洞裡放了一些書，可是一旦訓練營遷移，最多就只能帶走兩本。

日子很難過，但沙赫巴茲和他的朋友都覺得「極有創意」。他們置身在遊牧民族當中。在英國，他們每次談論革命，談的都是工人和農人。這些俾路支人卻絕對不是工人，他們也根本不像旁遮普的農人，即沙赫巴茲所熟悉的農民模樣。這些遊牧民族是現代世界從未碰觸過的人民，所以一開始沙赫巴茲才會覺得他們如同火星人。他知道革命分子絕不能有這種感覺，但是在這段融入時期，他總是想到毛澤東說過的話：農人只是張白紙，你在白紙上寫什麼，農人就變成什麼。這就是他對遊牧民族漸漸生成的觀感。儘管身為知識分子和持平公正的人，他依然擔心自己作為一名革命分子，可能變得自負，甚至殘酷，深怕會用自己所選擇的方式去帶這些人。

二十年過去了，他自我寬解一番。他說：「你真的覺得自己趕上了一個國家命運改變的顛峰。」

沙赫巴茲是個寬宏大量的人。巴基斯坦有種說法，說巴基斯坦人因為對廣闊的世界感到不確定，因此總是想拉著同胞一起沉淪。沙赫巴茲絕對不是這種人，他樂意展現對巴基斯坦人或其他人的讚賞。或許他在英國的孤立，以及在英國念寄宿學校的歲月，讓他既需要別人的認同，也有能力對人表達英雄崇拜。就像他在倫敦順服一個南非人，如今的他在俾路支也願意順服一名成為他頂頭指揮官的宗族領袖。

宗族領袖是生於遊牧家族的文盲牧羊人，參加過一九六三年俾路支人反抗巴基斯坦軍事政府的暴動。沙赫巴茲深為他的謙遜、溫和、平靜和語言天賦著迷。宗族領袖具有文盲的清晰本能，一眼就能看出人們的性格和情緒，在各種狀況中都知道怎麼和人交談。他是天生的領袖。沙赫巴茲和其他人都希望他能為俾路支革命，甚至成為巴基斯坦革命的毛澤東或胡志明[4]。

所以，他們就照自己所想的，在政治上教育他，如同沙赫巴茲二十五年後所說的，以世俗和革命政治的方式教育他。他的反應也正如他們的期待。這次雖發生在偏遠的俾路支，馬克思主義革命依然是放諸四海而皆準的證明。沙赫巴茲認為，這位俾路支宗族領袖接受教育，完全「如魚得水」；如果不是那麼急於讓他所崇拜的人做出良好反應，通過這場嚴格的考驗，沙赫巴茲可能會更加注意這個文盲對於別人的要求有何感覺。

沙赫巴茲說：「我們不把自己當成領袖。我們認為自己只是在為別人培養領袖。」

沙赫巴茲的馬克思主義和他對革命的渴望都很「情緒化」，那位南非人則不同。沙赫巴茲認為他想要權力。或許他想要在俾路支成就身為一個印度裔人士，他在南非無論非洲民族議會內外都無法成就的事情（這是我個人的想法，而非沙赫巴茲的想法）。以其寬大的心胸，沙赫巴茲似乎認為這個南非人渴望權力並沒有錯，因為他是「領袖的料」。若從這點來看，權力倒像是這個世界虧欠

4 譯註：一八九〇～一九六九年。越南共產主義革命家，是越南共產黨、越南民主共和國和越南人民軍的主要創立者和領導人。

這位南非人的東西。

另外還有一位外人也讓沙赫巴茲十分欣賞，感到特別親近。那是個來自喀拉蚩的基督教男孩，也是一位高級空軍軍官的兒子。他是倫敦研習團體的成員，為了參加革命，放棄了會計學。他和沙赫巴茲一樣情感豐富；他聰明伶俐，書念得很多；也和沙赫巴茲一樣哭點很低，看到貧窮與不公不義都會流淚。這個男孩身為在巴基斯坦的基督徒，他大半歲月都如同沙赫巴茲在英國度過的許多年一樣（儘管沙赫巴茲未曾比較過），都是個局外人。這個男孩幽默感十足，沙赫巴茲記得他那「奇特的大笑聲」。沙赫巴茲也記得他很瘦、很黑，很像孟加拉人。

沙赫巴茲一談到這個男孩，內心就充滿哀傷。男孩到達俾路支的第六年，即動亂發生後的第三年，便遭到殺害。當時他到一個小城去和一個信任的人碰面，這個人卻出賣了他，把他交給軍方。他和他的副手，一名部落中人一起被抓。軍方對於該次抓人事件隻字不提，所以反叛軍也毫不知情。後來才得知他被偵訊和刑求了好幾個星期，最後還從直升機上面被丟了出去。想到連他是何時遭到毒手的都不知道，他們就十分難過。不過沙赫巴茲雖滿心哀悽地談著這男孩，之後卻從未想過要去尋找他的家人。

☆

在籌備了三年之後，革命終於爆發，光是在俾路支斯坦的荒原就爆發了數十起暴動。而就一個那麼熱衷於革命思想的人而言，仿如奇蹟般，這個沙赫巴茲活動並吃了很多苦頭的區域，按照游擊隊的語言，變成了解放區。身為革命領袖的宗族領袖，和沙赫巴茲所崇拜的那位宗族領袖一樣，後來都成為游擊隊的指揮官。戰爭四處散落，反映出部落和族群的分裂，在沙赫巴茲歸屬的部落裡，共有五、六個各自獨立的戰鬥團體。沙赫巴茲負責幫這些團體的其中一個管理一個訓練營，這個營約有五十到兩百名戰士。他的工作非關作戰，而是教育他這一區的人民，訓練他們醫療技術，排解糾紛，並且（對於一個念過寄宿學校的人而言，實在有點奇怪）處理一些農事和畜牧。

但戰爭始終有著正反兩面。不久之後，局勢就變得明朗，在孟加拉脫離之後，布托先生治理下的巴基斯坦政府會十分嚴厲的對付俾路支人和他們的部落領袖。沙赫巴茲認為俾路支一度擁有十萬部隊。在倫敦時，那位南非人拿林彪的大名和理論來蠱惑他們，取材自文化大革命的論述，說在鄉村的游擊戰可以淹沒城市。他們沒有預料到馬克思主義的入門書或革命手冊都沒有為他們做好準備的是：一支訓練有素的專業部隊挾帶全面鎮壓之力，就可以夷平游牧民族脆弱的社會結構。

沙赫巴茲第一天看到俾路支的「火星人」時，油然而生的不解或疑慮，就有這種意味，而不管那意味多麼濃厚，後來借助毛澤東的思想，他終究合理化了這種想法。游牧民族並不是馬克思主義文學作品中所說的那些有根的工人和農民族群。游牧民族四處飄泊，輕裝移居，以至於可以被輕易掃除。

沙赫巴茲述說故事時，對此並沒有多加著墨。我覺得游牧民族會被掃除一事，還有更多東西可談，而在幾天之後去看他時，我就問到這個問題。

他說：「你身邊隨時都有人死亡。人們喪失了他們的生計和家人。游牧人家的經濟十分脆弱，全都靠牲口。你只需要毀掉所有牲口就可搞定，而他們也真的這麼做了。他們開槍射擊，將大批牲口聚集起來，成千上萬的綿羊和山羊就這樣遭到屠殺。一旦這麼做了，游牧民族就無以為生。」

夏天時，軍隊並不移動，天氣實在太熱了。軍隊都在冬天移防。第二年冬天結束時，俾路支的革命也差不多到了尾聲。所有倫敦的舞會和男歡女愛、所有和性感拉丁美洲女郎討論的神聖革命議題，以及俾路支所有的準備和教育等等，很快就全數灰飛煙滅。

沙赫巴茲一度留在幾個少數撐住的解放區，不久之後，他就成為可以自己作主的行政官。真正的戰鬥爆發後不久，那個南非人就離開了。這點倒從未讓他擔心。他知道這個南非人是到歐洲去辦要事：募款（雖然沙赫巴茲並未明說，但募款對象是俄羅斯人、德國人和印度人），並在左翼報紙報導俾路支的故事。南非人和大家保持聯繫，卻再也沒有回來過。

在海外的人們會知道俾路支，就是拜這位南非人所賜，可惜知名度還是太小。俾路支從來沒有成為國際左派組織的重大事件之一。有個理由可能是革命很快就土崩瓦解；另一個理由則是巴基斯坦對動亂和軍事行動自始至終保持沉默。政府隻字不提，巴基斯坦沒有任何一家報紙報導，而報導俾路支新聞的記者都鋃鐺入獄。城市的革命分子倒是發行了一份祕密的小公報，還取了個時髦的報名叫《Jabal》（俾路支文字「山」的意思），製作粗糙又用複印的，一個月才發行一次。看起來和它所象徵的曠野聲音，以及沒有傳達的訊息，倒也算是有些名實相符。

在當局採取軍事行動的第二年冬季結束後，那位俾路支宗族領袖，也就是沙赫巴茲和其他人認為可能成為俾路支革命中的胡志明或毛澤東的那個人，決定離開俾路支，領著他一部分遭到遺棄的遊牧人民，展開非比尋常的徒步長征，越過邊界到達阿富汗。沙赫巴茲說，這些遊牧難民一度多達兩萬五千人，其中許多都是已經沒有男人照顧的婦孺。

接下來的那個冬季，那位來自喀拉蚩，「笑容燦爛、笑聲暢快」、會為窮人哭泣、在倫敦念書、希望將來成為英國皇家特許會計師的基督教男孩就被人逮到，在遭受一番刑求後，被人從直升機上丟了下去。

如今軍隊步步逼進。沙赫巴茲說：「真是可怕透頂。大屠殺、飢餓、轟炸。眼睜睜地看著許多你招募、訓練的人就在你眼前死去。」但他從未懷疑自己的理念。「不，災難讓我更有智慧。」

他必須時時決定該拿各個非戰鬥團體怎麼辦，是該將他們遣送到北方的阿富汗，還是遣送到東方的信德省，或者讓他們留在原地。要緊的是，不要將每個人都送走，因為一個地方的人如果都遣送光了，可能就再也稱不上是解放區了。

所有的路線都遭到部隊監視。沙赫巴茲被緊緊封鎖在他的解放區內。奇怪的是，在策畫了老半天之後，說什麼從鄉間向城市發動游擊戰，但糧食偏偏還是得從城市走私到鄉間。

儘管身邊不斷發生失敗和悲劇，沙赫巴茲依然勇敢好鬥，依然興奮的視革命為個人生涯發展的一部分。他說：「這是一段極富創意的時光。」

小麥是他們最需要的東西。從前俾路支的商店幾乎都是印度人的生意，但分裂之後，印度人全部徹得一乾二淨，部落成員接管了這些城鎮，全是暴動者的親戚或遠親。他們組織駱駝商隊。這些駱駝商隊有時還得由游擊隊護送，必須通過許多軍隊的檢查哨。災難時有所聞，特別是在冬天部隊發動攻勢的時候，游擊隊會被部隊拘留，店家也會被拘留，珍貴的糧食便會隨之消失無蹤。有幾度沙赫巴茲和他的人馬每兩天才吃一頓。旅行袋裡總帶著點麵包，這讓他們能夠撐下去。

有個冬天，部隊登上沙赫巴茲和他的團體所藏身的山頭。他們必須盡速離去。大伙兒都是在夜間走人，免得被部隊的直升機發現。他們帶走許多食物和存糧，這些存糧千萬不能丟。有一次沙赫巴茲和他的團隊在一個遊牧人家的屯墾地裡藏匿了一整天，遊牧人家供他們吃，悉心款待，直到晚上他們才連夜逃離。這段期間，部隊已經不光是使用直升機搜尋，還會利用追蹤者，即部隊的斥候和當地的俾路支人追捕。追蹤者領著士兵到遊牧人家的屯墾地，盤問道：「昨晚誰在這裡？外面那些走到你家來的足跡是誰留下的？」事後屯墾地一家十六口全部被殺，無一倖存。

聽到這則噩耗，沙赫巴茲有幾個星期深感良心不安。和他一起的俾路支人則堅忍多了，還能安慰他。

沙赫巴茲說：「因為遊牧生活困苦，他們承受災難的能力非常強。我從他們那兒學到了堅忍和耐性。」

★

三年後，所有各式各樣的希臘悲劇和冤冤相報的巴基斯坦悲劇糾結纏繞、磨損殆盡。出兵攻打俾路支的布托先生遭到一名將軍罷黜，並且受審，最後還被絞死。這位將軍宣布特赦，俾路支的戰爭終於結束。

至此，沙赫巴茲和其他難民一起到阿富汗。他是從俾路支翻山越嶺走過去的。在阿富汗南部有兩座難民營。那名率領難民前往阿富汗的宗族領袖還在當地，仍是個有影響力的人物。革命運動也在喀布爾擁有了一些公寓。沙赫巴茲在阿富汗的幾個星期，就不斷地在難民營和喀布爾的公寓間移動。

睽違六年後，就在喀布爾，沙赫巴茲再度碰到那位南非人。那些在革命中大難不死，或對革命依然興致勃勃的人，在因為遭俄羅斯占領、對他們反而分外安全的喀布爾重逢，大夥兒暢談革命前程。沙赫巴茲和其他人也想問那個南非人六年來在歐洲都做了些什麼，還有他所募來的錢。

他們起了一番激辯，「脣槍舌劍。」到最後，沙赫巴茲和那位南非人不再對談。南非人開始罵沙赫巴茲和其他人都是叛徒，說他們背叛了革命，全都該殺。沙赫巴茲大吃一驚。讓他更驚訝的是，那位宗族領袖，也就是他們一度認為可能成為未來毛澤東或胡志明的那位領袖，打電話來說他不能再保證沙赫巴茲的安全：那個南非人正試圖要毒殺沙赫巴茲。沙赫巴茲認為最好先離開俾路支去處理和那個南非人之間的事，於是他回到山區。這就是沙赫巴茲揮別當初他最崇拜的兩個人的經過。

革命運動如今瓦解了。俾路支人不想再和外人有任何糾葛，他們現在對革命興趣缺缺，成為分離主義者。南非人最後回到倫敦。不久後，沙赫巴茲也回去了，他先從山區前往喀布爾，再從喀布爾搭飛機到倫敦。沙赫巴茲就從倫敦和一直覺得遭他背叛的雙親聯絡，並和他們重修舊好。

因為戰爭的關係，沙赫巴茲一邊的耳朵聾了，牙齒也全掉光。他罹患過肝炎，現在一滴酒都不能喝，每年痢疾都會復發。

他說：「我無怨無悔。那曾經是、也永遠都會是我生命中最有創意及刺激的部分。未來亦然。我在那裡精力充沛，學到很多東西。雖然最後的結局讓我失望，但我不會因而感到痛苦。」

這個角度出乎我的意料。時光飛逝，又遠離了雙親和俾路支，難道他現在不會覺得誤用了自己的特權，並且在智識上背叛了自己？

「不會。當這一切發生的時候，我也成熟了。」

「所有這一切？」

「第三世界的游擊戰。」

這就是他對於教育的想法。這是巴基斯坦沙赫巴茲那一代奇怪的殖民思想，儘管事實上，他們都是在巴基斯坦獨立之後出生的。教育並非你自己能夠發展得出來、符合你需求的東西，教育是你無畏偏見、朝其勇往直前之物，而一旦到達你想去的所在，就只能順服於它。

身為馬克思主義分子，他一直認為自己是非常規的。他不希望將標準的馬克思思想強加在俾路支人身上。他認為俾路支部落的文化有許多美好及正面之物，值得保存，譬如律法制度和放牧地共有。如今整個部落結構已被摧毀，傳統的法律已不再；沒有上法庭的管道；大家族之間動輒就有兩、三百場仇恨。所以，如今俾路支的局面，比一九七〇年沙赫巴茲從喀拉蚩搭火車、轉巴士、再步行、滿懷革命理想前往那裡時還要糟得多。

★

這就是沙赫巴茲跟我說了幾個小時的故事。用這種方式說故事，當然會有所省略和匆匆帶過，但一、兩天後我再看筆記，便感覺到有些東西遺漏了。雖然沙赫巴茲在俾路支和阿富汗度過了十年，卻沒有給人時間的流逝感。他沒有提到水或者風景的真實感，部落人民也不存在。他們是接受馬克思主義宣揚的對象，是遭到掠劫的人，但他們卻好像不在那兒，就算是以制式化人物的形式出現也沒有，只有那個俾路支宗族領袖和那個南非人，以及那個總是笑聲爽朗的基督教男孩。

我提及對部落族人的這種看法，沙赫巴茲聽了十分驚訝。他因為沒想過這些，所以也沒有解釋。只有在他說話時，心中才會自然浮現部落人民的身影。「我始終都看得到那些部落人民。但我對他們的描述也可能僅僅是片面之辭。」

他談到時光的流逝時說：「整整十年的時間，很難濃縮概括。這邊的人覺得要敘述時光的流逝很不容易。對許多人而言，時間過得很慢，他們很難精準描述。人們不習慣快速的改變，那就影響到他們對時間的態度。生活已經有了戲劇化的轉變，但過程卻十分緩慢而沉重。我不認為那是伊斯蘭教使然。人們無法想起小耳朵是何時開始出現在村子裡，或是何時第一次在MTV裡看到裸體女郎。」

就他幾乎絕口不提水來說，有關水的描述也讓人困惑不已：「每件事都受到水的宰制。尋找用水是全世界最重要的大事。部族的人知道水在何處，但不知道量有多少、有多清澈，以及夠不夠供一百人和他們的牲畜使用；或者是不是有泉水、河水或池水。所以我們會先派遣斥候去尋找。有時候五點鐘斥候回來了，說水不夠好，或水量不夠，那我們就得繼續走到深夜。對軍隊而言，情況亦然。極端氣候是非常凶險的。」

這種經驗和情緒分明都在，可是沙赫巴茲先前都沒提及。彷彿在這些革命故事中，他希望將人們剝個精光，剝得只剩下馬克思主義的本質。（以某種雷同的模式，伊斯蘭教狂熱分子也想要皈依者不要去扭曲歷史和傳統，光靠信仰而信仰。）在他眼裡，並不將部落的人當人看，而是當成部落人，是個整體單位，宗族領袖也是個領導人，而不視為是個有血有肉的人。

他自己也受苦受難，省略了許多肉體上的巨大苦難沒說。很早時，他耳膜就被一場大爆炸的聲音給刺破，耳朵流了幾個月的血，還飽受肝炎之苦；每次肝炎復發，就要耗上兩個多月，這樣長途跋涉幾乎「要人命」。肝炎是因為飲用了不潔的水引起的；部落中人卻不像他那樣容易受到汙水之害。這或許是他起先絕口不提水的原因。彼時沙赫巴茲也沒有有助於緩和肝炎的果汁；主食是麵包和肉，有時還有扁豆，時而甚至得吃一些諸如牛奶和酥油等有害的食品。

所有這些，他都略而不談，就好像部落中人的臉孔和穿著、帳篷、駱駝、行李和風景等等，全都無足輕重。

他說：「這是相當私人的描述。我很少提到這些經驗。」後來又表示：「我不談自己的苦難，因為和我在一起的人所遭受的苦難更深。」

儘管強力壓抑，苦難的景像仍依稀在目。當他說到之後發生的種種時，那景像就浮現了出來。

沙赫巴茲所崇拜的宗族領袖和部落領袖發生爭執。部落領袖「不想領導革命運動向前邁進」，如今部落分崩離析得更嚴重。宗族領袖回到他自己的地盤，目前需款孔急，他的族人也十分拮据。沙赫巴茲說：「你應該記得因為牲口損失殆盡，如今人們依舊赤貧如故。成千上萬的人都到信德省和旁遮普去找當日領錢的工作，所以這個部落以及其他部落的經濟生活全都毀了。」部落領袖們阻礙了發展。「他們十分貪婪，想要佣金。部落領袖自己的經濟生活也毀了。他自己的牲口全沒了，追隨者也不再送羊給他，所以部落領袖只能倚靠政府的施捨。」

因為受到蘇聯的占領，阿富汗成為暴動期間俾路支難民安全的避難所。但阿富汗戰爭最終還是成為俾路支人的災難。估計有一百萬個阿富汗難民定居在俾路支，就像蝗蟲一般。他們自己帶來大批牲口，似乎準備讓這塊土地得以重新住人。他們砍樹，牲口就在最美好的草原上放牧。俾路支人拿他們莫可奈何，以致在自己的領土上成了少數民族。

「這些難民都是普什圖人，所以現今在俾路支，普什圖人的地位比俾路支人高得多。普什圖人帶來他們基本教義派的趨勢、『Madrassa』（可蘭經學校）等等，全都與俾路支文化格格不入。這種現象發生在戰後。朋友仍然不斷過來，大談特談情況變得有多糟。」

他仍然不覺得自己該負責任，仍覺得自己是傳播真理的人。

「這個想法是一九六八年的運動所供應，但想要為我的國家做點事的迫切感，卻完全是在地的，特別是在丟掉了孟加拉之後。如今自認為有答案的人，都是些基本教義派分子。」

第五章 懺悔者

在巴基斯坦會說英語的人都管「基本教義派分子」叫「基本派」，如今已經發展成某種程度的勢力，雖仍置身暗處，但仍拚命擴張，永遠得寸進尺，想要更多。

印度次大陸經過流血分裂，才締造了巴基斯坦這個國家。在新邊界的兩邊，不計其數的人喪失了生命，更多的人流離失所。有一億多穆斯林被遺棄在印度這邊，但幾乎所有的印度教徒和錫克族人都被驅離巴基斯坦，為的是創造一個合乎詩人伊克巴勒的夢想：全伊斯蘭教的政體。

那樣應該就夠了。但基本教義派分子還想要更多。幾千年後，古老的土地上有這麼一大塊不再隸屬於印度，而且和伊朗以及諸多阿拉伯國家一樣，上頭一些比較古老的宗教也已經清除得一乾二淨，這樣居然還不夠；現在人民本身也得將他們的過去，好比說他們的穿著、舉止或一般會跟古老的土地扯上邊的文化，全部清除乾淨。基本教義派分子希望百姓透明、純潔、如淨空的瓶子接收信仰。這根本是不可能的事：人絕不可能純白到那種地步。偏偏就有各式各樣的基本教義派團體自認為是良善和純潔的楷模，他們以真正的信徒自居，說自己遵循古老的規定（特別是有關婦女的規定）；他們不過是想要求百姓們和他們一樣，而既然對於所謂的規定並沒有絕對的共識，那就希望大家遵守他們所遵守的規定。

最重要的基本教義派團體是「伊斯蘭教大會黨」。這個團體是宗教上師和狂熱分子矛拉納・毛杜迪[1]創建的。在巴基斯坦分離之前，他基於奇怪的理由，反對建立巴基斯坦國的理想。一九三〇年，詩人伊克巴勒提出一個分離的印度伊斯蘭教國家的建議，他說這種國家可以去除「阿拉伯帝國主義強加在它上面的印記」。毛杜迪的雄心則正好相反。他認為一個印度穆斯林國度太過侷限，因為那樣僅僅代表伊斯蘭教已在印度完成使命。毛杜迪希望伊斯蘭教讓整個印度都皈依，勢力涵蓋全印度，進而涵蓋全世界。伊克巴勒說過，成立巴基斯坦國的一項重要原因是，作為「為生民立命的力量」，伊斯蘭教在印度運作得比在其他任何地方都還要好。毛杜迪並不認為如此。他不認為以穆斯林而言，次大陸的穆斯林和他們的政治領袖夠優秀，足以建立一個全是穆斯林的國家。他們的信仰不夠純正；他們也受到印度過去歷史的汙染。

毛杜迪在一九七九年去世，但黨的態度依然是巴基斯坦的人民和他們的領導人都還不夠優秀。如果伊克巴勒的伊斯蘭教國家發生大禍，錯不在伊斯蘭教，而是錯在稱自已為穆斯林的人。根據基本教義派的想法，這種失敗就等於是弄錯或者對伊斯蘭教敷衍了事所造成的失敗。而方興未艾的伊斯蘭教大會黨則表示伊斯蘭教打從初始就未受試驗，正是時候接受歷練了。伊斯蘭教大會黨會指引道路。

★

伊斯蘭教大會黨的總部暨社區座落在拉合爾邊界曼蘇拉的木爾坦路邊一塊占地十一公頃的土地上。社區居民中有一部分是懺悔者，希望彌補大小程度不一的罪孽。

其中有個懺悔者名叫穆罕默德·阿克蘭姆·藍恰，五十八歲的他雖是個懺悔之人，也很虔誠，卻非遺世獨立，他在曼蘇拉賃屋，和一大家子人住在一起。他的封建背景很原始。父親是有錢人，擁有兩百公頃土地，連在英國殖民時代都享有一些政治影響力。但穆罕默德．阿克蘭姆小時候並未接受正規教育。這是有理由的。很小的時候他罹患了傷寒，做父親的發願說，只要兒子康復，就不送他去接受世俗教育，而要接受《可蘭經》教育。兒子康復了，但誓言父親只記得一半；而這孩子儘管跟著一位穆拉學習簡單的宗教教誨，長大成人後卻像個未受教育的封建人家孩子，把時間都花在騎馬、搭帳篷、打馬球，還有賭博、獵鷹及參加地方的節慶活動上。

二十三歲那年，穆罕默德．阿克蘭姆捲入一場激烈的家庭紛爭。這場紛爭關乎女人與土地。她是穆罕默德．阿克蘭姆的表姊，受過教育，是家族中第一個獲得學位的女子。父親過世後，她繼承了兩百四十公頃土地。那年她也是二十三歲。叔叔是個老古板，希望她待在深閨，足不出戶，還要她嫁給自己八歲的兒子。她當然一樣也不能接受。她在拉合爾一所基督教辦的著名大學瑪麗皇后學院念過書，對自由早就習以為常，並和穆罕默德．阿克蘭姆的哥哥，也就是她的表哥墜入愛河。表哥二十六歲，英俊非凡，談吐不俗。他已是有婦之夫，還育有兩個兒子，但她還是和他私奔，成為他的第二個妻子。

叔叔（有一個八歲大的兒子）氣急敗壞之餘，揚言要將穆罕默德．阿克蘭姆一家人從整個家族中掃地出門。這是當地非常封建的一種手段，而叔叔在當地的勢力龐大。穆罕默德．阿克蘭姆跑去找叔叔，請求他寬恕。「請不要殺我們。我保證我們一定會找出哥哥和那女人的下落，並將那女人帶回來給你。」

1 譯註：Maulana Maudoodi，比較廣為人知的名稱為Abul A'la Maududi，一九〇三～一九七九年。巴基斯坦穆斯林神學家，也是現代「伊斯蘭國」這一概念再度出現的關鍵人物。

後來穆罕默德．阿克蘭姆在喀拉蚩找到那對情人，拜託他們回去拉合爾。當他們一行人回到拉合爾的時候，穆罕默德．阿克蘭姆便和家族中其他三、四名男子持槍綁架了那個女人。女人的先生，也就是穆罕默德．阿克蘭姆的哥哥不受威脅，直接到警局去報案，控告那幾個綁匪，以此展現丈夫的氣魄，將封建家族劇烈的土地與名譽紛爭訴諸法律解決，絕對出乎眾人意料之外。就在這個時候，或許是為了一併解決部分重疊的土地和榮譽問題，在警察還來不及做他們該做的事情之前，女人就被人射殺身亡了。真正的凶手到底是誰，始終沒查出來。

所有的綁匪都被逮捕送審。法律過程明快，時值一九六〇年，正是阿尤布將軍執政期間，案發不到兩個月，五名綁匪已經全部下獄。穆罕默德．阿克蘭姆被判十四年徒刑，幾乎等於無期徒刑。

他被移送到木爾坦市的監獄去服刑。他有決定要和誰關在一起的選擇權，可以和拉合爾一個惡名昭彰的古吉族惡棍關在一起（不過獄卒沒告訴他會有被雞姦之虞），也可以和以政治犯身分入獄的伊斯蘭教大會黨秘書長同房。穆罕默德．阿克蘭姆選擇了秘書長。

他們兩人經常聊天。幾個月後，穆罕默德．阿克蘭姆心境有了轉變，開始閱讀矛拉納．毛杜迪的著作，發現自己封建思維的錯誤和空虛，遂在牢房皈依了伊斯蘭教議會的理想，這段故事後來遠近馳名。不久之後他開始念書，先通過大學入學考試，接著念文學士學位。這位年輕的封建子弟片刻也不想再停頓。他在獄中脫胎換骨式的轉變成為一則傳奇，刑期從十四年縮短為六年，而在出獄當天，他的烏爾都語文學碩士學位文憑正好郵寄到他手中。

穆罕默德．阿克蘭姆的兒子在述說父親這段皈依過程時，把對皈依過程描述得比那已逝女孩的悲劇還要詳細。他說：「他入獄時是個封建人物，回來時卻已經成為穆斯林革命分子。」

☆

十二年後，穆罕默德・阿克蘭姆遷居曼蘇拉的集合社區。首先，他透過一九六〇年受審時幫他辯護的著名律師協助，註冊進入一所法學院。

（一九七九年，我在喀拉蚩見過這位大律師。當時他已變得非常富有，熱衷於宗教，個性自負，整天只想得到政治權力。彼時宗教氣氛非常濃厚，布托已遭罷黜並被絞死，伊斯蘭教執行鞭刑的車輛偵騎四出，好鞭笞一些壞分子，每個人也都想觀賞鞭刑；祈禱時間一到，手邊的一切事情都得停下來，律師認為表現虔誠非常重要。我和他聊天時，他始終念念有詞地吟誦著祈禱文，並且不斷撥動念珠。對此我沒有做出任何反應。他說：「我想，你大概以為我應該進修道院吧。」我無意鼓勵他這麼做，於是說：「我並沒有這麼想。」他撥弄念珠，喃喃而語，再撥弄念珠，把虔誠級數往上再推高一、兩級，說道：「我深為真主傾倒。」）

大律師不但協助穆罕默德・阿克蘭姆進入法學院，甚至成為他非正式的心靈顧問。所以當穆罕默德・阿克蘭姆在家鄉薩戈達執業當律師時，還代表伊斯蘭教大會黨活躍於政壇。這是與過去徹底分割；此間的封建階級一直都是權勢之人的支持者。

但過去並未完全拋諸腦後，這裡的血海深仇從來就不曾終止。一九七五年，穆罕默德・阿克蘭姆哥哥的許多舊帳都算清了，就是十五年前把綁架他妻子的一干人等告進法院，又讓他們全都下獄的那個哥哥，如今他年已四十一，突然被一群身分不明的人給殺害了。四年後，穆罕默德・阿克蘭姆遷居伊斯蘭教大會黨位於曼蘇拉的社區；兩年後，又將兒子接到那裡；次年，即一九八二年，他索性把其餘所有的家人都接了過去。結果就在同一年，穆罕默德・阿克蘭姆那位遭人殺害的兄長的兒子，又殺死對方某個人；而穆罕默德・阿克蘭姆沒有明確說明理由，就此退出政壇。

安全、虔誠、懺悔和伊斯蘭教議會的理想，如今全都糾結在一起，成為穆罕默德・阿克蘭姆在曼蘇拉全家人的一切，成為他們的世界。

穆罕默德．阿克蘭姆家中從不討論那件謀殺案。在殺人案發生那年懷上、並在父親到木爾坦監獄服刑的第一年呱呱落地的獨生子薩林姆說：「我們沒有勇氣和父親討論這件事。」

☆

薩林姆如今已三十四歲，本身就頗有點地位，是位海關高級官員。對他而言，父親的皈依和懺悔、在獄中念書的這段戲劇性過程，標註了家人在智識上的崛起。星期五現在是安息日，也是被吊死的布托先生每週的紀念日，星期六因而成為每週第一個工作天。所以在某個週六下班後，他帶我到曼蘇拉。他個子很高，打條領帶，穿件輕便的花呢外套，以便抵擋拉合爾冬天的寒氣。從他某些特定的言談中，我感覺到他似乎在期待對於一個住在曼蘇拉的男人居然穿著如此「現代而時髦」的衣物，我會覺得意外。他坐著配有司機的公家車來，後座還放著《經濟學人》和其他一些雜誌。

婉謝他開冷氣的提議真是一大錯誤。當時夜幕初降，我怕會冷，卻沒料到正值下班塞車時刻，因交通號誌一路走走停停的關係，等我們抵達曼蘇拉時，大馬路上全是塵埃和棕色煙霧，嗆得我都快窒息了。

因為聽多了曼蘇拉的種種，尤其是它堡壘般的氛圍，我先前還以為會位於比較隱密的所在。想不到有著一排排明亮日光燈的曼蘇拉就在眼前、在大馬路旁、在熱氣和塵霧之中；就在左邊的入口處，彷彿有意即刻證明自己是誰似的，一群信徒正好聚集在伊斯蘭教大會黨的清真寺做晚禱。他們置身在一個類似小棚架的下方，如果遇上大太陽或下雨，棚架可能就用來遮風擋雨。

突然，薩林姆倉促的拉掉領帶，將外套扔到汽車座位上，也加入了祈禱的行列。不過他首先還是記得交代司機把車倒退一些，好讓我看得清楚點。一個穿著迷你版過膝上衣的小男孩祈禱起來特別有勁，彈性十足的膝蓋關節起起跪跪，俐落十足。

晚禱結束時，天色已經一片漆黑。薩林姆於是帶我四處走動。有塊木板上畫著這個社區的地圖。地圖上每間房子都有門牌號碼，右邊還有個註明住戶名字的表格。薩林姆說，這麼井然有序在巴基斯坦是很少見的；我覺得這又是人們在聊伊斯蘭教大會黨現代化的另一面時，總是會習慣性出現的不祥預感。

步出清真寺的燈光，我們在破損的路上走著，來到一間蓋於阿富汗戰爭期間著名的醫院，人們總是用讚嘆的口吻談論這間醫院，但薩林姆引導我看的無論是對著條暗巷敞開薄門的候診室或急診室，全都燈光不足且空無一人。醫院看起來是草草完成，並且落入巴基斯坦式的因陋就簡。有現代化電腦設備的圖書館和研究室大門深鎖，要等到次日早上才會開門。不過錄影帶店倒是開著，店裡販賣一整套一整套矛拉納·毛杜迪的演說錄影帶，還有許多關於喀什米爾的錄影帶，其中一卷是英文發音的《鎮壓印度》（*Crush India*）。薩林姆像走進玩具店一般，一進去就開始採購，或許是幫朋友帶的吧，他指了一下這個卡帶，又指了一下那個卡帶，最後店員把他買好的錄影帶全放進一個時髦的白色小塑膠袋裡。

我們來到他家。房子是伊斯蘭教大會黨某個人的，穆罕默德·阿克蘭姆跟他租下這棟狹窄的兩層樓房。薩林姆說，我們可以在屋裡的兩個地方聊：餐廳或他的書房。書房在二樓，沒有家具，只有地毯和靠墊。

因為我需要一張桌子坐下來寫東西，所以認為似乎應該先看看餐廳。餐廳位在開放式大廳或像是樓梯間的另一邊，狹窄又擁擠。裡面放著大袋大袋的穀子，其中一袋已經裂開，也或許是被人打開，總之，金黃色的穀子灑落一地。薩林姆說稻穀來自「農田」，所以這家人在薩戈達仍有農地在耕作。餐廳窄又淺，擺了幾件家具後，就再也沒有空間可言了。日光燈好像直接壓著我的額頭，就在眼睛上方。裡頭有一整套搭配好的二十張雕花扶手大椅，頗有鄉村的封建風格，也頗具印尼中產階級風。所有椅子的椅背都緊靠著牆。十二張椅子適切地擺在接待客人之處，隔著一張又寬又矮的桌子，六六面對，其他八張則緊緊環繞著餐桌。

可能是看到椅子擺設的方式，薩林姆馬上說家裡有客人要來。所以我們繞過一袋袋穀子，外加瞥了背後幾個僕人一眼，然後登上陡峭狹窄的水泥階梯，直上薩林姆的書房。一般巴基斯坦人家都會有僕人，就連在伊斯蘭教大會黨社區也不例外，充斥著衣衫襤褸的瘦小影子。

這是個非常狹小的房間，面積大約只有十二平方英尺（不到零點五坪），高度則不到三公尺，或者感覺上是如此。炎熱的空氣中滿是塵埃，整間書房密不透風。正如薩林姆所說，書房裡有地毯和靠墊，牆邊則立著書架。面對門口的那面牆上，有一半都是我在庫姆就認得的伊斯蘭教彩色裝訂套書，其他書架的藏書就比較一般化。但我很快就不再盯著這些書看。因為在這密不透風的汙濁空氣中，我開始覺得快要窒息，十分難受。地板上有個看起來像凳子或擱腳凳的東西，是台空氣清淨機，雖然已經打開，但總得再過一會兒才會對室內的空氣產生些許功能。

我要求打開一扇窗。薩林姆往樓下喊僕人，要他們從餐廳大椅子中端一把上來讓我坐。僕人端著那麼笨重的椅子，只能憑感覺摸索腳步，走上狹窄而陡峭的樓梯。進入書房、放下椅子後，僕人趕緊推開窗子。那是滑動的金屬框窗，偏偏好像卡住了，於是薩林姆朝窗子伸出一隻手，也或許只是伸出一根手指頭，僕人則繼續推窗子，終於把窗子打開了。窗外只見一塊簾幕，毫無景觀可言。窗外的空氣彷彿含有沙子，而且幾乎就和室內一樣酷熱。僕人把木爾坦大路傳來車水馬龍的聲音，椅子拉到打開的窗戶旁，我在椅子上坐了一會兒，好好呼吸了一番，活像坐在聖人墳墓鐵柵欄邊的信徒，試圖從散發出來的靈氣中得到些好運似的。從窗戶向外看，可以看到比較低樓層的平坦屋頂，這也解釋了為什麼屋裡屋外會這般炎熱。

薩林姆說他是板球迷，認得一些從千里達來的沒沒無聞、早就被人們遺忘會投變化球的印第安板球投手：S‧M‧阿里、英桑‧阿里、艾米提爾茲‧阿里和拉菲克‧卓馬丁。我知道這是特地說給我聽的，但他要談的恐怕不只是板球而已。他提到的這些板球選手全都是穆斯林，關於他們，他比我更熟。

僕人再度爬上陡峭的階梯，這回端上來的是茶和油炸脆餅，以及已經濃縮凝固的牛奶杏仁糖，非常好吃，讓人驚豔，彷彿在這個伊斯蘭教大會黨人士虔誠的狹窄家中，藝術家還是可以在廚房裡盡情發揮廚藝。

然後父親出現了，就是那位懺悔者。他身穿淡褐色寬鬆過膝上衣，我從中看到了懺悔的顏色。他比兒子矮，體重卻比較重，爬樓梯爬得氣喘吁吁。雖然只有五十八歲，但家中就數他最年長，薩林姆對他畢恭畢敬；身為長者，獲得如此待遇，可謂理所當然。

他坐在地毯上很靠近我椅子的地方，近到幾乎就要碰到，並以一種非比尋常的信任眼神望著我。他褐色的皮膚光潔平滑，額頭沒有皺紋，彷彿會發亮，似乎是因為長年擦油的關係。一隻淡色的眼睛已經壞了；一年前才去除白內障。即便如此，表情還是很親切。他的聽力有點問題，我說話時，他得靠上前來傾聽，雙唇微張，露出雖不大但看起來還頗堅實的牙齒微笑著。

薩林姆向父親解釋我的身分和我到曼蘇拉的用意。

然後父子倆馬上談起曼蘇拉的信仰。他們要的是個伊斯蘭教國家。巴基斯坦不是伊斯蘭教國家。在次大陸建立一個穆斯林國度還不夠。所謂伊斯蘭教國家，指的是一個由最正直的人來治理的國家，並且一如伊斯蘭教建立初期，由這個人在祈禱中領導百姓。

這就像我在一九七九年、也就是齊亞將軍執政時所聽到的說法，他想要將巴基斯坦伊斯蘭教化，可是就如同在他之前的統治者一般，不知道如何將個人的信仰轉變成國家的機制，最後反而淪為個人專制，且如今被打成偽君子。但是在發生了種種事件之後，如今在曼蘇拉卻依然美夢如故，就是想要恢復伊斯蘭教最初那段黃金時代的美夢；那個時代，易於管理的純潔百姓不但萬眾一心，也與統治者結為一體。

眼前這對父子就像某種二重唱一樣的聊開來，就這段伊斯蘭教黃金時代交換想法。在先前於車裡談過伊斯蘭教大會黨在穿著和組織方面的現代化，看過花呢外套、領帶以及《經濟學人》雜誌後，如今再目睹這位海關高級官員與思想封建的父親逐句二重唱，實在怪異至極。

薩林姆的父親問我，知不知道當年有位繼承人因為穿著一件太過奢華的斗篷而遭到叱責？他，也就是這個父親在問這道問題時，還特地抬起頭來看我，將他的臉與我靠得很近。薩林姆則比較悠哉地啜飲著茶，配點炸酥餅，倚著塊靠墊半躺在地毯上，接下有關繼承人的話題談論著。繼承人告訴提問的人說，是一個親戚給了他一塊布做這件斗篷。薩林姆要我想像一下。他父親馬上跟著說，想像一下——想像那可是位權傾天下的統治者；薩林姆完整地表達他們的意念說，而一位大會黨成員居然可以直接問他這種問題。（所以，在這個伊斯蘭教黃金時代的憧憬裡，一切都可以重新洗牌，單一而容易統治的伊斯蘭教民眾的簡樸，可以和他們應得的報酬：世界帝國，平起平坐。）

不，不，薩林姆說，穆斯林國家並非伊斯蘭國家；許多人都弄錯了。不，不是的——

巴基斯坦的「幽靈」之一，即他們的僕人，拿新的油炸脆餅上來，打斷了他的話。這次的脆餅是用雞豆麵糊包裹著酥炸新鮮甘藍，又熱又脆，即使後來變軟仍十分可口。走在僕人後面的是薩林姆的兒子穆罕默德，身材瘦小，早已習慣受人注目，他先走上前來，繼而害羞黏人，有著一雙烏黑的大眼睛和曼蘇拉人常見的蒼白。父親抱抱他，祖父也抱抱他，給他酥炸點心，但他並不想留下來，所以又和僕人一起出去了。

我問起齊亞將軍一九七九年伊斯蘭教的恐怖事件。難道齊亞做的還不夠？還有什麼是沒做到的？薩林姆說，多的是：有印度人殘餘的影響力需要排除，以及英國殖民主義的餘孽（這可能是出於薩林姆閱讀《經濟學人》的習慣）。做父親的說，還有婚姻問題。《可蘭經》說男人可以結四次婚，如今一些婦女團體卻希望篡改伊斯蘭教的家庭法。他說這話時，一臉權益慘遭剝奪的表情，彷彿是個受盡委屈的男子；而望著我抱怨的那種溫和神情，好像他知道我一定會心生幫忙之意。還有就是放高利貸的問題；這個問題也有待解決。

做父親的說，就國家而言，巴基斯坦和伊朗最接近賦予它們的伊斯蘭教理想。薩林姆也同意伊朗確實是，說伊朗唯一做錯的地方就是和鄰邦起紛爭。還有蘇丹，應該被視同向伊斯蘭教邁進的國家；但薩林姆對蘇丹就不太確定了。

我問道，他希不希望巴基斯坦也有伊朗那種革命衛隊。躺在墊子上的薩林姆很嚴肅地表示，宗教政府必須隱惡揚善，所有的國家都有警力去完成此一使命。我說，如此一來，豈非干預百姓的自由？薩林姆說，伊斯蘭教中沒有自由意志；而他那位皮膚光滑又親切的父親則說，伊斯蘭教這個字指的就是服從和歸順。

我問政府如何去界定伊斯蘭教。儘管手下就管著一個「伊斯蘭教思想委員會」，這個問題還是讓齊亞將軍傷透腦筋。薩林姆說，這個問題有爭議。令人驚訝的是，他又補充說，這個問題並不需要大家都同意。譬如，他就不一定每個見解都和父親一致。而讓我再度大吃一驚的是，他父親也說：「伊斯蘭教有自由。」父親說，他們希望建立一個人人都發自內心自願接受伊斯蘭教的國家。至此，我才開始瞭解自由和順從可以怎樣的並行不悖。

薩林姆說：「伊斯蘭教尚未受到考驗。」

我有點預想到他會這麼說，於是問道：「就伊斯蘭教而言，虛榮和驕傲是錯的嗎？」

薩林姆說：「對，是錯的。」他的雙眼變得閃爍不定，就和他兒子的眼睛般，水汪汪的流轉。「你怎能這樣詆毀在你之前的無數人？你豈能說這些人都不好？你自己如何能做這種斷言？」

我多少碰觸到問題核心了。

他父親說：「我們只能盡力而為，做到最好。」

薩林姆的兒子穆罕默德再度進來。薩林姆說他兒子已經開始上學了。

薩林姆的父親說：「他正在學習《可蘭經》。」

他們要穆罕默德背誦《可蘭經》第一章。小孩很高興有人叫他背，但卻黏著祖父不放，盡往他身上靠，需要人家連哄帶騙才肯用他童稚的聲音開始背誦。薩林姆一臉得意，老祖父漂亮的眼中也滿是驕傲。

薩林姆說：「他將把整本《可蘭經》背下來。」

「整本《可蘭經》。」老先生說，又和兒子相互唱和起來。

我問：「這要花多久時間？」

薩林姆說：「要五、六年。」

我無法繼續待下去了，呼吸變得十分困難。在樓下，瘦小黝黑、衣衫襤褸的僕人站在金黃色穀子撒了一地的穀袋後面。外面木爾坦大馬路上盡是煙霧和砂石。這次由薩林姆的司機載我回飯店，薩林姆並未隨行。

☆

星期五，可憐的布托安息日，我再度到曼蘇拉一趟。這次我是白天去的，發現在大院的入口處有類似停車場障礙物的東西，一塊小小的草地上聚滿了一些數量比我想像中多的蓄鬍男人，身穿週五的衣服，個個無所事事。這個地方的塵埃更多。外面的大馬路殘破不堪，又沒有鋪設，籠罩著團團如雲一般的塵埃和褐色的汽車廢氣。

白天，薩林姆家的房子看起來更普通，不過就是一棟粗糙的村落建築，一邊有個小棚子或是車庫，另一邊則是一塊增闢的小空地。許多瘦小而貧窮的僕人隨時待命，和將自己展現在入口處那些穿著星期五衣服的蓄鬍男人判若雲泥；他們在裡裡外外恭候著，很難想像晚上都睡在哪裡。

眼前來了個長相十分英俊的男人，波浪型的頭髮梳理得很整齊，態度也十分友善和開朗，我以為他可能是薩林姆家的親戚，但他其實只是家中的僕人之一，非常親切，因為他六天前見過我。他告訴我薩林姆和他的妻子仍在祈禱，便領著我登上狹窄的水泥階梯直上書房，一袋袋從「田裡」收割回來的稻穀，包括破裂的那袋，仍然擺在餐廳。

因為某些原因，窗口掛著一條被單，也可能只是一塊布。空氣清淨機不停的運轉著。我拜託這個友善的僕人把空調打開，他照做了。

進來的薩林姆穿著一件白色棉質寬鬆上衣，一副休閒裝扮。我們聊起他父親綁架案的細節。薩林姆一直念念不忘，那件事對他一生有著重大影響。孩堤時代的六年時光，薩林姆只去過木爾坦監獄一、兩次探望父親。父親出獄後，全家人在薩戈達住了十二年，後來父親遷居曼蘇拉。薩林姆搬進社區時，年方二十二，距離他成年只不過三年，他一切都靠自己。

他的宗教感是在社區外面養成的。談到社區時，他說：「他們不會逼你。我們有小耳朵。」接收衛星訊號的盤狀天線是伊斯蘭教大會黨不喜歡的東西。「有時候，我們的女人也會『碰面』。」他的意思是，他們的女人也會和陌生人見面；這是嚴格的伊斯蘭教禁止的。

他的妻子塔希拉來了。前一天就曾和薩林姆一起到飯店來看我的她亮麗動人，現在則有點失色，可能和她沒有化妝有關；伊斯蘭教大會黨不喜歡人家化妝。其實她沒化妝也很漂亮，下半身頗具分量，這是她這種階級的婦女在生兒育女後常見的現象。她們每次生產完後，都要臥躺休養許多天，並且要吃許多營養奇高的食物。

她說她剛到這裡時也很憂慮，期待有棟更好的房子。前三、四年總有點不開心，無法全然的滿足；但如今一切都十分圓滿，儘管她還是很希望可以有另一個房間給孩子們住。她希望有間和薩戈達的家一樣的房子，有合適的客廳、合適的餐廳和一間合適的客房。

她說：「在這裡，我們有許多僕人，十四、五個。嘉賓雲集，頗為忙亂。」

薩林姆說：「她真正想要的是一個核心小家庭。」

她說：「現在好了，我已經習慣，不再奢求什麼了。」

空調設備忽然轟地一聲嘎嘎響，然後就一動也不動了，原來是停電。彷彿整個曼蘇拉都安靜下來，就像是下雪後的山谷那般沉寂無聲。掛著布的窗戶左邊，有一扇我原來不知道其存在的門被推了開來，因此看得見門正對著平坦的屋頂。這裡的夏天可能相當炎熱難耐。

進來的是薩林姆的妹妹，這可是件大事。穿著卡其黃寬鬆套裝的她，個頭高大，頭臉整個都用一塊寬鬆、淺色的輕薄棉布包裹著，上頭有散射狀的裝飾小圖案，讓人想到那部可愛的老電影《隱形人》（*The Invisible Man*）裡面，包裹著繃帶的克勞德・雷恩斯[2]。而或許她就如同克勞德・雷恩斯一樣，將自己包裹起來，隱藏於無形。

薩林姆說，她剛在「閨房」。（但那不算是標準「深閨制」。標準的深閨制應該會和薩林姆的書房完全隔絕。）薩林姆說跟曼蘇拉及宗教有關的一切，我都可以問她；這就是他們的方式。他自己待在這裡的前五年都不曾祈禱。如今他開始祈禱了，但並沒有人強迫他這麼做。

這個妹妹芳齡二十七，所以是在她父親出獄後那年出生的。為什麼她會住進閨房，她自己也說不出個所以然，只是覺得自己應該如此。如今她平靜多了。她沒有多說什麼；或許是沒什麼可說的。或許沒有什麼神祕可言，才沒有什麼好說明的；或許像曼蘇拉這種依憑祈禱和虔誠的外貌、形式的重複，以及光是透過身在這裡，人們就會產生自覺的地方（這方面，曼蘇拉就像是牛津：對這裡的人而言，這是個永無止盡的主題）；或許像曼蘇拉這種會讓薩林姆的太太塔希拉覺得悶的地方，同時能夠給單純的人一種始終如一的個人劇院的可能性。薩林姆那個要進閨房的妹妹的戲碼內容，輕易就想像得出來。「你聽說了嗎？薩林姆的妹妹要進閨房了。」「她正走進閨房。」「她已經進入閨房了。」「人人都問我這些問題，我只是認為有天我該行深閨制。現在我覺得平靜多了。」

薩林姆的大兒子穆罕默德，就是那個即將背誦整本《可蘭經》的小孩，和他弟弟艾哈邁德一起進來。

2 譯註：全名William Claude Rains，一八八九～一九六七年。美國演員及傑出的舞台劇演員，在銀幕上以獨特的嗓音和經常演出反派人物而出名。

原來薩林姆家來了訪客，是一對年輕夫婦。女的非常健美結實，男的非常高大強壯，儘管很年輕，但看起來似乎頗有來頭。年輕的女人說，她來自一個政治世家。我從報紙上看過這家庭的名號；擁有封建背景的薩林姆，人脈果然很廣。

女人說她過去沒來過曼蘇拉，實際上根本也不想來，因為她認為自己不會喜歡這裡。她不可能喜歡可能會剝奪她自由的東西。然而，雖然她來自一個有頭有臉的家庭，但一旦結了婚，她還是放棄了學業。

她丈夫，就是那個身強體健的年輕人說：「這有違社會習俗。」對他而言，這聽來似乎還是略顯嚴厲了些，所以他補充道：「在另一種社會，情況就可能不同。」好像這件事只攸關他妻子的福祉似的。

我們聊起巴基斯坦這永恆的話題。

這位女子的先生用直率的方式說，現代政治像過往一樣讓位給「個別的封地」，並繼續直言這樣有利於企業。他毫無遺憾的說著政治的輪替，而我可以想像依他的部落背景，現在的政體只不過是個沒有回報的負擔，消耗精力，是一系列的圈套。

有關自由的所有想法，還有自由、宗教和國家淪喪的想法，全都環環相扣。伊克巴勒建立純穆斯林政體的皈依者美夢所導向的，已不斷後退到這男人家國的滅亡，並再追溯到曼蘇拉這裡。

在耽擱了一些時間之後，僕人終於又爬上難走的樓梯送了茶來。電力恢復，我們很快的就把要說的話都說完了。曼蘇拉這話題已聊盡。薩林姆的妹妹早就趁人們不注意之際，用她自己獨特的「深閨風」下樓去了。

第六章　失落

對次大陸的大多數穆斯林而言，一九四七年次大陸分裂就如同一場大勝利，好比一九七九年拉合爾有個男子告訴我的：「像真主一般。」現在港口大城喀拉蚩天天都有殺人事件見報。分裂之後，許多來自印度的穆斯林移民、城裡人和中下階層人民全都過來了。將近半個世紀之後，這些人的後裔依然覺得自己是異鄉人，沒有代表權，受盡欺騙，更沒有權力，於是揭竿而起反抗國家，展開殘酷的游擊戰。

根據伊克巴勒皈依者的計畫，伊斯蘭教應該讓每個人都有足夠的認同感。可是儘管一半空無一物，一半又是沙漠，喀拉蚩所在地的信德省人卻依然不喜歡看到他們的土地被教育程度較高、野心也較大的陌生人所統治。信德省這片土地很古老，始終有點特立獨行，這裡的人們有自己的歷史、語言和封建崇拜。他們明裡暗裡設置各種政治障礙，對付來自印度的異鄉人，即莫哈吉爾人[1]。在巴基斯坦，莫哈吉爾人根本就沒有其他地方可去。

分裂，一度是歡樂的泉源，後來對某些莫哈吉爾人而言，居然成為一道傷口。而且對某些人而言，那段日子的記憶猶存。

1 譯註：mohajir，生活在巴基斯坦的印度穆斯林移民，因人口不少，有時還被視為巴基斯坦第五個民族。

☆

沙萊曼是個記者，生於一九五二年。他飽受一九四七年四天之內，於現在印度旁遮普的賈蘭達爾所發生的幾樁案件折磨，並且一直在尋求平復的方法。一九四七年八月十四日到十八日這四天之內的某個時段，正是印度和巴基斯坦獨立之始，他祖母和其他數名家人忽然在賈蘭達爾家中遭人謀殺。十四日當天祖母還活著，接受幾名印度教鄰居保護。十八日當天，沙萊曼那位一直躲在別處的外公到他祖母家來，那是一棟中產階級的印度式庭院房屋，卻發現屋裡空無一人，只見牆壁上血漬斑斑，就是找不到任何屍體。

沙萊曼的外祖父逃之夭夭。他當時年約五十，想辦法搭上了一列火車，逃往已成為巴基斯坦的地方。路程很短，沿著四天前還十分開放繁忙的路線，火車在路上還受到攻擊，他可是躲在幾具屍體下面才逃到了拉合爾，是少數幾個倖存者之一。

沙萊曼十五歲時聽說了這些故事，在此之前，他一直認為印度人和錫克族人是萬惡之徒。等到聽說了這些故事之後，反而沒氣可生了，因為故事已經可怕到不只讓人感覺憤怒，甚至連是誰犯下罪行也已經無關宏旨。

牆上的血漬到底是怎麼回事，他無從知曉（因為沙萊曼從未去過賈蘭達爾或印度），只能憑想像，還有屍體不翼而飛：其中的細節，或者細節的缺乏，打從他出生之前就在沙萊曼身上運作，影響所及，甚至成為他日後在巴基斯坦生活的背景。每當想起這個案子時，他就能花上幾分鐘去尋思：屋內的人到底是如何遭到毒手的？是否被分屍了？有沒有（光是用想的都覺得驚悚）遭到凌辱？

還有其他一些從一個叔叔那兒聽來的關於當時的故事：這個叔叔，毫無疑問的還有其他一些人都躲在汽油桶後面，嘲弄那些不想見到印度分裂的印度人和錫克族人：

印度終將分崩離析，
巴基斯坦終將立國。

一九六〇年代，這些故事，這些有關死亡和暴動的故事，開始讓沙萊曼感到痛苦。「我會想到，我們為這個國家失去了那麼多，結果現在還在為這個國家繼續犧牲。」

☆

但是新國家也過了很長一段昇平歲月。這家人在賈蘭達爾失去了一切，但沙萊曼的父親是位土木工程師，為政府工作（賈蘭達爾暴動之際，他正好在俾路支），所以每個月還是有固定收入。一九五二年沙萊曼出生那一年，父親辭去了政府差事，自己創業。有十年以上的時間，事業蓬勃發展。他以宗教方式持家，尊崇一切禮儀，家人都得背誦《可蘭經》。許多祈禱文沙萊曼從小就謹記在心，宗教是他無憂無慮童年的一部分。

一九六五年他十三歲的時候，沙萊曼認識了伊斯蘭教的另一面。當時巴基斯坦和印度打了一場短暫而沒有結果的戰爭。「有許多歌曲鼓舞聖戰士上戰場，承諾死後的天堂樂園。一批批來自拉合爾的人潮，只以木棍武裝就準備出發去打聖戰，對抗不信伊斯蘭教的印度人。結果這些人全給送了回來。一名穆拉煽動他們向前衝。有趣的是，這名穆拉並不是親自帶領信徒向前衝，反而是安安穩穩地坐鎮在他的清真寺裡。」

沙萊曼就是透過這個方式認識了「jihad」（聖戰）的觀念。對於這特別的伊斯蘭教思想，沙萊曼是這樣解釋的：「在基督教義中，基督是為所有的基督徒而死，他可以向他們保證大家都會上天堂。根據伊斯蘭教的教義，穆罕默德只能對追隨他的信徒做出有利的仲裁。善行究竟該得到何等福報，只有真主阿拉可以決定。所以就善行而言，再也沒有比奉真主之名從事聖戰更偉大的了。」聖戰可不只是比喻的說法。「《可蘭經》的字句都必須照字面的意思解釋。連將《可蘭經》當作寓言都是一種褻瀆行為。《可蘭經》很強調聖戰。穆罕默德有過這麼一種說法，並不是記載在《可蘭經》中，而是一種傳說：『如果你看到反伊斯蘭教的行動，就用武力制止。如果你沒有力量制止，可以出言制止。如果你連出言制止的能力都沒有，還是可以在心裡口誅筆伐一番。』這是我記憶所及的瞭解。我認為這個傳說等於准許穆斯林訴諸暴力行動。」

一九六五年，他第一次看到人們用公開的暴民表現方式去彰顯這個想法。雖然當時他看到人們在做「傻事」，但他瞭解他們一方面需要以穆罕默德的追隨者身分來贏得一些功績，一方面也怕下地獄。

「不斷地用難以想像的烈火鞭打，還得吞下膿汁。這些傳說中的描述非常生動。《可蘭經》卻只提到火，以及無窮無盡的懲罰。」

一九六八年，十六歲的沙萊曼在拉合爾政府科學院念一年級時，發現自己其實也只是暴民之一。不曉得是《時代雜誌》或《新聞周刊》刊登了一篇《戰士先知》（*The Warrior Prophet*）這本書的書評，而刊登了這篇評論的雜誌不知怎地有兩、三本流入這所學院，大家紛紛傳閱，但事實上並沒有任何一個人真正看過這本書，學校的學生就決定要遊行抗議。當時正值下課時間，大家都坐在外面。並沒有一個人特別站出來帶頭。這些男生就和沙萊曼一樣，在宗教上訓練有素，只是想要公開抗議，結果就成了一群暴民。沙萊曼和他們一起走，儘管他清清楚楚記得，從頭到尾他並沒有在那篇評論中發現有關伊斯蘭教和先知的任何可憎字眼。當天天氣很好，時值冬天，是拉合爾最好的季節。他們喊著反美口號，並砸毀了兩輛小巴士。

☆

一九六五年鼓動信徒，要他們持木棍向前衝、喊殺喊打的那位穆拉，安穩地坐鎮在他的清真寺裡。戰爭並不是他的工作。他的工作是煽動群眾向前衝，並且盡他所能，熱情而生動地向他們描述加入聖戰可能獲得的獎勵，以及下地獄的可怕。

他就活像那位我從某人口中聽到的穆拉，和其他穆拉一起在一九七七年被徵召去對抗布托先生。這位穆拉既矮又胖，根本稱不上不優雅，大家也知道他不太可靠，但這一切都不重要；他擅長佈道，聲音鏗鏘有力。當時實施宵禁，但因為星期五要祈禱，所以星期五就不在此列。到那位穆拉的清真寺的信徒發現，他們聆聽到的不只是祈禱而已，他們還會聽到那位穆拉用著名的聲音和朗讀的風格說伊斯蘭教歷史、英雄和烈士的故事。他要求聽眾不要辜負古聖先賢，要展開聖戰，不要忽視周遭的邪惡勢力。「對敵人說：『你們用箭試煉我們，我們就用自己的胸膛對抗。』」聽起來充滿詩意，並且權威性十足，卻沒有人看得分明，這些確實的字眼其實沒有任何意義，可是卻讓人聽得狂熱不已。在諸如此類的星期五祈禱會之後，可憐的布托所頒布的宵禁就形同具文。信徒滿懷著宗教的仇恨離去，決心將布托送進地獄，好讓自己在天堂多得些福報。

這位穆拉既不可靠，也看不出他有任何德行高超之處，但這都不重要。他從不以嚮導自居。讓皈依者循規蹈矩，是他身為穆拉的工作。一旦有必要，就鼓動他們往前衝，讓他們一心只想著天堂和地獄，並且告訴他們，一旦時間到時，只有真主能審判他們。這就是這宗教國家的一個層面（在一個全部由皈依者創立的國家，宗教不是個人良知的問題），而這是詩人伊克巴勒始料未及的：這種國家總是會遭到操縱，容易漸漸受損，充滿純粹的壞事。

還有別的事也是伊克巴勒意想不到的：在這個新國家中，歷史的本質會改變，而一旦歷史場景改變，國家的智能生命勢必縮減。穆拉總是袖手旁觀，還限制別人詢問，所有古老土地過往的歷史不再有任何意義。在學校的歷史教科書中，或在學校的「公民」課本中，巴基斯坦的歷史將變成只是伊斯蘭教史的一章而已。入侵的穆斯林，特別是阿拉伯人，將成為巴基斯坦歷史的英雄。當地人在自己的土地上反而無立足之地，甚至如無足輕重之人，被宗教代理人掃到一邊去。

這是對歷史可怕的毀損。這是皈依者的見解；可以說的僅止於此。歷史已成為一種恐懼症。必須忽略或轉向的地方實在太多；有太多的夢幻了。這種幻想不光是在書本裡，還影響到人們的生活。

沙萊曼在談到這種恐懼症時說：「伊斯蘭教並不會顯現在我臉上。所有次大陸的穆斯林幾乎都為自己塑造了阿拉伯祖先。我們多數人都是『Sayed』（薩伊德），就是穆罕默德的後裔的意思，是他女兒法蒂瑪和表弟暨女婿阿里的後代。還有其他人，如家父，創造了一個名叫薩利姆．阿萊的人，至於其他人則塑造了一個人名叫古達明．沙哈[2]的人。每個人都有個來自阿拉伯或中亞的祖先。我被說服深信我的祖先是中級偏下級階層的印度人，雖然皈依了，卻絕對不是主流穆斯林。如果你念過伊本．巴圖塔[3]和早期旅行者的文章，就可以感受到阿拉伯旅行者對皈依者這種降貴紆尊的態度。他們會賜予某人阿拉伯名字，卻依然說：『但他是印度人。』

「創造阿拉伯祖先的工作很快就完成了。所有的家庭都採用。如果你聽著大家聊天的內容，一定會相信這塊廣闊而美好的土地其實只不過是座叢林罷了，根本沒有人住過。在次大陸分裂之際，凡此種種都被放大，大家都覺得自己並不屬於土地，而是屬於宗教。巴基斯坦只有一個種族尊敬他們的土地，那就是信德省人。」

☆

這就是沙萊曼無憂童年時周遭的一切。這些在某些範圍內，也包括了他個人幼時經驗的幻想和錯覺，後來都成為他當了作家之後筆下經常描述的主題。這些幻想和錯覺需要時間去發掘，需要成年人的眼睛來看，需要他稍微置身事外後方能理解。

青少年時，沙萊曼就開始得到多少要置身事外的提示。就在他和學校同學一起參加其實私底下他始終覺得不太對勁的《戰士先知》文評抗議行動，並且在這場小小的午後聖戰行動中協助砸毀了兩輛小巴士的幾個月後，有件讓他心緒十分不安的事情發生了。

時間正逢齋戒月，沙萊曼聽說、也相信如果他在齋戒月最後十天的特定某一天祈禱一整晚，所有的罪孽都可以洗清；他會成為一個全新之人。人們告訴他感覺會輕鬆起來，他對此印象深刻。那一年齋戒月的大日子是二十七日晚上，於是他和哥哥、姊姊以及其他家人都祈禱了一整晚。到了隔

2 譯註：Qutub Shah，此為音譯，Shah在波斯語中有領袖之意。

3 譯註：Ibn Bhutto，一三〇四～一三七七年。摩洛哥的穆斯林學者，也是踏上了一條長達十一萬七千公里的旅途、經過了如今四十四個國家的大旅行家。

天早上，他感覺不到有什麼不同。他原本一直期待迎接渾身輕鬆的美妙覺受，結果卻失望了，但他沒有勇氣告訴家裡任何人實話。

他對這件事的失望和憂心，在這時可能變得特別強烈，因為在生意興隆了大約十五年之後，他父親的土木工程事業開始走下坡。儘管實際業務還可以維持，但沙萊曼的父親開始做出一連串錯誤的人事判斷。沙萊曼仍然在學，但父親的事業依然不順，讓他掛心不已。

父親事業持續走下坡的兩、三年後，又發生了另一起事件，這次是在齋戒月結束時。開齋節[4]是齋戒月結束時的重要活動，開齋節的祈禱總是團體進行。沙萊曼的父親早就搭車到他經常去的清真寺，沙萊曼和哥哥則必須走路去附近的一座清真寺。他忍不住跟哥哥抱怨：「真是浪費時間。」

哥哥說：「特別是在你不相信的時候。」

沙萊曼說：「什麼？你也不相信？」

哥哥說：「我們的姊姊也不相信。你不知道嗎？」

沙萊曼向來十分崇拜哥哥的見識，先前還擔心是自己喪失了信仰，這下子全都拋諸腦後。他不再覺得自己讓那些一九四七年死於賈蘭達爾暴動的人們失望了。

這家人的三個孩子都喪失了原有的宗教信仰。但是就在事業走下坡之際，沙萊曼的父親反而變得更虔誠、更偏執。沙萊曼小的時候，家中慶祝的節日之一就是「Basant」（立春）；如今父親反而認為那是反伊斯蘭教、是源自印度教和異教徒歷史的東西而加以禁止。住在喀拉蚩的女兒回來之後，父女倆大吵了好幾次。她可不像沙萊曼和他哥哥那麼沉默。她心口合一，直言不諱，父女的爭論常常變得白熱化。有一天父親的弟弟也在場，沙萊曼的父親說：「隨她去吧！她是個變節分子，不用跟她爭論。」說完即悻悻然走開。

當時家中氣氛十分緊繃。

沙萊曼的父親希望沙萊曼成為工程師，但沙萊曼的數學很差，二十歲生日之前便入伍從軍，並對槍枝產生興趣。現在他再也沒有宗教信仰，是個不折不扣的巴基斯坦軍人，渴望上戰場跟印度人戰個你死我活，儘管巴基斯坦前一年才剛敗下陣來。

「我心裡想，我們，至少是我自己，必須為我的祖父母和兩個被殺害的姑姑報仇。這個念頭一直揮之不去，但卻是非常冷酷的感覺。就如同一名訓練有素的殺手準備去進行他的第一百次殺戮似的。我既不感覺興奮，也不特別激動，只覺得那是我該做的事。我不談論我的祖父母，卻經常誇口說什麼要回去和印度人作戰。那是對軍中的同袍說的，不是在家裡向家人說。」

兩、三年後這種感覺逐漸消失，他對部隊的愛也逐漸消逝。他找不到人可以聊天，又因為聊書，想要讓人印象深刻，反而招來責罵。三年後，他終於可以離開軍隊。他到喀拉蚩進了跨國公司，這份差事是透過軍中一個朋友找的，他伯父正好是公司的第二把交椅。

所以，沙萊曼就到了喀拉蚩，那是莫哈吉爾人的城市。日子並不好過。剛開始他付錢寄宿在一戶人家家裡，之後便自己賃屋而居，租的是一間有廚房的破舊屋子。慢慢往上爬的他在公司裡有個朋友。有一天兩人在閒聊時，沙萊曼提到了《讀者文摘》，朋友聽了哈哈大笑。沙萊曼說他想要念書，朋友聽了很高興，便開始引導沙萊曼。回首前塵，沙萊曼把這當成自己受教育的起點。

五年後沙萊曼結婚了，然後和父親一樣，他放棄了穩定的工作，自己創業，卻挑到不對的時機這麼做。獨立之後，喀拉蚩一直欣欣向榮，不停的發展，接收了印度和巴基斯坦各地的移民；眼前

4 譯註：Id，即 Eid ul-Fitr 的縮寫，是全球穆斯林慶祝齋戒月結束的節日。

信德省和旁遮普莫哈吉爾人之間的緊張氣氛即將惡化。

一九八七年一月，就在結婚不到四年的時候，沙萊曼和妻子兩人的錢全沒了，積蓄全都被騙光。一個朋友告訴他們，人生到了他們這個階段，就該想想未來，做點投資，於是他們把錢投資到不同的投資公司，滿心以為這是小心的分散風險；但有一天，所有的公司竟然都消失無蹤。朋友說服了他們投資一家由穆拉經營的公司。這些穆拉並不是激進分子，只是想要讓穆斯林變得更好，使迷途者知返，並爭取新的人皈依。那位朋友告訴沙萊曼和他的妻子說：「你們也許沒有信心，但這是唯一真正可靠的公司。」結果沙萊曼和妻子把絕大部分的錢都投資到這家公司。

家裡的悲劇和街頭的悲劇互相呼應。「這段時間，喀拉蚩和信德省的情況每況愈下。一九八七年到一九八九年之間，喀拉蚩開始發生這種可怕的事。一個人若晚上單獨走在路上，很可能有人騎摩托車從後面上來，冷不防地就從背後刺上一刀。這類案件八成有五十或上百件，可以說每個星期都發生。我想不起來有看到任何這種從背後傷人者被捕的消息，對這種案件越來越覺得苦惱。

「一九八七年七月，這樣的事件終於發生了。有一天我必須在凌晨兩點開車送妻子到機場去，回程的路上汽油用光了。出門時我就知道汽油不夠，但我想中途有許多加油站，隨便找一家再加即可。這是個不夜城，想不到每間加油站都因為怕被搶而全部打烊了。我載妻子到了機場，眼前汽油已所剩無幾。在回程的路上，也就是距離我家還有兩公里遠的地方，車子終於熄火了。時間已過凌晨兩點。於是我把車子停好，開始走路回家。

「我從來沒有這麼害怕過，那是真的打從心底的膽寒。我依然清楚記得，當時我不停地注視路邊的牆壁，盤算著一旦被搶，可以比較容易翻越哪一堵牆逃走。然後，我就聽到背後遠遠傳來摩托車噗—噗—噗的聲音，聽得我毛骨悚然。在思緒一團混亂的時刻，我唯一記得的是脫逃的想法，恨不得立即翻牆而去。想不起到底是什麼讓我沒有採取行動。噗—噗—噗的聲音越來越接近，我回頭看，只有一名摩托車騎士。搶匪通常都是兩人一組，所以我知道那人並非搶匪。但我是真的很害怕，索性停住腳步。對方噗—噗而來。他說：『這個時候，你在街上幹嘛？你難道不知道這樣很危險嗎？』我告訴了他原委。他問我要去哪裡，我說了之後，他就說：『上來吧，我載你回家。』他是個說烏爾都語的男子。我笑了起來，問道：『你說這樣很危險，那你自己又在街上幹嘛？』他說：『我要到印度領事館去排隊辦簽證，希望搶得頭香。』時間是凌晨兩點多，很多人都非得趕這麼早不可。他一定有親人在印度。他是去探親，並不是要逃離險境。」

沙萊曼和妻子常拿要離開喀拉蚩並回拉合爾去的想法鬧著玩。這次的經驗卻讓他下定決心。那天早上稍晚，他打電話給妻子說：「我們真的非離開不可。」

「並不是真的因為害怕，不是為自己的性命擔憂，而是因為生活在這種不義且殘暴的社會，真的很痛苦。一切都在分崩離析，好像死在賈蘭達爾的那些可憐人都白死了。為什麼我的姑姑們和祖父母都得平白犧牲生命？那不是悲痛的問題，而是一種不公不義的感覺。」

機車事件發生大約六個月之後，像沙萊曼一樣在喀拉蚩受過苦的人們安排了一場和平集會。遊行隊伍大約有五百人，全是失去希望的人。當時是冬天，喀拉蚩非常舒爽宜人。參加集會的人都面帶微笑，相互點頭打招呼。許多人眼眶泛著淚光。

「現場有股手足之情、歸屬的強烈感，沒有口號，就只像在喀拉蚩和平散步。我如鯁在喉，感覺自己就快哭出來了。人人皆知就這座城市所發生的種種憾事，我們是哀傷的夥伴。大家對這城市一直都有這樣的感情。它向來是座不夜城。無論是旁遮普人或普什圖人，大家都習慣說這是一座慈悲的城市，對比較貧窮的居民特別友善。」

那一年九月的第一個星期，信德省第二大城海德拉巴發生了三百多人遭大屠殺的事件。一些身分不明的分子舉槍濫射，大約十到十五分鐘內就射殺了三百人。這是莫哈吉爾戰爭的一部分。有時是莫哈吉爾殺人，有時是部隊殺人。當天沙萊曼碰到一些朋友，朋友問他：「你的臉色很差，有親人被殺嗎？」他說：「沒有，沒有，沒有親人被殺。」

就在那一天，沙萊曼和妻子決定離開喀拉蚩。他們花了三個月時間才將事情都打理好。對沙萊曼而言，謀生並不容易。這個限制知識需求的國家，沒有多少機會給想當作家的他，也不鼓勵他成長。他會做的事能獲得的酬勞都很低。

他成了漂泊者。現在他在荒野中尋求慰藉。這個國家至少能提供他這點，因為這裡多的是大片的沙漠和崇山峻嶺，一個人置身此地，前無古人的感覺便油然而生。

昔日的痛苦揮之不去：一九四七年獨立後的前四天，從八月十四日到十八日，賈蘭達爾一幢鄉間空屋牆壁上血跡斑斑。

他從來沒有去過印度，如今開始想著或許自己應該去一趟。那不但是他希望展開的旅程，而且希望從八月十一日展開，就從喜馬拉雅山的索蘭車站啟程。一九四七年八月十一日，他的姑姑（也就是一週後遭人殺害的姑姑）從索蘭寫信給她先生，說索蘭的局勢變得很險惡，她先生一定要立刻過去帶她回賈蘭達爾。他去了，帶她搭火車離開。身為倖存者之一的他，後來說火車廂裡有股感覺得到的仇恨和緊繃氣氛，但他們還是順利的在八月十四日回到賈蘭達爾家中。

如果能取得印度簽證的話，這就是沙萊曼希望某年能夠在這幾個特定的日子裡踏上的旅程。「以記錄這件事的開始。」

第七章　來自北方

瑞希姆拉是尤蘇夫塞族的普什圖人，他用尤蘇夫塞族名當作自己的姓。普什圖人源自古老的祖先；尤蘇夫塞人，顧名思義是尤蘇夫塞的後裔。尤蘇夫塞族的某些族譜十分完整，但瑞希姆拉追溯自己的祖先，卻只能追溯到三代之前。他說他祖父會知道得多一些。

回溯只能追溯到人們記憶所及之處，人們無法評估或評定家人記憶之前的歷史。在這裡，時間猶如一條長河，很難在流動中正確標示出某個定點。人們對自己的年齡也並不是那麼確定。瑞希姆拉說他出生於一九五三年，可是他身分證上的出生年卻是一九五四年。至於瑞希姆拉那個有著一副漂亮的好牙和滿頭波浪型黑髮、矮小黝黑、滿面笑容的年輕僕人，就可能只有十八、十九或二十歲；沒人說得準。

照瑞希姆拉這位兒子的說法，他父親一九一八年出生在一個貧窮的農家，而且甫出生不久即父母雙亡；雖然瑞希姆拉沒說，但他們可能是死於流行病，他父親遂成了不折不扣的孤兒。他以幫別人看顧牛群為生。另一方面，到了十三、四歲時，他也上了一點學，念到八年級左右。等年紀到了，他便加入英國駐印度部隊，當了英軍中的印度兵。有雙湛藍眼睛的他，身材高大，超過一百八十公分，十分英俊，二次世界大戰期間到過埃及和利比亞服役。一九五三年，巴基斯坦陸軍參與英國女王伊麗莎白二世的加冕典禮，他正好在軍中恭逢其盛，後來即以中尉身分，從巴基斯坦部隊的運輸單位退役。

這是一段漫長而優渥的生涯，但令人意外的是後來出了差錯。才回到村子不久後的他，就因為孟加拉局勢，很快的又被召了回去。他以預備隊員身分，被派到孟加拉吉大港。這場戰爭打敗了，孟加拉也脫離了巴基斯坦，在孟加拉的巴基斯坦軍隊只得放下武器投降。所以，瑞希姆拉父親軍旅生涯的最後一幕是退役了之後，竟然淪為戰俘。有很長一段時間，家人連他是死是活都不知道。最後，有一天，家人收到一封他從印度蘭普爾戰俘營寄來的信。

大約兩年後，瑞希姆拉的父親回到他的村子，開始從事社會工作。他號召人們成立巴士公司，為村子爭取電力，設立第一家麵粉磨坊，敦促人們修築自己的道路，還帶領大家把村子清理乾淨。每到星期五在清真寺祈禱時，他就會拿著他的披巾為各式各樣的理想募款。有些家人反對。他們說：「你這是在要求施捨，有失身分。」他說：「不會，不會，我是在為真主工作。」不過，這大概真的對他很不利，因為後來他參加地方選舉竟然落選，當選的反而是另外一位家族成員。

瑞希姆拉的父親希望兒子從軍當軍官，因此儘管他能力有限，還是竭盡所能送兒子上理想的學校受教育：小學六年級之後，瑞希姆拉是在白沙瓦的英語軍營中學念書，接著在傑赫勒姆的天主教修道院學校讀兩年，再到英國創辦的寄宿學院讀三年。但最後儘管瑞希姆拉身材高大，甚至成為籃球選手，還是沒有通過體格檢查，因為視力不行。

父子兩人都十分失望。父親說：「沒辦法，這是真主的旨意。」他繼而一想，或許兒子應該當醫生。接下來有兩年多的時間瑞希姆拉改念科學，他先是在當地念，後來又到喀拉蚩帕西人成立的科學院去念。但考試結果公布，瑞希姆拉差了一、兩分而未能上第一志願，這表示他也沒辦法進入醫學院了。

瑞希姆拉的父親就是在這個時候淪為戰俘。他的薪餉只有一部分交給家人，其餘則先為他保留著，事後才領。瑞希姆拉必須放棄自己的生涯規畫，回村子去照顧家人。對他而言，這原本會是一段黑暗期，彷彿整個世界都關閉了。但等到父親歸來之後，世界又慢慢地再度開放，而且是以任何人都始料未及的方式開放。

在喀拉蚩念書時，瑞希姆拉和一位堂兄同住，一切費用都得自付，所以他到報社去當校對，每天晚上六點開始工作，直到凌晨兩點才下班，一個月賺一百八十盧比，相當於九美元，並讓他白天可以上學。這段時期他對報紙產生興趣。現在終於出了社會，加上已經具備專業知識，他找的也是報社工作，成為助理編輯，做些報導。他在拉合爾和喀拉蚩之間來來往往，從這家報社跳槽到另一家報社，慢慢往上爬。

阿富汗戰爭，以及後來漫長的派系鬥爭，提供了他大好機會。身為普什圖人和邊境中人，他對各種議題瞭如指掌，人脈也廣，變得十分搶手，為外國組織做了許多事。他自認是全巴基斯坦收入最好的記者之一。

但是在瑞希姆拉心目中，沒有任何事情可以和當軍官的榮耀相比，他感覺得到自己已經自我救贖了。如今，就在他世居的村子，也就是大約二十年前讓他父親在一場選戰中落敗的村子附近，瑞希姆拉和弟弟為他們大家族蓋了一棟漂亮的大房子。因為村子實在太擁擠，所以房子蓋在離村子有段距離的地方。那是十二年前，瑞希姆拉大約只有三十歲時蓋的，所以即便障礙重重，他發展得還是算很快。

牆壁是用沒有抹灰打底的水泥砌的，還做了裝潢：一系列直立的橢圓形裝飾，邊緣突起，在上方和下方形成荷葉邊圖案。大門氣派宏偉，漆上綠黃兩色，頂部還設釘狀欄杆。柱子表層貼上大理石。釘狀欄杆下方特別用普什圖文刻上「庇護所」的字眼，瑞希姆拉和弟弟的名字則用烏爾都文刻在柱子上。

第二扇金屬門保護著有一幢兩層樓高的磚房和一座水塔的家中內院，外院則是一般的接待區。每週五有需要或請求的村人就會來找瑞希姆拉。瑞希姆拉目前多半住在車程約需兩個鐘頭的白沙瓦，但他也強調每週五都會在家中與大家見面。在從事這種社會和政治工作上，瑞希姆拉可說是有自覺地承襲父親的遺志，並表達對他的敬意。

瑞希姆拉一家在二十世紀可說是行遍萬里，在這裡的房子幾乎就像是旅途的駐點站。世居的村子就在僅三公里外的山中。在那個村子一個沒有水的高處，有棟既小且破落的房屋，瑞希姆拉的父親就在那裡誕生。而在更低窪處及清真寺附近，則有一間更寬敞的房子，是瑞希姆拉父親退役後的住處。在又更加低窪之處，則是上述的鄉間宅邸（那裡曾是印度教的商店兼住家。在這些村子裡多的是這種房子，是一九四七年淨化活動後的遺留物），瑞希姆拉的父親曾在這裡設置牛欄和倉庫，後來還開了六家商店出租出去。

瑞希姆拉的父親到過利比亞、埃及、倫敦和孟加拉等地；瑞希姆拉則在他的村子和拉合爾及喀拉蚩之間活動；瑞希姆拉的弟弟在阿拉伯聯合大公國過得不錯。他們需要外面的世界，靠外面的世界為生；沒有外面的世界，就很可能在此腐朽。但他們希望回到的終究還是這個土地雖小但距離近，因為太過擁擠以致瑞希姆拉和他父親不得不被迫換屋，並且有著諸多阻礙的聖地，以如願擺脫外在的世界，恢復真正的自我，最後落葉歸根，埋骨故土。

在大城市，甚至在普什圖人移民的其他國家，都還保有他們的殯葬禮儀。這裡的墳墓經過裝飾，不像伊斯蘭教所要求的那麼樸素；順服於古老部族感受的女人，還會打破普什圖人嚴格的深閨制度，到墓地去念《可蘭經》，並且放點錢讓窮人去撿，有時甚至會在她們特別敬愛之人的墳墓上放一些彩色的旗幟、照片和鹽。

☆

瑞希姆拉和弟弟是在父親死後約兩年，蓋了這棟嶄新的大房子。所以雖然瑞希姆拉沒說，但父親在臨終之際，還是知道自己的長子做得不錯。新房子座落在一塊兩公頃大的土地邊緣，他們購買這塊土地也是因為它靠近大路和灌溉水圳。這家人總共擁有大約十公頃的土地，但並不是所有的土地都得以灌溉，其中許多是仰賴雨水灌溉的「雨水地」，一年僅一穫。

接見陌生人的庭院位在大門左側，客房則設在很大的泥土庭院末端。迴廊或涼廊有磚柱、磚砌拱門和有圖案的大理石地板。這兒就如同那個在鄉下出生的年輕律師拉納的叔叔，在拉合爾附近的村子接待賓客的庭院翻版，只是要豪華許多；在次大陸這裡，往往可以從一些小地方發現鄉間農家的先祖其實是富豪的概念。在一些較貧窮的地方，迴廊外的主要房間是泥土地，這兒是水磨石子；在一些較貧窮的地方，牆上和壁龕上釘的是大鐵釘，這兒是有玻璃門的高壁櫥；在一些較貧窮的地方，僅有的家具就是兩、三張繩床，這兒有兩張很棒的木頭床、裝飾得十分漂亮的床頭板，此外還有一張很大的餐桌，配上十張椅子，以及幾張配有六張扶手椅的茶几。

拉納的叔叔感覺疏離、時髦和自信。不過拉納的叔叔有田地，靠著村裡頭的人倚賴他，以其特有的方式具備了影響力。所以在瑞希姆拉的男性客人接待屋裡，是有可能感受到這國家尊嚴層面的枝節細微之處，並且體認到他和他父親旅行過多麼廣闊的距離。那解釋了週五早上庭院安靜的進進出出。有些人站在外頭初冬的陽光下，有些人站在迴廊，有些人輕鬆的坐在房間的扶手椅上。一切彷彿有一種公認的親暱感。來訪者和瑞希姆拉直接聊的時間不長，大部分的人也實在無須如此；他們想要什麼，瑞希姆拉大都知道。星期五的訪客需要做的，就只是過來一趟。

瑞希姆拉的父親聊天氣和莊稼收成。季風一向會吹來水氣，但擁有「雨水地」的人如今卻在苦等甘霖，好種下小麥。每當事情不對勁，人們就打赤腳到田裡去求雨。田裡有特別的祈禱方式，以求雨為主，但有時也會祈求避邪。此外還有其他更古老的儀式。

「如果你將一個人的臉塗黑，帶著他挨家挨戶去募集救濟品，並煮些食物佈施給窮人，就可能求得雨水。或許很快就會進行求雨儀式。這裡的人很迷信。」

瑞希姆拉的弟弟和長子端來茶和餅乾，還有一盤奶油和小麥粉製成的甜點。瑞希姆拉的弟弟有張粉紅色的臉，身材高大，肩膀寬闊。他說：「你快樂嗎？」這是他的待客之道，也是他的禮貌。他沒有再多說什麼，客氣地站了一會兒就告退了。

一個蓄著鬍子、個兒矮小、皮膚黝黑的男人走進來，二話不說就坐在一張扶手椅上。他戴著一頂邊界和山區的人經常戴的盤狀扁平毛氈帽。瑞希姆拉說，他是個nai，即理髮師，來是要看家裡有沒有人想理個頭髮或修剪鬍子。這人名叫加伊姆．可汗，每個星期五都會來，有時不是星期五也來；總有些家事他幫得上忙。這解釋了為什麼他一派自在的走進來坐下，其他人卻都露出等待的模樣。他穿著一件淡藍色的過膝上衣，搭配一件生棉馬甲背心。瑞希姆拉和弟弟及兒子穿的是淡桃紅色的衣服，這種顏色顯示乾淨和安息日的寧靜。但對理髮師而言，安息日反而是忙碌的工作天，他穿的藍色比較耐髒及耐磨損。

而且說真的，瑞希姆拉開始跟我說，理髮師不只是幫人理髮而已，還會打其他零工，隨時待命幫忙。每逢婚喪喜慶，他就客串廚師，帶著他的大鍋、桶子和烹飪器具等等到主人家，在庭院中起個爐灶，煮大鍋飯和其他簡單的食物。他也兼當信差，到處幫人送喜帖或訃聞，還會幫人行割禮。加伊姆・可汗另有一項祖傳特技，就是會唱歌和吹笛子，人們有時也會要他表演。他的妻子也擅長唱歌，會和婆婆以及小姑等待有需要的人家召喚，隨傳隨到，提供大戶人家的婦女各式各樣的服務，譬如幫她們傳達訊息、陪伴她們外出等等。

在地球另一端千里達的印度移民社區裡，村子裡的理髮師也做諸如此類的例行工作，只不過並非完全一模一樣，而那可以一路追溯到五十年前我成長的時期。所以，瑞希姆拉侃侃而談的內容，給我一種似曾相識的感覺；我認為在這種重新改組且嚴重破裂的殖民社區，古老的信差、媒介和媒人居然會再度出現，且在其他的世界中，這種階級並不高的人居然會主動表明自己的身分，實在值得注意。

我也認為瑞希姆拉所描述的理髮師，在某些方面還滿像皈依後爪哇村子裡的殯葬工作者：處理大體的工作人員也兼做廚子，都是被伊斯蘭教吸收的印度下層階級的人。儘管這些殯葬工作者有幸領導穆斯林信眾祈禱，彷彿在這種新的化身中，他已經摧毀了較古老的階級思維，然而五百年後，他的其他功能依然會被視同古老印度秩序的一部分。

邊界這裡，瑞希姆拉所描述的理髮師在印度皈依了一千年後，似乎就透過某些這種方式成為印度歷史的一部分。（不過這裡對於種族起源和歷史，也還是有些幻想和一種普遍性的恐懼。）坐在瑞希姆拉的接待區，思考著瑞希姆拉和那個穿藍色過膝長衣的理髮師，一個身材高大、具有學者風範又溫文爾雅，另一個身材矮小、皮膚黝黑、帶著敬意的眼神，我感覺自己可以看到在比較古老的宗教失去根基之際，古老的社會秩序也隨之解放，甚至做了些小小的調整，旨在融入新宗教。彷彿在次大陸，階級思想依然根深柢固。

加伊姆．可汗沒有土地和房子。許多理髮師現在都有錢了，但擁有自己房子的理髮師很少。加伊姆．可汗想要買土地蓋房子，但是他沒有錢，要賺錢就得遠走高飛。他並不介意到馬爾丹和白沙瓦這種附近的城市，不過他透過瑞希姆拉的翻譯說他不想走得太遠。他真正最想居住與工作的地方，就是村子這裡。

我透過瑞希姆拉的翻譯，問他想不想到村子外面自己開家理髮店。他雙眼盯著瑞希姆拉看，熟稔卻不失尊重，彷彿這個問題是瑞希姆拉提出來似的，以至於他看起來開始變得十分渺小。他說，如果他到白沙瓦或喀拉蚩的某家店找份工作，頂多每天賺三十五盧比，還不到兩美元。以那樣的工資，他根本存不了錢。他有一些親朋好友去了喀拉蚩，他自己也一度去過，為一家理髮店的老闆工作，老闆是他同村的有錢親戚。他在老闆家裡幫傭，一個月拿一千兩百盧比，相當於六十美元，根本不夠用，於是他就回來了。

他上學上到八、九歲，念到三年級；有過一個女兒，但已經過世。這就是他的故事。他沒有其他事情可說，之後就坐在扶手椅上保持沉默，無所事事卻心滿意足。

★

瑞希姆拉帶我去參觀他家庭院，這是莫大的禮遇；在這裡，深閨制十分嚴格。但因為有兩名泥水匠在家裡施工，所以屬於深閨的房間早早就做了妥善的安排。這幢一共住了十五個人的房子是磚砌的兩層樓房。我從遠處打量，樓下有四個房間，位於鋪著大理石地板和磚砌拱門的大迴廊後面。左邊有獨立的開放水泥階梯，直通上面裝有電視天線的水塔和二樓。女眷就是住在二樓，鏤空圖案的水泥磚隔開了迴廊。

沒有鋪石子的庭院塵土飛揚，種著許多果樹，顯然是隨意種的，所以也不成個果園。果樹間有許多床、桌子、鼓、籃子和棄置的家具。養雞的地方有間迷你小屋。庭院角落有口井，附有水泥蓋和電力馬達。廚房設在另一個角落，平坦的屋頂上擺著一些劈好待用的柴火。

與這裡分開、另一個自成天地、收拾得很乾淨的地方，是印度北方傳統的泥牆料理處，叫作「chulha」[1]：這又是另一個百年前印度移民帶到千里達的產物，我從小就十分熟悉。所以對我而言，在瑞希姆拉家的庭院，儘管這裡的「灶」有其他名稱，還是有點像找回自己過去的一點記憶。就連床、鼓和籃子的散亂，都和我在外婆家看過的雜亂無章十分神似。

我問瑞希姆拉那兩個在他家施工的泥水匠是不是也要鋪砌庭院。我會這麼問，是因為眼前顯而易見的一片混亂，看起來像是暫時的，彷彿庭院的一切很快就會歸位。但瑞希姆拉說不是；眼前的一切已經夠好了。雖然當時我聽了覺得有點奇怪，稍後卻恍然大悟：屋裡的人想找任何東西，都很清楚位置在哪兒。

這時，瑞希姆拉的小兒子出現在屋外並跑到我面前，用手比出槍的模樣，朝我以英語說道：「你！你！你是英國警察！」這可能是電視看太多的結果，或者我的外套讓他想到了警察，再不然就是瑞希姆拉先前曾跟他提過有客人。

豢養家畜的圈欄就位在主屋後面，牆外是糞肥堆和一些田地。家中兩公頃灌溉農地都採收成分成制，農地種植了各種作物，有甘蔗、玉米、芻秣和蔬菜，任何作物家人都可以分得一半。

包括我、瑞希姆拉與一小群緊跟著我們的人，大夥開始走向大水圳。我們走在蔗田間新砌的水

1 譯註：類似簡單的灶。

圳水泥壁上；甘蔗是這裡經濟價值最高的作物。在幾塊田地之外，可以看到另一戶人家的蔗田和他們泥土磚砌的矮房子。他們告訴我那是某個理髮師的房子，但不是加伊姆．可汗，而是另一個理髮師。

我說：「是有錢人家嗎？」

不，不，他們異口同聲道，彷彿住在磚砌泥屋中這戶人家的貧窮，是眾所皆知的事。

大水圳比我預期的還小，但看起來很乾淨，也有人管理，彷彿突然間出現一股秩序感，圳裡的潺潺流水也看得人耳目一新。圳邊種著一排排小樹。水圳由政府負責照料，甚至連樹都由政府養護。前面土地裡的用水、小樹和維護良好的多樣化田地，延伸至陽光下，一望無際，形成深刻的浪漫美景。在經過安息日擁擠的道路、雜亂無章的商店，以及趕市集的單車和人群之後，眼前的開闊和廣漠實在讓人驚嘆。但灌溉的珍貴田地分散成一小塊一小塊，所以侷促感依然存在。

我問理髮師加伊姆．可汗是不是尤蘇夫塞人，瑞希姆拉說不是；加伊姆．可汗沒有土地，而「有土斯有財」。唯有血統高貴的普什圖人才擁有土地，儘管地價高昂，他們依舊寧可在此間買土地，也不在諸如白沙瓦之類的城市買房子，但其實在白沙瓦買房子才是比較明智的投資。直到最近，理髮師和其他工匠、木匠、鐵匠、金匠、洗衣工人和織布工等等，才獲准買土地。如今他們可以買地蓋房子，但他們當中很少人擁有農地。他們並不是瑞希姆拉所謂的主流人物之一，穆拉的地位還在他們之上，血統高貴的普什圖人地位最高。瑞希姆拉並未大加著墨，但從他的述說中發現穆拉稍微被降級，還是讓人覺得十分有趣。

瑞希姆拉說：「既然理髮師住在普什圖人之間，必須在這個十分嚴苛的父系社會中存活，事實上他也已經把自己視同社會的一部分，努力依照相同的標準和原則生活。或許有工匠會說：『我們是普什圖人。』省外可能還會接受這樣的他們，但有高貴血統的普什圖人並不會這樣就接受他們，也不會把女兒嫁給他們。」

我們這一行人就這樣一邊沿著比較窄的水圳水泥壁走回瑞希姆拉家和外院，一邊聊天。當我們又回到客屋、置身於幾張床和扶手椅之間時，他談起了普什圖人的榮譽感，看來是頗以這種感覺為榮。我們第一次在白沙瓦的飯店見面，他談到的正是這個。他舉了個普什圖女子和家中男僕私奔的故事為例，由於邊境根本沒有他們可以藏身之處，這對男女後來被追捕回來，雙雙被綁在樹上開槍擊斃，警察就站在一旁袖手旁觀。

瑞希姆拉現在試著把普什圖人的榮譽感系統化。語言、家庭領域、好客、避難所、復仇，凡此種種都攸關榮譽。儘管在一些細節部分，此間的一些法規純粹出於地域性，但是在次大陸，還是有一些普遍相關的榮譽感。在千里達的印度社區成長的我，對這種事情一向心知肚明。一九三〇年代印度社區以謀殺著稱，這是原因之一。不過我知道那謀殺並不總是單純的謀殺。當人們打從心底相信政府有害，並且沒有任何法律和機構可以信賴時，榮譽感即油然而生。如果沒有榮譽感，在這個世界上既無聲音、也沒有代表性的人根本就一無所有，所以窮人格外需要榮譽感。

瑞希姆拉說：「昨天才剛有個人被殺。四年前當地有個詩人遭人殺害，昨天終於完成復仇。他兒子僱殺手幹掉了凶手，如今大仇終於得報。他們前後等了四年。其實就算得等上二十年，他們也不嫌晚。」

一個滿臉皺紋、個兒瘦小、皮膚黝黑、戴著白帽子的老人，坐在一張扶手椅上，顯然專心在聆聽我們談話，但我不知道他聽得懂多少。瑞希姆拉說，他是一位表親；這種說法或許只是出於一種禮貌。老人有個兒子在杜拜，希望能夠回到村子來。老人認為瑞希姆拉可能幫得上忙；這就是他上門來的理由。

緊接著走進來的是個個子很小、頂著一頭波浪型頭髮、穿著灰色過膝上衣套裝的黝黑年輕人。

瑞希姆拉跟我說：「你認得這個人嗎？」

年輕人和我握了手，他的手又濕又冷。他的名字叫吉麥．古爾，是瑞希姆拉唯一的僕人，負責看顧牛群，並沒有和我們一起走到水圳，因為他還要到甘蔗田去拿草料餵水牛和母牛群。他住在客屋，在這裡睡覺，也在這裡看電視。電視就擺在一張很大的餐桌上，那是瑞希姆拉在白沙瓦幫他買的。

吉麥．古爾是個孤兒，沒有人知道他是何時出生的，如今可能十八、十九歲或二十歲。因為父親再娶，所以他必須完全靠自己自立。他依附過一些親戚，後來才過來找瑞希姆拉；然後又離開瑞希姆拉，前往喀拉蚩。這裡的人個個都想去喀拉蚩。雖然他們喜歡土地和村子，但這裡養活不了他們。吉麥．古爾並沒有在喀拉蚩待很久，最後還是回來找瑞希姆拉。

客屋中有人用英語說：「他是理髮師。」原來又是一名理髮師。事實上，他是加伊姆．可汗（也就是先前那個穿淡藍色衣服的年輕人）的兄弟。

瑞希姆拉說：「他想當司機。他說：『我可以幫你開車。』但是現在我另有司機。吉麥．古爾目前拿六百盧比，外加住宿、三餐、衣服和電視。吉麥．古爾從很小開始就和我們在一起。如果他繼續和我們在一起，我們還會幫他娶妻，提供他房子。我們有三棟房子，兩棟在這裡，一棟在村子裡。他若要結婚，可以娶一個親戚的女兒，保持親戚關係。他可以結婚，但必須支付娶親的費用、衣服和家用品等等。」

吉麥．古爾曾經在喀拉蚩一家理髮店工作，但那並非好差事，喀拉蚩的局勢又亂，連到處走動或去找工作都危機四伏。他從當地一個名叫藍堤的小地方，跑到另一個叫謝爾沙阿的地方找工作：對他而言，喀拉蚩只不過是這些名字以及一些關於危險的記憶罷了。就連去上班都十分危險，到處都有人被殺。連他認識的一個名叫阿由布的警察也慘遭殺害。

瑞希姆拉那位安息日的理髮師，也就是身穿藍衣服的加伊姆．可汗，從不曉得哪裡的工作地回來了，張著嘴巴往一張扶手椅上坐了下來。或許他根本沒在聽我們說些什麼，但對這些故事一定早就知之甚詳。

吉麥．古爾還在談喀拉蚩，他說當時經常有人罷工。沒有人上理髮店。因為實在沒有生意可做，他只好打道回府。

他打著赤腳，垂在頸後的波浪型黑髮既厚且亮，有著彷彿會迴響的低沉嗓音。他的左手無名指戴著一個戒指。如果你戴戒指，手指就不會生病。這是一個銀戒指，戴在吉麥．古爾黝黑的手指上，十分顯眼。那個戴著白帽子、有個兒子在杜拜的黝黑男人也戴著類似的戒指，保手指平安。

瑞希姆拉說：「我是唯一不戴戒指的人。」

我問吉麥．古爾：「你在這裡快樂嗎？」

在瑞希姆拉幫忙翻譯下，他用那特殊的聲音說：「我很快樂。不過話說回來，我還能上哪兒去呢？」

現場一片笑聲。吉麥．古爾自己也笑了，露出他的大牙。他說自己雖然會理髮，但他其實並不喜歡這行業，反而還比較喜歡去餵牛。

又到了中午祈禱時間。瑞希姆拉起身用沙土色的大披風或稱為披肩將自己包裹起來，向外走進陽光普照的客屋庭院裡，到了庭院末端隨即轉到矮小的九重葛樹叢和一些矮樹後面，最後進入家中的庭院；有朝一日，那些矮樹或許都會長大成蔭，成為屏障。

稍後，兩名在屋裡工作的男人，就是水泥匠和商店的助手一起走進來，坐在有拱門迴廊的一張繩床上，和住在這裡又有電視可看的牧牛人及僕人吉麥．古爾一起吃飯。

☆

吃完有厚厚的全麥煎餅、蔬菜、雞肉、羊肉抓飯、蘋果和葡萄的午飯後，我們走了一小段路到瑞希姆拉世居的舍莫宰村。瑞希姆拉家大門外有個小女孩在地上玩：是我到這裡之後看到的第一個女孩，甚至是第一位女性。深閨制很快就會落到她身上，她的餘生就得在那種時間毫無意義的空虛中度過。

不遠處一個半開放的小屋裡，幾個男人正在製作粗紅糖，我們駐足參觀。甘蔗在一個用閹牛拉的簡便鐵製研磨器中碾榨，甘蔗汁則在一個很淺的盤狀大鐵鍋裡煨著，下面用一個類似隧道的爐子燒著火，燃料是垃圾、木頭和甘蔗渣。外頭陽光燦爛，屋內熱度飆高。有個男人使用長柄勺撈起奶油色的渣滓，倒進柳條編籃子裡，還不時得用耙子去刮黑鍋的上半部。製糖過程大約花費兩個半小時，這些糖既香且脆，新鮮時本身就很可口，絕非精製糖可以比擬。

後來還是瑞希姆拉告訴我，這個地方的人窮歸窮，製糖工人還是從外地來的。有自己維生之道的當地人，不會想做這種又累又熱的工作。

舍莫宰很壯觀。村子三面環山，頭角崢嶸的岩石都是一座山脈的一部分。村子就在山脈腳下：從遠處看，屋頂是平坦的，牆壁是平坦的，岩石、牆壁、陽光和陰影形成某種立體圖案。瑞希姆拉的父親一九一八年出生的房子位於高處。一條狹窄的巷道自陡峭的山勢蜿蜒而下。山底附近接近清真寺的地方，就是瑞希姆拉父親蓋給自己的房子，不遠處則有一個石階圓池，或稱為水塘，引的是從山上流下來的山泉。

有山、有泉、有池的這個地點顯然地靈人傑，甚至給人一種神聖感，就如同蘇門答臘的巴利顏甘，據說米南加保人就是從當地的土地生出來的；也如同詩人李納斯認為十分神聖的爪哇默拉皮山腳下的火山地，土地表面數公尺下，塞滿了印度教和佛教的遺址文物。舍莫宰一直有聚落存在，此地的地表下也有些遺跡，將人們的故事不斷往回溯。

主要的巷道十分擁擠。到處都有孩童，平直長髮，臉龐骯髒，小手小腳沾滿泥土，彷彿已經無法把他們留在村裡的房子似的。從不太遠的地方眺望這座孤絕陡峭的山脈，會給這隔離的場景一種如夢似幻之感。一名理髮師不過才四十五歲左右，就生了十個子女；一個農人也生了八個。所有負擔得起的家庭都搬離了村子。但這個村子仍住滿了瑞希姆拉的親戚。他一直和人們握手；一條狹窄巷內就開了十二、三家商店，每一間都又小又黑又矮，有些地面還很髒，使得巷子猶如加大的家庭大廳。

回程途中，我們路過瑞希姆拉妻子的娘家：巷子尾有口坎井，前頭一堵磚牆，透過半開的大門可以看到工棚區後面有牛欄。這家人原先比瑞希姆拉家富裕，擁有的土地比較多，也搬離古老的村子；但他們的教育程度比較低，因此瑞希姆拉和弟弟得以買走他們的一些土地。

婚禮由瑞希姆拉的父親打點，但新娘子卻是瑞希姆拉自己選的。她是他的遠房親戚，以前就常到他家玩，他也常到她家走動。我們此刻所見一片空白牆面的房子，就是她的娘家。她也住在閨房內，但因為兩家經常互訪，他們都可以看到對方，但還算不上真正碰面，也沒聊過天。他頂多趁她到他家時說聲「歡迎」。直到婚禮第三晚，彼此才算正式碰面。兩人都很害羞，不知該說些什麼的他，只能問聲：「你好嗎？快樂嗎？到新家有什麼感覺？」她並沒有回答。如今她住在附近由瑞希姆拉和弟弟蓋的新屋裡，這輩子算是完全定下來了。

★

一個頭戴白帽、十分體面的人在客房等著我們，他是瑞希姆拉的另一名表親，名叫穆塔巴・汗，這輩子的職場生涯都在境外，現在回來永久定居，回歸他家分成好幾塊、占地八公頃的土地。一九三〇年他出生於舍莫宰，十六歲時離開村子到喀拉蚩去。如今他有點像個妝扮妥當、準備粉墨登場演出最後一齣戲的演員，蓄著一大把黃、黑、灰各自分明的鬍子。他談到在境外的生活時，將之濃縮成幾句話，彷彿那只不過是一段插曲似的。

照他所說，那段生活只簡略成一些諸如喀拉蚩、杜拜等地名；簡略成兩個雇主，喀拉蚩的是個做五穀雜糧生意的印度人，杜拜的是個擁有一座果園的阿拉伯人；簡略成雇主支付的薪水。沒有其他細節、沒有照片，無以顯示日子和生命的流逝。時間是遭人忽視的長河。對他的同鄉而言，穆塔巴・汗就是個見過整個世面、如今又安然歸來的人，是他們想要達成的目標，現在坐在客屋床上的一小群人都豎起耳朵聽他說話。泥水匠和一起來的男人就坐在那兒，全身都是工作後的汙泥。他們已做完當天在瑞希姆拉家的工作，但基於禮貌和交情，通常都會多待一會兒才回家。

穆塔巴・汗談到喀拉蚩，透過瑞希姆拉的翻譯，他說：「我依然想念在喀拉蚩的日子。那時在喀拉蚩，你甚至可以睡在人行道上都安然無事。我不認為如今的喀拉蚩能夠回到那種太平歲月。」這就是他眼中的喀拉蚩。

他很擔心那裡的普什圖人。瑞希姆拉告訴過我，喀拉蚩有兩百萬名普什圖人，比白沙瓦或喀布爾的普什圖人還要多。

穆塔巴・汗說：「他們人數太多了，寧死也不肯回來。」

我問他：「那麼，這裡的人是不是也太多了呢？」

「現在學校的學童太多了，多到沒地方坐。但我們的信念是，孩子為真主恩賜，不能阻止孩子出生。真主阿拉自會供養孩子。每當孩子孕育成胎，真主阿拉就已決定讓這孩子誕生了。」

第八章　阿里的腳印

如今，白沙瓦四周的鄉間地區，每天早上都會有一些披著披風的人站在矮磚屋前，這些磚房平坦的屋頂上皆見煙火，炊煙與薄霧齊飛。寒冷的平地上，有一塊塊種植熱帶甘蔗的蔗田，一旁是栽種溫帶水果的小果園。某些田地邊緣會種著一、兩排細長的混種白楊木，稀疏成蔭。這也算是一種作物，種植四年後就可以收成，白楊木可以做火柴。這項作物還算新，並有個歷史小典故：孟加拉一直供應火柴給巴基斯坦，直到一九七一年脫離巴基斯坦獨立為止。

我搭乘飯店提供的汽車前往拉瓦爾品第。混濁的喀布爾河在阿塔克與藍色的印度河交會，匯集成約一點六公里寬的大河。這是次大陸最壯觀的河景之一，為邊界終點，也是旁遮普的起點，本是適合駐足眺望的地點，橋上卻不准停留或閒逛。我只好繼續趕路，搭汽車前往拉瓦爾品第，再轉搭火車去拉合爾。一路上地勢越來越平坦，但放眼望去總是人擠人，瑞希姆拉描述給我聽的普什圖人影像已漸行漸遠。榮譽和家庭領域、聖殿和復仇、婦女的隱居和宗教儀式的嚴謹，全都需要他們自己的背景和封閉的世界。但普什圖人必須遷移；他們也需要外在世界；他們的榮譽感可能扭曲。接受教育或擁有高技術的普什圖人很少，給予他們保護的部族法規也可能讓他們成為掠奪者。這是他們在外在世界的名聲之一，也是身為軍人的另一種名聲。

白沙瓦的飯店大廳，有則通告漆在一塊木板上：「本飯店規定：武器不得帶進飯店。私人警衛或槍手必須將武器交由飯店安全人員保管，敬請合作。飯店管理處敬啟。」當我回到拉合爾時，聽到邊境發生綁架事件的新聞。

我認得一位名叫艾哈麥．拉希德的記者，他還跟一個人合夥，共同擁有旁遮普偏遠地區的一座煤礦。根據他傳出的新聞說，礦場有三輛吉普車被人偷了，另外還有六名礦工被綁架。偷車和綁架屬階段性發展事件。最先是一輛吉普車和車裡的兩個人在大城市薩戈達被劫持，十天之後，劫匪提出贖金要求，他們要兩拉克[1]，即二十萬盧比，相當於五千美元。艾哈麥派了兩個人搭乘吉普車前往與綁匪談判，不過並沒有讓這兩個人帶上一毛錢。此舉惹怒了綁匪，於是將那兩人連同吉普車一起扣了下來。艾哈麥知道綁匪的意思，便再派兩名職員帶著贖金、開第三輛吉普車去談判。但是綁匪顯然怒氣未消，又扣下這兩名職員以及贖金，並提出新的要求二十拉克，也就是五萬美元的贖金。

當過記者的艾哈麥，對這整件發生在他自家門前的美好小事感到十分興奮，並且以他半生疏的新聞嗅覺，礦區的人兩兩一組到邊境某處的綁匪窩裡去談判，這件事的後續發展想必很好玩。他和軍方以及情報單位聯繫，只有這些人才能提供他協助。如今他思量著談判可能曠日費時，得拖上幾個月，對於遭到綁架的人質而言，整個事件根本就不好笑了。讓談判進行下去很重要，這樣才能避免人質被運送過邊境；如果真的演變成那樣，一切就都完了，從此吉普車和人質很快就會被遺忘。

只要沒有可供相信的法律和機構，人民就只能倚靠法典和榮譽感來自我保護；但也能反向操作，只要法典夠強盛，就可能沒有法治可言。在邊境，就如薩林姆．藍恰的普什圖族客人在曼蘇拉所說的，這個現代國家正在萎縮；它是多餘的。人民又開始容忍部族和封地的想法，因為那有利於做生意。

☆

往南約四百八十公里處，就是旁遮普和信德省的交界處，在一片沙漠之中，從前有個叫作「巴哈瓦爾布爾」的古侯國。在英國統治時期，這種半自治的侯國有五百多個，其中七十個因地位重要，統治者夠格稱為「殿下」，巴哈瓦爾布爾侯國正是其中之一。

十八世紀中葉當伊斯蘭勢力在次大陸崩解之際，又出現了一個這種機會主義者的國度，或者稱為侯國。這個侯國西部和北部以印度河及其支流薩特萊傑河為界，綿延四百八十公里長，一邊靠大河（其中薩特萊傑河河道蜿蜒、破壞力強），一邊靠沙漠，抵擋了北方的錫克族人和南方的印度馬拉塔人。一八三八年，英國將巴哈瓦爾布爾侯國收為保護國，巴哈瓦爾布爾侯國的「君侯」[2]因而見識了大英帝國的防護。他們一直統治到一九五四年被巴基斯坦併吞為止。

君侯原來希望英國人一九四七年離開次大陸之後，他的侯國可以獨立。這根本就是瘋狂的想法。巴哈瓦爾布爾侯國在一九四一年的人口還不到一百五十萬人，大部分人還是農奴。但是在英國保護下安安穩穩的過了一百年之後，君侯竟開始癡心妄想要爭取主權；而等到他亡國之後，想以一介公民身分住在國內也變得不可能。幾乎可以肯定的是，在他的國家概念裡沒有所謂的自由公民，唯有統治者和被統治者而已。他攜帶許多財富，棄巴哈瓦爾布爾侯國而去，到英國定居，在薩里買

1 譯註：lakh，印度、巴基斯坦等國獨特的貨幣計量單位。

2 譯註：Nawab，音譯為納瓦布，是印度蒙兀兒帝國時代，皇帝賜予南亞土邦半自治穆斯林世襲統治者的稱號。本書統一以意譯，翻譯為君侯。

了一幢宅邸，一直住到一九六六年撒手人寰為止。

在巴哈瓦爾布爾侯國，他留下許多有的認了、有的沒認的孩子，還有三座宮殿，一座閒散無序的後宮，幾間學校和學院，以及雄心壯志的「薩特萊傑河谷計畫」。此一計畫由英國工程師執行，跟英國在印度的政府貸款，引水灌溉沙漠，開闢了一大片農地，且幾乎是無償分配給願意耕作的百姓。但當地人已經衰弱到沒有什麼興趣和土地一搏；只有來自旁遮普的屯墾者還神采奕奕。這項計畫的成功讓國家歲收增加三倍，也讓君侯變得非常富有。毫無疑問的，鼓勵他想要獨立的因素之一，便是這筆財富。

歷經各式各樣的地理和歷史事件，巴哈瓦爾布爾侯國王朝最後持續了兩個世紀之久。這個朝代稱不上盛大，而且除了薩特萊傑河谷計畫之外，全無創意可言；但後來陸陸續續添上一些浪漫故事。有人說，它是自阿拉伯帝國阿拔斯王朝的後裔，曾經輝煌統治過巴格達，一直到十三世紀蒙古人入侵為止。阿拔斯王朝的某支後裔逃到了當時是阿拔斯王朝一部分的信德省，而根據故事所說，他們空等了五百年之久，最後才取得一大片沙漠，成立了巴哈瓦爾布爾侯國。

最近才更新的《伊斯蘭百科全書》（*Encyclopaedia of Islam*）不承認上述故事：它的說法是，巴哈瓦爾布爾侯國的阿巴斯人並不是阿拔斯王朝的阿巴斯人。就某種意義而言，這故事是真是假，其實無關緊要；重要的是地方的信仰，以及它賦予地方歷史的角度。古印度信德王國是次大陸第一個落入穆斯林手中的，這個王國在第八世紀時曾被阿拉伯人征服。這場主要是為了掠奪的征服行動經過精心設計，手法井然。第一次長征是在西元六三四年，時間正好是先知穆罕默德去世兩年之後，波斯被征服的三年前。後來陸陸續續對信德省出兵八次，直到西元七一〇年才終於征服了信德省。最後的這次攻擊是由繼承人本人從敘利亞發動的。頌揚這場征服的十三世紀文本《古信德史》

（*Chachnama*），雖然部分富於幻想又詩情畫意，但還是如凱薩[3]的《高盧戰爭》（*Gallic War*）一樣，是一部恐怖的血腥、掠劫和奴役的紀錄。可是信德省的征服可以從多個面向去看，而巴哈瓦爾布爾侯國抬出阿拔斯王朝，也是對阿拉伯和穆斯林力量在次大陸誕生的一種連結，就像是皈依者最初的恐懼症。

不論阿拔斯王朝故事的真實性為何，也不論二十世紀在世界其他地方發生了什麼事，巴哈瓦爾布爾侯國的最後一任「君侯」對於他自己所宣稱的祖先倒是十分入迷。在巴哈瓦爾布爾侯國和巴基斯坦以及次大陸，他是阿拔斯王朝的阿拉伯人，也是一名征服者，從國家斂財，但自己對這國家卻毫無向心力可言。他戴土耳其氈帽來彰顯這點，也要求朝臣戴土耳其氈帽以保官位（除非你已經習慣，否則要將這種花瓶狀的帽子戴在頭上可真不容易）。有一天君侯驅車出遊，遠遠看到一名臣子在路邊，但沒有戴土耳其氈帽。臣子看到君侯拔腿就跑，君侯則開著車在後面緊追。那可憐的臣子一時顧不得自己的尊嚴，只擔心君侯和他有名的手杖，很快就逃離大路，躲進一塊野草葉子利如刀鋒的甘蔗田裡。

阿拉伯信仰、阿拉伯語言、阿拉伯姓名和土耳其氈帽，在征服信德省一千兩百年之後，或許一直沒有諸如伊斯蘭教和阿拉伯等帝國主義，但這種獨特、帝國、種族和宗教權威已然確立。高盧人在被羅馬人統治了五百年後，還可以找回他們昔日的神祇和崇拜；那些信仰並未死亡，只是隱藏在羅馬的表面之下。但伊斯蘭教卻把抹滅過去當作教條之一，信徒最後只敬重阿拉伯人，他們已無所回歸。

3 譯註：全名Gaius Julius Caesar，西元前一〇〇～西元前四十四年，羅馬共和國末期的軍事統帥、政治家。

君侯自認為是阿拉伯人和征服者，內心的另一面卻瞭解什麼才是真正的權威。一如他讓朝臣對自己卑躬屈膝，他也願意在英國至高權勢前卑躬屈膝。一般而言，本來就會有位「英國公民」在監督事務。此外，君侯也讓英國人位居要津。

君侯自己皮膚黝黑（他在學校裡的綽號叫「褐仔」，至少據我所知是如此），整天想的卻是白種女人。有時十分強調自己所宣稱的祖先的他，情緒一上來，卻又想要抹殺自己的種族。他對於生下白皮膚子女或混種子女有種狂熱的盼望。妻妾中有三個是英國人，還有一個是英國人和印度人的混血。他這個行為立下了某種風潮，所以很多人都出國去娶個白種女人回來。當地人稱君侯最後一個英國妻子為「無夫人」，因為英國官員和巴哈瓦爾布爾侯國的仕紳們都認為她平淡無奇。

他將他承認的所有兒子都送到艾奇遜學院。那是英國人創立、供拉合爾的王公貴族之子上的學院，君侯小時候就是在這裡被人叫作「褐仔」。眾所皆知，對他而言，他那些混血子女很特別又迷人。有個故事說他曾下放他和兩個當地姬妾所生的兒子到沙漠去守陵寢。這種事他是真有可能做得出來，因為在侯國裡，他擁有絕對的權力。但這則故事也不一定是真的。君侯妻妾成群，子女繞膝，彼此之間的忌妒和恨意當然可以延伸出許多故事來。

有一位新聞記者來自巴哈瓦爾布爾侯國並認識君侯後宮的一名侍妾，他告訴我：「他在皇宮裡另闢獨立宮殿，供英國妻妾和她們的子女居住。印度妻妾知道英國妻妾的存在，但英國妻妾卻對他的印度妻妾一無所知。當他要臨幸後宮時，就說要去旅行，短則三天，長則一週。隨侍的陣仗十分可觀：衛兵、勞斯萊斯汽車，以及擔任他個人隨扈的駱駝部隊。其實他只要繞到占地廣闊、類似古代堡壘的皇宮後面，即可進入後宮。後宮就在皇宮後方。」

他總共有三百九十多個女人，絕大多數都只侍寢過一次，但從此卻不能和其他男人上床。有一部分女人後來變得十分歇斯底里，有些則變成同性戀。後宮人數總是維持十六到十八個，以備隨時召喚。

「他每次進入後宮，總是一杖在手。女人也總是蜂擁而上，爭相拉他。他就用手杖擋開她們，直到看到想要的那個為止，然後會叫太監去安排。每次他從海外歸來，總是會提著錫製行李箱，惹得所有的女人瘋狂起來。她們吵著要性感內衣、雪紡紗禮服和一些羽毛裝飾，甚至不惜大打出手。他會在卡地亞、蒂芬妮和傑拉德買東西給英國妻妾。每次他到英國，業務員就會主動上門給他看一些珠寶。他也會為自己買些英國鄉村風景畫，並且找一些英國人像畫家來為他作畫。」

有一天有人端來一個銀盤，上面放了一封信要送給那位十分得寵的英國妻妾，信中除了述說一些宮廷的陰謀詭計和蜚短流長外，還告訴她君侯有個印度後宮。後來當那可憐的男人去找那個寵妾時，發現整個後宮竟然都在跟她一起喝茶。

「後來部隊占領侯國宮廷，他們找到一大堆人造陰莖，總數大約有六百個，有的是黏土做的，有的是從英國買來的，必須使用電池作為動力。部隊挖了一個洞，把這些人造陰莖全都埋起來。還有許多色情雜誌。原來他需要看這些雜誌才有辦法用人造陰莖。他很早就陽痿了，性慾得藉此才能得到滿足。某天有個人在不對的時間誤闖後宮，看到君侯正在一個尖叫不已的女人身上使用人造陰莖。」

關閉已達十一年之久的皇宮，如今已呈腐朽狀態。和次大陸其他一些貴族皇產一樣，目前都成為訴訟標的，依法查封，君侯的許多繼承人為此你爭我奪。皇宮外表依然富麗堂皇，內部實則已被白蟻蛀蝕，蛀蝕的碎屑經年累月堆積，不但將前門擠出一條縫隙，還將門卡得緊緊的。聽說車庫內停放著十九輛頂級骨董車，其中五輛是一九三〇年代客製的勞斯萊斯，全都停在磚塊上任其生鏽。

當我離開車道、開始繞到後面去參觀時，警衛對我大吼大叫。我看得出來原因何在。在皇宮後面的樓上，有個房間的窗戶破了，窗簾還被扯掉：偷竊掠奪的現行犯；次大陸的主題曲之一。花園裡雜草叢生：沙漠山楂樹，高大的象草，棗椰樹長在水管和水溝間，如今看來，彷彿是專為有著超現實乾淨及工整車道的頹傾皇宮所設計出來的超現實花園。

沙漠深處有塊由守墓人的家屬看守的荒蕪圍牆，裡面是巴哈瓦爾布爾侯國十四位統治者和他們妻妾的巍峨墳墓。最受寵的妻妾們配享一些如瞭望台般的大理石墳墓，有鑲嵌和突起花樣的蒙兀兒式大理石格子細工。君侯的兩名英國妻妾就葬在這種大理石墳墓中。

一名妻妾的孫子帶領我去參觀墓地。阿茲哈爾．阿巴西說，君侯很鍾愛他的祖母，還讓她幫忙處理一些國事。後來他拿一小張褪色的照片給我看；因為根據深閨的律法，幾乎不可能有他祖母的照片。這張照片可能是她嫁給君侯前請專業攝影師或者是在照相館照的，顯示出一個苗條女子，穿著一襲一九二〇或一九三〇年代長及小腿肚的衣裳，端坐著，雙腿交叉，臉孔朝向一邊；她的面容姣好，泰然自若，是一位英國派駐印度軍官的女兒。她會做這樣的人生選擇也真是奇怪，畢竟，這種生活方式等於是讓自己從此銷聲匿跡，最後還葬在沙漠中的墳墓裡。她可能是因宮廷中的妒意而中毒身亡，也可能是死於一場手術，因為君侯的後宮深閨瀰漫著種種焦慮，手術並不在醫院的手術室執行，而是在皇宮的餐桌上進行。這種事情，當然又是一堆流傳的故事。

被君侯承認的兒子共有十個。帶領我參觀墓地的阿茲哈爾．阿巴西就是第三個兒子的兒子，這個老三自己也有四名妻妾。阿茲哈爾．阿巴西亦為家族的爭產問題所苦。這些一夫多妻的伊斯蘭婚姻，對局外人容或有幾分喜感，但卻對牽扯在內的許多局內人造成不足為外人道的痛苦，而那些痛苦因著有些人急於將自己飽受諸如嫉妒、折磨、漠視等等的苦難傳遞下去，竟然也能像疾病般代代相傳。

經過幾代異族通婚，阿茲哈爾．阿巴西現在實際上已幾乎是個國籍為澳洲的白人，但他依然是穆斯林。我問就種族而言，現在已和先人相去甚遠的他，如何看待自己的背景。

他說他想移民加拿大或澳洲。「我祖父是印度王公，但那已經結束。印度王公，有什麼了不起！」

☆

凡此種種，都以農奴制度為根基。開放的沙漠、後宮、更加奢侈的英國妻妾、購自倫敦的珠寶、薩里的宅邸、在皇宮車庫裡生鏽的勞斯萊斯以及英國鄉村風景畫，全都象徵著如同被白蟻蛀蝕所堆積的碎屑一般，來自窮人中的窮人一分一毫的奉獻。村民屬於地主所有，而他對他們，就如同君侯對他的子民一樣，幾乎擁有絕對的權力。地主可以隨意鞭打他們，可以隨意蹂躪他們的妻女。農奴知道自己不能背對主人，只能面向主人慢慢後退，或斜著從他旁邊退開。代代的奴役深植於這種類似本能的螃蟹舞蹈中，一開始連訪客看了都覺得困窘。

巴哈瓦爾布爾侯國一直都只是英國的保護地；英國從來不曾在此地頒行過他們的法律。它一直受到伊斯蘭律法的管轄，就算歷經英國長達一世紀的統治，古老的殘酷暴行依然隱藏在破敗的鄉間，並只在窮人身上顯現。這裡流傳的故事可能像十八世紀末加勒比海農場上演的那樣，也可能像十九世紀初俄羅斯的情況。甚至在非常注意這種虐待行為的君侯時代，一名官員的妻子也曾把一個十二歲男童鞭打致死。

這是目前正在流傳的故事：

「這女人是俾路支人，並且是個農奴，真的在十歲時就被這個封建地主給買了去。她當了他們父子兩代的情婦，等到他孫子也想要占有她時，她終於忍無可忍地和情人一起逃走，到我們的農場來尋求庇護。我們也是封建地主，她這樣只不過是從一個封建地主家逃到另一個封建地主家而已。對方要求我們還人的壓力很大，而我知道如果將她交回去，對方一定會用最殘酷的方式懲處她。這個封建地主總是強暴女農奴。只要她們稍有不從，他就會羞辱她們，有時還會加以殺害，戕害她們的屍體。羞辱的手法包括將她們像牲畜般綁在獸欄裡，強迫她們獸交以及吞食糞便等等。封建地主年約六十幾歲。

「我知道如果我們將女子交還給這名封建地主，他們鐵定會割掉她的鼻子，剁斷她的腿筋。心知肚明的她央求我們不要送她回去。地主在政壇上擁有很大的勢力，諷刺的是，他還是自由派黨員。在談判過程中，地主那方說女人必須放棄她六歲的兒子。他們說：『對我們來說，這是面子問題。如果你們不把那女人交出來，就把孩子給我們。』

「我必須說服女人將她兒子送回去，她開始大哭，緊緊抓住我的雙腳說：『您的勢力很大，可以將我的兒子要回來。』我告訴她我辦不到。

「她終究放棄了兒子。她還能夠好好的為這小男孩穿衣服，實在令人難以置信。兩個完全陌生的人來帶孩子。她將兒子穿戴妥當後就告訴他，他必須和他們走，並說她隨後就會跟上，叫他不要害怕。只要孩子一哭鬧，女人就說她隨後就來，她一定會來。她將孩子推向那兩個人。陌生人很高大，纏著頭巾，蓄著一把大鬍子。她說：『跟他們一起走，我就在你們後面。你要去見你父親的家人。』男孩很害怕，不斷的回頭看。女人表面上無動於衷，一滴眼淚也沒流。她說：『走吧！我馬上就來。』她不斷的說：『我就來了。』直到孩子的蹤影消失，她才開始放聲大哭。對方不會殺害孩子，他們會讓孩子在農場長大，成為另一個農奴。」

這故事發生在六年前。湊巧就在我抵達巴哈瓦爾布爾前四天，某種報應實現了。那名對女農奴施虐的封建地主遭人槍殺身亡。凶手不是農奴，也不是某個想要報復他一生殘暴行為的人，只是某個教派的民兵，是個宗教團體，想要用木樁為自己打下新領域範圍：另一種新領域正在形成，旁遮普南部和信德省的這個地區可能爆發內戰，是教派民兵、信德省極端分子、莫哈吉爾人，和長久以來封建地主之間的戰爭；是聖戰對聖戰的戰爭。

教派民兵開始進入那名封建地主的地盤。他想把對方嚇走。教派民兵看到這名地主時，即對空鳴槍，一來表示漠視，二來宣示自己的力量。後來他殺害其中一人，以示報復。如今他自己也被對方殺害了。他身中多槍，顯然是俄製的AK-47打得他「千瘡百孔，不成人形」。

這幾個字是那個告訴我這則故事的老婦人說的。因為君侯的宮廷性慾橫流，她自己的一生也毀了大半。她丈夫是老臣之一，和其他一些臣子一樣也養男寵。老婦人臉上刻畫著古老的歇斯底里表情。她有間好房子，可惜住起來毫無溫暖之感。如今談起這名遭射殺的封建地主，是那個男人使得她覺得自己被籠罩在殘暴惡毒的氛圍之中，以致她對於自己使用「千瘡百孔，不成人形」這幾個字，不禁開懷大笑得牙齒都露了出來。

☆

十四世紀的伊斯蘭旅行家伊本．巴圖塔希望走遍全世界的伊斯蘭領土，從一三三五年左右開始，便在穆斯林印度待了七年上下。大約在他剛開始待在印度時，就路過了當時是信德省的這個地方。

身為旅行家，伊本．巴圖塔倚靠的是他走訪各國的君主賞賜。他深諳此道：知道如何進獻禮物給君主，以換取更大的回報。他曾經進獻給信德省地方長官一個白人奴隸、一匹馬、一些葡萄乾和杏仁。統治者尊他為宗教學者。正如一名深諳自己處境的穆拉，只看這些捍衛宗教的統治者，除此之外，什麼都視而不見，包括發生在德里的種種暴行（統治者每天公開接見子民時，總不乏處決和刑求），過程連他自己都不忍目睹；特別是有四名宮廷奴隸奉命始終跟著他，而自認深諳宮廷之道的他，覺得自己恐怕很快便會遭到處死。

他在印度經常談論奴隸和女奴，並曾在某處提到每次旅行都非有他們不可。奴隸可是景色之一。（他在亞丁看到人們將奴隸當作役畜般對待，卻只當成新奇之事來記錄。）但就在那幾乎算是隨興的句子中，我們還是看到了鄉村的本質，看到了德里的蘇丹，以及他的地方官員的榮耀所倚靠的農奴制度。伊本．巴圖塔遠來是客，當地一名官員為了表示禮遇，把巴哈瓦爾布爾這地區幾個月期間的收益都贈送給他。伊本．巴圖塔一共拿了五千第納爾[4]。這些錢可不是憑空掉下來的禮物，它們來自農奴所耕作的田地。伊本．巴圖塔從未提到這些農奴，他們卻始終存在。（「我們隨後準備前往首都，這段路大約要從木爾坦，經過一大片有人居住的鄉村，走上四十天。」）後來在德里那所殺人不眨眼的法庭裡，伊本．巴圖塔還獲得五個村子的收益。他的書經常用農作物記帳，譬如給陵寢的捐款就是用農作物來計算的。

在人們無法記憶的時期，巴哈瓦爾布爾侯國及鄰近地區是不可測量且無邊無際的洪流；在英國人統治時期一直未曾碰觸的農奴結構，後來因為獨立，以及詩人伊克巴勒夢想中的孤立伊斯蘭政體而重新獲得確認。總之，在巴哈瓦爾布爾侯國，我們可以用一種不尋常的方式接近十四世紀，或甚至可遠溯至八世紀，即穆斯林開始統治的時候。畢竟當時就是為了那些農奴的收益，才會發動一連串的東征西討。

☆

伊本・巴圖塔知道烏奇這個城鎮，它環繞著一座依然吸引許多信徒的豐富聖祠而建。有一天早上，我特地經由巴哈瓦爾布爾市外的一條道路前往烏奇，其中數公里長的路段黑檀木和野刺槐濃蔭遮天，穿越肥沃的灌溉農地：有棉花、甘蔗和芥菜，糖廠和幾間軋棉廠。在引水灌溉之前，這片田地只是一片沙漠，所以偶爾在綠油油的平地間，會看到些灰色和黃褐色的沙堆，顯示出若無灌溉，此地會有的原貌。卡車開往南方八百公里遠的喀拉蚩，龐大的車隊頭尾相連，緩緩前進，只因為在信德省廣闊的沙漠中會有盜匪出沒。

城牆是以泥土砌成的烏奇城，建立在一條死川旁邊的大土丘上。土丘透露出它的遺風：幾世紀的遺澤累積成許多珍貴的烏奇風貌。道路起起伏伏。伊本・巴圖塔早在一三三五年就發現了「華美的市集和建築」；但他看事物有其獨特的方式與偏好，或許他看到的正是數百年後的我現在所見：棕櫚、驢子、起伏的街道、兒童、垃圾、潮濕的無蓋陰溝，以及陵墓神龕。

第一座神龕能治背痛，磚砌的外牆下半部經過成千上萬人用背部摩擦，早已經被磨得平滑。神龕內部有木頭柱子支撐著屋頂，一如印度寺廟裡的柱子：或許是巧合，也或許結合當地古老魅力與優點，正契合當今的風格。主要的伊斯蘭聖人有一座綠色的大墳，重要性較低的後到聖人則葬在規模較小的白色石板內。

4 譯註：dinar，貨幣名稱。

第二座神龕更重要，是供婦人求子用的，主要特色是阿里的腳印。傳說阿里是先知穆罕默德的女婿，他凹陷的腳印就踏在一塊黑色花崗岩柱上。這根柱子是一個穆斯林聖人在偉大神靈的幫助下，從「世界的中心」巴格達飛過來，降落在烏奇牆上時所帶過來的，而葬在這圍欄墳墓內的，正是這位聖人的妻子。圍欄黑漆漆，地板也是黑色的，散發出一股濃濃的陳舊油味。其中一部分如今就如同黑色岩洞，在歷經信徒數百年的祭拜後，留下許多小油燈殘渣的硬殼；至今還有信徒會奉上這些捲製燈芯的黏土小油燈。在此處祭拜求子嗣而如願生兒育女的婦人，會再度回到這裡還願，懸掛搖籃或寫上他們的名字。生雙胞胎的婦人還會特別懸掛玩具梯子。那天早上就有一個用全新白色木頭做的梯子。

任何在次大陸旅遊過的旅人，只要看一下古老的印度教寺廟，就會認得那根有凹陷痕跡、代表男性生殖器的柱子，這也是印度濕婆的象徵。聽到那些有關神靈、阿里的腳印和從巴格達飛來坐在牆上的聖人故事，就如同進入一個仍然存在的歷史時刻，目擊從古老宗教轉入新宗教的過程。

在一棵樹幹巨大、枝葉扶疏、並且長滿樹瘤的大樹下，有座小小的清真寺，屬於神龕區的一部分。輕鬆接受神蹟的神龕看守人說，清真寺是西元七一〇年征服信德省的穆罕默德．賓．奎西姆（Mohammed Bin Qasim）所蓋，那棵大樹也是從那時存在至今，穆罕默德．賓．奎西姆可能認得這棵樹。

這棵樹或許沒這麼老，蓋那座清真寺的時間鐵定又晚了許多。但清真寺讓穆罕默德．賓．奎西姆有機會沾上歡慶征服的邊，也有機會為新宗教爭取這塊古老的地點；信徒已不再認為自己是被征服者。正如在六、七百年之後在爪哇，新的宗教能夠接收抽象的印度教、佛教和耆那教人物，即偉大的沉思者──「渡津者」蒂爾丹嘉拉[5]是獲得更高智能者的象徵，並且幫他編造了更多的故事。

「渡河人」成為「護津者」：遵照一位偉大老師的命令，忠心耿耿地坐在河邊等待，一直到河邊的蔓藤爬滿周遭，老師才叫他起來，傳播伊斯蘭的福音。

☆

烏奇的後繼者pir（家老）兼具聖徒身分和聖地繼承人，也是那位被神靈從巴格達的牆上帶來此地，從此之後即在這塊征服的土地上宣揚伊斯蘭教的聖徒後裔。家老目前大權在握，擁有眾多的宗教擁護者，一個姊妹嫁給當地最大的封建地主。這就是封建地主攀升的方式：和工業家或諸如這名家老一樣的宗教王朝結盟。只要結合了宗教、金錢和土地，就可以統治八方。

那位家老當天去了信德省，他的murid（信徒）請他去仲裁一樁謀殺案。技術上而言，信德省也有法治，但人們對國家機構毫無信心，信徒還是寧願請家老去仲裁。

所以當天來拜望家老的兩個女人就必須耐心等待，像雞一樣蹲伏在他家庭院的陽光下。她們是農婦、女農奴，是她們的地主和丈夫的財產，得不到法律、風俗和宗教的絲毫保護，還得忍受一切的殘酷，心幾乎已經死了大半。對她們而言，家老就像唯一一道光，因為她們的身體已遭惡魔占據，所以過來拜望對付惡魔聲名在外的家老。惡魔會進入這些女人體內，讓她們現出恐怖的模樣：雙眼和頭不停的轉，並且用不正常的聲音飆髒話。家老知道如何懲處被惡魔附身的軀體，跟惡魔周旋。

---

5 譯註：Tirthankara，意譯即渡津者，耆那教術語，指一個經過開悟、達到心靈自由的宗教聖者。也有祖師或導師的意思。

一位來自巴哈瓦爾布爾的記者告訴我，每年春天，家老的庭院都會舉行特殊儀式。他主要來自信德省的門徒，會以一種類似朝聖的心情來到庭院。時辰到了，他們就會躺在庭院裡，他則或走或跛的跨過去。家老有隻畸形足，這是烏奇的家老與生俱來的缺陷，每跨過沉重的一步，就能治療病痛。

在這家寬敞的客廳裡，有一些顯然認為自己得天獨厚、心滿意足且親切客氣的女侍在打理著，而在這座荒蕪的沙漠城市中居然會看到一座沃特福德（Waterford）枝形大吊燈，委實令人意外。客廳中有家老的列祖列宗以及現任家老自己的照片，照片中的家老不但和巴基斯坦的歷任總統合照，和外國大使合照，還和最後一任的巴哈瓦爾布爾君侯合照。君侯倚著一個長枕而坐，皮膚黝黑，貌似恭敬，但雙眼冷酷，還戴著一頂高高的土耳其氈帽。

第九章　戰爭

沿著南北高速公路開往喀拉蚩的卡車成群結隊穿過信德省的沙漠，這是因為沿途多強盜土匪。事實上，就在我看到壅塞的車隊緩緩移動、穿過巴哈瓦爾布爾侯國時，喀拉蚩郊外還真的發生了一起搶劫事件，成了晚報的頭條新聞：「高速公路的強盜：盜匪劫持了一輛卡車，還射傷了車上的兩名乘客。」

但信德省的強盜並非一直如表面上單純。我認識的一名警官第一次奉派任務，就是任職於強盜出沒的地區。當地面積寬廣，高速公路的一邊是沼澤林，每年都會發生洪水，正好灌溉這片樹林，另一邊則是高山、岩石和沙漠。這裡十分貧瘠：鄉間地區全是用泥土和茅草搭建的小屋，城裡有的也不過是用磚塊建造的兩房小屋，裡頭往往一住就是十到十二個人。在這種荒涼地區，許多人都無所事事，任由時光流逝。

強盜幾乎和他們搶劫的受害人一樣慘。小隊長是一個年輕的警察，發現強盜的幕後黑手其實就是地方上的封建地主。他們保護強盜，強盜則投桃報李當地主無償的槍手。僱用一個槍手，一個月大概要支付二千五百盧比，約合三十七美元，如果能無償養兩、三或四個槍手，那可是樁好買賣；有時強盜搶到極有價值的贓物，甚至連地主都可以分到一份。每名強盜也都被警方懸賞鉅額的捉拿賞金，甚至因殺人重罪而遭通緝，封建地主還隨時可能出賣他們。軍隊——「在信德省理應永遠，」

如那位警察所說：「用來對付搶匪。」——永遠都在當地待命，封建地主「出賣」誰，他們就殺誰。

這場遊戲有它的老套公式。封建地主穿著漿過的傳統服飾過膝長上衣，帶著披著披風好在披風下藏槍的槍手，可能會在某個早上開著象徵他權威的日產汽車前往警局，他會在警局裡跟一些地方人士代表一起抱怨強盜橫行。但也同樣是這名封建地主，會在下一次過來的時候說警方抓錯了土匪。如果有某位警察抓得太緊或者執法太認真，就會被「調職」。

那位警察才剛結束十八個月的公務及警察學校訓練課程。「全倒退到英國殖民時期：一點騎射技巧，一點課本知識，談起外面的世界全是紙上談兵。事實上他們都心知肚明，懂得談交易和妥協，帶著警犬出巡的，才是成功的警察。」

☆

這種混亂也發生在莫哈吉爾人，也就是來自印度的穆斯林移民身上。他們在獨立之後，成群結隊來到信德省的封建土地，比任何人都更加賣力鼓動建立分裂的伊斯蘭教國家，賓至如歸地來到巴基斯坦和信德省，結果卻發現原來這片土地早就名花有主，而擁有的人並不願意放棄這塊土地。他們這些莫哈吉爾人於是成為這塊土地的第五順位國民，次於俾路支人、普什圖人、旁遮普人和信德人，是沒有領土的國民。經過一、兩代之後，終於爆發了喀拉蚩戰爭：莫哈吉爾人想要爭取領土。他們希望喀拉蚩成為他們的領土；畢竟他們是喀拉蚩的多數民族，懷抱的熱情和悲情一如宗教，仿如重演了父親和祖父五十年前煽動建立巴基斯坦的激情。

戰爭持續了十年多，莫哈吉爾人說他們死了兩萬多人。這並不是一場可以說得清楚的莫哈吉爾人反抗國家的戰爭。城市太大、太多樣化，政府拚命尋求利用各個團體激情的管道。阿富汗戰爭為人人帶來了槍枝。如今出現了兩個相互敵對的莫哈吉爾人激進派系，分為信德省的民族主義分子和信德省的封建地主；還有遜尼派和什葉派，雙方都磨刀霍霍；有情報機構，有販毒集團、犯罪集團和炒地皮集團。這個具有許多面貌的移民城市始終內鬥不斷，甚至連軍隊都無能為力。他們已經在這座城市駐守了二十九個月，不但收穫不多，還被一批半軍隊化的巡邏隊員取代。

詩人伊克巴勒在一九三〇年提出要建立舉國盡是穆斯林的巴基斯坦國的理由時，曾說：「伊斯蘭教的宗教理想，基本上和它所創造的社會秩序有關。拒絕了其中一項，最終也會發展成拒絕另外一項。」皈依者的看法是：宗教要有足夠的認同感、足夠的國土。當初莫哈吉爾人前來巴基斯坦，所抱持的正是這個理想。在伊克巴勒浪漫的想法裡，根本就沒有大屠殺和劫掠的威脅，沒有分裂的憂傷，也沒有一億多人被遺棄在印度，四十年後的喀拉蚩也不會爆發戰爭。而報紙的頭條標題卻如下：「商店關閉：抗議昨日在**古勒巴哈爾**、**拉巴德**、**戈倫吉**的殺戮行動，展開空中掃射。」

古勒巴哈爾、李阿奎塔巴德和戈倫吉都是廣大的莫哈吉爾人貧民區，中產階級的莫哈吉爾人所發動的抗議行動，最後竟成為全民戰爭。

我在新聞聯誼會無意中碰到一位烏爾都語報紙的編輯，他說：「昨天這邊行政首長的兄弟被人殺死了。今天某個特定地區就有三千個年輕人遭到警方逮捕，其中某些人會遭到刑求。他們的家人必須花兩萬五千盧比把他們贖回來。」等同於六百美元。「所以恐怖與貧窮無所不在。你應該看看這城市的夜晚。城市在夜裡完全不同，像一座被占據的城市。出來看看警方執勤的情形，看他們如何把人叫住，展開搜索。不過你得有足夠的膽識。」

這名編輯四十二歲，身材矮小，個性溫和。雖然嚴格說來他並不算是莫哈吉爾人，但他還是同情莫哈吉爾人的事務。他是美蒙人，指的是說古吉拉特語的商業界人士。這位編輯覺得就是因為身為外來者，所以他和家人在信德省的日子才會這麼難過。他的家族在保險和醫藥方面的企業早被「國有化」；當局就是以國有化之名，侵害非信德省人的商業利益。而且這位編輯本身也因為信德省民族主義分子在他們大學施展「恐怖手段」，而無法取得碩士學位。

編輯搬了四次家。他這麼做是為了保護自己，既要避免警察的迫害，也要逃避激進的「莫哈吉爾人運動」，也就是MQM（Muttahida Qaumi Movement）。透過莫哈吉爾人社區向下滲透的莫哈吉爾人運動，因為失去了一些中產階級的支持，後來竟變得和仇敵一樣殘暴。和其他成功的受迫害者運動一樣，莫哈吉爾人運動也變得十分獨裁，現在有了個不容他人質疑的領導人。這位美蒙人編輯雖然十分同情莫哈吉爾人的理念，但有時還是會刊載一些冒犯這位莫哈吉爾人運動領袖的文章。有一次報紙就因此被領袖下令「停刊」兩個星期，編輯被要求親自寫信給領袖「請求寬恕」，事後還得連續三天刊載道歉啟事。

即便這樣，編輯仍堅持堅守崗位，真是有膽識。

★

阿巴杜說：「請你明白我早晨出門時，並沒有把握能不能安全返家。」

三十六歲的他說話很「率直」，是個顧家的男人，也是莫哈吉爾人運動的一分子。他脾氣並不火爆，言論也算平和，穿著一身雪白：白長褲、白襯衫，穿戴在他身上，白色就如同憂傷的顏色。他性格內向、面無表情兼雙眼無神，就像個受到漫長的戰爭驚嚇和蹂躪之人。如果我們共同的朋友努斯拉沒有介紹我和他認識，我想他一定不想談喀拉蚩或戰爭的種種。

他的父親和祖父都來自西姆拉，原是承包英軍的伙食商，母親是密拉特人，他們在一九四七年遷來此地。父親開了一家收音機和電視機修理店，生意不錯。細節有待從他身上一一挖掘出來；他對生命沒有任何願景，也無歸屬感。

我問道：「喀拉蚩現在的局面如何？」

「非常好。」

「為什麼？」

「政府在處理。」

「處理什麼？殺人案件嗎？」

「對。」

「為什麼那樣是好？」

「死掉的基本上是說烏爾都語的人，這是一種犧牲。你想要有所得，就必須有所付出。為了建立巴基斯坦，共有兩百萬人喪生。我們必須為自己的權益做出些許犧牲。」

努斯拉說：「他說的是莫哈吉爾人國家。現在他們談的是分裂主義。」

他自己也說不上來為什麼會被逼上這位置。十年前他就開始覺得事態不對。他和一名旁遮普交通警察起了點爭執，必須花五十盧比賄賂他；與此同時，一個能用旁遮普語跟這位警察對話的旁遮普司機卻已經順利獲釋。

那不都是些芝麻小事嗎？

他沒有直接回答，只說：「看那些警察在果利馬臨檢莫哈吉爾人的家時，都幹了些什麼事。他們破門而入，強行帶走男人，傷害女人。兩個月前我還在一個麻布袋裡看到一具屍體，非常難過。」

努斯拉說：「這很常見。事實上，有一則笑話說，如果你在街上看到一個麻布袋，袋子裡鐵定有屍體或屍塊。」

我問阿巴杜：「如今人們的勇氣從何而來？」

「大家為自己的權益而奮鬥，也做好準備要面對一切。」

「是宗教給了他們力量嗎？」

「這和宗教有什麼關係？伊斯蘭教和這有什麼關係？他們也是穆斯林。」

努斯拉問道：「真主站在你們這邊？」

「真主站在真理和正義這邊。」

但他這個地區的穆拉儘管都是莫哈吉爾人，卻未「碰觸到主題」。

「也不是。他們並未真正談論時事。」

我問：「是因為慎重嗎？」

「你們如何跟從事運動的人溝通？」

「我們利用晚間互訪。」

「警察呢？」

阿巴杜說：「他們早就灑下通風報信的天羅地網。就是那些在街頭叫賣爆玉米花、糖果和冰淇淋等的小販。附近街頭有許多新面孔，有些是莫哈吉爾人，有些不是。」

他有四個兄弟，四個姊妹。姊妹都嫁人了，姊妹夫當中有一個死了，一個失業，一個是製圖員，另一個在一家油漆公司工作，工作都不理想。

我說：「我覺得你並不快樂。」

「不，你不能說我不快樂。」

努斯拉說：「他有很大的財務困難。生第七個孩子時，妻子差點送命。他一共有五個兒子，很想生個女孩。」

阿巴杜說：「不論真主為我做什麼安排，對我來說都是好的。」

我問他：「你都和朋友聊些什麼？你們聊不聊政治？」

「我們最近不常聊。」

努斯拉說：「這是真話，因為不安全。」

我說：「所以你們都聊些什麼？」

「大家都擔心今天又死了多少人、警察臨檢了哪幾家、有多少人遭到拘留等等。」

努斯拉說：「在這些地方，人們早已不再互相串門子。」這些都是城裡最多事的地區。「過了晚上十一點，我難道還要冒險？搶車、強盜、警察搜身、還有軍隊、人們穿著偽造的制服等等，什麼都有。每次都得花五百盧比消災。而且最好乖乖付錢，求個安全回家。你經常不知道許多事情都是捏造的。他們可以在你的車上栽贓一把手槍，然後說是他們在你車上找到的。生活一直飽受限制之苦。昨天有場婚禮是在下午六點，而不是十一點舉行。就算你敢在報紙上刊登訃聞，也會猶豫著不敢公布自己的電話號碼和地址，因為會有一些冒牌貨登門弔唁，但其實他們是來打量房屋的結構與配置，稍後會再度前來。」

我問他：「你認為這種情況會如何落幕？」

努斯拉說：「會有大規模的崩潰、大規模的對抗，然後從中生出一些事情。」

我跟阿巴杜說：「你為什麼不離開喀拉蚩？」

「不行。我的家人都在這兒。我的小孩在這兒上學。我們必須在喀拉蚩需要我們的時候待在此地。」在他眼裡，如今喀拉蚩是個莫哈吉爾人城市，是他的城市。

「你想自己會生？還是會死？」

「就連今天早上都有槍擊事件。我每天都冒著生命危險。」

「誰開的槍？」

「某人。未知的人。」

努斯拉說：「當我們說不得而知時，往往是心知肚明。」

我問阿巴杜：「令尊談不談當年在西姆拉的日子？」

「家父常說，英國人還比這些政府好。英國人不會這麼不公不義。家父常說，在英國治理的時代，街上還有些小煤油燈，但我們現在卻連街燈都沒有了。」

☆

只有一些賣吃的、賣報紙的商店或小地方開門，較大一點的商店全都大門深鎖，拉下灰色的鐵門；公園淪為垃圾場，另一處街頭的垃圾卻沒有人收。牆壁上到處都是口號。

這是城裡最紛擾的地區。教授英國文學的穆什塔克老師和他的姻親住在這裡一棟兩層樓房裡。這位姻親在這屋裡已經住了二十五年。獨立之後，從印度湧進大批移民，喀拉蚩最早發展的事物之一就是（套個次大陸的用語）：殖民。在一九四九年到一九五〇年間，當時此地被認為是中產階級和教育程度較高的地區，並不符穆什塔克家人的風格，而且他們也住不起。

穆什塔克一九四九年來到喀拉蚩，當時他只有八歲。他們家來自貝拿勒斯，父親是城裡一個小小的成衣商人，但他的店看在穆什塔克眼裡其實「滿大的」，長三點六公尺，寬約三公尺。穆什塔克的哥哥原來在德里當公務員，後來他選擇巴基斯坦，全家人只好跟他一起移民到巴基斯坦。他們攜帶的家當很少。當局不准他們帶金錢細軟，成衣店也沒有轉賣，就直接留給親友和鄰居。當時巴基斯坦不能再隨意移民，必須先辦簽證和許可證。他的家人無法取得前往拉合爾的簽證，只好來喀拉蚩。他們是搭火車來的，因為戰略因素，這條鐵路現在已經中斷。

穆什塔克說：「在那段日子裡，能到我們自己的國家巴基斯坦當個自由人，實在具有莫大的吸引力和熱情。」

我問他：「為什麼你認為這是自己的國家？」

「因為家父投票支持並效力巴基斯坦。我不知道我的幾位哥哥知不知道巴基斯坦的意義和兩國論。」理論上，印度人和穆斯林分屬兩個不同的國家。「但是在情感上，他們抱持巴基斯坦的想法不放。」

穆什塔克的哥哥擔起養家的責任，在一家外商公司當業務員。全家人在中央監獄附近租了一棟只有兩個房間的小屋安頓下來。那是一棟磚牆水泥屋頂的平房，廚房和浴室都在走廊上。當地其他所有的房子都是這模樣，占地很小，有些只有二十坪，有些是二十二坪左右，但沒有一間超過三十坪。這裡比貝拿勒斯還擁擠，新移民不斷湧來。但是住在那棟小屋裡的他們非常快樂，認為好日子就在前頭。

穆什塔克現在要開始說的故事，就好像是先苦後甘的移民故事。他十三歲時，那個多年來一直在養家的哥哥即不再供養他，還好穆什塔克現在已經可以照顧自己。他開始打工，做些打字等等的文書工作，都是透過廣告和職業介紹所找到的。他發現自己每個月可以賺八十盧比，約合兩美元。這筆錢綽綽有餘。他進入私立的信德穆斯林學院，費用是每個月十四盧比，約合三十五美分；上學的巴士車資微不足道，大約五分之一便士。支付了那些費用，為自己買了一些書，再東花一點、西花一些之後，穆什塔克發現自己還可以給如今已經退休、毫無收入的父親五、六十盧比。

穆什塔克並不在意這般苦苦掙扎。喀拉蚩氣候宜人，而且充滿機會。莫哈吉爾人正在演練他們帶來的市場經商法，並且年復一年的壯大自己。在歷經千辛萬苦之後，穆什塔克也開始按照自己的步伐向前邁進。二十歲時他進入一所師範學院，三年後取得教師學位；當他在一所中學任教時，又進入喀拉蚩大學當一名選修生。二十七歲那年，他取得英國文學碩士學位。

儘管花了很多時間，他還是達成了目標，但卻付出了特殊的代價——他沒有結婚。他說這是因為家裡沒有一個人協助他。對穆什塔克這樣的青年而言，這種情況真的是個問題。在莫哈吉爾人的文化裡，婚姻通常是聽任安排的。在這個新的國家、新的架構中，沒有人為他找妻子；而身為一個還跟舊世界走得近的年輕人，他也不知道該怎麼做，也沒那麼厚臉皮的主動為自己找個妻子。

但他也不是不快樂。如今雙親都已不在的他，搬離了哥哥的家，在中心區賃屋而居。我們就是在這個地區聊天。他已成為一所商業和經濟學院講師，每個月拿五、六百盧比，約合十二到十五美元，房租只用掉三分之一。所以他有的是錢花，日子愜意得很。他喜歡上咖啡館，和咖啡館的「固定咖」莫哈吉爾人及孟加拉人閒聊。

緊接著情況即開始惡化。一九六〇年代，首都分為幾個階段從喀拉蚩遷到伊斯蘭馬巴德。這表示越來越多的政府職位將落入北方人手中。穆什塔克認為北方人就是旁遮普人和普什圖人，他們在社會上和文化上都不像莫哈吉爾人，他們是「外邦人」。一九七一年孟加拉獨立，對穆什塔克而言真是悲痛莫名；一九四七年的巴基斯坦，他的家人為其放棄了印度，至此已不復存在。

「許多經常坐在咖啡館和我們閒聊的孟加拉朋友都走了。我們的一大半文化也喪失了。孟加拉人是自由運動的先驅。有人做出結論說，有人被拋棄、被出賣了。」

最後一句話的時態改變了，這句話變得怪怪的，好像是出自另一個人口中。彷彿故事突然斷裂，而他先前所說的成就則變成了另外一回事。

我說：「如此說來，你先前認為自己已回到自己土地的想法，豈非太感情用事了些？」

「我開始有這種感覺。」

這句話讓他的傷感為之決堤。他說，留在印度的穆斯林現在都發財了，他們有法律、有國會議員和部長等等。我說事實上也不盡然。我說一旦接獲號召，巴基斯坦就分裂出去了；如果沒有獨立，國家所有的能源將投注在團結一致上。（我沒說出口的是，我認為如果巴基斯坦不獨立，次大陸所有的城市都會變得和喀拉蚩一樣。）他沒在聽；在茫然且現在加上顫動的臉孔背後，他已經太耽溺於自己的生命和苦難之中了。

我說：「你在這裡開創了自己的生涯，在別處是不可能的。」

現在，在已經相當正式地述說了自己的生涯，彷彿是一連串的開場白之後，他開始述說自己身為一名教師所經歷的恐怖經驗。

「我第一次知道有莫哈吉爾人運動是在一九八二年。他們在學院、學校和各個建築物的牆壁上用粉筆塗鴉，對方又用粉筆回罵，雙方展開『筆戰』。學院有兩個團體，團體的領導人會來找我，要我離開教室，好讓學生出去參加集會或抗議活動。這些學生大約只有十八到二十歲。他們用烏爾都語口出威脅，並且出言不遜。他們全都來自中下階層，議題是學費太高，或者為在旁遮普喪生的學生舉行同情示威活動等等。我覺得很不安全，於是去找年約四十五到五十歲的校長。學科學的他身材高大，而且就是莫哈吉爾人。可是他也愛莫能助的說：『我們去找上級陳情吧。』

「一九八五年，一名年約三十至三十五歲的在地政黨領袖造訪校長辦公室。他穿著講究，教育程度頗高，可能還是個研究生。我坐在校長辦公室裡，和那個年輕人閒聊了一會兒。事情開始於他要求我支持他的組織。我問道：『你想要我做什麼？』他說：『我希望你在考試時幫個忙。』我瞭解他的意思。他希望我在考場上默許那些男孩為所欲為，讓他們抄襲作弊。我說：『不行，我會盡忠職守。』校長只是在一旁聽。碰面持續了十五分鐘左右。兩、三天後，我就受到威脅。走廊上有個男孩對我說：『你表現不佳，必須自行面對惡果。』」

我問起了這個男孩的背景。

「中下階層家庭的男孩，十九歲，家人住在奧爾吉。」奧爾吉是莫哈吉爾人貧民窟，人口約一百二十五萬。「我告訴他：『我會面對一切後果。』」

一直陪伴著我們的努斯拉每當看到有需要時，就會適時圓場，用他那既無辜又冷酷、非常特殊的風格說：「他實在是天真。教著一群不想學、也不值得教的學生文學，卻不知道自己的生活哪兒出了錯。有些人就是會這樣受苦受難，卻不知原因何在。」

穆什塔克在學校任教的最後十年吃足了苦頭。諷刺的是，這也是他婚後的歲月。四十三歲時，他終於結了婚。

他說：「我每天出門時心裡很亂，待在學校心裡也很亂，回到家心裡還是很亂。」

「回家途中發生了什麼事？學生在堵你嗎？」

「有時在街上會碰到正在滋事的學生。」

「滋什麼事？」

「燒巴士、劫巴士之類的。都發生在學院附近。從一九八七年到一九八八年，莫哈吉爾人運動就是在做這些暴行，團體約莫在五十至一百人之間。」

「他們對受教育失去了興趣？」

「顯然是如此。」

「對你而言那是羞辱？」

「他們並不拿我當老師看……」他這句話並未說完。「胡作非為，蹺我的課。根本不把我當成老師看。兩個星期前，兩名學生到學校來說要接受考試。一個敵對學生團體還毒打了他們一頓。用棍子打，那次沒有使用武器。我看到時，真的嚇壞了。」

我說：「你現在想怎麼辦？」

「我想要教他們。」

我大惑不解：「你剛剛不是才說他們是一群暴徒？」

但穆什塔克只是說，他希望這個世界能有個安排，讓他得以真正教導自己的學生。當我再次問道，就在這樣的世界裡，他希望做些什麼時，他說：「我現在覺得自己想要離開本行，我已經五十七歲了。」根據我的估算，他應該是五十四歲。「我已經教了二十九年的書。這是我生命悲劇的一面。」

「徒勞無益的生命？」

「可以這麼說，畢竟我一事無成。」

他的信仰依然是他生命中一個明確的重點。他朝覲過；蓄著完成朝覲之人的鬍子，穿過膝上衣，再配上那白鬍子，就如同一種象徵犧牲的宗教服飾。

☆

努斯拉過去也熬過辛苦的時期。我和他第一次見面是在一九七九年，時值齊亞將軍的伊斯蘭教化恐怖時期。努斯拉信仰虔誠，企圖與狂熱分子妥協，結果卻是跌跌撞撞。有一天一個不慎，竟然還惹上了大麻煩。他當時任職《晨報》。時值「Mohurram」，即什葉派的哀悼月。他認為從《阿拉伯新聞》轉載一篇描述什葉派英雄阿里孫女的專欄文章，應該是個不錯的構想，文章對阿里孫女的外貌和藝術造詣推崇備至，但什葉派信徒卻火冒三丈；對他們而言，就算說阿里的孫女容貌姣好，也是異端邪說的羞辱。有人主張帶領四萬人來場大遊行，並且焚毀《晨報》。報紙因此休刊三天。努斯拉自己也身陷險境，隨時可能遭到襲擊。這件事發生過後幾個月，我再度路過喀拉蚩，發現努斯拉整個人變得枯形灰心。

當我們道別時，他說：「你能不能安排我到某個地方去，讓我有五年時間閱讀、寫作和念書？因為再過五年，如果你看到我，說不定我已經成為水泥商或成衣出口商了。」

在一個惡劣時局這麼說，充分展現了他的風格。事實上，他後來還真的成為一家石油公司的公關，而且做得極好。鑽油企業不會受到一些紛紛擾擾的影響，但這座城市的生活讓人每天都過得戰戰兢兢，以至於努斯拉後來得到心臟病，灰髮轉白，變短漸稀，而實際上他還不到五十歲。他從前很喜歡喀拉蚩的冬天，喜歡在冬天穿著一件花呢外套。現在他穿的是一件寬鬆的過膝棉衣，看起來很虛弱。

他說：「我說給你聽一九九〇年六月種族混戰是怎麼讓我躺在醫院裡，還差點連命都丟了。我在心臟科加護病房。那是生病垂危時會被送進去的地方，攸關生死之處。

「喀拉蚩的混戰動輒血流成河，莫哈吉爾人運動在喀拉蚩市政府大權在握。心臟科加護病房的空調設備故障，那時又是六月中旬，藥品短缺。某個夜晚，電信局被炸毀，醫生和外面的人起了衝突。根據推測，他們可能來自巴基斯坦人民黨或莫哈吉爾人政黨，希望每個人都參與罷工。當天我就在心臟科加護病房遭遇此情況，那時是我住院第五天。

「我躺在一張非常靠近窗口的帆布病床上。你想聽聽這張病床怎樣嗎？病床有塊海綿墊。因為空調設備無法運轉，空氣不流通，我請他們將海綿墊拿掉。他們當然萬般不肯，但還是拿走了。他們說病床是硬邦邦的鐵架，但我說我不在乎。第二天早晨，醫生告訴我，醫院院長要來臨檢，一定不樂於看到海綿墊被拿掉，病人還躺在這樣的小房間裡。我聽了非常生氣。我說：『我知道院長的空調設備都好好的，又沒有健康的問題。等院長來了，我倒希望跟他見個面，和他好好的討論一番。』

「我們要求看護人員打開窗戶。我們就在一樓，照他們的說法，在一樓的風險是子彈可能隨時射進來打中我們。我說：『玻璃沒有防彈嗎？』六月的酷熱，真的會讓人悶到透不過氣來。

「有一天，外面發生槍戰。我帶著他們裝在我身上的各種醫療器材爬了起來，偷偷走幾步路，迅速往樓下瞄了一眼，看看到底發生什麼事。後來才知道自己冒了多大的風險，我不但隨時可能被子彈打到，也不該貿然爬起來，這兩樣都不該做。

「有一天晚上約十一點時，我看到幾個護理人員在小房間裡哭。我知道是這間病房有人死了，幾個我見過的人已經被抬走。在這種情況下，護理人員和家屬共三人要面對的問題是要如何將遺體從醫院帶回奧爾吉這個已經亂了好幾天、酣戰未艾之處。而且當局已在那個地區實施宵禁，所以救護車根本不願意冒險前往。

「奧爾吉約在二十五公里外。病患家是中下階層家庭，必須仰賴大眾交通工具。加護病房有些年輕人自願說要幫忙，看顧死者的護理人員當中有個年輕女子。這種情況看得我真是氣急敗壞，不只氣這座城市的狀況以及它的一再關閉，更因為瞭解在這種大半夜時分，年輕女子可能遭遇不測。我很清楚當時擄人勒索或沒什麼目的就胡亂擄人的事情，根本就是家常便飯。

「我不斷要求看護保護年輕女子的安全，他們反而要求我好好休息，好好睡覺。我說：『你們幹嘛不早上再搬運遺體？』有人提醒我在現今是六月中旬的大熱天，遺體腐敗得很快。這麼一說，我能做的就不多了。

「後面如何，我就不得而知了。我一定睡得很沉。為什麼睡得很沉，我也解釋不來。撇開這些事情不論，我在醫院還是很愉快，因為我交了一些朋友，也因為主治醫師是我以前學校的老友。」

☆

伊赫桑是一九八〇年代中期莫哈吉爾人運動的一分子。當時是一場中產階級的智識運動，源自一個比較古老的學生運動，而套句伊赫桑的用語，他認識了三、四名「理論家」，認為他們頗為睿智。大家在私人住家裡討論熱烈，對於自己社區和他們的城市喀拉蚩所遭到的不平，會以一種近乎宗教的方式來表達憤慨。在我提問是不是與星期五祈禱的鼓舞方式相仿時，伊赫桑說反而有點像什葉派教徒在爭取自己的權益。

大學裡的運動首先得擊敗一些宗教團體。在巴基斯坦，大學政治十分重要，因為在軍事統治下，當局唯一准許的政治生活，通常就只有大學政治。宗教政黨敗在莫哈吉爾人學生運動下，說來真是有點諷刺；因為驅策莫哈吉爾人前往巴基斯坦的正是信仰，也因為這些宗教政黨讓第一代莫哈吉爾人感到賓至如歸。但那都已經是遙遠的過去，之後的幾代已經很清楚宗教的背後是什麼。對抗宗教政黨的戰爭必須用到槍枝；雙方都在不同的時期、基於不同的原因，受到政府的鼓勵和武裝。在伊赫桑的學院有四、五個公認的莫哈吉爾人戰士。只要有需要，其他學院的人也會提供支援。伊赫桑和其中兩名戰士就十分要好。他們都來自有教養的家庭，而伊赫桑覺得最重要的是，他們都「極度不合群」，很認真接受理論訓練，並且隨時準備為理念犧牲。

伊赫桑和其中一名戰士一起上科學課程，每天放學後，他們就一起回這位同學的家。伊赫桑說這個朋友也是一名戰士，身高約一百八十公分，很胖，高頭大馬，一雙手很粗大，伊赫桑認為只有活躍進取的人才會有這種手。

這家人的父親是位高級政府官員，他家也是官方配給的深宅大院，占地有兩百五十坪。（穆什塔克的家人一九四九年來到巴基斯坦時，住的是二十坪不到的房子。）做父親的還為五個孩子蓋了一間很大的書房，裡頭擺滿了百科全書、宗教書籍和科學書籍。他們是個篤信教育的中產階級家庭，比大部分從事運動的人富有得多。伊赫桑的朋友在讀書方面不如他的兄弟，但四兄弟在莫哈吉爾人運動中都十分活躍。

有天，伊赫桑又在這人家中，當時正值日落時分，他和這位朋友以及他的一個兄弟在一起，忽然聽到外面AK-47和其他各式各樣槍枝的聲音大作。這時的伊赫桑對於槍砲聲早就習以為常，但當天的槍聲還是太大了些。不過真正讓伊赫桑大吃一驚的是，這家的母親居然拿出一把AK-47給她的戰士兒子，也就是伊赫桑的同學。然後這個同學便爬到屋頂上（他家是一層樓高的房子），就定位後，馬上開槍還擊。戰鬥持續了五到十分鐘，但對伊赫桑而言，感覺時間似乎要長得多。伊赫桑在學校裡看過這個朋友使用過槍，朋友還開玩笑說伊赫桑是膽小鬼。然而，伊赫桑完全沒想到同學的母親也如此深入地參與運動。穿著過膝上衣的她，是個高大強壯的女人，雖稱不上美貌，卻十分親切，而且隨時準備拿東西招待兒子的朋友吃，所以他從沒把她和槍枝聯想在一起，甚至不知道他們家裡有槍。

伊赫桑發現許多暴力事件就在眼前，對運動的感受也開始轉變。有一天，就在他一位理論派朋友家裡，大家都被要求對著《可蘭經》起誓，效忠運動和領袖。這個因應苦難和需要而生的領袖，根據伊赫桑的說法，現在是個廣為人知的公眾人物，聚會一開就長達六個鐘頭，經常開到午夜才解散，動員人數多達數百萬。

不過伊赫桑並不喜歡宣誓效忠，但他不一定要公開說不。也就差不多在這時候，他能夠離開巴基斯坦，一走就是五年。再回來時，莫哈吉爾人運動已不再統治這個城市。軍隊還駐守在那兒，但莫哈吉爾人運動已淪為地下組織。依然服從領袖，只是目前這位領袖遠在天邊，流亡倫敦；但距離反而強化了他的神奇形象。他朋友也成為轉入地下工作的成員之一。在後來通上的電話中，他告訴伊赫桑說他遭誣告殺了另一名運動成員，現在正在逃亡。而當他們終於重逢，說來奇怪，居然還是在朋友家中，伊赫桑、他的朋友、還有朋友的母親都相擁而泣。

這位同學的雙手依然厚實，但體重已減輕許多。他說他願意對著《可蘭經》發誓他沒有殺人，殺人事件早在警察追捕他的時候就已經發生了。這段期間他不斷一間間房屋換著躲，然後在商船上找到工作。他們對他的狀況一定有些知情，不然不會要他洗廁所和甲板，而他也只能唯命是從。擁有莫哈吉爾人階級意識的他，痛恨這種下階層的工作，時至今日，都還跟伊赫桑抱怨不已。他說他想前往倫敦，展開新生活。如今的他對莫哈吉爾人運動充滿批判，也知道如果自己繼續待在巴基斯坦，下場不是被捕，就是被殺。他希望伊赫桑幫他在倫敦找位律師，好讓他尋求政治庇護。

那位母親，也就是拿著AK-47突擊步槍的煽動分子，也改變了。她說軍方、警方和政府都急於毀掉她兒子，她對伊赫桑說：「拜託做點事情幫幫他的忙。」她的看法和感覺也和從前大不相同，對莫哈吉爾人運動甚至帶點批判性。她說莫哈吉爾人運動對於家中男孩因為參與運動被殺，或者如她兒子般轉戰地下的家庭，並沒有給予足夠的協助。

但她的情況還算不錯，儘管發生了種種事情，她的其他兒子都能在各個正當的專業領域中開創基業。連那個戰士兒子最後也到了倫敦，安全無慮。

五年中所發生的事情是，這個剛開始時讓許多如她家那樣的家庭寄予厚望的運動，已經變質。這個運動已不再只是中產階級的運動，而是往下延伸，深入基層，而在最基層中，痛苦轉變成直接的投射。戰士和運籌帷幄之士都來自奧爾吉和戈倫吉的窮人，反正一窮二白，沒有什麼好損失的。在這種層級中，只要碰上像伊赫桑同學家的遭遇，火焰就會一發不可收拾。

☆

部隊在喀拉蚩駐守了將近兩年半。這段期間，莫哈吉爾人運動被宣布為恐怖組織，領導人也被斥為潛逃的恐怖分子。部隊的管制造成更多莫哈吉爾人的痛苦，等到半軍事化的邊境巡邏隊取代軍隊後，這種痛苦更是有增無減。當地人持續被封鎖和搜查。後來情報單位更在莫哈吉爾人運動內部製造分裂，增加無政府狀態的恐怖指數。如今到底是誰在殺誰，也沒有人能說得準。

記者哈珊．賈弗瑞本身就是莫哈吉爾人的後代，報導的正是這時代的苦難。他說：「我和其他記者所看到的就是許多屍體。幾乎每天都看到。」

救護車單位是第一個新聞來源。記者會向莫哈吉爾人運動查證，看死的是不是他們的人。如果死的是他們的人，莫哈吉爾人運動就會指稱死者是遭警方刑求致死的，警方則會說他們是在「遭遇戰」中被殺的。

「今年一共有一千八百人喪生，所以街頭上幾乎無一日沒屍體。一個、兩個，兩個再兩個、接下來三個又三個。剛開始的時候，我覺得噁心極了。你會看到屍體就任意扔進醫院的太平間。大約五個月前，戈倫吉爆發槍戰。槍戰發生在早上。我想總共有五個人喪生，屍體都放在真納醫院的太平間，就直接擺在水泥板上，全部一絲不掛，並且開始發臭。有一具屍體從心臟到肩膀完全被轟掉。另一具屍體的手被炸裂，手骨外突。其中一具屍體還有表情，驚恐之情彷彿就凍僵在臉上，眼睛和嘴巴都張得開開的。因為屍體很晚才送到醫院，大概是在槍戰發生六個小時之後，遺體的表情整個凍結，彷彿喪生那一刻所發生的種種全都寫在臉上。」

哈珊．賈弗瑞說他自己到醫院的太平間去數屍體，並查看屍體的情況。他說他對這種景象已有「某種程度」的無動於衷。但他覺得身為記者，還是得親自去看看，因為去看「暴力的面貌」十分重要。

「我還記得有個叫巴哈杜爾．阿里的督察被殺。他是遭到狙擊身亡的，陪著他在警車上一起喪生的大約還有其他六名警察。巴哈杜爾．阿里身中將近二十多顆子彈。他雖然是個大個兒，但身體也差不多被打成了蜂窩。

「思想與言論都已無關緊要，最後總是有人喪生。死的總是某人的兒子，某人的兄弟，或某人的丈夫。」

哈珊．賈弗瑞說，現在人們每天都活得戰戰兢兢，擔心受怕。莫哈吉爾人運動成員人人自危，警察隨時都會來敲門。警察自己也提心吊膽，他們知道自己是靶子。連計程車司機也很害怕。

每個警察都過勞，因為提心吊膽，就變得十分殘暴。大部分士兵都來自旁遮普和信德省內陸，離家甚遠，每天冒著喪命的危險，報酬卻甚低，月薪兩千六百盧比，才約六十五美元。

從前哈珊・賈弗瑞晚上都搭乘警方的裝甲運兵車去巡邏。有個晚上，在莫哈吉爾人運動十分活躍的阿奎塔巴德區，有個來自旁遮普、年約三十、形容枯槁、顯然值了好長一段時間班的警官告訴哈珊・賈弗瑞說：「在中央區當差，簡直比活在地獄裡還難過。」接著果然又變得更糟。恐怖分子開始使用火箭發射器。之後，哈珊・賈弗瑞即停止晚上與警察一起外出巡邏的習慣。

戰爭必須打到最後一兵一卒，如今只要一個莫哈吉爾人運動戰士死亡，就會有別人取而代之。當局說只有兩千名戰士，哈珊・賈弗瑞說真是荒謬。新戰士的名字開始貿然出現在警方的報告中；除非被捕或喪生，否則永遠都不見臉孔，也沒有名字；接著又會有新名字取代。他們起先是徵調人去做一些微不足道的事，然後事情越做越大，最後就被吸收。哈珊・賈弗瑞就認識一個男人，或者說根本還是個男孩，年約二十一歲便覺得自己已注定死路一條。他偷過許多車，殺過許多人，搶過許多店，已無法再恢復正常生活。

「他來自一個教育程度頗高的家庭，是要你想恐怖分子時，最不會想到的人。你看，這種循環根本無止無休，永不止息，一個接一個。如今我最大的恐懼是最後我們可能會陷入完全無助的狀態。現在有許多人像我這樣，受過教育，還有良知，不怕和巴基斯坦脫離關係。但我實在不希望最後的結果是成為身在另一個國家的莫哈吉爾人。我父母出生在一個國家，我卻出生在另外一國，而我真不希望自己的孩子得在第三個國家誕生。」

★

幾代之後，這話對穆罕默德．伊克巴勒在一九三〇年的巴基斯坦建議提案而言，倒是持平之論：詩人不該把人民帶向地獄。

伊克巴勒葬在拉合爾沙賈汗大帝清真寺的地面上，有軍人看守他的墳墓。無論是就字面上或情感上來說，這樣的事情總是讓人擔心；恐怕隱藏了些內情。這座有著蒙兀兒圖樣的墳墓，在藝術上鐵定是褻瀆聖物的行為——就算街頭對面偉大的拉合爾蒙兀兒堡壘，大帝的窗上還留有些最美好的蒙兀兒圖畫，沒有化為塵土；就算同在的拉合爾市、蒙兀兒的夏利瑪爾花園，以及賈汗季王和他皇后的墳墓沒有完全腐朽；就算回溯四百年，巴哈瓦爾布爾侯國十三世紀烏奇墳墓那精緻的彩色磚塔，即次大陸最優美的伊斯蘭教文物之一沒有被沖刷掉一大半；就算再往上回溯，就在亞歷山大大帝所知道的佛教城市塔克西拉四周的土地，還有一度被引為傳奇的遺跡沒有被盜採；就算至今依然追求著帝國主義的伊斯蘭教狂熱的巴基斯坦，無須為阿富汗的佛教珍寶遭劫掠而負責。

在伊克巴勒那短命的理想宗教國中，其人口仍然有一半是農奴，教育程度依然嚴重偏低，甚至連教科書上的歷史也遭到篡改，破壞了它原應臣服的政體，顯示其本身只專注在這個有文化的沙漠上，卻忽略了各式榮耀其實已在他方。

第四部

馬來西亞之附錄

掀起椰子殼

第一章　舊衣服

一九七九年，我在吉隆坡花了幾天時間從這間飯店搬到那間飯店，最後才在假日飯店落腳住下來。這是我所能找到最安靜的地方，而且我喜歡周遭的配置。左邊是賽馬場，可以遠眺吉隆坡山景。賽馬場四周以及飯店前面有一間植物茂盛的暖房，種的全是潮濕的熱帶植物：香蕉葉、盛開的雞蛋花，以及枝葉扶疏的中美洲雨林，亞洲、太平洋和新世界的植物全都在此處集結，兼具了歐洲大探險和植物殖民的成果，正是我在世界另一頭的千里達也見過的植物。

但接下來熟悉的事物反倒變得陌生起來。假日飯店附近的轉角邊，有一個黃色小箱子嵌在牆壁上或矮籬裡，據說這是華人的神龕，裡頭有供品，供奉者可能是專門做飯店生意的華人計程車司機。

賽馬場並非真正的賽馬場。有時我會在很早的清晨，即日出之前，看到有人在這裡訓練馬匹，卻從來沒有看過賽馬會。星期六和星期日下午，華人（占絕大多數）會搭乘他們的汽車而來，占滿大看台。陽光照射的綠色賽馬場有著停滯的影子，依然空無一人。每半小時就會有擴音器做一次賽馬的實況轉播，大看台的觀眾幾近瘋狂，彷彿真的置身賽馬當中。真的有賽馬，不過是在其他地方舉行。大看台上的觀眾看的都是電視大螢幕，他們來這裡用奇怪的模擬賽馬日方式度過一整天，因為這裡是吉隆坡唯一允許賭博的地方。馬來西亞的種族分為馬來人和華人，政府主要掌握在馬來人和穆斯林手中，賭博為伊斯蘭教所不准許，週末開放賽馬，算是在人道上向華人讓步，因為他們向來賭性堅強。

我認識了沙菲。他是三十二歲的馬來人，來自東北方一個目前仍十分貧窮的農業村落。不過也可以說沙菲混得還不錯，以一種他祖父和父親都無法想像的方式往上攀升。他和馬來人一樣滿心狂熱。沙菲，還有和他一樣的馬來人都覺得他們已經失去自己的國家，認為馬來人在他們的村子裡沉睡得太久。因為土地溫暖肥沃，作物很容易成長，在河邊和森林中的古老生活實在太富裕而圓滿。有天，沙菲說，你可以隨便丟個種子，它就會自己成長；把沒裝魚餌的魚鉤拋到河裡，魚也會自己上鉤。由於習慣了對土地的觀念，所以村人看不到、也無從瞭解過去一百年來，華人和其他種族的人已將他們排擠到何種程度。在二十世紀末的現在，他們覺醒了，發現馬來人的人數只占總人口的一半而已，周遭已經發展出新的生活模式，而他們對這嶄新的方式卻毫無準備。

像沙菲這種馬來人，對古老的生活方式一知半解，一定覺得既害怕又挫折。要他們獨自承受這種感受，實在是要求過高。一九七九年，伊斯蘭教前來承受這股普遍的盛怒，沙菲那一代的馬來人因而變成狂熱的信徒；一九七九年因為伊朗爆發革命，以及巴基斯坦的齊亞將軍實施伊斯蘭教化的恐怖政策，更加劇了這股熱火。伊斯蘭教傳教士顯得格外忙碌，他們讓信徒因為擁有信仰而虎虎生風。傳教士到處宣揚伊斯蘭教在伊朗和巴基斯坦成功的故事，並保證其他地方的人只要信了，也能夠獲致類似的成就。伊斯蘭教傳教士的世界就存在於其自身的泡泡中。傳播信仰是首要目標，一如十四世紀旅行家伊本．巴圖塔所抱持的想法：一旦信仰統治一切，信徒的情況就無關緊要了。

沙菲習慣到假日飯店來看我，但他可不是個好相處的客人。他說他不喜歡像假日飯店這種地方，而且毫不掩飾他對食物的疑慮，說這些食物可能是非穆斯林、華人或印度人做的。除此之外，可能還有其他的事情會冒犯到他：那間小小的酒吧到了夜晚時分，一些城裡的馬來人，外加一、兩個印度的老派人物就會在裡頭唱起流行歌；星期五安息日有午餐時裝秀，人們會跑去看印度和華人女子在餐廳封閉而汙濁的空氣中，聳著香肩走台步；而在飯店咖啡屋的窗子下，假日飯店那座很小的游泳池畔，總有穿著泳衣的白人女子在那裡展現身體。

但沙菲已停止觀看（也或許從未看過）他所排斥之物。舉個例說，有一天我問他在游泳池邊作日光浴的女人是否很迷人，發現他居然答不出來。學生時期第一次到吉隆坡時，他萬分緊張，覺得自己像個陌生人。如今他卻是超然獨立於吉隆坡之外，並有著強烈的自以為是。他的想法有時讓人十分困惑；他的伊斯蘭教似乎負重太多。譬如，在他住的哥打巴魯那個村子的生活，有種他所熟悉、如今卻已喪失的純淨；但他仍然希望像這些村子的洗滌器一般，讓村人完全皈依，將他們歷經印度教的風俗後所殘存的一切都淨除乾淨。這成為他的理想之一。如今倡導伊斯蘭教被他視為力量的來源，給了他一個不可能實現的伊斯蘭教純淨夢想。這種純潔將產生力量，與這世界結清一切帳目。

☆

十六年後，假日飯店已經被鋼筋水泥大樓所包圍。這裡寸土寸金。我印象中的賽馬場景觀如今已不可能重建；這是則半神話，像建立羅馬之前的羅馬山區。在整個吉隆坡，還有更多建築物即將出現。在我下榻的飯店後方，道路對面正在挖一個巨大的洞，洞的方圓約合大城市一條街區的距離，讓人和機械都顯得十分渺小。斜坡層層相連，泥土顏色由紅變為乾燥的灰色。殖民時代的複合熱帶暖房，如今已籠罩在用鋼筋、玻璃、水泥和大理石打造出來的國際風格陰影下，獨特的氣候也完全改變了。空調設備使龐大的建築物變得十分涼爽，以至於室外的氣溫總是讓人覺得吃驚；對訪客而言，領略這種溫度上的變化，還不失為一種樂趣。一九七九年的馬來西亞開始變得有錢，卻也還不是特別富裕。

我不曉得沙菲受到的影響是什麼。我知道在他開始全心投入穆斯林青年運動之前，是一家馬來建設公司的經理。做這份工作，他稍嫌太年輕，但當時有生意頭腦的馬來人並不多。這家建設公司經營得不太好；馬來西亞的營造業多的是大公司。沙菲後來自立門戶，卻不幸失敗。他認為這和他的華裔工人，以及幾乎每個人都在扯他後腿有關。我知道公司失敗讓他十分沮喪，並且和他的宗教思想混雜在一起。我好奇的是，隨著國家擁有了龐大的新財富，政府又大力鼓勵馬來人創業，沙菲到底會不會因而想要東山再起？他如今已經四十八歲，是個中年人。不論如何，他的生涯都該有個規畫。

但我卻打探不到沙菲的消息。從前認識他的人，如今和他都已經失去聯絡。我聽說他傳教去了，四處漂泊，很不容易找。

後來有一天早上，有人帶我到吉隆坡郊外一個伊斯蘭教社區，說要見一個自稱是沙菲、而且表示他還記得我的人。這個社區清一色是兩層樓的水泥屋。房子都油漆過，道路也鋪得很平整，到處都是花園和汽車。不論社區的人可能怎麼淡化自己的生活方式，他們都屬於吉隆坡富裕的這一邊。

我們必須找到那個自稱是沙菲的人的住家。可是等我們找到時，我才發現我根本不認識對方。他一度假裝認得我，但只是裝了一會兒，而且也不是裝得很認真。

四十幾歲的他，看起來既快活又閒逸，深得社區生活之樂。他的住家也是兩層樓，樓下有個裝潢漂亮的廣闊大客廳。而且不過早上十點左右，他便帶著鄉下人的那種沉靜，在大客廳和一個睡眼惺忪、腳步不穩的小孩一起嬉戲。這是一種展示：在這種社區裡，簡簡單單的事物都可能展現出宗教的行為或善行，給信徒特殊的喜悅，如同一種獎賞。

他用非常機械的方式說，政府建造一條龐大的公路根本就是一大錯誤，那只會讓國家門戶大開，任邪惡源源流入。他說國家的官方語言應該是阿拉伯文；英文並非穆斯林的語言。這些話他從前顯然說過太多次，所以在努力讓孩子從許多玩具中挑一個玩時，如今他說來卻顯得毫無動力，只是制式的說說而已。

我覺得他之所以會自稱是沙菲，純粹是太閒了，只想得到些許注意。如果沒人注意，身為充滿危險性的基本教義派分子，又住在社區裡，豈不失去了意義。

事實上，因為過往舊識沒一個特別想幫助我再見到他，以至於最後我終究沒再見到的沙菲，在大家眼裡，已和那個無所事事的男子相去無幾。過去他一度是馬來西亞伊斯蘭教青年運動的中心人物，那場運動利用伊斯蘭教喚醒馬來人。他沒有其他事業。如今，儘管他仍然篤信那些早期的信仰，自己卻早已淪為局外人。提起他，還會讓聽到的人感到尷尬；他是個將宗教生活發揮到極致的人。

其他概念也改變了。一九七九年為自己童年的村子覺得傷感的沙菲，把馬來人說成是熱帶地區的田園中人。有一次他說，他們是「沒有時間」的人，意思只是說他們沒有什麼時間概念。他們沒有生意頭腦，不像來自「四季分明」的國家的華人那麼活力十足。他讓這種奇異的殖民想法融入自己的整體宗教觀裡，而這些可不是現在馬來人會喜歡的想法。

一名年輕的律師說：「這種想法如今已被摒除，甚至消滅了。取而代之的是，如今的馬來人既有生意頭腦，又有創意，而且勇於創新。這些都是從前你說什麼也不會和馬來人聯想在一起的字眼。」

政府已竭盡所能幫助馬來人跨入企業界，在過去的兩個世代中，此舉也已經成功。十六年前的種族焦慮已經被龐大的新財富掩埋，雙方代有才人出。這是假日飯店四周的鋼筋、水泥、玻璃帷幕，以及那條穿越叢林、發展村落和新土地的偉大公路所傳達的訊息。沿著老舊道路，經過許多古老的殖民鄉鎮和聚落前往內地，過去需要花費六到八小時，如今卻只要兩個半小時就可到達，還幾乎看不見任何過去的遺跡。

律師說：「我想是有縮短了時間。」

★

一九七九年他們參加穆斯林青年運動時都還十分年輕。他們所倚靠、也給予他們信心的領導人安華．伊布拉欣[1]，年方三十二歲，跟沙菲同年。

沙菲介紹我認識的納薩爾只有二十五歲，不但年紀輕得多，身材甚至比沙菲瘦小，剛從英國的布拉德福德回來，在那裡修國際關係學位。他不喜歡英格蘭那裡自由開放的性愛，也不想讓那樣的態度影響了留英的馬來青年。

納薩爾有位先祖是麥加的馬來 sheikh，也就是嚮導，引領前往麥加朝聖的馬來人。那種嚮導一直到一八三〇年代汽船取代了帆船，從馬來西亞出發的旅程變得更加迅速而可靠之後，才成為一種有酬勞的正式職業。納薩爾的祖先在十九世紀中葉，很可能正是從事這種朝聖導遊工作。

經我挖掘後得知，這位祖先在十九世紀行將結束之際，返回馬來西亞一個位於吉隆坡北方十二公里、當地居民以華人為主、房舍都是破銅爛鐵組成的小鎮。這個人的兒子便是納薩爾的曾祖父，十二歲就結婚，一九三四年已經老態龍鍾的他還創立了一份馬來文報紙，呼籲馬來人要自助，就如同野地中的暮鼓晨鐘。他過世之後，家道中落，學習的傳統也不再。教書賺不了多少錢，還不如農耕來得有收穫。

納薩爾的祖父原應成為一名宗教教師，卻成為擁有將近三公頃土地的有錢農人。納薩爾的父親在林務局當管理員，只受過最基本的小學教育，念到六年級，不過每天早上上班前都會看報紙。看報紙十分重要，那是納薩爾孩提時期增進知識最主要的來源。納薩爾是家中七個兒子之一，在八個孩子當中排行第四。八歲起，他就和父親一樣開始看報紙。對一個馬來孩子而言，那算是很有長進的行為。

納薩爾這位林務局管理員的兒子，後來及時前往布拉德福德取得國際關係學位，並在十六年後的今天，以四十一歲英氣風發之姿經營一家控股公司，管理八家公司包羅萬象的業務。

納薩爾在一棟摩天大樓中擁有幾間辦公室，大樓的影子就投映在對面那幢有著綠色玻璃牆面的摩天大樓上，讓道路彷彿變得狹窄起來。下午三點左右的熱帶陽光照在空曠的田地和街道上，原來可能十分刺眼和灼痛，但在這個狹窄並受到保護的空間裡卻變得柔和起來，吉隆坡因而顯得陽光和煦，氣候宜人而完美。

如今的納薩爾戴著眼鏡，看起來已不像一九七九年那麼弱不禁風。他穿著一身主管風：繫上皮帶的長褲、褐色皮鞋、搭配得宜的襪子、時髦的寬幅領帶、纖細的手腕上還戴著一支圓形手錶，並

1 譯註：Anwar Ibrahim，一九四七年～。馬來西亞第七任副首相，二〇〇八至二〇一五年擔任國會反對黨領袖兼檳州峇東埔區國會議員、人民公正黨顧問。

且有個高頭大馬的助理，是位和善的錫克教徒。在主要的等候室以及各個辦公室的前廳，都擺著一些如玩具般一架架立在銀色桿子上的白色飛機模型。納薩爾的控股公司對航空事業興致盎然，他們也從事國內航線的安排。

這是一種極不尋常的改變，這人總是熱情待人，親切和藹，樂意幫忙，彷彿昔日美好的鄉村風已然擴充為公司風格。一九七九年參與運動的年輕人的熱情開放感動了我，他們對任何事都毫不隱瞞，也不會捏造自己的故事。納薩爾似乎還擁有那種開放的態度，還記得自己一九七九年的模樣，並且毫不掩飾。他用那種完全沒有喚起內心如恐懼感和欠缺信心等負面感受的口吻，說起身為一個城鎮的馬來人，在達到我眼前所看到的境界之前，他絕對得三緘其口。

他們在一九七九年希望宗教能為他們做到的事，包括單純的力量、單純的權威等，後來都一一擁有。

☆

納薩爾的轉變是從伊斯蘭教青年運動領袖安華．伊布拉欣開始的。很顯然的在一九七九年，安華即被指定掌理許多大事；待時機一到，安華崛起，他就帶上了納薩爾。

到了一九八一年底時，安華確定自己所從事的青年運動：演說、意識的覺醒、抗議等等，已經足夠，也認為時機已經成熟，必須向前邁進，遂決定加入執政的馬來黨。一九八二年的選戰中，他成為黨的候選人之一，並要當時已擁有布拉德福德國際關係碩士學位的納薩爾為他的選戰操盤。納薩爾欣然接受，安華果然順利當選，成為總理內閣中的一名副部長。他告訴納薩爾：「加入我的行列，當我的私人秘書。」納薩爾狂喜不已。當時的納薩爾年僅二十八歲，原本習慣「從另一邊面對權威」，作夢也想不到自己居然有此殊榮，得以任職政府，供一名部長級人物之用。

他當安華的私人秘書長達七年之久。七年下來，納薩爾的恐懼感和疑慮一掃而空。他會見各式各樣的人，並且從政府內部觀看政府的運作。安華也一直將他當朋友看待，視同心腹般倚賴。

我們在納薩爾的會議室邊吃午餐邊聊天。他說：「這點我將永誌不忘。」

七年後，他辭去安華私人秘書的工作，再度前往英國，花兩年取得法學學位。回國之後，納薩爾成為一家華人財團的高級副總裁，是從政經歷幫他爭取到這份職務的。在這財團任職兩年後，他覺得自己對「真正的企業」已有足夠的認識，便決定自行創業。

我問到一九七九年的一些想法，關於沙菲認為鄉村的生活方式很美好，以及他們所有人對宗教的看法等等。

納薩爾一副準備要談案子的模樣說：「沙菲是個生意人，可惜做生意卻失敗了，因此他對鄉村的浪漫看法也化為雲煙。那段日子裡，我們盡談些宗教理論。現在我們把伊斯蘭教當實際的生活方式談；如今我面對的是真實的世界。我先前的知識對我而言大有裨益，讓我知道自己可以做什麼，自由的限度，我可以遵守資本主義哲學到何種程度等等。我參與一些政府的合約，也做一些政府之外的生意。有某些行為是我無法容忍的：貪腐、私下拿回扣、帶對方去玩女人、為了取得合約而容忍一些不道德。這是一種考驗，是給在面對現實時必須有所抉擇的穆斯林的考驗。在此之前，他們什麼都對，而那根本是烏托邦式的想法。」

他可能一直想到沙菲，於是我就故意扭曲他的話，說道：「因為他們覺得自己總是對的，所以就可以鬧事？」

「他們可以鬧事。我處身商場，也總是要面對各種抉擇、問題與人，那些全是我想像不到的。

人們想在你公司裡插股，當作某項計畫的酬庸。在現實的商場上，競爭根本無有止盡。碰上這種節骨眼，他們根本就和我們希望在社會上創造的價值背道而馳。」

納薩爾覺得他受到穆斯林青年運動的教育，也仍然忠於這種教育。權力和權威或許帶出了他潛在的特質，讓他成為現在的他；但也可以說，宗教給了他重要的第一股推動力。

納薩爾說：「馬來人不再感到自卑，不再像椰殼中的青蛙。」這是馬來諺語：對青蛙而言，椰殼裡面就是牠們的天空。[2]

☆

有個週六，我走新公路到瓜拉江沙，著名的馬來學院就在那裡。這所學院是英國人比照次大陸類似學校的模式幫當地顯貴子弟建立的，如今各個階層的子弟都能夠上這所學院，許多重要的經歷也都從馬來學院起步。祖父在檳城開一間鄉村餐館、父親是個男護士的安華．伊布拉欣也是上馬來學院。他還必須參加入學考試；當時的王孫公子就無此需要。

瓜拉江沙也是霹靂皇室的首府。當地有座很大的新皇宮，色澤雪白，金碧輝煌，美侖美奐，設有一間配備空調設備的覲見室。那裡還有一座老舊的木造皇宮，是一座真正架在細長黝黑柱上的傳統長屋，有著裝飾性的細緻浮雕、厚重的木製地板，以及涼爽的和風。目前已算是某種類型的博物館，但人們還是可以透過皇宮裡那些加框的照片和圖表，以及皇宮內受到保護的黑暗和涼爽、皇宮外的沉靜和絢爛，輕易地想像，並把人帶回到關於這座房子、關於安全的一些埋葬良久的童年幻想。

在一座可以俯視霹靂河的小山丘上，也就是幾乎在皇畿的入口處，是沙里曼王公的宅第，他既是雕塑家，也是皇室遠親的一位王子。這座宅第是一九四〇年代末期那種通風良好的建築，傢飾皆為馬來風格，諸如藤椅、色彩明亮的織品和一些布做的花等等。

雕塑家很矮，身高不到一百七十公分。就算以簡化的馬來標準而言，也算是相當瘦小。他臉上的表情不多，看不出來他從事的工作性質。他擅長以鑄鐵當材料，房屋後面的庭院便有一口鍛鐵爐。他總是創作戰士，個個貌似凶神惡煞，高約六十至九十公分，線條流暢明快；黑色金屬塑像陳設在屋裡的效果，襯上宅第寧靜祥和的景色，頗令人感到不安。

事實上，這位雕塑家生活在鬼神世界中。他也製造kris，是一種馬來匕首，那是他迷戀金屬的成果之一。他說馬來匕首會去找自己真正的主人；拒絕並非真正擁有它們的人。他有個心靈導師，原來希望介紹我們認識，可惜沒有時間。剎那間，印尼的萬物有靈論，感覺再度近在咫尺。我們不只一次就快談到萬物的起源，但隨即又跨到了啟示宗教。

雕塑家有個中年華裔管家。她還小的時候就被家裡送給別人，因為彼時華人家庭經常將不要的女孩拋棄，而馬來人通常會收養這些女孩。雕塑家的管家已經是我當天碰到的第二個被馬來人收養的華裔女子。這讓人對華人和馬來人的關係產生新的觀點，也讓我對華人有了新的看法。

一九七九年我看的主要是伊斯蘭教，對馬來西亞的華人僅採旁觀角度，視他們為充滿活力但遭到馬來人排斥的移民。但在思及這兩個優雅親切的華裔女子，還有她們進入另一種文化的童話故事歷程，如今我卻開始想到在十九世紀末和二十世紀初，由於王朝的崩解和內戰不斷，加上列強排擠，華人能得到的保護是多麼的少：他們四處遷徙流離，盡其所能地找到一個落腳處安身立命，卻

2 譯註：與「井底之蛙」的意思雷同。

又受到文化和語言上的羞辱，老是格格不入，只能盲目賣命救亡圖存。一旦開始自覺，一旦不再盲目，他們其實和馬來人一樣，也需要獲得哲學或宗教上的肯定。

☆

對遊客而言，吉隆坡好得像個童話：富裕、嶄新、閃閃發亮，新的公共建築林立，內部也都十分新穎，到處充滿活力。某幢新建築物內有家銀行，是一對華人兄弟創立的。兄弟倆都只有四十幾歲，發跡史再簡單平凡不過。就眼前所見，哥哥活力十足，能言善道，說起話來整張臉容光煥發；弟弟則較為冷靜，戴著一副眼鏡，留神傾聽別人談話，狀似醫生。但我覺得一旦時機到來，這位冷靜的弟弟應會表現得更有膽識。兄弟兩人舉重若輕，行事合乎邏輯。對他們而言，金錢不再只是金錢而已，企業也比較像是活力的展現，並且因為如此而顯得朝氣蓬勃。

介紹我認識那兩兄弟的是他們公司的秘書菲力普。他也是華人，年紀和他老闆一樣輕。他的態度親和，幽默感十足，既機智又很有吸引力。他似乎格外具有深度；我後來發現，那股寧靜氣質、同時也是他具有吸引力的一部分，是他努力得來的。它掩飾了童年時期極大的不幸。

菲力普的父親有兩個家，菲力普是庶出，覺得自己的母親飽受凌虐。他很不喜歡自己小時候所目睹的種種，總想要為母親討個公道，但在情感上卻十分茫然，直到十五歲那年改信基督教為止。

事情發生在他讀的那所由「普利茅斯兄弟會」經營的學校，在馬來西亞成立已大約九十年。有一天在情緒十分低潮之際，他無意間走進一間正在做禮拜的教堂，說耶和華是慈愛天父的教誨，聽得他悠然神往，讓他覺得自己在這個世上終於有了立足之地。

菲力普說：「說來諷刺，先前我以為自己會抗拒這種宗教，因為我來自一個破碎的家庭，八歲開始就沒了父親。關於恩典的直接教義，一則有關浪子的寓言，述說的是一位父親等待著，並且擁抱和親吻迷途知返的兒子。恩典是把慈愛和善意無條件賜給不配擁有的人，那是強而有力的事情。

「我欠宗教太多了。宗教賜予我安定、歸屬感和認同感。一直以來我都很困惑，我是誰？說是華人，又不是華人；在華人的文化活動中，我會迷失。說是英國人，又不是英國人；我從未去過英國。《聖經》點燃了我對閱讀的熱愛和感情，至今依然。」

一九六六至一九六七年間，當時的伊斯蘭教可不像現在具備讓人改變信仰的力量。在菲力普信奉之際，想得比較多的是他的未來。他很想當律師，成為專業人士。

「我記得母親對我說過：『律師很難對付。』我想有朝一日自己要當律師，要把白天的時間都給我的當事人。我希望彌補家裡的缺憾。父親的大房出過幾個醫生，但我所屬的二房卻乏善可陳。我想證明一切，為母親爭回面子。」

她從前是拜華人的神像。像她這樣的人，如今已改信一種新式的日本佛教。

「華人家庭捨棄他們原來的神明，加入這種以堅定的人道傳統為基礎的新興日本佛教，是十分普遍的現象。我為他們能夠讓自己從拜灶神的信仰中解脫出來，感到開心。」

知道菲力普的信仰，以及他的智識傾向的人，都很好奇他為什麼能在銀行上班。他會告訴對方：「根據我對基督教的瞭解，我們不能否認現世。我們在這世上，但卻不屬於這個世界。」

他母親拜灶神主要也是習慣問題。她會點幾炷香，奉上祭品拜灶神；這是她每天都會做的例行公事之一。

「就連在孩提時代，這些事情對我都是沒有意義的。等到該擺脫這一切的時刻到來，我們就如同捨棄舊衣服般擺脫掉一切。我們不擔心神明會回來懲罰我們。十四、五歲時，我感受到一種匱乏、空虛、空無一物。這種感覺無法清楚表達。對我而言，當時無意間走進教堂去聽道，只能說是好運使然。讓第二代華人極為苦惱的事實是：除了自己庇護的家、自己的文憑和學位之外，我到底是誰？第二代對這些問題的感受尤其深刻。第一代太忙了。對華人而言，繼承財富、繼承環境的同時，也繼承了一個提問：難道我只是父親的兒子，再無其他身分了嗎？」

第二章　新典範

娜荻莎的父親出生在一九四〇年前後，是個鄉下的馬來村民。娜荻莎從來沒有找過父親的村子，對父親的背景也從來沒產生過興趣。她的家庭再平凡不過，娜荻莎也不認為自己該去尋根。她認定自己的家應該是「農家或諸如此類的家庭」，深信自己的家應該是在田中的木屋裡，廚房就蓋在屋子後頭，家裡不會有書。

但打從小時候開始，教育對娜荻莎的父親就很重要。某個頗受尊敬的長者曾經告訴他，也或許是聽人家說的，總之，他知道對他這種男孩來說，教育是唯一的出路。他很聰明，也很努力念書，最後他得到獎學金，可以到瓜拉江沙著名的馬來學院去就讀。

在瓜拉江沙，他遇見一個女孩，日後便成為娜荻莎的母親。有天，他看到與一位年長女伴走出來的她，當下就被深深吸引。要打聽出她是誰以及家住何處並不難，學院裡的男生對瓜拉江沙的女孩們瞭如指掌。娜荻莎的父親開始和這個女孩通信，女孩也和學院裡其他的男生通信。在瓜拉江沙，這種男孩和女孩間的友誼是被允許的，只不過不能自由的碰面。

女孩和祖母一起住在瓜拉江沙，父親在吉隆坡警界服務。她來自一個沒落的舊式家庭，家中曾經擁有過大片土地，可惜沒有好好經營，結果土地一點一點的流失。賭博吞噬了土地，那是她家家族的惡習。每次齋戒月之後，她們全家就會聚在一起，有時還邀一些朋友玩上兩天兩夜的撲克牌。

在娜荻莎的成長過程中，還以為這種事再天經地義不過，認為這是齋戒月之後各地的人都會做的事。

娜荻莎說：「他們很頹廢不振，並且以為可以永遠這樣下去。他們沒受教育，這就是問題所在。在我那個時代，有錢人根本不讀書。」

娜荻莎的話，讓我心生共鳴。她對馬來西亞的評論，同樣適用於一九四〇年代以前我所成長的千里達。那時的有錢人和當地白人，一般而言都不讀書，那算是他們的特權之一。他們不需要讀書。殖民農業社會需要的技藝不多，並不要求人們特別有效率或努力或優秀。

娜荻莎說：「回想起殖民時代的歲月，我還以為馬來人就只是到處閒逛聚賭，不做任何有建設性的正事。錢讓別人去賺，像是華人開錫礦場，以及通常是由英國人開的橡膠場。那時候，我以為這是天經地義的。華人和英國人是殖民地的主人，馬來人根本不事生產。他們唯一的選擇就是成為公務員或學者，但那得努力工作，所以他們寧可選擇容易的出路。他們對其他的事情一無所知，是標準的『椰殼族』。」

娜荻莎的父親卻必須在馬來學院努力求學，因為這是他唯一的出路。像娜荻莎母親這樣的女孩，就沒有這種需要。有她那種背景的女孩如果不想上學，就可以不上；娜荻莎的母親就幾乎沒上過學，她只要能讀能寫，就夠了。但她並不認為自己沒有受過教育。而且說實在的，事實上，家裡也給了她另一種更獨特的訓練，就是娜荻莎稱之為舊式美德的忠誠訓練。她必須學會如何在眾人面前應對進退：學習不張狂、不顯露感情。最後她成為受訓完整的人；娜荻莎則認為母親是個舊式的跋扈人物。

其實在她和娜荻莎的父親通信時，家中的金錢便大筆流失。當土地逐漸賣掉，金錢逐漸流失後，這個一度很有錢的人家就沒有任何條件在瓜拉江沙待下去了；他們幾乎就和鄉下人一樣，移居到城鎮。等時候到了，一九五八年那個女孩十八歲時，就離開祖母和兩個姑姑，到吉隆坡去和當時已當上高級警官的父親住在一起。

在首都，她有了更多自由，而且首度可以和娜荻莎的父親光明正大見面。他們之間一定達成了某種協議，因為娜荻莎的父親負笈歐洲念書，當他回來時，女孩依然等著他，兩人便決定結婚。女孩的家人雖勉強同意了，卻不喜歡這樁婚事。女方家庭雖然已經沒有什麼錢，卻還有名望，而且女孩的父親現在在警界地位頗高。而儘管娜荻莎的父親在馬來學院念過書，也在國外取得文憑，但看在他們眼裡，仍舊烙印著「鄉下孩子」這個汙名。

娜荻莎在成長過程中一直知道父親是鄉下孩子，她母親則出身另外一個世界，兩個人根本門不當戶不對，但娜荻莎認為雙親最後還是達到了平衡。她父親沉默寡言，這點可能也有幫助。娜荻莎記得，有一次父母爆發口角，起因是父親告訴母親說，她父母從來就看不起他。但他說如果她嫁給她應該嫁的那種人，可能一輩子都會困在霹靂翻不了身。

娜荻莎說：「那可能是真話。」

就連娜荻莎自己也覺得奇怪的是，等到她自己想要結婚時，做法居然和母親如出一轍，也嫁了個雄心勃勃的鄉下男孩。

母親警告她：「你在重蹈我的覆轍。」

娜荻莎在吉隆坡一家證券交易所上班（馬來西亞已經轉型），那男孩或稱年輕人，跟她是同一間辦公室的同事。他長相並不英俊，但娜荻莎本來就不喜歡長得好看的男人。她父親也不英俊，她覺得那在潛意識中一定對自己產生了影響。女人漂亮無妨，男人生就一張好看的臉可就不妙。

這個年輕人深深吸引住她，因為他野心勃勃，但並非癡心妄想，而是相當務實，也很會打算。譬如他會說：「這傢伙明年就要離職了，所以我接替他職位的機會很大。」他知道自己的競爭對手是誰，所以會老早就想好自己的策略，深謀遠慮，非常冷靜。

娜荻莎說：「我自己沒有什麼方向，但我想他會接手那個職位，最後我或許也能成點事。」

我問娜荻莎：「除了野心之外，難道他沒為其他吸引你的地方嗎？」

「他喜歡好衣服。」

男孩的鄉下背景倒是不會困擾娜荻莎，她認為他很怡然自得。但她不喜歡的是他的政治立場。他支持政府和馬來執政黨，因為他認為政府為像他那樣的人做了許多事。當時法官們正受到政府的攻擊，娜荻莎為此十分擔心。

年輕人說：「我不在乎這點。人們真正在乎的是錢、能吃下肚的食物、房子和庇護等等。」

娜荻莎辯不過他，但她認為自己有好的成長環境，而他沒有，如果自己還責怪他，那就錯了。她也知道他對討論觀念上的事情不感興趣，他比較感興趣的是實際的事物。後來這一切都讓她不舒服。但儘管有這些疑慮，她當時還是決定嫁給率直的他，視他為新馬來人、新楷模，所以他們就訂婚了。

「我真的認為自己當時想要結婚。所有的朋友都結婚了，我認為就該如此。現在就該輪到我結婚。這只是生活的一部分。」

有一天，未婚夫隨口跟她說想帶她到村子裡去見他祖母，並說他父母週末也會過去。娜荻莎之前就在吉隆坡見過他父母幾次。他們很和藹可親，但娜荻莎並沒有特別喜歡他們。雖然受過教育，在吉隆坡住了三十年，但未來的公婆談吐十分稀鬆平常，聊的都是最無所事事的閒扯，絕非娜荻莎會選擇的那種公婆。但娜荻莎當時最主要的需求就是結婚，她覺得生為女人，婚非結不可。她認為生為女人，唯有有個丈夫在身旁，才有前途可言。後來她離了婚，觀念也就跟著改變了。

村子在森美蘭。那裡有條公路，離開公路後就是一條小路，越走越像鄉間小道，也越來越泥濘，讓娜荻莎不禁有深入內地之感。這裡比吉隆坡潮濕，濕氣更重，住屋也越來越簡陋。她看到這一切，也深諳其意，但並沒有被嚇到退縮。此情此景有點熟悉，就像她想像中父親的出身地。正因為這樣的關係，以致她所看所感是一套，所言所行又是另一套。

他家就座落在村子裡很一般的地方，沒有車道。未婚夫的父母早就等候多時，他們也是從吉隆坡開車過來的，汽車在草地上留下泥濘的痕跡。那是當地常見的村子，但房屋本身儘管一部分如傳統的村子樣式架在柱子上，卻不是傳統的鄉下房子，而是經過翻新和增建，而且沒有竹編的牆壁。娜荻莎看到屋子前面有幾隻雞，隨後又看見更多的雞在房屋較老舊的部分底下奔跑。她會注意這些雞，是因為在吉隆坡時，她並不常看到雞在房屋四周奔跑。

她告訴未婚夫：「啊，她在養雞啊。」「她」就是他祖母。

他說：「她喜歡剛下的蛋，味道比較好。」

這幾句話說錯了，聽起來像是在辯護。她認為他話說多了，他實在沒必要說明蛋的味道。那是她第一次看到他很不自在。這瞬間一閃即過，她把這感受推到心底深處，不再去想。

這頓午餐共有十個人一起吃，兩個沒出嫁的姑姑在旁服侍，被當成了僕人。家人認為她們理當照顧高齡祖母。娜荻莎想著，祖母就和她孫子一樣醜，不過因為祖母滿臉皺紋，所以到底有多醜，誰也看不出來。吃中飯時她話不多，也無此需要。她是女家長，家人都唯她馬首是瞻。娜荻莎心想，這是森美蘭人的生活方式：這裡的人都是從蘇門答臘的巴東移民過來的，把母系社會的風俗也一起帶了過來。身為未婚妻，娜荻莎並不需多言，只要靜靜地坐著，露出害羞狀即可。所以說實在，午餐倒是吃得挺自在。牆壁上掛著許多張小小的照片，訴說著家裡孩子不同的階段。

在一起吃午餐的某位叔叔是執政黨馬來黨的黨員，參與地方政治。他在餐桌上帶頭談論一些關乎地方事務的政治話題，娜荻莎開始對馬來運動有些新的概念。過去她一向把馬來運動視為理所當然，但現在她開始瞭解未婚夫如何看待馬來運動，她開始瞭解——整體而言：房屋、增建、輕鬆的政治話題、普遍的信心等等——自己正置身於一群感受到世界已經在具體改變的人當中。他們目睹美好的事情在村子、在他們家裡，以及在他們自己的生活中發生，因而認為自己的地位已經大大提升。

娜荻莎說：「從前你到吉隆坡會看到一些俱樂部、商店等。唯一住在那個世界的馬來人不是皇親，就是國戚。我們覺得這是我們的土地，卻被他們接收了。」所謂的「他們」，指的是華人。「在這個家庭裡，我覺得自己終於瞭解，為什麼政治在馬來人的生活中舉足輕重。在辦公室發生爭執時，我談的是概念，而他談的是具體事物，是已經發生的事情。」

她感受特別深的是餐桌上的人都很樂觀。一個家庭表現出這樣的樂觀，對她而言十分新鮮。她還發現對於那個家庭，未婚夫象徵著成就——他們的成就，馬來人的成就。

我問娜荻莎：「他們是不是也將你視同他的成就之一？」

「我不認為這樣。」

「那讓你當時有點愛他吧？」

「沒有。」

「所以你是在欺騙自己？」

「或許我覺得自己在他們所談論的前途中占有一席之地。或許！」飯後發生了一些事，她注意到了，但卻忍住，就像她壓抑對庭院中的雞和談論新鮮雞蛋味道時的感受一樣。

「我們到客廳去。餐廳位在房屋老舊架高的地方，客廳則是在新的這邊，必須走下三級階梯，卻反而象徵他們的向上提升。祖母示意我未婚夫到她身邊去，我還以為他是要坐在她旁邊的椅子上，結果他卻坐在她腳邊的地毯上。那裡有塊地毯。一切都是新的。餐廳有塊蘆葦或竹編蓆子，我不確定是哪一種。席地而坐這件事引起我的注意，但那時我只想到那可能是森美蘭的文化。眾所皆知，他們非常有部族觀念。我不想談這件事，以防他認為我對這件事不開心，我也認為他的信心足以處理這一切事情。基本上，只要你不在乎，這一切就沒什麼大不了的。」

這次拜訪進行了大約四小時，從正午到下午四點之前。兩個月後，兩人就結婚了。

娜荻莎的母親有她的疑慮。她說：「你在重蹈我的覆轍。」她對女婿並沒有成見，只是不知道娜荻莎要如何適應。她不喜歡女婿的父母，對方則認為娜荻莎和她父母十分勢利且傲慢。他們覺得必須還以顏色，而就在結婚前，雙方即爆發了類似爭吵之事。

馬來西亞人的婚禮習俗源自於印度古習俗。初期階段，雙方家庭必須交換禮物。如果女方家贈送五項禮物，男方家就必須回贈七項；雙方禮物數目一定要相差兩項。都是些象徵性的禮物：糖果和金錢等。娜荻莎的母親希望男方送的禮物之一是金幣，而不要直接送鈔票，理由是為了好看：金幣擺出來總是比鈔票體面。男方的母親卻一口回絕，說她沒時間到銀行去把鈔票換成金幣。

娜荻莎說：「事實上這是非常沒有禮貌的，因為女方希望你做什麼，你就得做什麼，反之亦然。人人都得表現得親切體恤。在婚前，你總不想傷害到任何人的情感。按照馬來人的習俗，你就是該讓步，要表現得大方一點。」

但娜荻莎從她朋友的經驗中得知，結婚時，姻親之間幾乎都會起爭執。爭執來自於雙方家庭的競爭，而娜荻莎寧可把不擅於處理金幣事件當成只是爭執的一部分，但她母親的反應比較苛刻，認為這是對方態度惡劣、出身卑微的象徵。

婚後，娜荻莎到過丈夫鄉下的村子六、七趟，但她從來沒有真正喜歡過那裡。村子的生活並不像一些人所說的那麼簡樸，充滿田園風味，事實上反而充滿了競爭性。娜荻莎第二或第三次到村子時，話題全是鄰居的新車或吉普車：價錢啊，汽車顏色不好看啊，還有「我敢打賭絕對不是他自己出的錢」等等。負責照顧老祖母的兩個單身姑姑也看彼此很不順眼。村子裡很少有單身漢，兩個姑姑現在已經幾乎沒有機會結婚。一個姑姑比較認命服從，娜荻莎喜歡這一位；另一位姑姑則比較惡毒，周遭人事若不順她的意，就滿懷憤怒。

村子裡對文化毫不感興趣，生活十分膚淺，有的只是宗教。宗教很重要。每天祈禱五次，標示著時間的流逝。清真寺是唯一的社交中心。

娜荻莎認為因為村人抱怨太多，愛發牢騷，又愛相互比較，她先生才會變得那樣野心勃勃，好突破現狀。讓她困惑的是，丈夫並沒有像她那麼注意那些瑣碎之事，他沒有參與，也不會一起蜚短流長，但卻接受這樣的行為。那是村子生活的一部分，也就是他的一部分。而且雖然娜荻莎沒有明說，但畢竟他生命中全部的公事就是他在吉隆坡的證券交易所。

婚後，他們和娜荻莎的父母住在一起。娜荻莎後來回想起來，認為那真是天大的錯誤。她那個雄心勃勃卻被自己的父母慣壞的丈夫，覺得自己頗受壓抑，無從掌控自己的生活。很快的，雙方的怒火就爆發出來。娜荻莎的母親從未針對女婿個人挑剔，女婿也從未當面批評娜荻莎的父母。他只是攻擊他們的生活方式，攻擊他們做的事，攻擊他們喜歡的人。他不喜歡娜荻莎看《Vogue》雜誌，他會說：「你為什麼要看這些垃圾？」身為馬來人新楷模的他，看的可都是管理方面的書籍，諸如《金錢期權》、《樂趣管理》等一些與股市有關的東西。

「有一天他和客戶一起出去，喝了點酒。再一次的，我不記得我們爭執的內容了，但這次我們誰也不肯退讓，他打我，我就還手；我叫他滾出去，他真的就走了。我們就是那時候開始談離婚，全部透過律師在處理。之後他始終沒再回來過。」

這時娜荻莎已經有孕在身，所以沒辦法馬上離婚。在伊斯蘭教中，如果妻子有孕，是不准離婚的：嬰兒必須在合法的婚姻中誕生。不過他們還是達成了某種協議，只不過三個星期後，他卻回來爭這件事，說他不要跟娜荻莎離婚，她認為那應該是受到他家人的影響。娜荻莎知道他們有他們的尊嚴，並且可能是存心要讓娜荻莎的日子難過，而她果然也嘗盡苦頭，在進退兩難中生活了三年，既不像結了婚，又離不了婚，想要取得孩子的監護權更會是場硬仗。

☆

現在她覺得自己對婚姻的期待過高了。她始終不知道的是，自己一直希望找到某樣東西來替代所失去的一切。她母親的娘家盡是些賭徒，等到她外祖父過世之後，所有家產已經全部敗光。所有的生活方式，所有她視為理所當然的事物，全都消逝成風。雖然她是用一種一開始聽來有點像是玩笑的口氣來訴說，但對她而言，這其實是一場莫大的災難。接下來打擊更不斷接踵而來：弟弟死了，父親的事業開始走下坡，父母的婚姻也出現問題。

身為一個出身良好、傲慢跋扈母親的女兒，二十歲前她便開始感到空虛。後來她到了倫敦，發現那裡其他的馬來女子都和她一樣。她認識的某些之前以為她們幸福又快樂的女孩，都加入了一個教派；她們有一種不為人知的強烈需求。教主讓她們心甘情願給他錢，女孩們則將他視同如具有神通的人物一般。

娜荻莎說：「馬來人喜歡這種具有特殊神力的人，因為他們相信事情不會因為你自己的行動而發生。他們認為只要找巫師，他們就會打理好一切。我認識的每個人都信教，且信仰十分堅定。他們相信生為穆斯林，一切就都沒問題了。如果你生來沒有宗教信仰，就會懷疑自己的地位和角色。如果你是穆斯林，一開始人家就會告訴你，你隸屬於一個大團體。在學校上宗教課時，馬來女孩都會去上，華人女孩則因此有了空閒或玩耍的時間。那樣就已經把人做出了區分。

「我父親的朋友正在籌資創立公司，他們是做塑膠的，一開始是做些塑膠包裝紙，現在則開模製造塑膠椅，突然就賺了很多錢。他們的日子從過得舒適變成令人難以置信的富裕，於是每年都會進行『umra』，即小規模的朝聖，從未間斷，以此向真主表示感恩。他們心想：『這一定是運氣使然。既然我和別人沒什麼不同，這一切一定是靠真主在冥冥之中的庇祐而來。』我確信，他一定知道自己其實並沒有做出什麼大事，這也是他不敢相信自己運氣會這麼好的原因。過去十年，一切就這麼憑空而來。」

這就是她帶到自己婚姻裡的需求；她對丈夫作為一個新人的精力和雄心有信心。不過她從來不和丈夫談宗教。他並不是特別具有靈性的人，他只是行禮如儀，如此而已。

她對他太過苛求了；如今她才發現這一點。她曾希望從他身上尋找力量，結果發現他也有自己缺乏安全感的那一面。她說：「這實在讓人十分震驚。我首要強調的是安全感，如果不是因為他欠缺安全感，就不會事事都倚靠他的家庭。」他和他母親，而不是和娜荻莎討論自己的事業；他也不跟娜荻莎談他的財務問題。如今他一切都順利了，功成名就，成為一家證券公司的經理，也娶了和他同樣來自森美蘭的女孩，為自己開創了新生活。娜荻莎認為，他可能仍在後悔當初誤闖了自己一無所悉的世界。

她說：「這對他而言一定像場惡夢。他仍然身處在椰子殼下，與周遭環境格格不入，什麼都看不順眼。」

類似的話對雙方都適用。

第三章　巫師的兒子

能治病、懂巫術、會變魔法的巫師，比這個世紀還大一歲。他是華人及中南半島的混血兒。父親在十九世紀末離開中國，成為正在瓦解的王朝治下，貧苦無助、四處逃亡的難民之一，最後在彼時由荷蘭人統治的印尼群島中選了一個島嶼落腳。在那裡，他終於找到立足之地，娶了（或等同於娶了）一個印尼女子，兩人一共生了九個兒子。

那時他們非常窮困，於是在某個時間點上就搬往當時由英國人統治的馬來亞北部一州。為此，第八個兒子幾乎沒有享受過童年生活。他很小就外出工作，大約十三、四歲就開卡車，生活很不容易；而大約就在這個時候，這孩子神祕的印尼特質那一面開始顯現。他感知自己擁有神奇的力量，於是開始接受巫師的訓練。當時應該有個老師或者鼓勵之類的人在他身邊，但因為我沒問，所以也沒人告訴我。

巫師大約從一九一四年或一九一五年開始接受訓練。（同一段時間，遠方的歐洲正在大戰，間接削弱了英國和荷蘭在亞洲的帝國勢力；而在更靠近他家園的地方，在南非住了二十年的甘地，帶著他非常特殊的政治─社會─宗教三合一想法，回到了印度。）上述那個男孩或說是年輕人學得很快，十七歲那年就成為正式巫師，並且一當就當了將近七十年。他的信眾很多，也有一些門徒。當他年老體衰之後，有些事就再也不能做了，但身為巫師的法力卻是不滅。

他娶了兩個老婆，而且是一對馬籍華裔姊妹花，兩人進門的時間相隔五年。他一共生了十七個小孩，一大家子都住在同一間房子裡。

拉希德是巫師的第八個兒子，生於一九五五年。剛開始家裡送他上當地最好的學校；拉希德滿懷對父親感受的體諒，以及對父親巫師魔力的尊重，但到了八年級時，他卻開始厭煩父親的神奇法術和家中的法會。因為教育和自覺使然，拉希德開始感覺到哲學和精神方面的需求，就如同那個皈依基督教的華人孩子菲力普一般；事實上，有一段時期，在學校從一些同學那邊得知並且反覆聽到他們交談的內容後，拉希德就連在家裡的言行舉止都十分像基督徒。

後來他發現伊斯蘭教和《可蘭經》，從此忠心不渝。儘管他沒有正式皈依，內心裡卻已經認定自己是穆斯林，並給自己取了個阿拉伯名字「拉希德」。從那時開始，他嘗試做了又放棄的工作不只一項。如今他是個很成功的法人律師，接近權力核心。他年方四十，卻已經像這國家一樣，閱歷廣闊又迅速。他就生活在（或者說曾進入）許多不同的宗教界。

★

拉希德說，人們碰上各種疑難雜症都會來問他父親。酬勞往往是一些實際的物品，譬如四、五隻雞或水果，和支付費用不同。一旦開始給巫師報償，就得經常主動奉獻。

人們來找巫師，只是要求保佑平安，或治療病痛，或求一個加持過的護身符。拉希德記得有一次有個當地很有名的武術高手，也是一位年長的柔道高手，前來找父親，跪在他面前要求賜予內力。巫師神力超凡，遠近馳名。他個子矮，大約只有一百六十五公分，但身體很結實。在幫民眾解決問題時，巫師通常得進入某種催眠或出神狀態；不過就算他沒有進入那種狀態，還是可以用食指和拇指將一根十五公分長的鐵釘壓彎。

當巫師進入出神狀態時，希望得到庇佑的人會跪在他前面，他則會觸摸他們的額頭、肩膀和心窩，然後叫他們轉過身去，碰觸他們的後腦勺和肩膀。如果信眾覺得哪裡痛，他就觸碰他們不舒服的部位。

每年信徒都會來巫師家拜見他，拿一些護身符請求他賜福。這些信眾來自各個社區和各個階層，不分賢愚，無論貴賤。拉希德八歲時，就記得在拜見儀式中聽到了許多種語言：英語、馬來語、客家話、娘惹語或帶有華語腔的馬來語等等。

巫師會進入一種出神狀態，然後脫掉襯衫，全身開始顫抖，因為在這時候，出神中的他會集中心神在法力來源的三尊神祇之一——雪神當中。助手會遞給他一把已點著的香，他需要這把香讓全身溫暖起來。這時候的他會拿這把香在身體四周比劃個一、兩分鐘，一旦夠溫暖了，再把香交還給助手。他們會讓他穿上他的特殊襯衫，再披上斗篷。因為曾在神壇上施過法，所以那件襯衫很重要，只有巫師才能穿。

巫師坐下來後，助手會給他一杯水，接著他會念一些咒語，在水面上吹一口氣，喝下後再噴出來；接過遞給他的一點五公尺長雙刃真劍，伸出舌頭，用劍在舌頭上深深地劃下一道痕，讓血流出來。畫符用的黃色紙條早就準備妥當。助手將紙條一張一張傳給巫師，他則讓舌上流出的鮮血滴在一張張紙條上。巫師繼續用這種方式為紙條作法，不斷的滴血，直到拉希德的母親大叫：「夠了！」一直到那時，他可能已經滴一百張符咒了。

劍拿開之後，巫師全身被包裹起來，仍然深陷在出神狀態中的他，這時會開始傳達旨意。女人想知道能不能嫁得出去，男人想知道能不能有個情婦，遭丈夫虐待的婦人也想知道該怎麼辦，做父母的則想知道該拿誤入歧途的子女怎麼辦。

巫師會說一種拉希德聽不懂的語言，是巫師從自己出生的印尼島嶼學來的特殊爪哇語。他還會說北京話。只有在作法以及陷入出神狀態時，拉希德的父親才會說華語。

這把劍很特別，是巫師自己的劍。有一天有位助手進入出神狀態，企圖用這把劍割自己的舌頭，卻怎麼也割不開。巫師年老之後，有一次還特別准許一名助手拿劍割他的舌頭。（但是拉希德的話說得含糊不清，我後來看自己做的筆記，竟然無法確定助手到底是割他自己的舌頭，還是割巫師的舌頭。）

助手是巫師的門徒，並不住在巫師家，但聽命於巫師，隨傳隨到，天天都會到巫師家來做點事情，其中之一就是清理神壇。不用付工資給他們，他們並非巫師的員工。事實上，他們還得帶獻禮來給巫師，有時甚至還要奉上金錢，不過巫師是不會收的。

神壇上沒有神像，只有一塊黃布，上頭是象徵巫師三尊神祇的三角形：雪神位居頂點，火神和劍神分別位於兩邊的底角。雪，火，劍：巫師每次拜神都是依循這個順序。他曾多次告訴子女自己也有一些師父，中國有一位，印尼也有一位；而且正如他的徒弟每年都會來拜見他一次一樣，他自己也會定期去拜見這些師父，每次都是騰雲駕霧而去。拉希德從來沒有懷疑過父親說的話，也找不出其他方法來解釋父親至高無上的法力。

巫師的妻妾，即拉希德的母親和姨娘，都是「峇峇娘惹」[1]，又稱土生華人，是吸收了馬來文化和馬來語的華裔女子。家中吃的是峇峇食物，即馬來—華人食物，非常辛辣。大家都是用手抓飯吃，而不用筷子。

拉希德的母親雖是華裔，拜的卻是「Datuk」，即馬來神祇。其他許多華裔也都這麼做。由拉希德的母親將供品擺在神壇上。供品是馬來食物：咖哩雞、咖哩牛肉、糯米飯。食物全都用手抓著吃。

另外，每個月家裡的人都必須讓巫師用鋼針刺穿雙頰一次，這是一種淨化儀式。每個人用的針都不同，孩子年齡越大，使用的鋼針就越長越粗。最先刺頰的孩子要忍受最久的痛苦時間，因為針得留在臉頰上，直到每個人都刺完為止。有時候碰到特殊場合，包括母親、姨娘和十七個孩子在內，一起拍全家福，每個人的臉頰上都刺著針。

直到第二次世界大戰結束，巫師和家人始終住在村裡一間極富村落色彩的房子裡，後來他們才搬到徙置區一間兩層樓的連棟住宅。拉希德就在這間屋子裡長大。樓上有三個房間，樓下一間。拉希德的母親和他的一、兩個姊妹睡樓下的房間，拉希德的祖母帶著其他所有的孫女睡樓上一間，一個叔叔帶著他全家人住另外一間，所有的男孩都睡在樓梯平台。這棟小小的屋子裡，隨時都有二十個人生活在其中。家裡擁擠若此，巫師也只能在樓下兼做神壇的客廳作法。

巫師的法力遠近馳名，人們當然都小心翼翼地不敢去招惹這家人。因為威名遠播，巫師在社區裡也享有某種程度的地位，他也小心翼翼地遵循著聲譽過活。每逢沒有作法而外出，好比說是到鎮上的華人宗親會時，巫師總會特別注重自己的穿著，穿的就是當時殖民地的打扮：一套西服，還打個蝴蝶領結。他會去玩玩牌，偶爾也抽一筒鴉片。巫師的兄弟中有一個真的有菸癮，還因此喪命。巫師本人倒從未上癮。

---

1 譯註：Baba Nyonya，馬來文，也簡稱娘惹，指十五世紀初期定居在今麻六甲、印尼和新加坡一帶的中國明朝移民和當地土著通婚所生的混血後裔。在馬來西亞，男性稱為峇峇，女性稱為娘惹，即馬來西亞華人。

巫師從來沒有上過學。對於因為失學，以致在兒童及青年時期，即第一次世界大戰前和戰爭期間的遙遠年代所吃過的苦頭，他可謂知之甚詳。因此在世局改變的今日，他便要他的孩子，無論兒子或女兒，都好好的接受教育。他也確實盡其所能的為孩子做到這點。

☆

拉希德先上當地的小學，接著上當地最有名的殖民中學之一。雖然拉希德並沒有說，但在上中學的時候，他一定知道自己置身於另一個世界。在家時，拉希德深以巫師父親的法力為榮，也很喜歡被當地人談論，但是在中學裡就絕口不提。套用學生用語說，他絕對不在中學「吹噓」自己的父親。

拉希德就是在這所學校開始認識其他宗教。有一天，某個很友善的坦米爾男孩用「很基本的討論方式」，找他討論一些重大議題。那個坦米爾男孩會說：「你看希特勒，你看所有那些暴行，難道你認為這些人死後會無罪？你認為誰會懲罰他們？神會懲罰他們。你認為我們所有的人生到這世上，難道沒有任何目的？」

這個塔米爾男孩是個基督徒，他並不會大力向拉希德宣揚他的信仰，只是對他非常友善。而就是因為這個男孩，拉希德參加了學校的讀經班，同時開始讀《詹姆士王欽定版聖經》[2]。他很喜歡《聖經》的文字、故事的節奏和推演等等。其他華裔男生也都做同樣的事。華裔男生和拉希德一樣都是佛教徒，但他們希望比父母從佛教那裡得到更多的東西。

拉希德小小的家裡充滿了各式各樣的宗教儀式，樓下是父親的神壇，有各式各樣的活動，每年的信眾拜見，母親則是每天拜她的馬來神祇。但是這些宗教儀式卻無法提供拉希德如今已開始有的更大疑問。套用拉希德的說法，他父親供奉的三尊神祇都無法提供諸如他在基督教裡所發現的「普世之愛」。「普世之愛」就如同讓皈依基督教的華人男孩菲力普心悅誠服的恩典。雪神、火神和劍神，以及神壇的一切儀式，提供不了拉希德可以與其相提並論的哲學，沒有一個長期的願景。發生在父親神壇上的一切都是個人的事情。人們每天帶到父親神壇的，都是他們的日常問題。

父親的所做所為，拉希德不能質疑。比如說如果問父親到底有沒有神，後果將不堪設想。父親是巫師，擁有神祕的力量。問父親宗教的問題並表示質疑，就是大不敬，那是拉希德最不可能做的事。

拉希德有個兄弟就快要成為基督徒了，他會規律地上教堂，拉希德自己則參加學校的讀經班，有時候夜裡兩兄弟就在家裡客廳設置神壇的地方唱聖歌。那種時候，巫師可能正放鬆心情在看電視，在他的神壇邊唱聖歌不會干擾到他，他也根本不在意。

在學校，拉希德和那個坦米爾男孩經常談耶穌，談三位一體。拉希德並未實際皈依，但他會到處對人說：「為什麼你們不開始讀《聖經》？」他向人們傳教，一如坦米爾男孩向他傳教一樣。他還會和人們談論生命的意義。

他也和學校裡一位很聰明的女孩談論生命。這女孩是普什圖人，拉希德深受她吸引。她問他：「你讀過《可蘭經》嗎？」

拉希德當時對伊斯蘭教存有偏見，認為那是落後的宗教，總是把伊斯蘭教和當時他認為是落後民族的馬來人聯想在一起。但因為他想要找點話題和這個女孩談，於是就開始念馬默杜克·皮克索

2 譯註：King James Bible，簡稱KJB，是由英王詹姆士一世下令翻譯的英文版本聖經，於一六一一年出版。

爾[3]的《可蘭經》譯本。想不到第一章的引言就深深吸引了他，讓他認為這就同等於基督教的主禱文（Lord's Prayer）。他也很喜歡稱真主阿拉最慈善、最慈悲的講法，這與他對伊斯蘭教及劍的想法完全相反。

但他還是有疑慮。他不喜歡一夫多妻的主張，不喜歡從閱讀中發現婦女在伊斯蘭教中的地位。他問那個普什圖女孩為什麼先知穆罕默德要娶四個以上的妻子，普什圖女孩無法回答這個問題。不過他還是繼續讀《可蘭經》，因為《可蘭經》已開始牢牢的吸引住他，讓他產生謙遜之感。他喜歡經文中再三提到真主的指引，以及世人對此的需求。「指引我正道」，《可蘭經》序章第五行說的這句話，深植他心。

他開始視自己為穆斯林。要當穆斯林就得見證除了真主之外，沒有其他的神，先知穆罕默德是真主的使者。這麼一來，應該會在他心中產生對於父親身為巫師一事的問號，結果並沒有。拉希德從來沒有把宗教和他父親的作為聯想在一起。

拉希德仍然和那個女孩來往。對他而言，她是活生生的穆斯林，是個典範，並且開始依循她的飲食習慣。現在他也能背幾句《可蘭經》的經文，但他認為這樣還不夠，他認為自己應該學會用阿拉伯語正確的念《可蘭經》才行。他規定自己學習馬來人看的阿拉伯經文；花了兩年時間，終於學成隨看隨讀的本領。

到這時，家裡終於開始擔心起他來。父母並不樂見拉希德拒絕碰觸豬肉，拒絕拿香在神壇前拜拜。他拒絕吃在神壇上祭拜過的烹飪食物，連水果都不吃。每當開始拜神的時候，他能溜則溜，省得麻煩。如今父母知道有天他還會取個穆斯林的名字，那讓他們很不高興。他們是道—佛教徒（Taoist-Buddhist），而且身為巫師，拉希德的父親在社區裡頗有地位。對此，拉希德盡力安撫，不想爭論。他從來就不想傷父母的感情。

這一切事情都發生在一九七三年，拉希德時年十八。

聽著他的故事，我忽然想到四年前，也就是一九六九年時，馬來西亞的華人和馬來人之間爆發嚴重的種族暴動，便向拉希德探問那期間的事。

他說：「我們所有的人都受到波及，我兼具兩種人種。暴動發生在五月十三日。當時我已滿十三歲，確切說是十三歲半。我記得當天騎單車到學校，發現學校空無一人，街道上也一個人影都沒有。後來我們看到有一些人往回走，對著我大叫：『回去！回去！』這時還是大清早。到了八、九點時，大家就都知道發生什麼事了。」

家人必須靠家中僅有的一切度過幾個月，米、鹹魚乾和豆豉，沒有新鮮食物可吃。拉希德的父親沒有積蓄，因為實施宵禁，人們不能來找他。他也沒有收入，因為沒有人奉獻。那實在是家中十分困頓的一段時間。幾個星期後，宵禁解除，但因為恐懼太深了，以至於有三個月的時間，人們都不敢踏出家門一步。不斷有傳聞指稱，馬來人在圍捕華人，將華人趕到卡車上槍決，還把屍體丟棄。也有傳聞說，馬來人被華人幫派分子活活砍死。

慢慢的，局勢逐漸緩和下來，學校開始恢復上課。十九世紀出生在一個印尼島嶼、有華人父親和馬來人母親的巫師，對馬來人的怨恨和馬來人的種族憤怒瞭如指掌。但或許因為工作的緣故，各式各樣受苦受難的人都會到他面前來，讓他覺得人就是人，他不相信人會失去人性，也總是這樣教

---

3 譯註：全名Muhammad Marmaduke Pickthall，一八七五～一九三六年。英國伊斯蘭教學者，以英譯《可蘭經》著稱。

誨子女。他拒絕相信人家跟他說的什麼馬來軍人在全國各處射殺華人的傳聞。他從來不曾心懷報復或覺得痛苦難堪。

但在暴動發生四年後，他的兒子成為穆斯林，取名「拉希德」，並且疏離家裡既有的一切祭拜儀式，就讓這位父親無法輕易釋懷了。他不在乎兩個兒子在神壇前唱聖歌讚美耶穌，但成為穆斯林則是另外一回事，這麼做有點像是叛離家庭。對於暴動，巫師大可以有一番哲學觀點；但馬來人和華人之間的對立本來就很深，難以指望可以消除。正式而論，在馬來西亞，所謂馬來人就是穆斯林。儘管拉希德沒說出來，但一九六九年那場種族暴動多少助長了馬來運動，以及年輕人之間的新伊斯蘭教。

☆

屋裡住了二十個人，所以拉希德升了中學較高年級之後，只能利用深夜時分當電視都關掉、家人都入睡之後，才開始讀書。他會坐在客廳專屬於父親的巫醫椅上，那是父親有時還在出神狀態中，接見信眾並為他們指點迷津時的坐位，他就坐在那張椅子上念書或寫三、四個鐘頭的字。坐在這張椅子上，在雪、火和劍三位神祇的神位之下，念莎士比亞、珍．奧斯汀[4]和狄更斯[5]，寫論文和準備考試。他從不以為苦，反而是要到很久以後，當生活變得比較輕鬆了，才意識到當時的苦。

念完中學後，遠赴吉隆坡上大學時，他在原生家庭的日子算是告一段落了。他選修英文，這件事說來並不太實際，但根據他給的說法，上大學主要是為了感受自由。他可以自給自足，且學費低廉，在漫長的假期中，他還可以做各種工作，賺錢付學校的食宿費。除了教教書，他也在新聞界和廣告界打工。

他並沒有認真讀書，花在上課的時間很少，結果第二學年校方就給他下最後通牒。一位如父親般的印度人幫助他重整旗鼓，最後他總算拿到第二級的資格。三年的大學期間，他只回過一次家，也只待了一星期，當時他念大二。第三年結束，即他獲得學位之後，就開始在吉隆坡全職工作，心中從沒閃現過回家的念頭。

在求職上，他那個不切實際的英文學位根本於事無補，於是他開始全職做以往放假時打過的所有工。剛開始因為感受到自由而做得興味盎然的工作，很快就變得冗長乏味。謀生雖無問題，生活卻沒有重心，雜亂無章。沒有了對他越來越重要，連大學生活裡也很重要的伊斯蘭教，他的生活頓失重心。

有一天他正要開車去上班，一名警察把他攔了下來。他搖下車窗問道：「有什麼事？」拉希德的態度惹毛了警察，他對拉希德說：「你說：『有什麼事？』是什麼意思？應該要說：『有什麼事嗎，**長官？**』」然後他開始開罰單。

這個警察是印度人。拉希德說，在吉隆坡，大家都知道印度人一朝得權便自大得很。儘管拉希德沒說出來，但這名印度警察可能因為他是華裔而更加不客氣。拉希德在心裡默默發誓：「有天我

---

4 譯註：Jane Austen，一七七五～一八一七年。十九世紀英國文學家，是世界文學史上最具影響力的女性文學家之一，著有《傲慢與偏見》等作品。

5 譯註：全名Charles John Huffam Dickens，一八一二～一八七〇年。維多利亞時代英國最偉大的作家，也是一位以反映現實生活見長的作家。三十多年的創作生涯中寫了十五部長篇小說，許多中短篇小說，以及隨筆、遊記、時事評論、戲劇、詩歌等，為英國文學和世界文學作了卓越的貢獻。《雙城記》堪稱其代表作之一。

一定要回整你。我會討回公道，你等著吧！」

就在那一刻，拉希德下定決心要當警察，「獻身權勢」。那個決定下得很突然，但其實他做這考慮已有一段時間。他夢想穿上警察制服，贏得人們尊敬，並保護自己不受諸如印度警察和一些把他從保留給權貴的停車位趕走的安全警衛欺凌。

結果是，如今拉希德的大哥在警界已位居要津。這位大哥整整大拉希德二十歲，所以他很少見到他。他是巫師另一個充滿精力和志氣的兒子，當年他一進警界就是警官，一路往上升，先當督察，後來更成為高階警官。拉希德還記得自己很小的時候，這位大哥穿著督察制服回家，忽然當地有個警局有事要向督察報告，但因當時巫師家沒有電話，警察只好親自跑到拉希德家，還當著全家人的面向督察敬禮。孩子們看得十分興奮。拉希德還記得當督察的大哥有一把手槍。

拉希德說：「一想到穿上這套肩上有三個亮點的制服，就讓人腎上腺素急速分泌。回憶起來，一切好像都很愚蠢，但當時卻再真實不過。一旦你擁有了權力，」拉希德說這番話時，已經身在較晚才得到的自在、安全和頗具影響力的位置。「一切都會變得完全不同。」

拉希德也覺得在過了太自由的大學生活，以及畢業後一陣子目標茫然的自由撰稿生涯後，如今的他需要重迎秩序、紀律、甚至是組織化到他的生活中，並認為警界會提供他這些。儘管如他所認為他當時的不安全感、積極心和權力慾都夠真實，但其實他內心有一部分還是明白這種做法和他的教養是背道而馳的。

他說：「我父親和兄長各自擁有不同的力量。大哥擁有權威，父親因為天賦使然，也因為樂善好施而贏得人們的尊敬。這就是為什麼暴動一來，我們日子就過得很苦的原因。我們沒有積蓄。父親會向賣麵包的人一買就是四、五條，只因為不忍心拒絕對方，也不管我們已經有多少條麵包了。

如今賣麵包的人來，我也會做同樣的事。做法是一定會付比定價更多的錢。他也從來不收找回來的零錢，並說：『和這些人打交道，千萬不要斤斤計較。』」

☆

一年後，拉希德才加入警界。獲得審查的報名表共有五百件，收到的報名表總數更多。體檢和筆試之後，共有兩百五十人通過初試，正式面試又刷到僅剩一百人過關；光是這樣就花了幾個月。考試和智力測驗又刷掉一半。最後只挑選二十人，送到警察學校受訓；拉希德就是其中之一。

為了進入警察學校，拉希德還特地理了髮。他和其他學員最先要做的就是讓學校的理髮師理髮。加入警界是為了爭取權力，而身為受訓學員的最初經驗卻是這種羞辱儀式。

接下來的兩個月，他和其他學員全都得看小隊長和警官的眼色，一切蒙他們垂憐。警察的訓練規矩從英國時期沿襲至今，絲毫未改。若稍有差池，好比說在行進間說話，就可能受到嚴懲。方式是全副武裝，扛著M-16步槍，在大太陽底下進行一小時的快步行進，不過才一會兒功夫，就會累得手臂上的三頭肌和手肘疼痛難當。

兩個月後，他果然成為紀律嚴明的警察。當初的權力慾，以及當初一有機會就要找曾找他麻煩的警察討回公道的小衝動，全都消失殆盡。他甚至對訓練他的教官滿懷敬意。

結業分發後，他去探望父親。他已多年未見父親。如今拉希德知道巫師會以他為榮，而巫師果然也深深以他為傲。

拉希德說：「他很高興看到我。在他眼中，兒子已改頭換面。他不再提及我皈依伊斯蘭教的事。我寄給他一張我穿制服的照片，制服上還有寫著我伊斯蘭教名字『拉希德』的名牌。他把這張照片掛在客廳牆壁上。」

☆

當警察絕對不只是穿套制服和接受別人敬禮而已，還會經常在派駐的艱困管區看到死人、支離破碎的屍體，以及種種的慘不忍睹。很快的拉希德就受不了了。他加入情報單位。之前這單位從來沒有出現在他的權力想像中，但現在他瞭解在警界，情報單位正是權力所在之地。但他並不喜歡，連帶的對警察工作也失去了胃口。

他想到法律。受訓期間，有個教官告訴過他，他推論思考的能力就像個精明的律師，這番話始終留在他腦海裡。結果在警界服務不到四年，他就請辭而去，做了一陣子純粹求財的生意後，便到大學註冊上法律課。對他而言，法律簡直就是天職，激發了他一切的本能，從一開始就得心應手。因為馬來西亞的繁榮發展，讓他得以多方嘗試與變化；在比較早期的時候，他鐵定是更加的謹慎，找到什麼工作就做什麼。

他說：「儘管現在我已經接觸到權力核心，但當初讓我渾然忘我的興奮感卻已不復見。回首前塵往事，我覺得自己所經歷的每個階段都是必須的。童年的各個階段、成長的環境，以及各種機會，都有助於我後來的自給自足。」

他的背景讓他變成非常實際積極的人，絕不無病呻吟。他不認為那是因為自己華裔的身分（他就有一些華裔朋友常常怨天尤人），反倒認為可能是承襲了父親個性的關係。就他所知，父親從不抱怨，即便深受疝氣之苦，也從未向任何人提起，脊椎問題更是讓他無時不處於疼痛之中。

父親過世前幾個月，拉希德回去看過他。高齡八十八的他臥病在床，身體耗損大半，體重大約掉了一、二十公斤，整個人縮小了好幾圈。

拉希德說：「爸，你變得好瘦。」

巫師說：「一切都沒事，我很好。」眼中卻泛著淚光。

目睹父親命在旦夕，拉希德想到他備嘗艱辛的童年，以及他所努力過的一切。他所有的子女都生不逢時，如今卻都各安其位，十分幸福美滿。

拉希德說：「在我夢想擁有力量、甚至在我當警察之前，父親就已經施展出真正的力量了。」以身為巫師的方式。「一年一年和父親相比，我實在再幼稚不過了。我絕不容忍任何針對父親所做的批評，就算是家人也不准。他的一切作為，我們都有目共睹，他並不需要誇示自己擁有法力。或許我和父親十分神似，他是家中的第八個兒子，我也是家中的第八個兒子。家母告訴我，我和父親簡直就像同一個模子印出來的。家母並不擅於言詞，不會到處說人家好話。」

拉希德的父親從不希望任何人繼承他的巫師衣缽，或宣稱信奉他的信仰，他只想要孩子參與祭拜儀式。可是成為穆斯林後，拉希德連儀式都不能參加了。但拉希德覺得欣慰的是，母親履行了一切儀式，而且等她離開後，其他家人也會延續她在廚房對馬來神祉的膜拜，以及在家族神壇前的祭祀。

第四章　另一個世界

儘管馬來西亞經濟繁榮，劇作家塞伊德．阿爾維卻只能坐在一旁乾瞪眼。寫馬來劇本的人賺不了大錢，偏偏塞伊德．阿爾維就以此為業。不過，靠著這裡收一點費，那裡拿一點錢，多年來總算也攢了些銀子；六十出頭歲後，他覺得自己該蓋間房子，安度餘生。

塞伊德．阿爾維天生就是鄉下孩子，有股馬來人對樹木、河川的熱愛。他在距離吉隆坡相當遠的村子找了一塊新開發建地，開著他那輛一路上頓個不停的小紅車，即便有快速的新高速公路可穿越光禿禿的新開發山區，從吉隆坡過來也要花上半個鐘頭。下了高速公路，還得在蜿蜒的道路開一陣子，越過有點點燦爛陽光的林地，最後來到一個豐饒翠綠的村子。在塞伊德．阿爾維那一小塊建地下方有條小河，寬不過數呎，深更不過數吋。

他的馬來天性讓他找上這塊地，並讓他信任一位算來是他的親戚、以建造房屋為業的年輕人幫他蓋房子，結果這份信任卻變成了一場大災難。錢花光了，房子卻沒蓋完，建商又逃之夭夭。原本在塞伊德．阿爾維的抱負中，還曾經夢想房子裡能有一間表演室，可用來預演他的劇本。但已經蓋出來的成品大部分只是危險的輪廓，既沒有牆壁，也沒有地板，偏偏當初出於雄心壯志，他還要求房子必須有一部分懸在小河上空，以致變成一個傾斜、鬆垂而且不對稱的框子，不但可一眼看穿，用來建造的木材還太細，根本承受不了任何重量。

塞伊德·阿爾維再也顧不得什麼馬來天性，逕自向建商的父親抱怨。那個做父親的聽了卻勃然大怒，說他無須為兒子能否勝任負責。他認為不論塞伊德·阿爾維對家庭的團結或馬來人的團結有什麼看法，這都是塞伊德·阿爾維自己該評估的事情。

所以，塞伊德·阿爾維和妻子就只好住在這個沒有電話的奇怪建築一隅，接待客人，寫劇本，以及想辦法隨遇而安。小河上方的山地已經挖開剷平，準備蓋房屋。受到小河吸引而來的蛇，在這棟建築物一面乾燥的土牆上鑽了些大洞。塞伊德·阿爾維和妻子偶爾會看見蛇，但兩人都不以為意。他的妻子是個美麗而文靜的女人，喜歡當地始終美麗的事物：小河、樹木和盎然的綠意。

☆

諸如此類的事情，一九三〇年也曾發生在塞伊德·阿爾維的父親身上。他和霹靂王室是遠親，卻因為某種原因而算不上有很好的關係，幼時還深受其苦。不過他在年紀輕輕時，就已成為一位很好的公務人員。由於社會、學術和殖民的各種壓力可能都太大了，二十二歲那年他便不幸精神分裂。在另外一個世界，或說是他的另一種個性裡，他不但沉迷於宗教，還有暴力傾向。但他也有頭腦清醒的時候。一九三〇年，即他罹患精神分裂症後八年，在他某次清醒期間，便開始著手為家人在村子裡建造一幢兩層樓的房子。他的野心太大，偏偏又只有公務員的退休金，根本就沒有錢可以蓋完這幢房子，以致第二層始終沒蓋起來。

塞伊德·阿爾維就在這個時候誕生了。他很可能就出生在這幢尚未建造完成的房子裡，而且肯定是在這裡長大的。一九四二年初到一九四五年日本人占領期間，全家人就在這幢房子度過剝削和恐怖的歲月。太平洋戰爭結束後幾天，塞伊德·阿爾維的父親也是在這幢房子裡撒手西歸。

這是一段難以想像的經驗，塞伊德·阿爾維可以說因為這樣才成為劇作家。但作家開始寫作時，總是不易看清自己的題材，有時候需要距離，有時候經驗又慘到無法直接寫出來。塞伊德·阿爾維就用迂迴和象徵手法踏出第一步，這是種可以用創造性的想像力去處理一些特殊苦痛的方式。他的第一齣劇本發展得很慢，一寫就是四年多。

劇本從他二十歲那年寫的東西開始展開。塞伊德·阿爾維二十歲時，在瓜拉江沙的克利弗學校念書。因為戰爭，他輟學長達四年之久。當時瓜拉江沙有個當地的教士，人稱塔赫爾教長，不但讀萬卷書、行萬里路，還精通天文，可以自己算出齋戒月從哪一天開始。他是當地的傳奇，總是騎單車進城，人們會把他攔下來聊聊天。塞伊德·阿爾維非常崇拜塔赫爾教長，希望能和他一樣，所以在克利弗學校的校刊寫了一篇有關塔赫爾教長的文章。這篇文章的角度很奇特：他想像教長和一個像他的男孩在火車上相遇，男孩吹噓了又吹噓，老人則幾乎不發一語，後來男孩才懊惱又慚愧地發現自己碰上了一位偉人，卻沒有真正的「看到」他。

在火車上相遇的想法一直埋藏在塞伊德·阿爾維的心裡，甚至還增添了一些情節。男孩變成大學生，那位如父親般的教長則成為鬼魂，如在眼前，實際上卻不存在。故事背景也漸次發展：那是個緊急時刻，萬物崩解，一片衰敗，在熟悉的環境裡，突然傳出死亡的噩耗。

四年後，塞伊德·阿爾維得到了傅爾布萊特獎學金，前往明尼蘇達州攻讀新聞。在安逸了長長一段時間後，有天他突然提起筆來寫作，花不到兩星期時間就完成了第一部劇本。

碰面的場景設定在火車上。大學生原以為老人是個普通的莊稼漢，於是和他大談哲學，想要仗著自己的學識開老人的玩笑。老人最後問大學生一個問題：「如果你知道有個人快死了，你會告訴他嗎？」大學生開始含糊其辭，現在他終於知道對方絕非一介莊稼漢。對上述問題，他給不出答案。老人最後像是在安撫大學生似地說：「我自己就有這個問題，我女兒快死了。」說完，老人就消失了。原來他是個鬼魂，可能只存在大學生的腦海中。火車到站，當時正值戰後共產黨動亂的時代，火車站經常遭到攻擊，人們常莫名其妙遇害身亡。大學生和那鬼魂就這樣連結上。

這齣劇本在明尼蘇達州看起來似乎充滿想像，但劇本中的一切，包括孩子去世、大學的衰敗，甚至宗教鬼魂等，都指向塞伊德．阿爾維自身的經驗。一名作家最早的想像作品，儘管稱不上完整，或看起來矯揉造作，有時都能以如同密碼的方式，保持那股總是主宰著他的衝動和情感。

★

塞伊德．阿爾維談到他的祖先時說：「傳奇比歷史更真實。」他家的傳奇是，他的祖父是一個「syed」，也就是先知的後裔。在馬來西亞，這意味他的祖先可能是阿拉伯人或印度商人，「阿爾維」則是阿拉伯部族的名稱。但塞伊德．阿爾維儘管有著馬來本能和熱情，看起來卻比較像歐洲人，而不像馬來人或阿拉伯人。他說醫生還告訴過他，他鼻尖上的皮膚炎是歐洲人常有，而不是阿拉伯人的炎症。所以正如他所說的，這實在是個謎。

但傳奇終歸是傳奇，塞伊德終歸是塞伊德，阿爾維終歸是阿爾維。根據傳奇的說法，塞伊德．阿爾維的祖父是霹靂王室的遠親，以某種方式展現叛逆，拒絕王室領地的生活，過河到對岸娶了個平民女子。傳奇並沒有指明日期，但這種叛逆行為可能出現在一八八〇年代。當時大家都得謹守禮儀和部族的風俗，任何人想做出諸如叛變和逃離這種孤注一擲的行為，非得要有個好理由不可。塞伊德．阿爾維的祖父並沒有受過什麼教育，他除了是則傳奇外，塞伊德．阿爾維並沒有任何其他發現。

塞伊德．阿爾維的父親身為反叛者的兒子，注定要受罪。他出生於一九〇〇年，被王室中人收養，送到瓜拉江沙一所專供王公貴族子弟念書的馬來學院去就讀。這是這家人的義務，因為男孩有王室血統。不過私底下他卻飽受王室虐待：不准他和他們一起用餐，還得做家事，和僕人受到的待遇一模一樣。

撇開這些不管，男孩在馬來學院的表現十分優異。十六歲那年，他在地政處找到一份交割官的差事。交割官要協助村民在新社區申請土地，也可以向地政處提出各種建議。一九一六年的殖民機構中，對一名馬來人而言，這已算是高官，尤其是這麼年輕就當上，更加引人注目。

後來王室即為這個交割官說親。傳聞指稱，對方是個「sharifa」，也就是先知的女性後裔，家裡非常富有。傳說僅止於此，省略的部分一定不少。因為這個男孩或稱年輕人，並不喜歡別人幫他挑的這個新娘，於是結婚前夕，他就如同自己的父親一樣，也步上了逃婚一途。這下可激怒了許多人，他們感覺自己的面子受損。年輕人知道自己鐵定會遭到追捕，於是尋求庇護。

他一直在霹靂北部當交割官，心想自己何不直接過去。於是他跑到自己很熟悉的一個村子，跟那裡的村長說：「幫我找個妻子。」這是可以接受的馬來習俗。按照慣例，你可以拜託親戚幫你找個妻子。所以依照這樣的推演，要求村長是可以的。

村裡多的是「raja」，也就是王族，所以合適的家庭比比皆是。村長挑了兩個女子。第一個女子不是皇親國戚，還離過婚，而身為離婚女子的特權就是可以拒絕婚事，於是她拒絕嫁給這個十七歲的交割官。這麼一來，第二個女子就不得不接受這樁婚事了。

她也是皇親國戚，這座村子還是她祖先建立的。她家是布吉人的後裔，來自蘇拉威西島（這座島在殖民時期稱為西里伯斯島），在某個時期移民到馬來西亞北邊的吉打州，並在那裡和當地的馬來人通婚，而且及時取得皇親國戚的地位。十九世紀的馬來群島多的是這種做法；侵入別人領土的，何止是歐洲人和華人而已。到了某一個時期，暹羅人攻擊吉打，吉打的皇室便往南逃到霹靂。他們在那裡耕種土地，後來發展成一個叫做「蓬多丹戎」的村子，意思是「海角上的小屋」。

這位蓬多丹戎的王族新娘年僅十三，比她丈夫小四歲。嫁雞隨雞、嫁狗隨狗乃是妻子的天職，每個女孩都有這種心理準備。但這個女孩的生命轉變卻大到令眾人意外，犧牲、痛苦和徹底黑暗的歲月，正等著她去一一經歷。

剛開始，大約有四年時間，一切都算順心。婚後第一年，新娘產下第一個孩子，而且還是個男孩，是她後來總共懷了十五胎的第一胎。接下來四年中，她又生了兩個孩子。這是段美好的歲月，丈夫的公務員地位在這段期間也迅速竄升。蓬多丹戎人將他視為他們的一分子，所以他不再是個沒有宗族的人。

一九二一年他年方二十一，當上了地方行政官。升到這個職位，他需要涉獵許多法律知識，這意味著在遊歷和當過交割官的資歷之外，他還得多加進修。他的生活等於馬來學院時期的延續：白天上課，晚上做作業。這樣讀下來，他的心神卻越來越不定。結果就在這個世界的地位越來越安定之際，他的心靈竟逐漸背離，越來越著迷於哲學、宗教和探究神的本質。

他之前習慣和一位朋友討論這些事情，朋友是師範學院的老師，據說他們每晚都碰面。除此之外，沒有任何人知道這位地方行政官內心的騷動與不安。在村人和妻子娘家眼裡，他過的只是穆斯林的生活，和每個人一樣，每天行禮如儀。外表看起來他很小心，儘量不去麻煩或招惹別人；他把所有的焦慮都放在心中，也沒跟英國官員說，這樣的做法實在愚蠢。他不喜歡說英語，也表明不喜歡過殖民式的生活，所以生活過得很孤單。

一九二二年二十二歲時，他精神分裂。此疾病好像都以生理的方式呈現，並且在特定時刻發生。首度發作時，他人在霹靂一個叫打巴的鎮上。他總算還可以回到或說是被人帶回蓬多丹戎，卻始終沒有完全復原。在接下來的二十三年人生裡，他一直在自己的兩個世界中進進出出。他精神分裂時，妻子才十八歲，對他卻始終不離不棄，謹守為妻之道，直到最後。

因為被診斷出身體不適，所以他失去了公職，也因而獲得每個月七十五馬元的退休金，以嚴謹的匯率換算，約合今天的二十三美元左右，不過在一九二二年，那是一筆可觀的金錢。這筆錢一直拿到日本人占領為止，然後就什麼都沒了。

☆

從此他開始過著兩種截然不同的生活，一種在這個世界，另一種在他的私人世界。在他如果還稱得上「正常」的正常生活中，他不喜歡說英語，只有在需要時才說；在另一個生活中，他卻只說英語。在正常的生活中，他不太像作家；在另一個生活中，他大部分時間卻都在寫作。家人帶給他許多練習簿和鉛筆，他不斷地寫了又寫。當他從那個世界走出來時，又會把自己寫的東西全部燒掉。塞伊德·阿爾維不確定希望燒掉那些東西的，是個性正常時的他，還是他的家人想要燒掉。

在正常的世界中，他不抽菸；在另一個世界，他卻會將菸夾在指縫中，同時抽上四、五支。在正常的世界中，他受不了看到任何人的身體受苦。如果妻子體罰孩子，他就跑出屋子，並且可能在外頭一待就是幾個禮拜，有時連家人都找不到他跑到哪裡去了；但在另一個世界，他卻充滿暴力。儘管在另一個世界中他不認得家人，卻絕不會對他們動粗。暴力是拿來對付別人的。他的妻舅會帶他去領退休金，回家途中難免碰上一些人，而他會毫無來由就甩對方一巴掌。有一段期間他太過暴力，家中不得不特別蓋個籠子關住他。精神分裂了八年之後，他的暴力情況開始減輕。一九三〇年塞伊德．阿爾維出世後，他的暴力行為差不多就停止了。

在正常的世界中，他喜歡烹飪，也喜歡吃；在另一個世界，他卻對食物興趣缺缺，只對兩件事情感興趣：寫東西和聊天。

☆

一九五三年，因為一個極不尋常的機會，塞伊德．阿爾維遇到那位在師範學院服務的朋友。三十一年前他父親精神分裂之前，常跟他徹夜長談的，就是這位朋友。

塞伊德．阿爾維要到美國明尼蘇達州去拿傅爾布萊特獎學金念書，那位朋友則在馬尼拉上機，剛好搭從馬尼拉到夏威夷這一段；而且又是機緣巧合，他居然坐在或者說被安排到塞伊德．阿爾維的鄰座。所以在這段漫長的旅程中，他就自己記憶所及的種種，告訴了塞伊德．阿爾維有關於他父親精神上的騷動和崩潰。塞伊德．阿爾維首度瞭解到，原來父親以一名地政署的助理地方官身分做行政官的工作，而且在拚命地工作之際，面對的是精神上的恐懼。他想要更私密、更親近的認識真主。在尋找自己可以接受的神祇期間，他也會讀關於其他宗教的書籍。

塞伊德．阿爾維的想法是，到了某個時期，父親或許非妥協不可，也許不得不接受他終究找不到他想尋找之神的事實。但這只是猜測而已，對塞伊德．阿爾維而言是痛苦的猜測。根據塞伊德．阿爾維所說的一切，在他父親死後五十年，我感覺到不論是出於悲慟、憐愛，或只是想要分擔痛苦，他仍然很想一窺父親的內在生活，很想瞭解父親的另一個世界。這個世界如今早已消失，也因為如此，這件事始終讓他一談到就傷心起來。他只有一些零碎的蛛絲馬跡可以珍惜和檢視，就如同那位朋友一九二一年的一些記憶。

（在塞伊德・阿爾維自己滿腦子都是美國和寫作之際，居然碰到了父親的朋友，這也是塞伊德・阿爾維自己生涯中的大事。幾個月後，可能就是這件事驅策他，讓他創作之心爆發，寫下了第一部劇本，裡頭盡是關於他父親神祕的編碼式內容。）

塞伊德・阿爾維談起了他的父親。「在我看來，他並不是真的在尋找真主，他尋找的是生命的意義。之所以被解釋成尋找真主，是緣於他那『阿拉就是一切』的伊斯蘭教養過程。他一直在兩個世界中尋找阿拉或真主，對他而言，這或許是唯一同時存在於兩個世界中的事物。儘管這不足以解釋為什麼他會暴力相向，也無法解釋完全相反的對立行為。我經常自問：他真正的世界是什麼？是別人為他創造的世界？還是他為自己創造的世界？」

正如塞伊德・阿爾維所提到的，他父親所發現的世界，對他而言可能太過沉重。就塞伊德・阿爾維所述說他父親在另一個世界的行為，顯示了他在這個世界中所遭受的磨難的蛛絲馬跡和共鳴。他在孩提時期受過苦，甚至遭受過虐待。在他正常的自我中，他受不了苦；但是在他的另外一個世界，他卻予以反擊，會沒來由地掌摑別人。身為社會的棄兒，他必須在馬來學院努力證明自己；而在殖民世界中，他必須證明自己是馬來人。所以，在他的另外一個世界，在學校和公務人員的諷刺生涯中，他總是用英文寫個不停；而且還以殖民風格抽菸，抽最好的香菸，一次抽上四、五支。

塞伊德・阿爾維說：「馬來人一直承受必須自我證明的壓力。一般人認為馬來人沒有能力成為有思想的人，認為馬來人是習慣的產物，是蘇丹或英國人的子民。他們必須依賴別人為他們思考、領導他們，他們會忠心耿耿地效忠蘇丹、效忠英國人，英國人則施行法律予以保護，作為回報。法律規定，非馬來人不得干預馬來人的習慣和生活方式。」

☆

當家人知道他們的女婿出了嚴重的問題時，就帶他到療養院去。那地方其實還比較像是瘋人院，而且負責人從未治癒過任何病人，卻有測試精神失常的特定方法：一是用消防水管朝病人噴水，二是用沙土拌飯餵病人吃，如果病人沒有抱怨水管，也沒有抱怨那樣的飯，就是真的瘋了。塞伊德．阿爾維的父親兩種測試都接受了。塞伊德．阿爾維說其他病人還得接受更糟的測試。

後來家人還帶他去找巫醫，找了一個又一個；又是測試和治療。有個巫醫還捧出一碗水仔細端詳，看看為什麼眼前這個人會變成這般模樣；是出自遺傳，或遭到鬼怪附身，或成長過程所致。

有一次，塞伊德．阿爾維的父親和叔叔並肩坐在巫醫面前，焚煙裊裊，瀰漫整個房間。這故事是塞伊德．阿爾維從叔叔那邊聽來的。最後，巫醫指出有人想要暗算塞伊德．阿爾維的父親。這個壞人在房子附近埋了邪惡的物品，若要幫塞伊德．阿爾維的父親解除魔咒，就非除去那些邪惡的東西不可。此時此刻端坐在房間裡的巫醫說，他就要來做這件事。緊接著巫醫開始作法，在迷濛的焚香煙霧中，比劃著大動作，並且不斷喃喃地解說自己的動作。但煙霧不夠濃厚，所以塞伊德．阿爾維的叔叔還是看到了他從自己膝下拿出一個黃布包裹，丟到一邊去，隨後巫醫就說：「人已經治好了。」儘管叔叔看到了這些心術不正的過程，酬金依然照付。

另外還有一些類似的治療。家人找巫醫找了好幾年，之後才放棄了治癒的希望，聽任病人自生自滅。

有一次病人逃離家園。這裡又沒提到事發的大約日期，顯然家人已不太想談論這段往事。他跑到吉蘭丹，在精神分裂當中，又再分裂了一次。當家人把他帶回家時，發現他正把《可蘭經》從英文翻譯成馬來文，可是他們把他寫的東西都燒了。

塞伊德．阿爾維說：「那個翻譯很重要，因為那證明了即便在另一個世界裡，他依然努力尋找真主。至於翻譯工作是在另一個世界，或是這個世界，或是兩者皆有，我也不確定。他自然而然接受了作品被燒毀，因為這和他們的信仰很相符，一如他接受了村子的生活方式。」

所以他父親所有的作品，從塞伊德．阿爾維出生前算起的一切作品，塞伊德．阿爾維全都無從尋找。多年之後，塞伊德．阿爾維只看到了父親的一些練習簿。

「他的筆跡很潦草，我看不太懂，很難辨認。但幾乎每兩個句子，句尾就會有『總是』這個字眼。」

從此，對塞伊德．阿爾維而言，這成了一個永遠糾纏著他的字眼。

☆

有一段期間，他的神智是清醒的。就在一九三〇年前某段清醒的時刻，他開始在村裡蓋新房子，但錢花光了，所以第二層樓始終沒蓋起來。塞伊德．阿爾維坐在他自己沒蓋完的房子裡，在這幢一面有蛇洞的山坡、一面有小河的屋子裡，敘述著前塵往事：「所以，當事情發生在我身上、發生在我家時，我腦中就浮現起父親還沒蓋完的房子。」

塞伊德．阿爾維的父親一九二二年崩潰時，已經生了三個孩子，後來又生了六個，還有六次胎兒流產。在六個生出來的孩子中，有兩個是死胎。

塞伊德．阿爾維說：「所以家母一共懷了十五胎。」

有十二個是他精神分裂後懷的。

我說：「聽起來好殘忍。」浮現在我腦海裡的就是這些字眼。

他看起來非常煩惱，然後悲傷地說：「我也不知道。」淚水湧上他的眼眶。

他的父親希望子女接受教育，但他只有退休金可領，所幸村子裡有個印度女人幫了他們的忙。她很關心這家人，也很愛這些孩子。她身上有一些珠寶金飾，每當孩子要繳學費或買書，就會把所有的金飾借給塞伊德·阿爾維的父親，讓他拿去典當。她只有在籌措孩子們的教育費時才會出借金飾。當她看到其中一個孩子穿著著名的殖民學校萊佛士學院的制服從新加坡回來時，真的好以他為榮，彷彿那是她的親生兒子一般。她自己的獨生子是名鐵路工人。

她是坦米爾人，家境並不富裕，除了一些首飾外，一無所有。她平常為政府開在村子裡的棕櫚酒小店準備一些點心和開胃菜，以此維生。她父親來自印度南部，在莊園裡當契約工人，她丈夫生前也是莊園裡的工人。丈夫過世後，她即離開莊園和舊有的生活模式，自己謀生。她來到這個村子裡，在距離阿爾維家不遠處蓋了間房子。

一九三六年塞伊德·阿爾維開始上馬來小學的時候，這個印度女人成了他的仙女教母。他記得她年近四十，身材瘦削結實，雖不討喜，卻也絕對不醜。每天上學途中，他都會到她家稍做停留，喝她幫他熱在家裡土灶上的那壺牛奶。塞伊德·阿爾維家裡人很少喝牛奶。馬來人不喝牛奶，他們是在咖啡裡加煉乳，就只有這樣了。馬來人加在蛋糕、咖哩和肉類裡的，都是用成熟椰殼內的白色果肉製成的椰奶。

一九四〇年，即塞伊德·阿爾維在主科目是地理和文學的馬來小學念了四年之後，和一個哥哥被送到太平的英王愛德華七世中學。塞伊德·阿爾維的父親犧牲頗大，並再次藉由那名印度婦人的協助，為兩個孩子租了間房子。塞伊德．阿爾維後來知道，儘管生命如此黯淡痛苦，他的父親仍希望教育他成為和自己當年一樣的高級公務員。

村子裡每個人都知道他父親的情況，太平那所中學裡的每個人也都知道。這並不羞恥，事實上還有一點值得人敬畏。馬來人覺得高智力的心境一旦過度發展就容易崩潰，而每個人都知道，塞伊德．阿爾維的父親小時了了，聰明絕頂，被視為擁有這種高心智的人。他們甚至還有個專門的字眼用來形容這種因為勤奮過度、念書過度或信仰過度而精神崩潰的人：gila-isin。

塞伊德．阿爾維說：「人們都認為家父是因為追尋真主或類似真主者，才會精神崩潰。儘管父親追尋真主一事只有少數親人知道，這件事並不曾廣為傳播，免得別人誤解，認為這種精神崩潰是一種懲罰。」

一九四一年，塞伊德．阿爾維的哥哥跑去加入新加坡皇家海軍。他其實是個鄉下小孩，喜歡鄉下生活，也喜歡鄉親同伴，喜愛和親友一起到田裡工作，並不喜歡到太平的學院去念書；那是父親的主意。所以村人發揮鄉親同謀的精神，協助他到新加坡去謊報比自己實際還大的年齡，加入了皇家海軍。塞伊德．阿爾維的父親除了想讓孩子念完中學之外，還算是和平主義者，痛恨痛苦和殺戮，於是親自前往霹靂去晉見英國駐地代表；最後，他大費周章的支付了七十五美元，約合他一個月的退休金，從海軍贖回兒子。就在那時，戰爭爆發了。一九四一年十二月七日，日本人轟炸新加坡海軍基地，家裡沒人知道這個哥哥後來發生了什麼事。

塞伊德．阿爾維說：「一九四一年十二月底，日本人終於來了。一月的時候，我想回學校去。那是學校假期結束的時候。但那時人家就跟我說已經沒有英國學校了。」

還有流言說日本人要懲罰家中有英文書的人。阿爾維家裡有很多英文書，都是在新加坡萊佛士學院念書的兩個孩子帶回來的。所有這些書幾乎都銷毀一空，有的掩埋，有的燒毀，像塞伊德·阿爾維父親寫的東西就全部燒掉，只保存下來很重要的一本書，那就是字典。塞伊德·阿爾維一直希望有朝一日可以看看父親所寫的東西，並認定可能需要這本字典，幫助他查閱自己看不懂的字。但等到那天來時，他卻無法破解父親練習簿上寫的東西。他只看得懂「總是」一詞。

☆

英國人把村子外的一座橋炸毀，但日本人花了幾週時間又另外造了一座新橋，所以到處都可見日本軍隨意掠奪。某個下午，一個日本兵拎著一把出鞘的劍闖進阿爾維家。孩子們紛紛跑掉，父親則留守家園。半個小時後，他開始吆喝他們回家，而回到家的他們只見日本兵拎著一隻雞和一顆鳳梨走了。沒人知道這兩個男人之間發生了什麼事，父親也從未提起。

塞伊德·阿爾維說：「他不害怕。他雖不是個勇敢的人，但他當時就是不怕。」

日本人在馬來西亞待了三年八個月。在日本人占領之前，塞伊德·阿爾維從未看過橫死的景像。如今在太平的市場，也就是他以前說英語的學校附近，他會看到一些撐在木樁上的頭顱。人家跟他說這些都是華人頭顱。

塞伊德·阿爾維說：「第一年之後，情況開始惡化。基本的民生用品和米、糖等糧食變得十分短缺。因為疾病肆虐，村子的生活開始變得很艱難。我們營養不夠，所以會得到潰爛等等的皮膚病。草藥知識早已忘得精光。我們已經習慣上醫院、吃西藥，因應不來社會的土崩瓦解。

「除此之外，日本人還保證一切都不會有問題，所有的東西皆豐足無虞。他們還特別提到，很多米馬上就會運到，因為日本境內就生產大量的米。每次他們從我們家裡拿東西，總是說將來一定會加倍歸還給我們。他們會說：『我現在拿你一輛腳踏車，將來會還你五輛，甚至更多。』他們還說：『不但腳踏車如此，其他東西也一樣。』他們還提到絲。社區裡的人一個月接一個月的等待，日本人則藉由不斷散播米已經運到了、某些村落的人已收到米了之類的傳言來保持承諾不墜。「流動電影院和戲院中放映的新聞影片一開始，他們都會用日語、馬來語和英語說：『感謝上蒼，亞洲終於還給亞洲人了。』接下來就是宣揚日本的偉大：有的是堆積如山的絲和其他奢侈品。這麼做還是有效的。在齋戒月結束的第一場慶祝活動中，我們談論的都是每個人會怎樣以日製絲織衣物打扮自己。」

但局勢一天不如一天。大約在這個時候，塞伊德．阿爾維的叔叔去世了。塞伊德．阿爾維許多有關父親的故事，都是從這位叔叔口中聽來的。他經常陪塞伊德．阿爾維的父親去領退休金，在家人到處求助巫醫那段期間，他總是陪著父親坐在巫醫面前。塞伊德．阿爾維滿懷憂傷。有天他和父親一起劈材。儘管現在想來依舊令人悲傷，但那是一段兩人相伴的珍貴時刻，塞伊德．阿爾維永誌不忘。他提到叔叔時，父親說：「你叔叔並沒有死。」

塞伊德．阿爾維聞言問道：「您說什麼？」

他父親說：「日後你就會明白我說的是什麼意思。」

這幾句話讓塞伊德．阿爾維留下深刻的印象。他認為自己應該就父親說的話和他多聊聊。但塞伊德．阿爾維沒這麼做，因為後來一直找不到再與父親為伴的機會。父親後來進人另外一個世界，一待就是三年，直到戰爭結束。等他從另外一個世界出來時，就只等著撒手人寰了。

按照塞伊德．阿爾維的想法，他認為進入另一個世界是有意或者是以意志力促成的，是一種置身事外的方法。不論是在正常的或外在的世界中，如今的一切都已崩潰了。

☆

塞伊德．阿爾維說：「一種新的生活方式、一種腐敗的生活方式，開始發展。是非善惡開始不以任何道德、宗教或精神標準來衡量，而是由是否對自己有好處、對生存有助益來判斷。如果道德價值讓你無以倚賴度日，那何謂正常生活？痛苦、折磨、飢餓、貧窮和疾病，如果這就是正常生活，為什麼還要以道德來當作衡量的準繩？可以減輕你痛苦的事物還有什麼價值？還是你能找到什麼東西來維持自己的尊嚴？常態是你看到日本軍人在打人，你看到人們遭到各式各樣的綁架掠奪，你看到人們被刑求致死，或為了逃避刑求或更糟的事情而寧可投河。」

各個種族的年輕人，包括馬來人、華人和印度人，經常傷害年輕女子，卻從來不覺得自己的行為很變態。

「我總是想到一個美麗的印度婦人，大約二十幾歲，頂多三十出頭，來自另一個村莊，她丈夫就在那裡採收橡膠汁。後來丈夫失蹤了，婦人便從一個地方找到另一個地方。她經過我們村子，有一票無所事事的年輕人碰巧看到這名婦人，就對彼此使個眼色，剛好也在他們當中的我，馬上就知道他們想要在她身上找樂子。

「他們跟蹤她到離開商店區有一段距離的時候，就強暴了她。等輪到我的時候，他們說我太小了。那時我大約十二歲，所以大家還有點道德意識。在我們那群人當中，有兩個年紀太小。如果不是因為某種的道德感，我就淪為強暴犯之一了。

「然後他們就丟下她，她則繼續走她的路。後來她再度經過我們村子中心到另一個村子去時，我們還看到了她。她絲毫沒有露出更糟的模樣。或許她之前就遭人強暴過。或許這種事過去就已發生過，但那並沒有讓她終止尋找丈夫的決心。對那票年輕人而言，這只是另一場行動罷了。他們後來從未再提過那名女子。是，他們只說她有多麼美麗。」

☆

就在這段歲月裡，塞伊德．阿爾維自認為已經長大成人，他開始工作，最終可以幫忙養家。日本人設立了一家木炭廠，他們到村子裡來宣布說要人手，已經十四歲的塞伊德．阿爾維於是成為木炭廠工人之一。工廠位在村外四公里處，早上和下午得各穿越一座橡膠園和叢林，可說是一趟漫漫長途。他一天可以拿八馬元和一罐米，比較有吸引力的是米，後來也配發香菸。工作倒是簡單，只要負責將窯子的裂縫補起來就可以了。他大約做了一年左右。

若是做更吃重的工作，就可以拿雙份待遇：炭燒好之後，將窯門打開，將炭取出來。塞伊德．阿爾維試著做過一次，但高溫難耐，灼熱的炭塵還吸進肺裡。他去洗澡時，甚至咳出黑色的痰，並且咳了好一陣子，嚇得他後來再也不敢嘗試。

一九四四年底，他成為木炭廠的一名伐木工。伐木工的薪水更高：二十馬元、一大罐米和香菸。香菸通常是當地製造的，很普通；但如今偶爾可以抽到日本菸，塞伊德．阿爾維依然記得這種日本菸的牌子叫作「大興」（Koa），好抽多了。

香菸很重要，因為在塞伊德．阿爾維父親的另外一個世界中，他是個菸槍。有一種用水椰葉捲菸的鄉下香菸，但是塞伊德．阿爾維的父親絕對不抽這種菸，他堅持要抽「真正的菸」，當家人無法供應他時，他就變得十分火爆，還好不致傷人，只是會亂丟東西。

但現在他一天比一天衰弱，家人幾乎沒有什麼東西可以給他吃，他也一直臥病在床，似乎逐漸明白外面大難當頭，香菸早已缺貨。總之，他就是虛弱，每天只能抽一根菸。雖不缺練習簿，但他寫的東西越來越少；在生命最後六個月，他幾乎已經隻字未寫。或許是寫作熱情的餘緒，他對鉛筆卻變得十分挑剔，總是把鉛筆寫到最短，但從不丟棄，也不准任何人碰。

有一天，塞伊德·阿爾維和其他伐木工人一起去森林為木炭廠伐木，在距離道路二點五公里左右的地方，意外發現一塊空地：一塊約二至二點五公頃的稻田。

塞伊德·阿爾維就是這樣知道共產黨的，成員主要是華人，叫「馬來亞人民抗日軍」（Malayan People's Anti-Japanese Army，簡稱MPAJA）。稻田是他們的；在某種程度上，村子早已在他們的保護之下。

這些人不想拖著木材壓過稻田，但他們的頭頭必須做他的工作；帶頭的不是日本人，村子裡沒有日本領導者。塞伊德·阿爾維記得他說：「來呀，把木材從稻田中拖過去。」當中有人說：「可是破壞稻子有罪啊！」塞伊德·阿爾維瞭解到有些伐木工人根本就認識看管稻田的村人。

所以，身為一個男人，因為進入現實世界中掙錢養家，他開始瞭解村子裡一些之前隱瞞不讓他知道的事情。連對太平市場附近一些被繫在木樁上的華人頭顱，他都有一番解釋。

這裡的工作很辛苦，幾乎沒什麼東西可吃，又沒有醫藥。他身上有十四處地方腐爛。有天一根木材掉落，壓到他的腳踝，擦傷的地方不但沒好，甚至變成一大塊壞疽，讓他早晚都疼痛不堪，晚上也無法成眠。他會拚命搖動那隻潰爛的腳，好稍稍麻木那疼痛，才勉強能夠睡上一、兩個鐘頭。他間或會將膿擠出來，每次一擠都快半杯。潰爛處內部的肌肉已經腐爛，擠過膿之後，小腿肚變得十分鬆弛。他只好用一隻腳跳著拐著走路。

村裡還有其他人的情況更悲慘。有個四十幾歲的女人渾身都潰爛了。潰爛擴散，最後全身體無完膚，肌肉上爬滿了蛆和蒼蠅。人在數公尺外、甚至在她住的屋外，都可以聞到陣陣惡臭。她在死前最後幾個星期早已腐爛成一灘血水，她哀嚎尖叫，卻沒有任何止痛藥。沒有人願意接近她，大家聽任她自生自滅。這加劇了她的痛苦，讓她的哭叫聲聽來格外淒厲。

★

日本人投降幾天後，一些糧食已陸陸續續從外面運進村子。塞伊德．阿爾維的父親又從外面的世界歸來，他在那個世界已經將近三年。因為他不再喃喃自語，也不再要香菸抽，所以家人知道他已經從另一個世界回來。因為纏綿病榻多年的關係，如今他嚴重營養不足，孱弱病重。

他想要看看外面，塞伊德．阿爾維和母親就一起攙扶他起床，扶他到窗邊。他看了一、兩分鐘，什麼也沒說。隨後靠健康的腿一拐一拐走著的塞伊德．阿爾維，親自把父親攙回病床上。

他往外凝視的世界，比日本人占領的時期更加破敗。在日本人投降到英國軍隊抵達的兩個星期之間，當地由共產黨「馬來亞人民抗日軍」統治。他們有許多帳要算，要懲罰一些人：叛國者、背棄者，以及那些與日軍勾結的人。

真正的世界已經粉碎，但塞伊德．阿爾維和母親卻十分欣慰父親已經從他的另一個世界回來。他從來沒像這次在另一個世界生活那麼久。塞伊德．阿爾維和母親都覺得他或許已經受夠了另一個世界，再也不會回去了；而且現在有了糧食和藥物，他可能會好起來。如今已經成人的塞伊德．阿爾維希望能和父親談談他寫的東西，問問他三年前他們父子一起劈材時，他說沒有死亡這回事是什麼意思，並搞清楚父親經常前往的另一個世界的模樣。

結果都未能如願。在他們攙扶他到窗邊大約一個星期之後，父親即撒手人寰。似乎到頭來，他是不想單獨在另外一個世界辭世似的。

塞伊德．阿爾維說到他的母親，這個以十三歲稚齡嫁給一個十七歲交割官的小新娘。「她就是一個共同體。她從自己的馬來和伊斯蘭教教養中，提供了丈夫必要的支持，讓他得以擁有兩個世界。沒有她，他早就被扔進瘋人院了。」就是那個用沖水和沙土拌飯測試病人的地方。「絕對撐不到兩年。而實際上，他卻得以在自己的兩個世界中，一活就是二十三年。」

一九九五年七月～一九九七年五月

國家圖書館出版品預行編目資料

信仰之外：重返非阿拉伯伊斯蘭世界／V. S.奈波爾（V. S. Naipaul）著；胡洲賢譯. -- 初版. -- 臺北市：馬可孛羅文化出版：家庭傳媒城邦分公司發行, 2016.08
面；　公分. --（當代名家旅行文學：134）
譯自：Beyond belief : Islamic excursions among the converted peoples
ISBN 978-986-93358-1-2（平裝）
1.伊斯蘭教　2.旅遊文學　3.亞洲
258.3　　105011813

【當代名家旅行文學】134

信仰之外：重返非阿拉伯伊斯蘭世界

Beyond Belief: Islamic Excursions Among the Converted Peoples

作　　者❖V. S. 奈波爾（V. S. Naipaul）
譯　　者❖胡洲賢
封面設計❖空白地帶
內頁排版❖張彩梅
總 策 畫❖詹宏志
總 編 輯❖郭寶秀
特約編輯❖劉芸蓁
行銷業務❖力宏勳

發 行 人❖凃玉雲
出　　版❖馬可孛羅文化
104台北市中山區民生東路二段141號5樓
電話：(886) 2-25007696
發　　行❖英屬蓋曼群島商家庭傳媒股份有限公司城邦分公司
104台北市中山區民生東路二段141號2樓
客服服務專線：(886) 2-25007718；25007719
24小時傳真專線：(886) 2-25001990；25001991
服務時間：週一至週五9:00～12:00；13:00～17:00
讀者服務信箱：service@readingclub.com.tw
劃撥帳號：19863813　戶名：書虫股份有限公司
香港發行所❖城邦（香港）出版集團有限公司
香港灣仔駱克道193號東超商業中心1樓
電話：(852) 25086231　傳真：(852) 25789337
E-mail：hkcite@biznetvigator.com
馬新發行所❖城邦（馬新）出版集團
Cite (M) Sdn. Bhd.(458372U)
11 Jalan 30D/146, Desa Tasik, Sungai Besi, 57000 Kuala Lumpur, Malaysia
電話：(603) 90563833　傳真：(603) 90562833
輸出印刷❖中原造像股份有限公司
初版一刷❖2016年8月
定　　價❖550元

ISBN：978-986-93358-1-2（平裝）

城邦讀書花園
www.cite.com.tw